To my parents, to whom I owe everything and more.

Vergil's *Aeneid* rephrased in prose

Vergil's own words, with vocabulary help

Juan Coderch

Vergil's *Aeneid* rephrased in prose

Vergil's own words, with vocabulary help

First Edition

ISBN: 978-0-9571387-8-0

Printed by *Kinder Direct Publishing*

Index

INTRODUCTION

Why this version in prose?

Vergil wrote the *Aeneid* for Latin speakers, for people whose mother language was Latin, not for people who were studying Latin. This wonderful long poem, wonderful as it may be, presents some difficulties for the students who, having covered the usual basic course of Latin language, have to read parts of it. This step from the language textbook to the original version of the poem is really a large one that would benefit from some kind of "intermediate stage." So, in order to make reading the poem easier but at the same time without producing just a summary or only explaining the plot in other words, I have rewritten in prose the whole poem using Vergil's own words and I have added additional help side by side.

Having read this prose version of the desired part of the poem, students will be in a better position to tackle the same part in the original verse version.

Was there ever a prose version?

The question whether Vergil wrote the *Aeneid* first in prose and later he versified it will always remain doubtful. In his *Vita Vergilii*, Suetonius tells us

"Aeneida" prosa prius oratione formatam digestamque in XII libros particulatim componere instituit, prout liberet quidque, et nihil in ordinem arripiens. Ac ne quid impetum moraretur, quaedam inperfecta transmisit, alia levissimis verbis veluti fulsit, quae per iocum pro tibicinibus interponi aiebat ad sustinendum opus, donec solidae columnae advenirent.

Characteristics of this prose version

a/ Word order

This is probably the most difficult problem that our students have to face. Prose Latin presents some characteristics that make the language difficult to our students, but if moreover we add the problem of the unusual word order in poetry the final result is a text that students find difficult to read. Imagine, for example, the difficulty that a student of English language would have in front of the sentence "shield Aeneas him to face his took" instead of "Aeneas took his shield to face him."

So, what I have done is rewrite all of it in prose, in an order that makes it easy for the student to read.

b/ Added words [inside square brackets]

To make the reading more fluent, I have embedded into the text, inside square brackets, some words that make the sentence more complete grammatically or easier to understand.

1/ Main additions

The absence of some elements is frequent in Vergil. For example, the infinitive clause *minitans excisurum urbem*: no subject for an infinitive that moreover is incomplete. So, the reader will find *minitans [se] excisurum [esse] urbem*. The addition of *se* and of *esse* makes the sentence grammatically complete and easier for a student.

2/ Examples of other kinds of additions

a/ In some cases the addition may seem unnecessary, like in *addidit [eis] ventosas alas*. Why this *eis*? To make clear that somebody added wings to somebody/something else, not for example to himself (which for a god would have been quite easy).

b/ Another kind of addition: adding a pronoun to a participle, like in *tarda genua labant [ei] trementi*. It could be argued that with the participle *trementi* it was more than enough, "to the trembling one," but the addition of the *ei* makes clear who the one trembling is.

3/ Hands everywhere

In a context of battles, the references to the left or right hand are very numerous, and the terms *laeva* or *dextera* appear frequently. Given the fact that both adjectives are declined through the first declension if they have to qualify "hand," knowing immediately if that *-a* ending is a nominative or an ablative will help the student; this is why so frequently I have added *manus* or *manu* in sentences in which this addition may seem to be totally unnecessary.

4/ Possessives

Also some possessives have been added where they seem to be totally unnecessary, in the hope that they help the student to identify whose sword is being used, whose breastplate is mentioned, etc. For example, *si tantus amor [est] menti [tuae]* (where we can also observe an added verb). Now we know in whose mind there was affection.

5/ Preposition or no preposition?

We all know the grammar rule that says that if the agent is a person or a god, i.e., somebody who performs the action willingly, the preposition *a* should be used, but if it is for example a natural phenomenon the ablative alone should be used. In some cases it may be dubious: is the *vis* or the desire of a god just an instrument, or can it be considered like in fact the god himself? In some cases, my added *a* may appear excessive or even wrong, but if it is one of these borderline cases like *vis* or the desire of a god and moreover it helps to make clear that the noun is an ablative rather than any other case that shares the same ending and this makes it easier for the student, I have added it.

6/ "To the sea"? "In the sea"?

In several cases, I have applied the preposition *in* to words that could be objected to be in fact a dative rather than an ablative (if the declension has the same ending for both cases), like for example in *dorsum immane [in] summo mari.* It could be objected that *summo mari* is a dative, "the spine for the sea (= the spine that the sea has)", rather than "the spine in the sea," but if the usage of *in* with ablative produces an acceptable meaning and seeing an *in* + ablative makes it easier for the student, I have added it.

c/ Notes in the margin

To begin with, the fact of offering the notes in the margin of the same page allows the student to see the notes and the text side by side, rather than having to flick to the back pages to see if there is any note for some specific words, then reading the note, then flicking back to the text to see those words again, flicking again to see the comment again, etc. Offering it this way, rather than through the usual system of all the notes accumulated at the end of the book, allows the student to see both text and comments side by side.

Where space allows it, I have used "/" to separate different comments of terms that belong to the same line in my text. Of course, the accumulation and length of former explanations has sometimes compelled me to make comments appear further down from the line where they should appear.

The help offered in the margins is of so many kinds that it would be too long to mention all of them. These are just some examples of what the student will find:

1/ Indication of cases

At some point, the indication of cases may seem superfluous, but experience tells that even in easy sentences sometimes students may make a mistake in the attribution of cases.

2/ Nomina urbium non accipiunt praepositiones

Yes, we all know that rule, but in some cases it would help the student that they did, and this is why in the margin I have sometimes added between round brackets the preposition that the name would have taken in case it had taken a preposition; for example, *qui nunc Tyria Karthagine exspectat* has this note in the margin: *(in) Tyria Karthagine*. The preposition *in* is inside round brackets, indicating that it is not an omission of the poet, as the name of a city should not have a preposition, but it is an indication that the meaning of that ablative is "place where," and even if in this example it is obvious in other cases the compulsory lack of preposition may create some difficulty.

3/ Per aequor

In a context of navigation, Vergil uses very frequently the ablative to express "through ...," which can also be expressed with *per* + accusative. So, for an expression like *iactatos aequore toto*, the student will find in the margin *aequore toto = per aequor totum*. While *per aequor* does not leave any doubt about its meaning, an ablative can always pose some doubts: can it be an agent? Can it have instrumental meaning? Could it be an ablative of cause? Of course, the same happens with other nouns, not only with *aequor*.

4/ Explanation of meaning

Sometimes the notes in the margin are explanations of what the poet meant. So, the symbol = does not always mean "equal to" (in fact it hardly ever does). It should rather be interpreted as "the poet means." We know that two nouns, two verbs, etc., will never be totally identical in meaning, there will always be little nuances that differentiate them, but in some cases the similarity is close enough as to consider them synonims, like for example *operit = tegit, occultat*; in other cases the similarity is just an approximative one, like for example *accendit = hortatur*, and finally in some cases the symbol = is used just in the sense of "the poet means," like for example *fac me velle = etiam si volo*: it is evident that an imperative construction is not the same as a subordinate clause; or *equo = equitans*: obviously, a noun in the ablative is not the same as a participle in the nominative, but the purpose is to transmit the sense; in these cases, the = is used to indicate the sense of the expression, not to provide a synonim.

5/ Repetition

It will be observed that in many cases a word that has already been explained on the former page is explained again (for example, the explanation *hic = in hoc loco* appears many times); this is due to the fact that usually students have to read a part of the text chosen by their instructor and it can't be assumed that they will have read the former pages, so it can't be assumed that they are already aware of the sense of a word or expression just because it has already appeared a some pages earlier.

6/ Changes, double changes and changes to be supplied

At some point we may find an isolated word without any explanation; it is meant to replace a word that appears in the text in another form, like for example *virorum* is supposed to replace the original word *virum*, to make clear that *virum* is an optional form for the genitive plural.

It is also very frequent that a word ending is modified in the explanation, for example the usual accusative plural *omnes* replacing *omnis*, but at the same time the change is directly applied in the explanation of a larger set of words, like *rumpe omnis moras* in the text appears in the side column as *rumpe omnes moras = noli exspectare*. It is obvious that the change from *omnis* to *omnes* has been embedded into the larger explanation. In other cases an alternative has been proposed for only the main element of a group of words; for example, for *haec mens* in the text the student will see *mens = consilium* in the column; it is obvious that, if *consilium* is used, *haec* should also be changed to *hoc*. The same happens with verbs regimes: the case ruled by a proposed verb may be different from the case ruled by the original verb in the text.

7/ Other explanations

↔ "the antonym of"

≠ "not the same as"

: offers some kind of explanation.

< "it comes from"

[ ] as in the main text, also in the lateral column it indicates that the element inside it, inexistent in the text, has been added to help comprehension.

( ) offers any other kind of additional information.

It will be observed that, in the side column, I have added *(ali)* to many indefinites; for example, *si quis* is explained as *si (ali)quis*. Of course the prefix *ali-* would never appear if preceded by *si*, but adding it may help the students to realise that this is an indefinite.

d) Lack of literary explanations

There is possibly no other work of Latin literature more studied, analysed, etc. than the *Aeneid*. Students have at their disposal summaries that explain the plot book by book, reading companions that will take them through the poem explaining all the mythological references, how many times Vergil uses this or that construction, the references to historic events, etc., everything presented with chirurgical precision by excellent scholars. Although I have included the odd additional explanation in some places, offering all this help is not the purpose of this book: the purpose is just offering some help to the reading of the poem.

e) Verse number

I have added the count number every ten verses of the original poem immediately after the word that in the verse version is the last word of the verse; so, in the Book 1, *ministrat <150>* means that *ministrat* is the last word of the 150th verse. This will make it easier for students to locate in this prose version any specific part of the poem that they must read.

f) Latin summary of the *Aeneid* book by book

If you are interested in reading a Latin summary of the *Aeneid* book by book, the plot of each book summarised in Latin, you can find in *The Latin Library* the reproduction of the wonderful summary written by Charles de la Rue: http://www.thelatinlibrary.com/ruaeus.html

A good part of this book has been written during one of my stays at the Fondation Hardt in Geneva.

Juan Coderch

St Andrews, December 2023

Vergil's *Aeneid* rephrased in prose

Vergil's own words, with vocabulary help

LIBER I

fato = propter fatum
terris et alto mari = per terras et altum mare
superum = deorum
ob iram = propter iram
et in bello = quoque in bello
Latio = in Latium

Cano arma virumque qui, profugus fato, primus venit ab oris Troiae [ad] Italiam Laviniaque litora, ille multum iactatus et terris et alto [mari] [a] vi superum ob memorem iram saevae Iunonis; quoque passus multa et [in] bello, dum conderet urbem inferretque deos Latio, unde genus Latinum Albanique patres atque moenia altae Romae [nascuntur].

quo laeso numine = propter quod laesum numen
deorum / casus: acc. pl.
volvere, adire = pati, experiri
caelestibus animis: deis

Musa, memora mihi causas, quo laeso numine, quidve dolens regina deum impulerit virum, pietate insignem, volvere tot casus, adire tot labores. Tantaene irae [sunt] caelestibus animis?

tenuerunt / contra Italiam: geographico sensu solum?
opum: genit. pl.
studiis belli = propter studium belli
fertur = dicitur
Samos, -i f. / hic = in hoc loco
tendit = conatur (dep.) / (ali)qua
duci: pass. infinit.
olim = aliquo die / verteret = deleret
populum late regem = populum qui in multis terris regnabit
excidio (dat.) = ad excidium

Fuit urbs antiqua, Karthago, Tyrii coloni tenuere [eam], [sita] contra Italiam longeque [a] Tiberina ostia, dives opum asperrimaque studiis belli, quam unam Iuno fertur coluisse magis omnibus terris, posthabita Samo; hic [fuerunt] arma illius, hic fuit currus [illius]; dea iam tum tenditque fovetque hoc esse regnum gentibus, si qua fata sinant [id]. Sed [Iuno] enim audierat progeniem duci a Troiano sanguine quae olim verteret arces Tyrias; [audierat] hinc venturum [esse] populum late regem atque superbum [in] bello, excidio Lybiae: sic Parcas volvere [fata].

Argis < Argi, -orum pl. (urbs Graeca)
necdum = atque nondum
exciderant = exierant

repositum / spretae < sperno, -ere

illud genus: Troiani

super his rebus = propter has res

Troas = Troianos / Danaorum
aequore toto = per totum aequor

tantae molis erat = tam difficile erat

vix ... = cum iam Siculam tellurem non viderent
salis = maris / aere (< aes, aeris n.) = navibus (quia naves aes habebant in prora) / inceptum: consilium quod iam inceptum est

Argivum: genit. pl.

iaculata < iaculor, -ari (= iacio, -ere)

disiecit = sparsit / evertit - turbavit
aequora = mare

incedo ut = ambulo ut, sum

divom = deorum

"quisquam" pro "quis" quia responsum erit "nemo"

Saturnia, metuens id, atque memor veteris belli quod [ipsa] prima gesserat ad Troiam pro caris Argis –necdum etiam causae irarum saevique dolores exciderant [ex] animo [deae]: manet, [in] alta mente repostum, iudicium Paridis atque iniuria spretae formae [deae], et [illud] genus invisum, et [manent] honores rapti Ganymedes–; accensa super his [rebus], [dea] arcebat longe [a] Latio Troas, reliquias Danaum atque immitis Achilli, iactatos aequore toto, atque per multos annos errabant, acti [a] fatis, circum omnia maria. Tantae molis erat condere Romanam gentem!

Vix e conspectu Siculae telluris, laeti dabant vela in altum [mare], et ruebant spumas salis aere, cum Iuno, servans aeternum volnus sub pectore, [dicit] haec secum: "Mene victam desistere [ab] incepto, nec posse avertere regem Teucrorum [ab] Italia? Quippe, vetor [a] fatis. Pallasne potuit exurere classem Argivum atque submergere ipsos [in] ponto, ob noxam et furias unius, Aiacis Oilei? Ipsa, iaculata rapidum ignem Iovis e nubibus, disiecitque rates evertitque aequora ventis, turbine corripuit illum, expirantem flammas [e] transfixo pectore, atque infixit [eum] [in] acuto scopulo. Ast ego, quae incedo [ut] regina divom, atque et soror et coniunx Iovis, gero bella cum una gente tot annos! Et, praeterea, quisquam adoret numen Iunonis, aut supplex imponet honorem aris?"

Talia volutans secum [in] flammato corde, dea venit in patriam nimborum, Aeoliam, loca feta furentibus austris. Hic [in] vasto antro rex Aeolus premit suo imperio luctantes ventos tempestatesque sonoras ac frenat [eos] vinclis et carcere. Illi, indignantes, cum magno murmure fremunt circum claustra montis; Aeolus sedet [in] celsa arce, tenens sceptra, mollitque animos et temperat iras. Ni faciat, quippe [illi] rapidi ferant secum maria ac terras caelumque profundum atque verrant [ea] per auras. Sed pater omnipotens, metuens hoc, abdidit [eos] [in] speluncis atris, atque insuper imposuit molem et montis altos, atque dedit [eis] regem qui, iussus certo foedere, sciret et premere et dare laxas habenas. Ad quem tum Iuno, supplex, usa est his vocibus:

"Aeole, namque pater divom atque rex hominum dedit tibi et mulcere fluctus et tollere [eos] vento: gens mihi inimica navigat Tyrrhenum aequor, portans in Italiam Ilium victosque Penates: incute vim ventis atque obrue submersas puppes, aut age [eos] diversos et disiice corpora [eorum] ponto. Sunt mihi bis septem nymphae praestanti corpore, quarum [eam] quae [est] pulcherrima forma, Deiopea, [tibi] iungam conubio stabili atque dicabo [eam] propiam [tibi], ut tecum, pro talibus meritis, exigat omnis annos et faciat te parentem pulchra prole."

volutans = cogitans

feta = plena / hic = in hoc loco

premit = continet
luctantes = pugnantes
vinclis = catenis

fremunt = mugiunt / celsa = alta

temperat = moderatur (dep.)
ni = nisi
quippe = procul dubio

verrant = trahant

abdidit = occultavit
insuper = super eos montes

certo: a Iove imposito
dare laxas habenas = solvere habenas (ut liberi fiant)

divom = deorum

fluctus: acc. pl.

Ilium: quod deletae Troiae manet
incute = da
ventis: dat. / obrue = fac impetum in

ponto = per pontum

praestanti corpore: ablat. descript.

dicabo ... = efficiam ut tua sit

exigat omnis annos = agat omnes annos

mihi fas est = ego debeo
quodcumque ... = regnum quod habeo
divom = deorum
potentem = dominum

Aeolus haec [dixit] contra: "Tuus labor, o regina, [est] explorare quid optes; mihi fas est capessere [tua] iussa. Tu mihi [das] hoc, quodcumque regni [est] [mihi], tu [mihi] concilias sceptra Iovemque, tu [mihi] das accumbere epulis divom, [tu] facis [me] potentem nimborumque tempestatumque."

conversa: ablat.
qua = per quem locum
incubuerunt
incubo + dat. = iacio me super
fluctus: acc. pl.
virorum / rudentium
incubat = accumbat
ponto = super pontum
intonuerunt
intentant = monstrant
extemplo = statim
duplices / refert = dicit
talia: acc. pl. n.

Ubi haec dicta [sunt], impulit cavum montem in latus conversa cuspide [lanceae], ac venti, velut agmine facto, qua porta data [est], ruunt et perflant terras turbine. [Venti] incubuere mari, atque Eurusque Notusque atque Africus, creber procellis, una ruunt totum ab imis sedibus, et volvunt vastos fluctus ad litora. Insequitur clamorque virum stridorque rudentum. Subito nubes eripiunt caelumque diemque ex oculis Teucrorum; atra nox incubat ponto. Poli intonuere, et aether micat crebris ignibus, atque omnia intentant praesentem mortem viris. Extemplo, membra Aeneae solvuntur frigore; ingemit, et tendens duplicis palmas ad sidera refert talia voce:

quis = quibus / oppetere [mortem] = mori / ante ora = ante oculos
Danaum: genit. pl.
me non potuisse: exclamat. infinit.
occumbere = iacere, mori
iacet [necatus] telo

"O terque quaterque beati, quis contigit oppetere ante ora patrum sub altis moenibus Troiae! O Tydide, fortissime gentis Danaum! Mene non potuisse occumbere [in] Iliacis campis, atque effundere hanc [meam] animam tua dextra [manu] [illic] ubi saevus Hector iacet telo Aeacidae,

Sarpedon [iacet]
virorum

ubi ingens Sarpedon, ubi Simois volvit sub undis tot correpta scuta galeasque et fortia corpora virum?"

Aquilone: ablat.
ferit (≠ fert) < ferio, -ire
fluctus: acc. pl.
hi: nautae
his (dat. pl.): nautis
fluctus: acc. pl.
tres / in = contra
dorsum immane: appositio
tres / in brevia: ubi mare non est altus / syrtes
illidit vadis = pellit contra vada
aggere: ablat. sing.

Procella, adversa [ei] talia iactanti, stridens Aquilone, ferit velum tollitque fluctus ad sidera. Remi franguntur; tum prora avertit et dat latus [navis] undis; insequitur praeruptus mons cumulo aquae. Hi pendent [e] summo in fluctu; his unda, dehiscens, aperit terram [quae apparet] inter fluctus; aestus furit [mixtus cum] harenis. Notus torquet tris abreptas [naves] in latentia saxa –Itali vocant "Aras" saxa quae [iacent] in mediis fluctibus, dorsum immane [in] summo mari–; Eurus urguet [alias] tris [naves] ab alto [mari] in brevia et syrtis, miserabile visu, inliditque [eas] vadis atque cingit [eas] aggere harenae.

pontus = unda
ferit (≠ fert) < ferio, -ire
excutitur = iactatur vi
volvitur in caput [in mare]
vorat = edit (= efficit ut evanescat)
rari = pauci
virorum / Troia gaza = Troiani thesauri
qua: ablat. sing.

Ante oculos ipsius [Aeneae] ingens pontus, [cadens] a vertice, ferit in puppim unam [navem] quae vehebat Lycios fidumque Orontem: magister excutitur pronus atque volvitur in caput; ast fluctus torquet illam [navem] ibidem ter, agens [eam] circum, et rapidus vortex vorat [eam] [in] aequore. Rari [nautae] adparent nantes in vasto gurgite, arma virum tabulaeque et Troia gaza [adparent] per undas. Hiems iam vicit validam navem Ilionei, iam [vicit] [navem] fortis Achatae, et [navem] qua vectus [est] Abas, et [navem] qua [vectus est] grandaevus Aletes;

omnes [naves] accipiunt inimicum imbrem laxis compagibus laterum, atque fatiscunt rimis.

laxis = ruptis
fatisco, -ere (tempus imperii) = fatiscor, -i (tempus rei publicae)

Interea Neptunus, graviter commotus magno murmure, sensit pontum misceri atque hiemem emissam [esse] et stagna [e] vadis refusa [esse], et, prospiciens alto [mari], extulit placidum caput [e] summa unda. Videt toto aequore disiectam classem Aeneae, Troas oppressos fluctibus atque ruina caeli, nec doli et irae Iunonis latuere fratrem. Vocat ad se Eurum Zephyrumque, dehinc talia fatur:

misceri = turbari
alto mari = per altum mare
toto aequore = per totum aequor
Troas = Troianos
ruina: ablat.
latuerunt / dehinc = postea

"Tanta fiducia vestri generis tenuit vos? Iam, venti, audetis miscere caelum terramque sine meo numine et tollere tantas moles? Quos ego... sed praestat componere motos fluctus. Post, luetis mihi [vestra] commissa poena non simili [vestris commissis]. Maturate fugam, atque dicite haec regi vestro: imperium pelagi saevumque tridentem non illi, sed mihi datum [esse] sorte. Ille tenet immania saxa, vestras domos, Eure; iactet se Aeolus in illa aula, et regnet [in] clauso carcere ventorum."

sine meo numine = sine mea venia
praestat = melius est
fluctus: acc. pl. / post = postea
commissa: acc. pl. / poena: ab. sing.
maturate fugam = cito fugite
Eure: vocat. / iactet, regnet: iussivi subiunctivi

Sic ait, et citius dicto placat tumida aequora, fugatque collectas nubes, reducitque solem. Cymothoe et Triton adnixus detrudunt simul navis [ab] acuto scopulo; ipse [Neptunus] levat [eas] tridenti et aperit vastas syrtis et temperat aequor,

dicto: ablat. comparationis
collectas = cumulatas
adnixus = strenue laborans
detrudunt = extrahunt
naves / tridenti: ablat.
syrtes

atque perlabitur [per] summas undas levibus rotis. Ac veluti cum in magno populo saepe coorta est seditio atque ignobile volgus saevit [in] animis, iamque faces et saxa volant –furor ministrat arma [eis]–; tum, si forte conspexere quem virum, gravem pietate ac meritis, silent adstantque arrectis auribus; ille dictis [suis] regit animos et mulcet pectora: sic cunctus fragor pelagi cecidit, postquam genitor, prospiciens aequora atque invectus caelo aperto, flectit equos atque volans dat lora, curru secundo.

perlabitur (dep.) = iter facit
vulgus / coorta est = nascitur (dep.)
ministrat = praebet, offert
conspexerunt / (ali)quem
pietate, meritis: ablat. descript.
arrectis auribus: attente audientes
caelo aperto = per caelum apertum
dat [laxa] lora

Defessi, Aeneadae contendunt cursu petere litora quae proxima [iacent] et vertuntur ad oras Lybiae. In longo secessu est [hic] locus: insula efficit portum obiectu laterum, [in] quibus omnis unda, [veniens] ab alto [mari], frangitur atque scindit sese in reductos sinus. Hinc atque hinc minantur in caelum vastae rupes geminique scopuli, sub vertice quorum aequora silent tuta late; tum desuper imminet scaena coruscis silvis atque atrum nemus horrenti umbra. Sub fronte adversa [iacet] antrum scopulis pendentibus [factum], intus [sunt] aquae dulces atque sedilia [de] vivo saxo: domus nympharum; hic non ulla vincula tenent fessas navis, ancora non alligat [eas] unco morsu. Huc Aeneas subit [cum] septem navibus, collectis ex omni numero [navium], ac Troes, magno amore telluris, egressi potiuntur optata harena

cursu = celeriter
in longo secessu = in remoto loco
obiectu (< obiectus, -us) = propter obiectum
sinus: acc. pl.
aequora silent tuta = mare silet tutum
imminet = in alto loco sita est
sub fronte = in fronte
intus = in antro
hic = in hoc loco / naves
unco = curvo (quia ancora curva est)
subit = appropinquat
potior + ablat. = occupo
optata (= desiderata) harena: ablat.

et ponunt in litore [suos] artus, sale tabentis.

artus: acc. pl. / tabentes

Ac primum Achates excudit scintillam silici suscepitque ignem [in] foliis, atque circum dedit arida nutrimenta [igni] rapuitque flammam in fomite. Tum, fessi rerum, expediunt Cererem corruptam undis Cerealiaque arma, atque parant et torrere receptas fruges flammis et frangere [eas] saxo. Interea Aeneas conscendit scopulum et late petit omnem prospectum [in] pelago, si quem videat: Anthea, vento iactatum, Phrygiasque biremis [navis], aut Capyn, aut arma Caici in celsis puppibus. [Prospicit] nullam navem in conspectu, prospicit tris cervos [in] litore errantis; tota armenta sequuntur hos a tergo, et longum agmen pascitur per vallis. Constitit hic, corripuit manu arcumque celerisque sagittas, tela quae fidus Achates [ei] gerebat, atque primum sternit ipsos ductores, ferentes capita alta arboreis cornibus, tum volgus, et, agens telis omnem turbam inter frondea nemora, miscet [eam]; nec absistit prius quam, victor, fundat humi septem ingentia corpora et aequet numerum [cervorum] cum navibus.

silici (< silex, -icis) = e silice
corruptam Cererem = umidum frumentum
receptas = ex aqua servatas
(ali)quem / Anthea: Graecus acc.
biremes naves / Capyn: acc.
tres / in conspectu = ante oculos
errantes
pascitur (dep.) = edit herbam/ valles
hic = in hoc loco
celeres
sternit = necat
vulgus, -i n.
turbam: turma cervorum
fundat humi (locat.) = necet
aequet ... = necet tot cervos quot naves habet

Hinc petit portum et partitur [cervos] in omnes socios. Deinde dividit vina quae bonus heros Acestes onerarat [in] cadis atque dederat [eis] [a] litore Trinacio abeuntibus, et mulcet maerentia pectora [eorum] [his] dictis:

partitur (dep.) in = distribuit inter
oneraverat
mulcet = mollit

passi = qui passi estis
ante = antea / accessistis
sonantes
experti estis = passi estis
mittite = relinquite
et = quoque / iuvabit = placebit
casus: acc. pl.
ostendunt = monstrant nobis
rebus secundis = ad res secundas

"O socii, o [vos] passi graviora –neque enim ignari sumus malorum ante–, deus dabit finem quoque his [malis]. Vos accestis et [ad] Scyllaeam rabiem atque [ad] scopulos penitus sonantis, vos et experti [estis] Cyclopea saxa: revocate animos atque mittite maestum timorem; forsan, olim, et meminisse haec iuvabit. Per varios casus, per tot discrimina rerum tendimus in Latium, ubi fata ostendunt quietas sedes; illic fas [est] regna Troiae resurgere. Durate, et servate vosmet rebus secundis."

aeger = tristis
vultu/ accingunt = iactant
praedae dapibusque futuris: dat.
futuris = quas nunc facient
veribus < veru, -us n. (instrumentum ad coquendum)
victus, -us = cibus, -i
Bacchi = vini
exempta = satiata / epulis = cibo
pati extrema fata = mortuos esse
exaudire [posse]
Gyan: Graecus acc.

Talia refert voce, atque, aeger ingentibus curis, simulat spem [in] voltu, premit altum dolorem [in] corde. Illi accingunt se praedae dapibusque futuris; deripiunt tergora [a] costis et nudant viscera; pars secant [ea] in frusta atque figunt [ea], [adhuc] trementia, [in] veribus; alii locant aena [in] litore atque ministrant flammas [eis]. Tum revocant vires victu atque, fusi per herbam, implentur veteris Bacchi pinguisque ferinae. Postquam fames exempta [est] epulis mensaeque remotae [sunt], requirunt longo sermone amissos socios, dubii inter spemque metumque, seu credant [eos] vivere sive [credant] [eos] pati extrema [fata] nec iam, vocatos, exaudire. Praecipue pius Aeneas secum gemit casum nunc acris Oronti, nunc Amyci, et crudelia fata Lyci, fortemque Gyan, fortemque Cloanthum.

Et iam finis [luctuum] erat, cum Iuppiter, [e] summo aethere despiciens mare velivolum terrasque iacentis litoraque et latos populos, sic constitit [in] vertice caeli et defixit lumina [in] regnis Libyae. Atque Venus, tristior et suffusa nitentis oculos lacrimis, adloquitur illum, talis curas [in] pectore iactantem:

"O [tu] qui regis res hominumque deumque [tuis] aeternis imperiis et terres [eos] fulmine, quid tantum meus Aeneas [potuit] committere in te, quid [tantum] Troes potuere [committere], quibus, tot funera passis, cunctus orbis terrarum clauditur ob Italiam? Olim certe pollicitus [es] hinc, a revocato sanguine Teucri, volventibus annis, Romanos fore, ductores qui tenerent mare, qui [tenerent] terras [sub] omni [sua] dicione; quae sententia vertit te, genitor? Solabar equidem hoc occasum tristisque ruinas Troiae rependens contraria fata [melioribus] fatis; nunc eadem fortuna insequitur viros tot casibus actos. Quem finem laborum das [eis], rex magne? Antenor, elapsus [e] mediis Achivis, potuit tutus penetrare Illyricos sinus atque intima regna Liburnorum et superare fontem [fluminis] Timavi, unde [hoc flumen], cum vasto murmure montis, it per novem ora [ut] mare proruptum et premit arva sonanti pelago. Ille tamen hic locavit urbem Patavi sedesque Teucrorum, et dedit nomen genti, atque fixit Troia arma;

velivolum = velis transversum
iacentes
defixit lumina = posuit oculos
suffusa = implens / nitentes
tales
deorum
quid tantum = quod crimen
in = contra / potuerunt
quibus: relativum
ob = ante
pollicitus es = promisisti / revocato = renovato / Teucri: gen. sing.
fore = futuros esse
ductores: acc. pl.
dicione = potestate
occasum [Troiae] / tristes
rependens = restituens
[malis] casibus
elapsus = postquam fugit
penetrare = pervenire ad
sinus: acc. pl.
premit arva = pulsat campos
pelago = aqua fluminis
Troia = Troiana

compostus = tranquillus

adnuis = concedis, das, praebes

prodimur = relinquimur
ob = propter
in sceptra = in imperium, in potestatem

olli = illi (dat.) / vultu (ablat.)

parce metu = noli timere
immota = non mutata
Lavini: genit.

fabor (dep.) = dicam/ hic geret

quando = quia
longius: longius ad tempus

contundet = pulsabit, vincet

terna = tria

Rutulis subactis = postquam Rutuli victi sunt

explebit = conficiet / orbes (= annos)

hic regnabitur = hic locus (Alba Longa) regnabitur / sub = a
gravis = gravida

lupae nutricis = lupae quae eum nutrivit
excipiet = capiet sub suam potestatem

nunc, compostus, quiescit [in] placida pace. Nos, tua progenies, quibus adnuis arcem caeli, navibus amissis (infandum!), prodimur ob iram unius [rivalis] atque longe disiungimur [ab] Italis oris. [Est] hic honos pietatis? Sic reponis nos in sceptra?"

Sator hominum atque deorum, subridens olli voltu quo serenat caelum tempestatesque, libavit oscula natae; dehinc, talia fatur:

"Parce metu, Cytherea: fata tuorum manent tibi immota; cernes urbem et promissa moenia Lavini, atque feres magnanimum Aenean sublimem ad sidera caeli; neque sententia vertit me. Hic (fabor enim [tibi], quando haec cura remordet te, et, longius volvens, movebo [tibi] arcana fatorum) geret tibi ingens bellum [in] Italia, atque contundet populos feroces, atque ponet mores et moenia viris, dum tertia aestas viderit [eum] regnantem [in] Lacio ternaque hiberna transierint Rutulis subactis. At puer Ascanius, cui nunc cognomen Iulo additur –Ilus erat dum res Ilia stetit [in] regno–, explebit, volvendis mensibus, triginta magnos orbis [in] imperio atque transferet regnum a sede Lavini et muniet Albam Longam multa vi. Hic regnabitur iam ter centum totos annos sub gente Hectorea, donec Ilia, regina sacerdos, [a] Marte gravis, dabit [in] partu geminam prolem. Inde, laetus [sub] fulvo tegmine lupae nutricis, Romulus excipiet gentem

Mavortia moenia = moenia Martis

et condet Mavortia moenia, atque de suo nomine dicet [eos] "Romanos."

nec metas ... = nec metas loci nec temporis
quin = contra
metu = propter metum
referet = mutabit / fovebit = curabit
sic ... = sic mihi placet
lustrum = quinque anni
dominor, -ari
qui ... = cuius imperium usque ad oceanum pateat
demissum = depromptum
onustum = gravatum
hic vocabitur votis = homines vocabunt hunc votis (ut deum)
iura = leges
compages, -is = compago, -inis
vinctus (≠ victus) < vincio, -ire
vinctus post tergum = manibus post tergum vinctis

Ego pono his nec metas rerum nec tempora, dedi [eis] imperium sine fine. Quin, aspera Iuno, quae nunc fatigat mare terrasque caelumque metu, referet [sua] consilia in melius, mecumque fovebit Romanos, dominos rerum atque togatam gentem: sic placitum [est mihi]. Lustris labentibus, veniet aetas cum domus Assaraci premet Phthiam clarasque Mycenas servitio, ac dominabitur [in] victis Argis. Nascetur Caesar Troianus [e] pulchra origine, qui terminet [suum] imperium [in] oceano, [suam] famam [in] astris, Iulius, nomen demissum a magno Iulo. Tu, secura, accipies olim hunc, spoliis Orientis onustum, [in] caelo; hic quoque vocabitur votis. Tum, positis bellis, aspera saecula mitescent; cana Fides et Vesta, Quirinus cum fratre Remo, dabunt iura; dirae portae Belli claudentur ferro et compagibus artis; intus, Furor impius, sedens super saeva arma et vinctus post tergum centum aenis nodis, horridus fremet ore cruento."

genitum = filium
nescia = inscia
arceret = repelleret
adstitit oris = pervenit ad oras

Haec ait, et ab alto demittit genitum [e] Maia, ut terrae utque novae arces Karthaginis pateant Teucris [in] hospitio, ne Dido, nescia fati, arceret [eos] [a] finibus. Volat ille per magnum aera remigio alarum, ac citus adstitit oris Lybiae.

ponunt = deponunt
accipit = optat

Et iam facit iussa, atque Poeni, volente deo, ponunt ferocia corda; in primis, regina accipit quietum animum mentemque benignam in Teucros.

volvens = putans
quas: interrogat.
accesserit = pervenerit
qui: interrogat.
inculta = sine cultu agricolarum
exacta = visa, visas res
occulit = occultat
clausam = opertam
sese tulit obvia = apparuit
habitum = vestes
praevertitur (dep.) = antecedit
fuga: ablat. / namque = nam
de more = ut fieri solet
fluentes sinus: acc. pl. / nodo: ablat.

At pius Aeneas, volvens plurima per noctem, ut primum alma lux data est, constituit exire locosque novos explorare, [ad] quas costas accesserit vento, quaerere qui teneant [eas], hominesne feraene, nam videt [loca] [esse] inculta, atque referre exacta sociis. In convexo nemorum, sub rupe cavata, occulit classem, clausam arboribus atque horrentibus umbris circum. Ipse graditur comitatus [ab] uno, Achate, crispans manu bina hastilia lato ferro. Cui mater sese tulit obvia [in] media silva, gerens os habitumque virginis et arma virginis Spartanae, vel qualis Threissa Harpalyce fatigat equos atque praevertitur volucrem Hebrum fuga. Namque suspenderat habilem arcum [ex] umeris de more, [ut] venatrix, dederatque ventis diffundere comam, nuda genu atque collecta fluentis sinus nodo.

monstrate = dicite
(ali)quam / pharetra: ablat.
lyncis: genit.
prementem = persequentem
quam memorem te? = quo modo debeo vocare te?

Ac prior "Heus" inquit, "iuvenes, monstrate [mihi] si forte vidistis quam mearum sororum hic errantem, succintam pharetra et tegmine maculosae lyncis, aut clamore prementem cursum spumantis apri." Sic Venus [dixit], et sic filius Veneris, contra, orsus [est]: "Nulla tuarum sororum audita [est] neque visa [est] mihi. O, quam memorem te, virgo?

namque = nam
sonat hominem = sonat humanam
leves, doceas: subiunct. desiderii
quo, quibus: interrogat.
huc = ad hunc locum
hostia cadet = sacrificia faciet

Namque voltus tibi haud mortalis [est] nec vox sonat hominem. O, dea certe [es], an soror Phoebi? An una sanguinis nympharum? Sis felix, atque, quaecumque [sis], leves nostrum laborem et doceas tandem sub quo caelo, in quibus oris orbis iactemur. Ignari hominumque locorumque erramus, huc acti vento et vastis fluctibus. Nostra dextra [manus] tibi multa hostia cadet ante aras."

dignor me = puto me dignam esse
gestare = gerere / suras = crura
fines sunt Libyci = terra pertinet ad Libycos
regit [hoc] imperium
sequar = dicam
summa fastigia = principalia facta

Tum Venus: "Haud equidem dignor me tali honore; virginibus Tyriis mos est gestare pharetram atque alte vincire suras purpureo cothurno. Vides Punica regna, Tyrios et urbem Agenoris; sed fines [sunt] Libyci, genus intractabile bello. Dido, profecta [a] Tyria urbe fugiens germanum, regit imperium. Longa [dicendi] est iniuria, longae [dicendi] [sunt] ambages, sed sequar summa fastigia rerum.

ditissimus ... = qui inter Phoenices plurimos agros habebat
iugarat (< iugo, -ere) = iugaverat
primis ominibus = primis nuptiis
securus ... = non sollicitus de amore quem germana sentiebat
superat = necat
factum = crimen / lusit = decepit
vana spe: Dido putabat Sychaeum adhuc vivere

Coniunx huius, ditissimus agri Phoenicum, et dilectus magno amore miserae [Didonis], erat Sychaeus, cui pater dederat [eam] intactam atque iugarat [eam] primis ominibus. Sed germanus Pygmalion habebat regna Tyri, immanior scelere ante omnes alios. Inter quos furor venit medius. Ille, impius atque caecus amore auri, securus amorum germanae, clam superat ferro Sychaeum, incautum, ante aras, atque diu celavit factum, et malus, multa simulans, lusit aegram amantem vana spe. Sed in somnis venit ipsa imago inhumati coniugis, attollens ora, pallida miris modis;

nudavit aras crudeles atque pectora, ferro traiecta, atque retexit omne caecum scelus [illius] domus.

nudavit = monstravit, patefecit
domus: genit.

Tum suadet [sorori] celerare fugam atque excedere [e] patria, atque [e] tellure recludit veteres thesauros, auxilium viae, ignotum pondus argenti et auri. His [rebus] commota, Dido parabat fugam sociosque: [ei] quibus erat aut odium crudele tyranni aut metus acer conveniunt; corripiunt navis quae forte paratae [erant] atque onerant [eas] auro. Opes avari Pygmalionis portantur pelago, femina [fit] dux facti. Devenere [ad hos] locos, ubi nunc cernis ingentia moenia surgentemque arcem novae Karthaginis, mercatique [sunt] quantum solum possent circumdare tergo taurino, "Byrsam" [vocatum] de nomine [huius] facti. Sed tandem qui [estis] vos, aut a quibus oris venistis, quove tenetis iter?"

celerare = premere
excedere = exire
recludit = effodit
auxilium viae (= itineris): appositio
quibus erat metus = qui sentiebant metum
naves
pelago = per pelagus
dux facti = dux fugae / devenerunt
mercati sunt (< mercor) = emerunt
quantum solum = tantum solum quantum / ("Byrsa" est nomen soli quod emerunt)
quo = ad quem locum

Ille, suspirans atque trahens vocem ab imo pectore, [respondit] [ei] quaerenti talibus [verbis]: "O dea, si, repetens ab origine, pergam prima [facta] et vacet [tibi] audire annalis nostrorum laborum, Vesper ante componat diem, clauso Olympo. Forte tempestas sua [sponte] adpulit nos, vectos per diversa aequora, [a] Troia antiqua, si forte nomen Troiae iit per vestras auris, Libycis oris. Sum pius Aeneas, qui [in] classe veho mecum Penates ex hoste raptos; fama notus [sum] super aethera.

repetens = incipiens
pergam = narrabo
vacet = tempus est / annales
antea / componat diem = faceret finem diei
aures / Libycis oris = ad Lybicas oras
fama (ablat.) = propter famam
aethera: Graecus acc.

Quaero Italiam, patriam [meam], et genus ab Iove summo. Bis denis navibus conscendi Phrygium aequor, secutus data fata, matre mea viam monstrante; vix septem [naves] supersunt, convolsae undis Euroque. Ipse ignotus, egens, peragro deserta Libyae, pulsus [ex] Europa atque Asia."

bis denis = XX
conscendo aequor = navigo per aequor
convolsae = pulsatae
egens = nihil habens

Nec Venus, passa [eum] plura quaerentem, [in] medio dolore [eius] sic interfata est: "Quisquis es, haud invisus caelestibus, credo, carpis auras vitalis, [tu] qui adveneris [ad] Tyriam urbem. Perge modo, atque hinc perfer te ad limina reginae, namque [ego] tibi nuntio socios reduces [esse] classemque relatam [esse] et, versis aquilonibus, in tutum actam [esse], ni [mei] parentes vani docuere [me] augurium frustra. Aspice [hos] bis senos cycnos laetantis [in] agmine, quos ales Iovis, lapsa [ex] aetheria plaga, [in] aperto caelo turbabat; nunc videntur [in] longo ordine aut capere terras aut despectare [terras] iam captas: ut illi, reduces, ludunt stridentibus alis et cinxere polum [in] coetu atque dedere cantus, haud aliter puppesque tuae pubesque tuorum aut [iam] tenet portum aut subit ostia pleno velo. Perge modo et dirige gressum qua via ducit te."

Nec Venus, passa = Et Venus, non passa
quisquis = quiscumque / invisus = odiosus / carpis = aspiras
vitales
perfer te = i / namque = nam
redux, -ucis = qui revenit
versis aquilonibus = aquilonibus ventis retro afflantibus / ni = nisi
docuerunt
bis senos = XII / laetantes
ales = avis (avis Iovis est aquila)
despectare = de alto loco spectare
cinxerunt / dederunt
pubes tuorum = tui iuvenes
gressum = passum
qua = per quem locum / via: nom.

Dixit, et avertens refulsit rosea cervice, atque [e] vertice comae spiravere divinum odorem ambrosiae, vestes defluxit ad imos pedes, et incessu patuit [ut] vera dea.

e vertice = e capite
spiraverunt
incessus, -us = modus ambulandi

ubi = cum
quid = cur / ludis = irrides
datur [mihi] / [meam] dextram [tuae] dextrae
reddere = dicere

Ille, ubi matrem adgnovit, tali voce secutus est [eam] fugientem: "Quid totiens, tu quoque, crudelis, ludis [tuum] natum falsis imaginibus? Cur non datur iungere dextram dextrae ac audire et reddere veras voces?"

gressum (sing. pro pl.) = passum
saepsit = texit / fudit ... = fudit magnum amictum nebulae
(ali)quis
contingere = tangere / moliri = efficere ut morarentur (dep.)
(ad) Paphum
illi: dat. / calent = calidae sunt
halant = odorem iactant

Talibus incusat [eam], atque tendit gressum ad moenia. At Venus saepsit [eos] gradientes obscuro aere, et dea circum [eos] fudit multo amictu nebulae, ne quis posset eos cernere neu quis [posset] [eos] contingere molirive moram, aut poscere causas veniendi. Ipsa, sublimis, abit Paphum atque, laeta, revisit sedes suas, ubi templum [est] illi centumque arae calent Sabaeo ture atque halant recentibus sertis.

corripuerunt / qua = per quem locum / semita: nom.
qui plurimus imminet urbi = a cuius alta cuspide tota urbs inspici potest
magalia = minimas domus
ducere = ducebant
tecto: dat. / sulco: ablat.
magistratus: acc. pl.
hic = in hoc loco
portus: acc. pl.
excidunt = excipiunt, extrahunt
immanes/ futuris scaenis = futuro theatro

Interea [illi] corripuere viam qua semita monstrat. Iamque ascendebant collem qui plurimus imminet urbi atque desuper adspectat adversas arces. Aeneas miratur molem, quondam magalia, miratur portas strepitumque et strata viarum. Instant ardentes Tyrii: pars ducere muros molirique arcem et subvolvere saxa manibus, pars optare locum tecto et concludere [eum] sulco. Legunt iura atque magistratus sanctumque senatum. Alii hic effodiunt portus, alii hic locant alta fundamenta theatris atque [e] rupibus excidunt immanis columnas, alta decora futuris scaenis.

Qualis labor exercet apes per florea rura sub sole nova aestate, cum educunt fetus adultos [suae] gentis, aut cum stipant liquentia mella et distendunt cellas dulci nectare, aut accipiunt onera [aliarum] venientium, aut, agmine facto, arcent fucos, ignavom pecus, a praesepibus; opus fervet atque fragantia mella redolent thymo. "O fortunati, moenia quorum iam surgunt!" Aeneas ait, et suspicit fastigia urbis. Saeptus nebula, mirabile dictu, infert se per medios [viros] miscetque [se] viris neque cernitur ulli.

labor exercet apes = apes laborant
fetus: acc. pl. / stipant = cumulant
distendunt = implent
arcent fucos = expellunt falsas apes
ignavum = segne, pigrum
redolent = olent / thymo: ablat.
suspicit = observat
fastigia = tecta / saeptus = opertus
infert se = it
cernitur = videtur

Lucus fuit in urbe media, laetissimus umbra, quo primum iactati undis et turbine Poeni effodere [ex hoc] loco signum quod regia Iuno monstrarat [eis]: caput acris equi, nam [dixit] sic [eos] fore per saecula gentem egregiam [in] bello et facilem victu. Hic Sidonia Dido condebat ingens templum, opulentum donis et numine divae, cui surgebant aerea limina [in] gradibus atque tranes nexae aere, [atque] cardo stridebat aenis foribus. In hoc luco primum nova res [oculis Aeneae] oblata leniit timorem [eius], hic primum Aeneas ausus [est] sperare salutem, et melius confidere [de] adflictis rebus. Namque dum lustrat singula sub ingenti templo, opperiens reginam, dum miratur quae fortuna sit urbi atque manus artificum inter se [laborantium] atque laborem operum, videt Iliacas pugnas ex ordine bellaque iam volgata per totum orbem fama,

quo = ad quem
effoderunt
victu < victus, -us (= cibus, -i)
templum ... cui
cui surgebant = quod habebat
aereus (< aes, aeris) ≠ aerius (< aer, aeris)
aenus = aeneus
hic = in hoc loco
opperior, -iri ≠ operio, -ire
artificum < artifex, -icis
ex ordine = in ordine super parietibus pictas
vulgata: acc. pl. n. / fama: ablat.

Atridas Priamumque et Achillem, saevum ambobus.

ambobus: dat.

Constitit, et lacrimans "Quis iam locus," inquit, "Achate, quae regio in terris non [est] plena nostri laboris? En Priamus. Etiam hic sunt sua praemia laudi; [etiam hic] sunt lacrimae rerum [mortalium], et mortalia tangunt mentem. Solve metus, haec fama feret tibi aliquam salutem."

constitit = immotus mansit

Etiam hic sunt ... = Etiam hic laus (= haec fama) habet sua praemia

mortalia ... = mortalia infortunia efficiunt ut tristes fiamus

Sic ait, atque pascit animum pictura inani, multa gemens, largoque flumine [lacrimarum] umectat voltum, namque videbat hac uti Graii, bellantes circum Pergama, fugerent, [cum] premeret Troiana iuventus; [videbat] hac Phrygies, [cum] cristatus Achilles instaret curru. Nec procul hinc adgnoscit, lacrimans, tentoria Rhesi niveis velis quae, prodita primo somno, cruentus Tydides vastabat multa caede atque avertit in castra ardentis equos, prius quam gustassent pabula Troiae atque bibissent Xanthum. [In] alia parte fugiens Troilus, amissis armis, infelix puer atque impar congressus Achilli, fertur equis, atque resupinus haeret [in] inani curru, tenens tamen lora; cervixque comaeque huic trahuntur per terram, et hasta versa inscribitur [in] pulvis. Interea Iliades, crinibus passis, ibant ad templum Palladis non aequae atque suppliciter ferebant peplum, tristes et tunsae pectora palmis. Diva, aversa, tenebat oculos fixos [in] solo.

pascit = alit / inani = sine vita
multa: plur. pro sing.
vultum / namque = nam
uti = ut = quo modo
Pergama: plur. pro sing.

hac = hic, in hoc loco
instaret = premeret
niveis velis = quae habebant niveas velas
prodita = sine tutela relicta

ardentes / prius quam = ante quam

pabulum = cibus equis

impar: nullo modo talem vim habens qualem Achilles
inani = vacuo, sine auriga

huic (dat.): huius (genit.)

Iliades: fem. pl.

aequae: genit. sing.

pectora: acc. pl. / palmis = manibus

Hectora: Graecus acc.
auro [a Priamo oblato]

Achilles ter raptaverat Hectora circum Iliacos muros atque vendebat exanimum corpus auro.

currus: acc. pl.
inermes manus: acc. pl.
adgnovit = agnovit
Amazonidum: gen. pl.
subnecto + acc. + dat.
exsertae mammae: dat. sing.
concurrere = pugnare

Tum vero dat ingentem gemitum ab imo pectore, ut conspexit spolia, ut currus, ut corpus ipsum amici atque Priamum inermis manus tendentem. Quoque adgnovit se, permixtum [in] principibus Achivis, Eoasque acies et arma nigri Memnonis. Penthesilea, furens, ducit agmina Amazonidum lunatis peltis, atque ardet in mediis milibus, bellatrix, subnectens aurea cingula exsertae mammae, atque, virgo, audet concurrere viris.

Dardanio Aeneae: dat. agentis
obtutus, -us = visio, -onis
pulcherrima: nom. / forma: ablat.
stipante = comitante
glomerantur = cumulantur
iuga = cuspides
omnes
pertemptant = temptant
se ferebat = ibat, se monstrabat
insto + dat. = incumbo + dat.
testudine = formice / saepta = circumdata / armis = custodibus
subnixa solio = sedens super solio

Dum haec miranda Dardanio Aeneae videntur, dum [Aeneas] stupet atque haeret defixus in uno obtutu, regina Dido, pulcherrima forma, incessit ad templum, magna caterva iuvenum stipante. Qualis Diana, quam secutae mille Oreades glomerantur hinc atque hinc, exercet choros in ripis Eurotae aut per iuga Cynthi; illa fert pharetram [in] umero, gradiensque supereminet omnis deas; gaudia pertemptant tacitum pectus Latonae: talis erat Dido, talem se ferebat, laeta, per medios, instans operi regnisque futuris. Tum resedit [in] foribus divae, [in] media testudine templi, saepta armis atque alte subnixa solio.

iustis = aequalibus

Dabat iura legesque viris, atque aequabat laborem operum partibus iustis aut trahebat [laborem] sorte, cum subito Aeneas videt accedere magno concursu Anthea Segestumque fortemque Cloanthum Teucrorumque alios quos ater turbo dispulerat aequore penitusque avexerat [ad] alias oras. Obstipuit simul ipse, simul perculsus Achates, laetitiaque metuque; avidi, ardebant coniungere dextras, sed incognita res turbat animos. Dissimulant et, nube cava amicti, speculantur quae [sit] fortuna [illis] viris, [in] quo litore linquant classem, quid veniant, nam lecti [e] cunctis navibus ibant orantes veniam, et clamore petebant templum. Postquam introgressi [sunt] et copia coram fandi data [est], Ilioneus, maximus [aetate], placido pectore sic coepit:

"O regina, cui Iuppiter dedit condere novam urbem atque iustitia frenare superbas gentis; [nos,] miseri Troes, vecti [per] omnia maria ventis, te oramus: prohibe infandos ignis a navibus, parce pio generi et propius aspice res nostras. Nos non venimus aut populare Libycos Penatis ferro aut vertere raptas praedas ad litora; non ea vis [est] animo [nostro], nec tanta superbia [est] victis. Est locus, Grai dicunt cognomine "Hesperiam," terra antiqua, potens armis atque ubere glebae; viri Oenotri coluerunt [eam]; nunc fama [fert] minores [eorum] dixisse [illam] gentem "Italiam," de nomine ducis. Hic fuit cursus [nobis], cum subito nimbosus Orion, adsurgens [e] fluctu, tulit [nos] in caeca vada atque procacibus austris dispulit [nos],

magno concursu = cum magna multitudine / Anthea: Graecus acc.

aequore = per aequor
penitus = omnino
perculsus = attonitus

incognita res = incognitus status rerum
amicti = operti, celati

quid = qua de causa

clamore = clamantes

copia fandi = licentia loquendi

placido pectore = placida voce

iustitia: ablat.

gentes

ignes / parco + dat.

propius < prope

Penates

animo nostro, victis: dat.
Grai = Graeci
potens ubere glebae = fertilis

minores = posteri, prognati

hic ... = ad hunc locum conabamur pervenire
e fluctu = ex undis

vestris oris = ad vestras oras
permittit = sinit
prima terra = ora
temno = contemno / at = saltem
spero = colo, veneror

superante salo, penitus perque undas perque invia saxa. Pauci adnavimus huc vestris oris. Quod [est] hoc genus hominum? Quaeve patria tam barbara permittit hunc morem? Prohibemur [ab] hospitio harenae, cient bella, atque vetant [nos] consistere [in] prima terra. Si temnitis genus humanum et mortalia arma, at sperate deos, memores fandi atque nefandi.

quo: ablat. comparationis
pietate: ablat. respectus
aura aetheria: ablat.
occubat = dormit
paeniteat / priorem = primam
in officio ad eum = ad eum adiuvandum
liceat nobis = sine nos
quassatam = pulsatam, deletam
e silvis = ligno e tuis silvis capto
sin = sed si
(nunc Ilioneus loquitur Aeneae)
Teucrorum
Sicania = Sicilia
[petamus] regem Acesten

Rex nobis erat Aeneas, quo nec iustior nec maior pietate [in] bello et armis fuit alter. Quem virum si fata servant, si vescitur aura aetheria neque adhuc occubat [in] crudelibus umbris, non [sit] metus [tibi], nec poeniteat te priorem certasse [in] officio [ad eum]. Sunt [nobis] [in] Siculis regionibus et urbes armaque atque clarus Acestes, a Troiano sanguine [natus]. Liceat [nobis] subducere classem, ventis quassatam, et aptare trabes [e] silvis et stringere remos, ut laeti petamus Italiam Latiumque, si [nobis] datur tendere [iter ad] Italiam, sociis et rege recepto; sin salus absumpta [est] [a nobis] et, pater optime Teucrum, pontus Libyae habet te nec iam restat spes Iuli, at saltem petamus freta Sicaniae atque paratas sedes, unde huc advecti [sumus], regemque Acesten."

cuncti = omnes
fremebant ore = probabant ea quae dixit / vultum: acc. respectus
vultum demissa = inspiciens infra

Talibus [dictis] [locutus est] Ilioneus; cuncti Dardanidae simul fremebant ore. Tum breviter Dido, voltum demissa, profatur: "Solvite metum [a] corde, Teucri, secludite curas.

res dura = periculosum discrimen
fines
custode (sing. pro plu.) = custodibus
obtusa = ignara / nec Sol ... = nec tam procul habitamus
seu ... sive ... = sive ... sive ... / fines
opibus = divitiis / vultis
considere = manere
subducite naves = pellite naves ex aqua in harenam
Tros = Troianus / agetur = habebitur
adforet = adesset / certos homines = homines quibus confido
lustrare = revisere
(ali)quibus

Res dura et novitas regni cogunt me moliri talia et late tueri finis custode. Quis nesciat genus Aeneadum, quis [nesciat] urbem Troiae, virtutesque virosque, aut incendia tanti belli? Poeni non gestamus pectora adeo obtusa nec Sol iungit equos tam aversus ab urbe Tyria. Seu vos optatis magnam Hesperiam Saturniaque arva sive finis Erycis regemque Acesten, dimittam [vos] tutos auxilio [meo] atque iuvabo [vos] [meis] opibus. Et voltis pariter mecum considere [in] meis regnis? Quam urbem statuo vestra est; subducite navis, mihi Tros Tyriusque agetur nullo discrimine. Atque utinam rex ipse Aeneas adforet, compulsus eodem Noto! Equidem dimittam per litora certos [homines] et iubebo [eos] lustrare extrema Libyae, si, eiectus, errat [in] quibus silvis aut urbibus."

animum: acc. respectus
erumpere nubem = exire e nube
prior = primus
tuta (esse), receptos (esse)
respodent ... = sunt talia qualia tua mater praedixit
scindit se = dividit se, rumpit se
aethera: Graecus acc.
restitit = mansit
os umerosque: acc. respectus
decoram caesariem = decoros capillos / iuventae = iuventutis

Et fortis Achates et pater Aeneas, arrecti animum his dictis, iamdudum ardebant erumpere nubem. Prior Achates compellat Aenean: "Nate [e] dea, quae sententia surgit nunc [in tuo] animo? Vides omnia tuta, classem sociosque receptos. Unus abest, quem ipsi vidimus in medio fluctu submersum; cetera respondent dictis [tuae] matris." Vix ea fatus erat, cum repente circumfusa nubes scindit se et purgat [se] in apertum aethera. Aeneas restitit atque refulsit in clara luce, similis deo os umerosque, namque ipsa genetrix adflarat nato decoram caesariem lumenque purpureum iuventae

laetos honores = pulchram venustatem / manus: nom. pl.
ebori: dat. / Parius lapis: lapis pulcherrima ex insula quae Paros vocatur

ereptus = servatus

sola miserata = tu sola miserata es
tu quae socias (= iungis) nos tua urbe

non est nostrae opis = non possumus
grates = gratias
quidquid ... ubique = Dardanius quicumque, ubicumque sit

(ali)qua / (ali)quid

quae saecula = quod tempus

tulerunt = viderunt te natum
genuerunt
in freta = ad mare
convexa = curvas partes
polus = caelum

quaecumque

Ilionea: Graecus acc.

post = postea

primo... deinde... / aspectu = propter aspectum / tanto casu = propter tot casus (acc. pl.)

applicat te his oris = mittit te ad has oras

et laetos honores [in] oculis, decus quale manus [artificis] addunt ebori, aut ubi argentum Pariusve lapis circumdatur flavo auro.

Tum sic adloquitur reginam atque, repente improvisus, ait cunctis: "Coram adsum quem quaeritis, Troius Aeneas, ereptus ab undis Libycis. O sola miserata infandos labores Troiae, [tu] quae nos, reliquias Danaum, exhaustos iam omnibus casibus terraeque marisque, egenos omnium, socias [tua] urbe, domo; non est nostrae opis, Dido, persolvere [tibi] dignas grates, nec [potest] quicquid gentis Dardaniae est ubique, quae sparsa [est] per magnum orbem. Di tibi, si qua numina respectant pios, si usquam iustitia est quid et [si usquam] mens [est] sibi conscia recti, ferant praemia digna. Quae tam laeta saecula tulerunt te? Qui tanti parentes genuere [te] talem? Dum fluvii current in freta, dum umbrae lustrabunt convexa [in] montibus, dum polus pascet sidera, semper honos nomenque tuum laudesque manebunt, quae cumque terrae me vocant."

Sic fatus, petit amicum Ilionea dextra [manu], atque Serestum laeva, post [petit] alios, fortemque Gyan fortemque Cloanthum. Sidonia Dido obstipuit primo aspectu, deinde tanto casu [huius] viri, et sic ore locuta est: "Quis casus, nate dea, insequitur te per tanta pericula? Quae vis applicat [te] [his] immanibus oris? Tune [es] ille Aeneas, quem alma Venus genuit Dardanio Anchisae ad undam Phrygii Simoentis? Atque equidem memini Teucrum, expulsum [e] patriis finibus, venire Sidona, petentem <620> nova regna auxilio Beli; tum [meus] genitor Belus vastabat opimam Cyprum, et victor tenebat [eam] [in] dicione. Iam ex illo tempore casus urbis Troianae mihi cognitus [erat] nomenque tuum regesque Pelasgi. Ipse, [quamquam] hostis [erat], ferebat Teucros insigni laude, atque volebat se ortum [esse] ab antiqua stirpe Teucrorum. Quare agite, o iuvenes, succedite nostris tectis; quoque similis fortuna voluit me, per multos labores iactatam, consistere demum [in] hac terra. Non ignara mali disco <630> succurrere miseris."

Sic memorat; simul ducit Aenean in regia tecta, simul indicit honorem [in] templis divom. Nec minus viginti tauros interea mittit ad litora sociis, centum horrentia terga magnorum suum, centum pinguis agnos cum matribus, munera laetitiamque diei. At splendida domus interior instruitur regali luxu, atque parant convivia [in] mediis tectis: [videntur] [in] mensis vestes laboratae arte ostroque superbo, ingens argentum atque fortia facta patrum caelata in auro, <640> series longissima rerum ducta per tot viros ab antiqua origine gentis. Aeneas –neque enim patrius amor passus [est] consistere mentem– praemittit rapidum Achaten ad naves:

ad undam = prope undam

Simois: nomen fluminis

(ad) Sidona: Graecus acc.
auxilio = utens auxilio

in dicione = in sua potestate
casus = fatum
ipse = meus pater, Belus

ferebat Teucros = loquebatur de Teucris / ortum = natum

succedo tecto = ineo sub tectum
similis [vestrae fortunae]
ignara = inscia / disco = scio, didici

succurro + dat. = adiuvo + acc.

indicit honorem = iubet honores fieri

divom = deorum / nec minus = plures quam
suum (gen. pl.) < sus, suis / pingues

regalis, -e = regius, -a, -um
mediis tectis = media domo
ingens argentum = multum argenti

fortia facta = mira gesta
caelata ≠ celata
ducta = facta

consistere mentem = oblivisci, de aliquo non putare

ferat, ducat : Aeneas iubet eum ferre, ducere

ferat haec Ascanio, atque ducat ipsum ad moenia; omnis cura cari parentis stat in Ascanio.

pallam rigentem
velamen circumtextum
ornatus: acc. pl.
(e) Mycenis
Pergama = Troiam
inconcessos = non licitos
Ilione: nom. sing. fem.
bacatus = qui margaritas habet
collo: dat.
celerans haec = haec iussa cito ferens

Praterea iubet ferre munera [ex] Iliacis ruinis erepta: pallam signis auroque rigentem et velamen croceo acantho circumtextum, ornatus Argivae Helenae, quos illa Mycenis extulerat cum peteret Pergama inconcessosque hymenaeos, mirabile donum matris Ledae; praeterea sceptrum quod olim gesserat Ilione, maxima natarum Priami, atque monile bacatum collo et duplicem coronam gemmis auroque [ornatam]. Celerans haec, ita Achates tendebat ad naves.

faciem et ora: acc. respectus
implicet = ponat
quippe = quia / bilingues
recursat = revenit
adfatur = loquitur

At Cytherea versat novas artes, nova consilia [in] pectore, ut Cupido, faciem et ora mutatus, veniat pro dulci Ascanio atque incendat furentem reginam donis atque implicet ignem [in] ossibus [reginae], quippe timet ambiguam domum Tyriosque bilinguis; atrox Iuno urit [eam] et, sub noctem, cura recursat [ad eam]. Ergo adfatur aligerum Amorem his dictis:

temnis = despicis
Typhoius, -a, -um = Typhoei (Typhoeus gigas erat) / tua numina = tuum auxilium
ut iactetur = quod iactatur
pelago = per pelagus
moratur (dep.) eum = efficit ut maneat

"Nate, meae vires, mea magna potentia, nate, qui solus temnis Typhoia tela summi patris, ad te confugio et supplex posco tua numina. Ut tuus frater Aeneas pelago circum omnia litora iactetur [ab] odiis iniquae Iunonis, [haec sunt] nota tibi, et saepe doluisti nostro dolore. Phoenissa Dido tenet hunc atque moratur [eum] blandis vocibus,

quo = ad quid, ad quem locum

cardine = discrimine
quocirca = hac de causa
flamma: ablat. / (ali)quo numine = propter (ali)quod numen
accipe ... = vide quid in mente habeam / qua: interrogat.

accitu = iussu

restantia = servata
recondam = celabo
(ali)qua

falle: imperat.

vultus: acc. pl. / ut inspires, ut fallas

regales

amplexus: acc. pl.

fallas = decipias

et vereor quo Iunonia hospitia se vertant: [Iuno] haud cessabit [in] tanto cardine rerum. Quocirca meditor ante capere reginam dolis et cingere [eam] flamma, ne mutet se quo numine, sed mecum teneatur magno amore Aeneae. Nunc accipe nostram mentem, qua [via] possis id facere. Regius puer, mea maxima cura, parat ire ad urbem Sidoniam accitu cari genitoris, ferens dona [e] pelago et [e] flammis Troiae restantia. Ego recondam hunc, somno sopitum, super alta Cythera aut super sacrata sede Idalium, ne possit qua [via] scire dolos occurrereve medius. Tu non amplius [quam] unam noctem falle dolo faciem illius, et [tu], puer, indue notos voltus pueri ut, cum laetissima Dido te accipiet [in] gremio inter mensas regalis laticemque Lyaeum, cum dabit amplexus atque figet dulcia oscula, inspires [in eam] occultum ignem fallasque [eam] veneno."

incedit gressu Iuli = imitatur (dep.) modum ambulandi Iuli

fotum < foveo

amaracus: nomen herbae
complectitur (dep.) = amplectitur

Amor paret dictis carae genetricis et exuit alas et, gaudens, incedit gressu Iuli. At Venus inrigat Ascanio placidam quietem per membra et dea tollit [eum], [in] gremio fotum, in altos lucos Idaliae, ubi mollis amaracus, adspirans, complectitur illum floribus et dulci umbra.

parens < pareo (≠ parens, -entis)
dicto = iusso
composuit se = posuit se

sponda = lecto / aulaeum = stragulum / mediam = in medio loco

Iamque ibat Cupido, parens dicto, et portabat regia dona Tyriis, laetus, duce Achate. Cum venit, regina iam composuit se [in] aurea sponda superbis aulaeis atque locavit [se] mediam.

Iam pater Aeneas et iam Troiana iuventus conveniunt atque discumbitur super strato ostro. <700> Famuli dant lymphas manibus atque expediunt Cererem [e] canistris atque ferunt mantelia tonsis villis. Intus quinquaginta famulae [sunt], quibus cura [est] struere longam penum ordine et adolere Penatis flammis; [sunt quoque] aliae centum totidemque ministri, aetate pares, qui onerent mensas dapibus et ponant pocula. Nec non et Tyrii frequentes convenere per laeta limina, iussi discumbere [in] pictis toris.

discumbitur (impers. pass.) = iacent
lymphas = aquam
expediunt Cereren = distribuunt panem
intus ↔ extra
penus, -i m./f. / Penates
totidem = quoque quinquaginta
pares = aequales
Nec non et = Et quoque
: convenerunt laeti per limina
discumbere = iacere

Mirantur dona Aeneae, mirantur Iulum atque flagrantis voltus dei simulataque verba, <710> pallamque et velamen croceo acantho pictum. Praecipue infelix Phoenissa, devota futurae pesti, nequit expleri mentem ardescitque tuendo, et movetur pariter [a] puero donisque. Ille, ubi pependit [a] complexu colloque Aeneae et implevit magnum amorem falsi genitoris, petit reginam. Haec oculis, haec pectore toto haeret [ei] et interdum fovet [eum] [in] gremio, Dido, inscia quantus deus insidat [ei] miserae. At ille, memor matris Acidaliae, incipit paulatim abolere Sychaeum, <720> et temptat praevertere vivo amore animos [reginae], iam pridem resides, desuetaque corda.

flagrantes vultus (acc. pl.)
simulata verba: quia simulabat esse Iulum / acantho: nomen plantae / pesti = perniciei
nequit = non potest
expleri = satiare / movetur [in corde]
ille = puer Cupido / ubi = postquam
haeret ei = amplectitur (dep.) eum
quantus deus = quam potens deus
insidat ei = sedeat super ea
abolere Sychaeum = delere memoriam de Sychaeo
vivo amore = amore alicuius vivi
resides < reses, -idis ↔ accensus
desuetus ↔ assuetus

Postquam prima quies epulis [facta est] mensaeque remotae [sunt], statuunt magnos crateras et coronant vina.

crateras: acc. pl. (< crater, -eris m.)
coronant vina = coronant (= implent) crateras vino

volutant vocem = magna voce loquuntur
lychni = lampades, lucernae
funalia = faces, taedae
Hic = Tunc
gravem = oneratam, ornatam
silentia: plur. pro sing.
velis: subiunct. desiderii
minores = posteros
adsit: subiunct. desiderii
coetum = conventum, concilium

Fit strepitus [in] tectis, atque [omnes] volutant vocem per ampla atria; incensi lychni dependent [ab] aureis laquearibus et funalia vincunt noctem flammis. Hic regina poposcit implevitque mero [vino] pateram gemmis auroque gravem quam Belus et omnes a Bello [nati] soliti [erant] [implere]. Tum silentia facta [sunt] [in] tectis: "Iuppiter, nam loquuntur te dare iura hospitibus: velis hunc diem esse laetum Tyriisque atque [eis] [e] Troia profectis, nostrosque minores meminisse huius [diei]. Adsit Bacchus, dator laetitiae, et bona Iuno; et vos, o Tyrii, celebrate coetum faventes."

laticum < latex, -icis
summo ore tenus = usque ad summum os
proluit se pleno auro = bibit totum vinum ex aurea patera
post = postea
personat = facit sonitum
cithara aurata: ablat.
pluvias = pluviosas
quid = qua de causa
tinguere = submergere
quae ... = qua de causa noctes tam longae sint (tardus = lentus)
ingeminant = duplicant / Nec non et = Et quoque
trahebat = agebat
super = de

Dixit, et libavit in mensam honorem laticum, primaque, libato [vino], attigit [pateram] summo ore tenus; tum dedit [eam] Bitiae, increpitans [eum]; ille impiger hausit spumantem pateram et proluit se pleno auro; post, alii proceres. Crinitus Iopas, quem maximus Atlas docuit, personat cithara aurata. Hic canit errantem lunam atque labores solis, [canit] unde [veniant] genus hominum et pecudes, unde imber et ignes; [canit] Arcturum pluviasque Hyadas geminosque Triones; [canit] quid soles hiberni tantum properent tinguere se [in] Oceano, vel quae mora obstet tardis noctibus. Tyrii ingeminant plausu Troesque sequuntur [plaudentes]. Nec non et infelix Dido trahebat noctem vario sermone, atque bibebat longum amorem, rogitans multa super Priamo, multa super Hectore;

[rogitans] nunc quibus armis venisset filius Aurorae, nunc quales [essent] equi Diomedis, nunc quantus [esset] Achilles.

Diomedis: genit. / quantus = quam magnus, quam fortis

"Immo age, hospes, et dic nobis a prima origine" inquit "insidias Danaum casusque tuorum erroresque tuos; nam iam septima aestas portat te errantem omnibus terris et fluctibus."

a prima origine = ab initio

Danaum: genit. pl. / casus: acc. pl.
septima aestas = septimus annus
terris ... = per omnes terras et fluctus (acc. pl.)

LIBER II

Omnes conticuere, intentique tenebant ora. Inde pater Aeneas ab alto toro sic orsus [est]: <<Regina, iubes renovare infandum dolorem, ut Danai eruerint Troianas opes et lamentabile regnum, atque miserrima quae ipse vidi et quorum fui pars magna. Quis miles Myrmidonum Dolopumve aut duri Ulixi, fando talia, temperet [sibi] a lacrimis? Et iam nox humida [e] caelo praecipitat atque cadentia sidera suadent somnos. Sed si tantus amor [tibi est] cognoscere nostros casus et breviter audire supremum laborem Troiae, quamquam [meus] animus horret meminisse atque refugit [a] luctu, incipiam.

conticuerunt
intenti tenebant ora = magna cum cura audiebant
(Haec longissima citatio hoc << signo incipiens finem habebit illo >> signo ad finem Libri Tertii)
ut = quo modo
temperet sibi a lacrimis? = posset lacrimas vitare?
praecipitat = cadit
amor = desiderium
casus: acc. pl. / supremum = ultimum
luctu = dolore, aegritudine

Fracti bello atque repulsi [a] fatis, ductores Danaum, iam tot annis labentibus,

Danaum: genit. pl.
labentibus = progredientibus

aedificant equum instar montis divina arte Palladis atque intexunt costas secta abiete; simulant [hoc esse] votum pro reditu; ea fama vagatur. Sortiti, includunt huc furtim delecta corpora virum caeco lateri penitusque complent ingentis cavernas uterumque armato milite. Est in conspectu [Troiae] Tenedos, insula notissima fama, dives opum dum regna Priami manebant, nunc tantum sinus et statio male fida carinis: huc provecti, condunt se in deserto litore; nos rati [sumus] [eos] abiisse et vento petiisse Mycenas.

instar montis = similem monti
secta abiete: secto ligno (abies, -etis f.: genus arboris)
caeco lateri = in interiorem partem
ingentes
armato milite = armatis militibus
notissima: nomin. / fama: ablat.
manebant = florebant
carinis = navibus

Ergo omnis Teucria solvit se [a] longo luctu, portae panduntur, iuvat ire et videre Dorica castra desertosque locos litusque relictum: hic [tendebat] manus Dolopum, hic tendebat saevus Achilles, hic locus [erat] classibus, hic solebant certare [in] acie. Pars stupet exitiale donum innuptae Minervae et mirantur molem equi, atque Thymoetes primus hortatur [equum] duci intra muros et locari [in] arce, sive dolo seu [quia] iam fata Troiae sic ferebant. At Capys et [ei] quorum sententia melior [erat] menti iubent praecipitare pelago insidias Danaum suspectaque dona, atque urere [haec] subiectis flammis, aut terebrare et temptare cavas latebras uteri. Vulgus scinditur incertum in contraria studia. Primus ibi ante omnis, magna caterva comitante, Laocoon ardens decurrit a summa arce, et procul [dicit]:

solvit = liberavit / iuvat = placet
hic = in hoc loco
tendebat = habebat tentoria
exitialis = qui exitium (mortem) fert
duci: pass. infinit.
ferebant = iubebant
melior erat menti = sapientior erat
pelago = in pelagus
Danaum: genit. pl.
subiectis = subter positis
terebrare = perfodere
studia = consilia / omnes
comitante = stipante
procul ↔ prope

hostes / avectos esse = abiisse
(careo + ablat.) / sic ... ? = Nonne novistis Ulixem?
in = contra
urbi desuper = super urbem
ne credite (+ dat.) = nolite credere
quidquid = quodcumque / et = quoque / ferentes
contorsit < contorqueo / alvus, -i f.
recuso < recutio
insonuerunt / dederunt / deorum
laeva = adversa / foedare = perfodere
latebra: locus ubi homines se occultant

"O miseri, quae [est] tanta insania, cives? Creditis hostis avectos [esse]? Aut putatis ulla dona Danaum carere dolis? Sic notus [est] [a nobis] Ulixes? Aut Achivi occultantur inclusi [in] hoc ligno, aut haec machina fabricata est in nostros muros, inspectura domos venturaque urbi desuper, aut aliquis error latet; ne credite equo, Teucri; quidquid id est, timeo Danaos et dona ferentis." Sic fatus, contorsit validis viribus ingentem hastam in latus inque alvum feri, curvam compagibus; illa stetit tremens, atque, recusso utero, cavae cavernae insonuere atque dedere gemitum. Et si fata deum, si mens non fuisset laeva, [Laocoon] impulerat [nos] foedare Argolicas latebras ferro, Troiaque nunc staret, atque [tu], arx Priami, alta maneres.

manus (acc. pl.): acc. respectus
strueret = pararet
hoc ipsum = dolum
fidens animi = fidem habens suo animo
versare dolos = fallere
occumbere morti = ire ad mortem
studio = desiderio
Danaorum / omnes
ab uno ... = a dolo unius Graeci hominis, disce omnes Graecos

Ecce interea pastores Dardanidae magno clamore ad regem trahebant iuvenem, manus post terga revinctum, qui ultro obtulerat se, ignotum, [eis] venientibus, ut strueret hoc ipsum atque aperiret Troiam Achivis, fidens animi atque paratus in utrumque: seu versare dolos seu occumbere certae morti. Undique Troiana iuventus ruit circumfusa studio [eius] visendi certantque inludere capto. Accipe nunc insidias Danaum et, ab uno crimine, disce omnis. Namque ut constitit turbatus, inermis, in medio conspectu atque circumspexit oculis Phrygia agmina,

tellus = terra / aequora = maria

usquam = in ullo loco
super = insuper / infensi = hostiles
quo = hoc

fari = dicere

cretus = natus
quid novi = quas novas res

formidine = timore

quodcumque = quidquid

Nec ... finget (fut.) = Et ... non finget
fingo, -ere = facio, -ere

aures

insontem = sine culpa

demiserunt / neci = morti
infando = falso
lumine cassum = lumine orbum, mortuum
in arma = ad bellum

incolumis = tutus, fortis

vigebat = vigorem habebat
et nos gessimus = quoque nos obtinuimus / concessit ... = reliquit lucem, mortuus est
invidia (ablat.) = propter invidiam
trahebam = gerebam

"Heu, quae tellus nunc," inquit, "quae aequora possunt accipere me? Aut quid denique restat iam mihi misero, cui neque apud Danaos usquam locus [est] et, super, ipsi Dardanidae, infensi, poscunt [a me] poenas cum sanguine?" Quo gemitu animi [nostri] conversi [sunt] et omnis impetus [in eum] compressus [est]. Hortamur [eum] fari [nobis] quo sanguine cretus [sit] quidve [novi] ferat, [hortamur] memoret quae fiducia sit [ei] capto.

Ille, deposita tandem formidine, haec fatur: "Tibi equidem, rex, fatebor cuncta vera, quodcumque fuerit," inquit, "neque negabo me [esse] de Argolica gente. Hoc primum. Nec, si Fortuna finxit Sinonem miserum, finget etiam, improba [illa], [eum] vanum mendacemque. Si forte, fando, pervenit ad tuas auris nomen et gloria, incluta fama, Belidae Palamedis, quem, insontem, Pelasgi demisere neci sub falsa proditione, infando indicio, quia vetabat bella –nunc lugent [eum] lumine cassum–, pater [meus], [quia] pauper [erat], a primis annis misit me huc in arma [ut] comitem illi et [ut] propinquum consanguinitate [illi]. Dum stabat incolumis [in] regno atque vigebat [in] conciliis regum, et nos gessimus aliquod nomenque decusque. Postquam [is] concessit ab oris superis invidia pellacis Ulixi (loquor haud ignota), [ego] adflictus trahebam vitam in tenebris luctuque et mecum indignabar casum insontis amici.

Nec tacui, demens, et promisi me, si qua fors tulisset [mihi] [tempus], si umquam victor remeassem ad patrios Argos, [futurum esse] ultorem, et verbis [meis] movi aspera odia. Hinc [venit] mihi prima labes mali, hinc semper Ulixes terrere [me] criminibus novis, hinc spargere in vulgum voces ambiguas et conscius quaerere arma. Nec requievit enim, donec Calchante ministro... sed quid ego autem nequiquam revolvo haec ingrata, quidve moror? Si habetis omnes Achivos [in] uno ordine atque audire id [nomen] sat est [vobis], iamdudum sumite poenas: hoc Ithacus velit et Atridae mercentur magno [pretio]."

promisi me futurum esse ultorem
(ali)qua
remeassem = redivissem

odia [contra me]
prima labes = initium

in vulgum = inter homines

quid = cur

quid = cur
si habetis ... = si putatis omnes
Achivos aequales esse
sat = satis
sumite poenas = necate me
Ithacus: Ulixes
mercentur (dep.) = emant

Tum vero ardemus scitari et quaerere causas, ignari tantorum scelerum artisque Pelasgae. Pavitans, prosequitur et fatur ficto pectore: "Saepe Danai cupiere moliri fugam, Troia relicta, et fessi discedere [a] longo bello. Atque utinam fecissent! Saepe aspera hiems ponti interclusit illos et Auster terruit [eos] euntis. Praecipue cum iam hic equus, acernis trabibus contextus, staret, nimbi sonuerunt toto aethere. Suspensi, mittimus Eurypilum scitatum oracula Phoebi, isque [ex] adytis reportat haec tristia dicta: 'Placastis ventos sanguine et caesa virgine, Danai, cum primum venistis ad oras Iliacas; [nunc] reditus quaerendi [sunt] sanguine, atque litandum [est] anima Argolica.'

scitari = scire

ficto pectore = mendacia dicens

cupiverunt / moliri = parare

discedere ↔ appropinquare

interclusit = impedivit a fuga
euntes

toto aethere = per totum aethera
scitatum (supinum) = ad scitandum,
ad rogandum

caesa = necata

reditus: nom. pl. / lito = sacrifico

anima Argolica: ablat. sing.

Quae vox ut venit ad auris vulgi, animi obstipuere gelidusque tremor cucurrit per ima ossa: [quaerebant] cui fata parent [hoc], quem poscat Apollo. Hic Ithacus magno tumultu protrahit vatem Calchanta in medios [homines]; flagitat quae sint ea numina divum, et multi iam canebant mihi crudele scelus artificis, et, taciti, videbant ventura. Ille silet bis quinos dies, tectusque recusat prodere quemquam voce sua aut opponere [quemquam] morti. Vix tandem, actus magnis clamoribus Ithaci, [ex] composito rumpit vocem et destinat me arae. Omnes adsensere et, [ea] quae quisque timebat sibi, tulere conversa in exitium unius miseri.

Iamque dies infanda aderat; sacra et salsae fruges et vittae circum tempora parari mihi; eripui me [a] leto, fateor, et rupi vincula, atque, obscurus, delitui per noctem in ulva [in] limoso lacu dum darent vela, si forte dedissent. Nec mihi iam est spes ulla videndi patriam antiquam nec dulcis natos exoptatumque parentem, quos illi fors et reposcent poenas ob nostra effugia et piabunt hanc [nostram] culpam morte miserorum. Quod te oro, per superos et numina conscia veri, per [fidem], si qua est intemerata fides quae adhuc usquam restet mortalibus: miserere laborum tantorum, miserere animi ferentis non digna."

His lacrimis damus vitam [ei] et miserescimus ultro.

aures / obstipuerunt

parent < paro, -are (≠ pareo, -ere)

Calchanta: Graecus acc.

flagitat = quaerit / divum = deorum

bis quinos = decem
tectus: loqui vitans
opponere morti = mittere ad mortem / actus = coactus
arae (dat.) = ad mortem

adsenserunt / tulerunt

exitium = ruinam

salsae fruges: aliquid quo utebantur in sacrificiis
tempora = caput / eripui me = fugi

obscurus = invisus / delitui = occultavi me

dulces / et = quoque

reposcent poenas = punient

quod = propter hoc

(ali)qua

miserere: imperat.

ferentis = patientis
non digna = ea quae non mereor

damus vitam = parcemus ei

arta = compressa / levari = detrahi
quisquis = quicumque
hinc = ab hoc tempore
edissere (imperat.) < edissero, -ere
quo = ad quem consilium, cur statuerunt
sustulit < tollo / exutas = liberatas
testor (dep.) vos = facio vos testes
deorum
fas sit mihi = desidero posse
ferre sub auras: aperire, monstrare
(ali)qua
nec = iam non
feram < fero, ferre

Ipse Priamus primus iubet manicas atque arta vincla levari viro, dictisque amicis ita fatur: "Quisquis es, obliviscere iam hinc amissos Graios; noster eris, atque edissere vera mihi, haec roganti: quo statuere hanc molem equi immanis? Quis auctor? Quidve petunt? Quae religio [est hoc]? Aut quae machina belli?" Dixerat. Ille, instructus dolis et arte Pelasga, sustulit ad sidera palmas exutas [e] vinclis: "Testor vos, aeterni ignes, et vestrum non violabile numen," ait, "vos, arae ensesque nefandi quos fugi, vittaeque deum quas gessi [ut] hostia. Fas [sit] mihi resolvere sacrata iura Graiorum, fas [sit] odisse viros atque ferre omnia sub auras, si tegunt qua: nec teneor legibus ullis patriae. Tu modo maneas [in] promissis atque, servata Troia, serves fidem si feram vera [tibi], si rependam magna [tibi].

Danaum: genit. pl.
stetit ... = accepit auxilium Palladis
ex quo = e tempore ubi
avellerunt
caesis = necatis / corripuerunt
contingere = tangere
Danaum: gen. pl
fluere (hist. infinit.) = decrescere
mens: auxilium

Omnis spes Danaum et fiducia coepti belli semper stetit [in] auxiliis Palladis; sed enim ex quo impius Tydides atque Ulixes, inventor scelerum, adgressi avellere fatale Palladium [e] sacrato templo, caesis custodibus summae arcis, corripuere sacram effigiem atque ausi [sunt] contingere [suis] cruentis manibus virgineas vittas divae, ex illo [tempore] spes Danaum fluere ac, retro sublapsa, referri; vires fractae [sunt], mens deae aversa [est] [ab eis].

Nec ... = Et Tritonia dedit ea signa monstris (signis) non dubiis
simulacrum: equum

Nec dubiis monstris Tritonia dedit ea signa. Vix positum [est] simulacrum [in] castris,

coruscae = fulgentes / arserunt
artus: acc. pl. / emicuit = surrexit
parmam = parvum scutum
aequora ... = necesse esse fugire
fuga: ablat. sing. / ni = nisi
(in) Argis / avexerunt
pelago = per pelagus / petiverunt
pelago remenso = postquam per pelagus iterum huc navigaverint

coruscae flammae arsere [in] luminibus arrectis, salsusque sudor iit per artus, terque ipsa emicuit [a] solo, mirabile dictu, ferens parmamque hastamque trementem. Extemplo Calchas canit aequora temptanda [esse] fuga, nec Pergama posse exscindi Argolicis telis ni repetant omina Argis atque reducant numen quod secum avexere pelago et [in] curvis carinis. Et nunc, quod petiere patrias Mycenas vento [secundo], parant arma deosque [ut] comites atque, pelago remenso, improvisi aderunt; ita Calchas digerit omina.

statuerunt
piaret = expiaret / nefas = crimen
educere caelo = altissimam facere
caelo = ad caelum
recipi: pass. infinit.
portis = per portas
dona Minervae = equum ligneum
exitium = caedes
sin = sed si
manibus vestris = vobis trahentibus
ea fata: plur. pro sing.

Moniti [a sacerdote], statuere pro Palladio, pro laeso numine, hanc effigiem quae piaret triste nefas. Calchas tamen iussit attollere hanc immensam molem textis roboribus atque educere caelo, ne posset recipi portis [vestris] aut duci in moenia neu tueri populum [vestrum] sub antiqua religione, nam [dixit] si vestra manus violasset dona Minervae tum magnum exitium –quod omen di prius convertant in ipsum!– futurum [esse] imperio Priami Phrygibusque; sin [equus] ascendisset in vestram urbem manibus vestris, Asiam ultro venturam [esse] magno bello ad moenia Pelopea, et ea fata manere [ad] nostros nepotes."

periurus = mendax, qui false iurat
coactis = fictis, falsis
domuerunt = vicerunt

Talibus insidiis atque arte periuri Sinonis res credita [est], atque capti [sumus] dolis lacrimisque coactis, [nos] quos neque Tydides nec Larisaeus Achilles, non decem anni, non mille carinae domuere.

Hic aliud maius [portentum] atque multo tremendum obicitur miseris [Troianis] atque turbat improvida pectora. Laocoon, sorte ductus sacerdos Neptuno, mactabat ad sollemnis aras ingentem taurum. Ecce autem gemini angues immensis orbibus per tranquilla alta [maria] incumbunt pelago a Tenedo –horresco referens– pariterque tendunt ad litora; quorum pectora inter fluctus arrecta sanguineaeque iubae superant undas, cetera pars pone legit pontum sinuatque immensa terga volumine. Fit sonitus [in] spumante salo. Iamque tenebant arva atque, suffecti ardentis oculos sanguine et igni, lambebant sibila ora vibrantibus linguis. [Nos,] exsangues visu, diffugimus. Illi petunt Laocoonta certo agmine, et primum uterque serpens, amplexus, implicat parva corpora duorum natorum et depascitur morsu miseros artus; post, corripiunt ipsum [sacerdotem], auxilio subeuntem ac tela ferentem, atque ligant [eum] ingentibus spiris, et iam amplexi bis medium [corpus], circum dati bis squamea terga collo, superant capite et altis cervicibus. Ille simul manibus tendit divellere nodos, perfusus vittas sanie atroque veneno, simul tollit clamores horrendos ad sidera, qualis mugitus cum saucius taurus fugit aram et excussit [e] cervice incertam securim. At gemini dracones effugiunt ad summa delubra lapsu atque petunt arcem saevae Tritonidis, atque teguntur sub pedibus deae atque sub orbe clipei.

hic = tunc / tremendum = timendum
obicitur = monstratur

sollemnes

orbibus = curvatis corporibus

incumbunt pelago = eunt per pelagus
fluctus: acc. pl.

pars [corporis] / pone = a tergo
legit pontum = progreditur per pontum

tenebant arva = pervenerant ad arva
ardentes

Laocoonta: Graecus acc.
certo agmine = directe

artus: acc. pl. / post = postea

auxilio = ad adiuvandum

spiris = circulis
circum dati = postquam circumdederunt / superant capite = capita anguium altiora apparent quam Laocoon / tendit = conatur (dep.)
perfusus = maculatus
vittas: acc. respectus

incertam securim = securim quae eum ferit sed non necat
lapsu = labentes

insinuat = apparet
ferunt = dicunt / robur = lignum
intorserit < intorqueo
tergo = ad tergum
numina: plur pro sing.
oranda = invocanda

Tum vero novus pavor insinuat cunctis per tremefacta pectora, et ferunt Laocoonta merentem expendisse scelus, qui laeserit robur cuspide [hastae] et intorserit sceleratam hastam tergo [equi]. Conclamant simulacrum ducendum [esse] ad sedes atque numina divae oranda [esse].

accingunt operi = incipiunt laborare
lapsus: acc. pl.
collo (dat.) = in collo / feta = plena
inlabitur (dep.)... = pervenit usque ad mediam urbem
divum = deorum
dederunt
instamus = pergimus trahentes equo
immemores = nihil praevidentes
sistimus = ponimus
fatis futuris = ut futura fata monstraret
delubra deum = templa deorum
festa (ablat.) = festiva
umbra magna: ablat.
conticuerunt = silentes manserunt
artus: acc. pl.

Dividimus muros et pandimus moenia urbis; omnes accingunt operi atque subiciunt lapsus rotarum [sub] pedibus et intendunt stuppea vincula collo; fatalis machina, armis feta, scandit muros; circum, pueri innuptaeque puellae canunt sacra atque gaudent contingere funem manu; illa subit atque, minans, inlabitur mediae urbi. O patria, o Ilium, domus divum, et moenia Dardanidum, incluta bello! Quater substitit in ipso limine portae atque quater arma dedere sonitum [in] utero; instamus tamen, immemores caecique furore, et sistimus infelix monstrum [in] sacrata arce. Tunc etiam Cassandra, iussu dei non umquam credita [a] Teucris, aperit ora fatis futuris. Nos, miseri, quibus ille dies ultimus esset, per urbem velamus delubra deum festa fronde. Interea, caelum vertitur et nox ruit [ab] Oceano, involvens terramque polumque Myrmidonumque dolos umbra magna; Teucri, fusi per moenia, conticuere; sopor complectitur fessos artus, et iam a Tenedo Argiva phalanx ibat instructis navibus per amica silentia tacitae lunae, petens nota litora, cum regia puppis extulerat flammas atque Sinon, defensus iniquis fatis deum, furtim laxat Danaos, [in] utero inclusos, et pinea claustra. Equus, patefactus, reddit illos ad auras, atque, laeti, duces promunt se [e] cavo robore, lapsi per demissum funem: Thessandrus Sthenelusque et dirus Ulixes, Acamasque Thoasque Pelidesque Neoptolemus primusque Machaon et Menelaus et ipse Epeos, fabricator doli. Invadunt urbem, somno vinoque sepultam; vigiles cadentur, portisque patentibus accipiunt omnis socios atque iungunt conscia agmina.

Tempus erat quo prima quies incipit aegris mortalibus et gratissima serpit, dono divum; ecce, in somnis ante [meos] oculos maestissimus Hector visus [est] adesse mihi atque effundere largos fletus, ut quondam, raptatus bigis aterque cruento pulvere atque traiectus per tumentis pedes lora. Ei mihi, qualis erat! Quantum mutatus ab illo Hectore qui redit indutus exuvias Achilli vel iaculatus Phrygios ignis puppibus Danaum, [nunc] gerens squalentem barbam et crinis, sanguine concretos, vulneraque illa quae, plurima, accepit circum muros patrios! Ipse videbar, ultro flens, compellare virum et expromere maestas voces: "O lux Dardaniae, o fidissima spes Teucrum, quae tantae morae tenuere [te]? A quibus oris venis, exspectate Hector?

regia puppis = prima navis (qua dux vehitur) / extulerat = monstraverat
deum = deorum / laxat = liberat
ad auras = extra
promunt = iactant / lapsi = descendentes
fabricator doli = qui dolum de ligneo equo fabricaverat
omnes
conscia agmina: agmina quae sciebant quid faciendum esset
quo = ubi
dono divum = propter donum deorum
fletus (acc. pl.) = lacrimas
bigis [Achillis]
tumentes / lora: ablat.
ignes / iaculatus < iaculor (dep.) = iacio
puppibus = ad naves / Danaorum
crines
compellare = vocare
expromere = dicere
Teucrum: gen. pl. / tenuerunt
exspectate: vocat.

ut = quo modo (admir.)
funera = mortes
foedavit = maculavit
vultus (acc. pl.): plur. pro sing.

Ut [nos], defessi, aspicimus te, post multa funera tuorum, post varios labores hominumque urbisque! Quae causa indigna foedavit [tuos] serenos vultus? Aut cur cerno haec vulnera?"

vana = vanas quaestiones
gemitus: acc. pl.
hostis: sing. pro plur.
sat = satis / Pergama: plur. pro sing.
Penates
fatorum: plur. pro sing.
e penetralibus adytis = ex interiore templi

Ille nihil [dixit], nec moratur me vana quaerentem, sed graviter ducens gemitus de imo pectore "Heu fuge, nate dea," ait, "atque eripe te [ex] his flammis; hostis habet muros, Troia ruit ab alto culmine; sat datum [est] [a nobis] patriae Priamoque. Si Pergama possent defendi [nostra] dextra [manu], etiam defensa fuissent hac [mea manu]. Troia commendat tibi sacra suosque Penatis: cape hos, comites fatorum, quaere his [Penatibus] magna moenia quae, pererrato ponto, denique statues." Sic ait, et [e] penetralibus adytis effert manibus vittas Vestamque potentem aeternumque ignem.

diverso luctu = luctu multorum hominum
recessit secreta = erat in remoto loco
sonitus: acc. pl.
supero ... ascensu = ascendo ad summum tectum / asto = sto
sternit = inundat
laeta sata = laetos agros
boum: gen. pl.
fides = veritas
Danaum: genit. pl.

Interea moenia miscentur diverso luctu et, quamquam domus Anchisae parentis [mei] recessit secreta arboribusque obtecta, sonitus magis atque magis clarescunt atque horror armorum ingruit. Excutior [e] somno et supero fastigia summi tecti ascensu atque asto arrectis auribus; veluti cum flamma incidit in segetem, furentibus Austris, aut rapidus torrens sternit agros montano flumine, sternit laeta sata atque labores boum atque, praecipitis, trahit silvas; pastor, inscius, stupet accipiens sonitum de alto vertice saxi. Tum vero fides manifesta [est] atque insidiae Danaum patescunt.

dedit ruinam = cecidit
Volcano = igne
Ucalegon: domus Ucalegonis
igni: ablat.
virorum / nec ... : et nescio quid facere debeam
bello (dat.) = ad bellum
succurrit = iuvat

Iam ampla domus Deiphobi dedit ruinam, Volcano superante; iam proximus ardet Ucalegon; lata freta Sigea relucent igni; exoritur clamorque virum clangorque tubarum; amens, capio arma, nec sat rationis [est mihi] in armis, sed animi [mei] ardent glomerare manum bello et concurrere in arcem cum sociis; furor iraque praecipitant mentem, atque succurrit pulchrum [esse] mori in armis.

Achivom = Graecorum
sacra: acc. pl. n.
tendit = venit / cursu = currens
in quo loco = in quo statu, quo modo
prendimus = tenemus
gemitu = gemens / summa = ultima
dardaniae: dat.
omnia = potentiam, imperium
(ad) Argos
dominantur < dominor (dep.)
fundit = expulit
miscet = effundit, efficit
venerunt / (a) magnis Mycenis
obsederunt
acies ferri = acies armata ferreis armis
parata neci = parata ad necandum

Ecce autem Panthus, elapsus [e] telis Achivom, Panthus Othryades, sacerdos arcis Phoebique: ipse trahit manu sacra victosque deos parvumque nepotem atque amens tendit ad [mea] limina cursu. "[In] quo loco summa res [est], Panthu? Quam arcem prendimus?" Vix fatus eram ea cum talia reddit gemitu: "Venit summa dies et ineluctabile tempus Dardaniae; fuimus Troes, fuit Ilium et ingens gloria Teucrorum; ferus Iuppiter transtulit omnia Argos; Danai dominantur in urbe incensa. Arduus equus, adstans in mediis moenibus, fundit armatos [homines] victorque Sinon, insultans, miscet incendia; alii adsunt portis bipatentibus, [tot] milia quot umquam venere magnis Mycenis; alii, oppositi, obsedere telis angusta viarum; acies ferri, corusco mucrone stricta, stat parata neci [nobis]; vix primi vigiles portarum temptant proelia et resistunt [in] caeco Marte."

divom = deorum / feror in = eo ad

Talibus dictis Othryadae et numine divom feror in flammas

et in arma, [illuc] quo tristis Erinys, quo fremitus et clamor ad aethera sublatus vocat [me]. Rhipeus et Epytus, maximus armis, oblati per lunam, addunt se [mihi] [ut] socios, Hypanisque Dymasque, et adglomerant [se] lateri nostro, iuvenisque Coroebus Mygdonides: illis diebus forte ad Troiam venerat, incensus insano amore Cassandrae, et [ut] gener ferebat auxilium Priamo Phrygibusque; infelix, qui non audierit praecepta furentis sponsae!

aethera: Graecus acc.

oblati ... = postquam viam ad me invenerunt per lucem lunae

adglomerant = accumulant

incensus = motus

ut gener = conans gener Priami fieri

praecepta = consilia
furentis = a deis incitatae

Quos ubi vidi confertos ardere in proelia, super incipio his [verbis]: "Iuvenes, pectora frustra fortissima, si vobis [est] certa cupido sequi [me] audentem extrema, videtis quae sit fortuna rebus: adytis arisque relictis, omnes di quibus hoc imperium steterat excessere; succurritis urbi incensae. Moriamur et ruamus in media arma! Una salus [est] victis: sperare nullam salutem."

in proelia = ad pugnam
super = insuper
cupido sequi = cupido sequendi

quae sit fortuna rebus = quo modo res se habeant
quibus = propter quos / excesserunt

in media arma = pugnantes
moriamur, ruamur: iussivum subiunct.

Sic furor [meus] additus [est] animis iuvenum. Inde, ceu lupi raptores in atra nebula quos improba rabies ventri exegit caecos, catulique relicti exspectant faucibus siccis, vadimus per tela, per hostis, in haud dubiam mortem atque tenemus iter mediae urbis; nox atra circumvolat cava umbra. Quis fando explicet cladem illius noctis, quis [explicet] funera aut possit aequare labores lacrimis? Urbs antiqua, dominata per multos annos, ruit; passim plurima corpora sternuntur, inertia,

ceu = idem ac

improba rabies ventri = extrema fames
siccis [cibi] = esurientibus / hostes

tenemus ... =progredimur ad mediam urbem
fando = loquendo

aequare = narrare labores sic ut lacrimae fiant tam tristes quam labores ipsos
dominata < dominor (dep.) = impero

Nec soli ... : Et non solum Teucri moriuntur
dant ... = moriuntur / quondam = aliquando
praecordia = pectora / victis: dat. pl.

perque vias perque domos et [per] religiosa limina deorum. Nec soli Teucri dant poenas sanguine: quondam etiam virtus redit in praecordia victis victoresque Danai cadunt. Ubique [est] crudelis luctus, ubique [est] pavor et plurima imago mortis.

Danaorum / offert ... = apparet ante nos
socia agmina: Graecos
segnities = ignavia, pigritia
rapiunt = capiunt praedam
ferunt sibi incensa Pergama = capiunt praedam ex incensa urbe
itis = pervenitis
delapsus esse = venisse / hostes
repressit ... = stetit et tacuit
nitens humi = ambulans
sentis, -is: genus plantae
iras attollentem = iratum
visu = postquam vidit nos
Fortuna ... = Fortuna iuvat nos in hoc primo labore

Androgeos, primus Danaum, offert se nobis, magna caterva comitante, inscius credens [nos esse] socia agmina, atque ultro compellat verbis amicis: "Festinate, viri! Nam quae segnities tam sera moratur [vos]? Alii rapiunt feruntque [sibi] incensa Pergama. Vos nunc primum a celsis navibus itis?" Dixit, et extemplo –neque enim responsa dabantur satis fida– sensit delapsus [esse] in medios hostis. Obstipuit retroque repressit pedem cum voce. Veluti qui, nitens humi, [in] aspris sentibus pressit improvisum anguem trepidusque refugit [eum] iras attollentem et colla tumentem, haud secus Androgeos, visu tremefactus, abibat [a nobis]; inruimus et circumfundimur densis armis, atque sternimus [eos], ignaros loci et captos formidine: Fortuna adspirat primo labori.

qua = per quem locum
Fortuna prima: nom. sing.
dextra (nom. sing.) = propitia
Danaorum / dolus ... = quis requirat dolum an virtutem in hoste?

Atque hic, Coroebus, exsultans successu animisque, "O socii," inquit, "sequamur qua Fortuna prima monstrat iter salutis atque qua ostendit se dextra; mutemus clipeos atque aptemus nobis insignias Danaum; dolus an virtus, quis requirat in hoste? Ipsi [Graeci] dabunt [nobis] arma."

accomodat ... = ponit Argivum ensem iuxta latus suum

haud numine nostro = deis non propitiis nobis

Danaorum / Orco = ad mortem

naves / curso = currentes

alvus, -i (f.)

Deinde sic fatus induitur comantem galeam Androgei atque insigne decorum clipei, atque accomodat Argivum ensem lateri. Rhipeus [facit] hoc, ipse Dymas [facit] hoc omnisque iuventus facit [hoc] laeta, quisque armat se recentibus spoliis. Vadimus immixti Danais haud numine nostro atque, per caecam noctem congressi, conserimus multa proelia, demittimus multos Danaum Orco: alii diffugiunt ad navis et petunt fida litora curso; pars, turpi formidine, rursus scandunt ingentem equum et conduntur in nota alvo.

fas est quemquam fidere nihil = fas est neminem fidere quidquam

invitis = non propitiis

ardentia lumina = ardentes oculos

hanc speciem = hunc visum

non tulit = pati non potuit

telis iactatis

delubri = templi

facie = propter speciem

gemitu = dolore / ira: ablat.

ereptae virginis: quia nos virginem eripuimus / Dolopum: genit. pl.

ceu = idem ac

Eous, -a, -um = ab Oriente perveniens

saevit = irascitur (dep.)

Heu, fas [est] quemquam fidere nihil, invitis divis! Ecce, Priameia virgo Cassandra, passis crinibus, trahebatur a templo adytisque Minervae, tendens frustra ardentia lumina ad caelum, nam vincula arcebant teneras palmas. Coroebus, furiata mente, non tulit hanc speciem et iniecit sese in medium agmen periturus; cuncti consequimur et incurrimus densis armis. Hic primum obruimur telis nostrorum, ex alto culmine delubri [iactatis], oriturque miserrima caedes facie armorum et errore Graiarum iubarum; tum Danai, gemitu atque ira ereptae virginis, undique collecti invadunt: acerrimus Aiax et gemini Atridae atque omnis exercitus Dolopum. Ceu quondam venti, rupto turbine, confligunt adversi, Zephyrusque Notusque et Eurus, laetus Eois equis; silvae stridunt atque spumeus Nereus saevit tridenti atque ciet aequora [ex] imo fundo.

Etiam apparent illi, si per umbram, obscura nocte, fudimus quos insidiis atque agitavimus tota urbe; primi agnoscunt clipeos mentitaque tela atque signant ora, sono discordia. Ilicet obruimur numero, primusque Coroebus procumbit ad aram divae armipotentis dextra [manu] Penelei; cadit et Rhipeus, qui unus iustissimus fuit in Teucris et servantissimus aequi –dis [hoc] aliter visum [est]–; pereunt Hypanisque Dymasque, confixi a sociis; nec tua plurima pietas, Panthu, nec infula Apollinis texit te labentem. Iliaci cineres et extrema flamma meorum, testor [me] in occasu vestro vitavisse nec tela nec ullas vices et, si fata fuissent ut caderem, [me] meruisse [cadere] manu Danaum.

(ali)quos
signant ora = audiunt nostram linguam aliam esse
obruimur = superamur
procumbit = cadit
et = quoque
aequi = iustitiae
Panthu: vocat. / texit = servavit
Iliaci cineres et extrema flamma: vocat.
ullas vices = quidcumque esset
meruisse cadere = cecidisse
Danaorum

Inde divellimur, Iphitus et Pelias mecum (quorum Iphitus iam gravior aevo, et Pelias tardus vulnere Ulixi), protinus vocati clamore ad sedes Priami. Hic vero [cernimus] ingentem pugnam, ceu nusquam cetera bella forent, [ceu] nulli morerentur in tota urbe: sic cernimus Martem indomitum Danaosque ad tecta ruentis atque, acta testudine, limen obsessum. Scalae haerent parietibus atque [hostes] sub ipsos postis nituntur gradibus atque, protecti, sinistris [manibus] obiciunt clipeos ad tela, dextris [manibus] prensant fastigia. Dardanidae, contra, convellunt turris ac tota culmina domorum; quando cernunt ultima, parant defendere se his telis, iam in extrema morte,

divellimur = abimus
aevo = propter aetatem
tardus = lentus
hic = in hoc loco / ceu nusquam = idem ac si in nullo allo loco
bella: plur. pro sing.
forent = essent
ruentes / testudine = ariete
[cernimus] limen
haerent = ponuntur
postes / nituntur (dep.) gradibus = ascendunt per gradus scalarum
obiciunt = opponunt
prensant fastigia = capiunt primam partem tectorum / turris: acc. pl.

atque devolvunt aratas trabes, alta decora veterum parentum; alii, strictis mucronibus, obsedere imas fores, [atque] servant has denso agmine. Animi instaurati [sunt] succurrere tectis regis atque levare viros auxilio atque addere vim victis.

devolvunt = iactant desuper
mucronibus = gladiis
has: imas fores
succurrere tectis = servare tecta
levare auxilio = adiuvare

Limen erat caecaeque fores et pervius usus tectorum Priami inter se, postesque relicti a tergo, qua infelix Andromache, dum regna manebant, saepius solebat incomitata ferre se ad soceros et trahebat puerum Astyanacta avo. Evado ad fastigia summi culminis, unde Teucri iactabant inrita tela miseri manu. Adgressi ferro circum, [illic] qua summa tabulata dabant labantis iuncturas, convellimus [ex] altis sedibus turrim in praecipiti stantem atque [in] summis tectis sub astra eductam, unde omnis Troia [poterat] videri et naves Danaum solitae [erant videri] et Achaica castra, impulimusque [eam]; ea, lapsa, repente cum sonitu trahit ruinam et incidit late super agmina Danaum. Ast alii subeunt, nec saxa nec ullum genus telorum interea cessat.

caecae fores = celata ianua
pervius usus tectorum = via quae domos iungebat
postes relicti = ianua cuius omnes obliti erant
avo = ad avum
adgressi = impetum facientes
qua = per quem locum / labantes
in praecipiti = in vacuo spatio
eductam = aedificatam
Danaorum
lapsa = cadens
Danaorum / subeunt = perveniunt
cessat [cadens super nos]

Ante ipsum vestibulum atque in primo limine Pyrrhus exsultat, coruscus telis et aena luce, qualis ubi in lucem [it] coluber, pastus mala gramina, quem frigida bruma tegebat tumidum sub terra; nunc, positis exuviis, novus nitidusque iuventa, convolvit lubrica terga, sublato pectore, arduus ad solem,

exsultat = gaudens clamat
coruscus = fulgens / aena: ablat.
coluber = anguis
pastus = postquam edit
positis exuviis = vetusta pelle remota / iuventa: ablat.
convolvit = agitat
arduus = se tollens

trisulcis = in tres partes divisis
agitator equorum = auriga
succedunt tecto = appropinquant ad tectum
dura limina = duram ianuam
postes / excisa = rupta
dedit ... = aperuit amplum aditum
penetralia = cubicula
stantes
miscetur = plena est
ferit (≠ fert) < ferio, -ire

et micat linguis trisulcis [in] ore. Una ingens Periphas et agitator equorum Achillis, armiger Automedon, una omnis Scyria pubes succedunt tecto et iactant flammas ad culmina. Ipse [Pyrrhus] inter primos, correpta bipenni [securi], perrumpit dura limina atque vellit a cardine aeratos postis, iamque, excisa trabe, cavavit firma robora et dedit ingentem fenestram lato ore. Apparet intus domus et longa atria patescunt; apparent penetralia Priami et veterum regum, atque vident [hostes] armatos stantis in primo limine. At interior domus miscetur gemitu miseroque tumultu, penitusque cavae aedes ululant femineis plangoribus; clamor ferit aurea sidera.

ingentibus tectis = per ingentia tecta
postes / patria vi: eadem vi utens quam pater habebat
sufferre = detinere / labat = tremit
crebro = frequenti
procumbunt = cadunt
aditus: acc. pl.
milite: sing. pro plur.
aggeribus ruptis = ripis ruptis
omnes
evicit = omnino vicit
caede furentem = furentem et necare desiderantem
nurus: acc. pl. / ignes

Tum pavidae matres errant ingentibus tectis amplexaeque tenent postis atque figunt oscula [in eos]. Pyrrhus instat patria vi; nec claustra nec ipsi custodes valent sufferre [eum]; ianua labat crebro ariete, et postes, [e] cardine emoti, procumbunt. Vi via fit; Danai, immissi, rumpunt aditus atque trucidant primos et late complent loca milite. Non sic spumeus amnis, cum exiit furens cumulo, aggeribus ruptis, fertur in arva atque per omnis campos trahit armenta cum stabulis atque evicit gurgite oppositas moles. Ipse vidi Neoptolemum, caede furentem, geminosque Atridas in limine; vidi Hecubam centumque nurus Priamumque per aras foedantem sanguine ignis quos ipse sacraverat.

Illi quinquaginta thalami, ampla spes nepotum, [et] postes, superbi barbarico auro atque spoliis, procubuere; Danai tenent qua ignis deficit.

Forsitan et requiras quae fuerint fata Priami. Uti vidit casum urbis captae atque limina tectorum convulsa et hostem medium in penetralibus, senior nequiquam circumdat arma diu desueta umeris, trementibus aevo, et cingitur inutile ferrum, ac fertur moriturus in densos hostis. In mediis aedibus atque sub nudo axe aetheris fuit ingens ara iuxtaque veterrima laurus, incumbens arae atque complexa Penatis umbra. Hic Hecuba et natae nequiquam circum altaria, ceu columbae praecipites [ab] atra tempestate, sedebant condensae et amplexae simulacra divum. Ut autem vidit ipsum Priamum, sumptis iuvenalibus armis, "Quae mens tam dira, miserrime coniux, impulit [te] cingi his telis? Aut quo ruis?" inquit. Tempus non eget tali auxilio nec istis defensoribus; non, [etiam] si meus Hector ipse nunc adforet. Concede tandem huc, haec ara tuebitur [nos] omnis, aut simul moriere."

Sic ore effata, recepit longaevum ad sese et locavit [eum] in sacra sede. Ecce autem Polites, unus natorum Priami, elapsus de caede Pyrrhi, fugit porticibus longis per tela, per hostis et, saucius, lustrat vacua atria.

spes nepotum = spes habendi prognatos
superbi = ornati / procubuerunt
qua (adv.) ignis deficit = omnia quae sunt in locis quae ignis non delet

forsitan = fortasse / uti = ut = cum

hostem: sing. pro plur. / in penetralibus = intus domuum
curcumdat arma umeris = ponit arma circa umeros
aevo = aetate / fertur =it

hostes / sub ... = sub aperto caelo

laurus: genus arboris

Penates / umbra: ablat.
hic = in hoc loco
praecipites = quae cadunt

divum = deorum / ut = cum

dira = terribilis / iuvenalis, -e = qui ad iuvenes pertinet
cingi: pass. infinit.

eget auxilio = requirit auxilium

adforet = adesset / concede = veni

tuebitur = custodiet / omnes simul [nobiscum] morieris

longaevum = senem

elapsus de caede = qui vitaverat caedem
porticibus < porticus, -us f.
lustrat = percurrit

Pyrrhus, ardens infesto vulnere, insequitur illum, iam iamque tenet [eum] manu et premit [eum] hasta. Ut tandem evasit ante oculos et ora parentum, concidit ac fudit vitam cum multo sanguine. Hic Priamus, quamquam iam in media morte tenetur, non tamen abstinuit nec pepercit voci iraeque: "At pro scelere," exclamat "pro talibus ausis, si qua pietas [est] in caelo quae curet talia, di persolvant dignas grates et reddant debita praemia tibi, qui fecisti me cernere letum nati coram et foedasti patrios vultus funere. At non ille Achilles, [e] quo mentiris te satum [esse], talis fuit in hoste Priamo, sed erubuit iura fidemque supplicis, atque reddidit exsangue corpus Hectoreum sepulcro atque remisit me in mea regna."

infesto vulnere = desiderio necandi
iam iamque = atque paene
evasit = fugit
fudit vitam = mortuus est
hic = tunc
pepercit voci iraeque = retinuit vocem iramque
(ali)qua
grates = gratias
vultus: acc. pl.
e quo ... = quem dicis esse tuum patrem, sed mentiris
erubuit iura = pudorem sensit de iuribus
sepulcro = ut sepeliretur

Sic fatus [est] senior atque coniecit imbelle telum sine ictu, quod protinus repulsum [est] rauco aere, et nequiquam [in] summo umbone clipei pependit. Cui Pyrrhus [dixit]: "Ergo referes haec et ibis [ut] nuntius Pelidae genitori; memento narrare illi mea tristia facta atque [narrare] Neoptolemum degenerem [esse]. Nunc morere." Hoc dicens traxit ad ipsa altaria [eum] trementem et in multo sanguine nati lapsantem; atque laeva [manu] implicuit comam, dextraque [manu] extulit coruscum ensem ac abdidit [ensem] lateri [eius] capulo tenus. Haec [fuit] finis fatorum Priami, hic exitus tulit illum sorte, videntem Troiam incensam et prolapsa Pergama,

imbelle = innocens
sine ictu = sine vi
aere = scuto de aere facto
referes (fut.) = dices
[meo] genitori
morere: imperat.
lapso, -are = labor, -i
implicuit comam = cepit capillos
coruscum = fulgentem
capulo tenus = usque ad manubrium gladii
sorte = propter Fata

populis terrisque = populorum terrarumque
avulsum = sectum

quondam superbum regnatorem tot populis terrisque Asiae. Iacet [in] litore ingens truncus, atque caput [ab] umeris avulsum et corpus sine nomine.

obstipui = attonitus mansi
subiit me = venit ad me
subiit = subierunt
quae copia sit = quo modo res stent
deseruerunt / miserunt
dederunt
Tyndarida (Graecus acc.): Helenam
infestos = inimicos
Pergama: plur. pro sing. / Danaorum
deserti = relicti
communis Erinys: Aeneas loquitur de Helena
exarserunt / ira ulcisci et sumere = desiderium ulciscendi et sumendi
ea: Helena
parto (< pario, -ere) triumpho = tamquam si victoriam obtinuisset
Iliadum: genit. pl.
igni = igne

At tum primum saevus horror circumstetit me. Obstipui: imago cari genitoris subiit [me] ut vidi regem aequaevum vitam exhalantem crudeli vulnere; deserta Creusa et direpta domus et casus parvi Iuli subiit [meum animum]. Respicio et lustro quae copia sit circum me. Omnes, defessi, deseruere [me], et misere corpora ad terram saltu aut dedere aegra [corpora] ignibus. Iamque adeo super eram unus, cum aspicio Tyndarida servantem limina Vestae et tacitam in secreta sede latentem; incendia dant claram lucem [mihi] erranti passimque oculos per cuncta ferenti. Illa, praemetuens Teucros infestos sibi ob eversa Pergama et poenam Danaum et iras deserti coniugis, communis Erinys Troiae et patriae, sese abdiderat atque invisa sedebat [in] aris. Ignes exarsere [in meo] animo; ira subit [meum animum] ulcisci cadentem patriam et sumere sceleratas poenas [ab ea]. "Scilicet, haec incolumis aspiciet Spartam patriasque Mycenas, partoque triumpho ibit [ut] regina, videbit coniugiumque domumque patris natosque, comitata [a] turba Iliadum et [a] Phrygiis ministris; Priamus occiderit ferro, Troia arserit igni, Dardanium litus sudarit sanguine totiens!

nomen = fama
exstinxisse = quia exstinxi
sumpsisse = quia sumpsi / explevisse
satiavisse

Non [erit] ita, namque etsi nullum memorabile nomen est in feminea poena, nec [talis] victoria habet laudem, laudabor tamen exstinxisse nefas et sumpsisse poenas [huius] merentis, atque iuvavit explesse animum ultricis flammae et satiasse cineres meorum."

iactabam = putabam
antea
quanta = quam magna
caelicolis = deis
quid = cur / quo = ad quem locum
cura nostri = cura quam de nobis habes / liqueris = reliqueris
superet = vivat
ni = nisi
sit = iussivum subiunct.
divom = deorum
has opes = hanc fortunam
hebetat = turbat
visus mortales = tuos mortales oculos / ne time = noli timere
(ali)qua
neu recusa = et noli recusare
avolsa (= avulsa) < avello, -ere

Talia iactabam et ferebar furiata mente, cum alma parens se obtulit mihi videndam, non ante tam clara oculis, et per noctem refulsit in pura luce, confessa [se] deam [esse], qualisque et quanta solet videri caelicolis, dextraque [manu] continuit [me] prehensum, roseoque ore insuper addidit haec: " Nate, quis tantus dolor excitat [tuas] indomitas iras? Quid furis, aut quonam cura nostri recessit tibi? Non prius aspicies ubi liqueris parentem Anchisen, fessum aetate, coniunxne Creusa superet atque Ascanius puer? Circum quos omnes Graiae acies undique errant et, ni mea cura resistat, iam flammae tulerint [eos] et inimicus ensis hauserit [eos]. Non [sit] invisa tibi facies Lacaenae Tyndaridis culpatusve [sit] Paris: divom inclementia, divom, evertit has opes sternitque Troiam a culmine. Aspice, namque eripiam omnem nubem quae, nunc obducta tibi tuenti, hebetat visus mortalis et, umida, caligat circum; tu ne time qua iussa parentis, neu recusa parere praeceptis: hic, ubi vides moles disiectas atque saxa avolsa [a] saxis atque fumum undantem mixto pulvere, Neptunus quatit muros atque fundamenta,

emota (< emoveo) = erepta
hic = in hoc loco
prima (nomin.) = in prima acie stans
socium agmen: Graecum exercitum
insedit = occupat
sufficit = dat / in = contra
eripe fugam = fuge
abero tibi = relinquam te
sistam = ponam / limine = domo

magno tridenti emota, atque eruit totam urbem a sedibus; hic saevissima Iuno tenet prima Scaeas portas atque, ferro accincta, furens vocat socium agmen a navibus. Respice: iam Tritonia Pallas insedit summas arces, effulgens nimbo et saeva Gorgone. Ipse pater sufficit animos atque secundas vires Danais, ipse suscitat deos in Dardana arma. Eripe fugam, nate, atque impone finem labori. Nusquam abero [tibi] et sistam te tutum in patrio limine."

condidit se = celavit se
deorum
ignes / verti: pass. infinit.
instant = conantur (dep.)
ornus, -i f.: genus arboris
accisam (< accido) = deletam
comam (acc. respectus) = ramas
e iugis = e culmine montis
hostes
dant mihi locum = cedunt ante me

Dixerat, et condidit se [in] spissis umbris noctis. Dirae facies atque magna numina deum, inimica Troiae, adparent. Tum vero omne Ilium mihi visum [est] considere in ignis et Neptunia Troia verti ex imo; ac veluti in summis montibus agricolae certatim instant eruere antiquam ornum, cum ferro crebrisque bipennibus accisam; illa usque minatur [cadere] et, tremefacta comam, nutat concusso vertice, donec paulatim, evicta vulneribus, congemuit supremum [gemitum] atque, avulsa [e] iugis, traxit ruinam. Descendo ac, ducente deo, expedior inter flammam et hostis: tela dant [mihi] locum flammaeque recedunt.

perventum est mihi = perveni
montes / producere vitam = longius vivere
quibus ... = qui iuvenes estis

Atque ubi iam perventum [est mihi] ad limina patriae sedis antiquasque domos, genitor, quem primum optabam tollere in altos montis primumque petebam, abnegat, Troia excisa, producere vitam atque pati exsilium. "O vos, quibus [est] integer sanguis aevi" ait "solidaeque vires stant suo robore, vos agitate fugam; si caelicolae voluissent me ducere vitam, servassent mihi has sedes. Satis superque, una vidimus exscidia [urbis] et superavimus captae urbi. Adfati [extremum], discedite [meum] corpus sic, o sic, [ut] positum [est]. Ipse inveniam mortem manu [mea]; hostis miserebitur atque petet exuvias [meas]; iactura sepulcri est facilis. Iam pridem, invisus divis et inutilis, demoror annos, ex quo rex pater divum atque hominum adflavit me ventis fulminis et contigit [me] igni."

Talia memorans perstabat fixusque manebat. Nos, contra, effusi lacrimis, coniunxque Creusa Ascaniusque omnisque domus, [rogamus] ne pater vellet vertere cuncta secum atque incumbere fato urgenti. [Pater] abnegat atque haeret [in suo] incepto et in isdem sedibus. Rursus feror in arma atque miserrimus opto mortem, nam quod consilium aut quae fortuna iam dabatur? "Sperastine me posse, te relicto, efferre pedem, genitor? Atque tantum nefas excidit [e] patrio ore? Si placet superis nihil relinqui ex tanta urbe et hoc sedet [in tuo] animo atque iuvat addere teque tuosque periturae Troiae, ianua patet isti leto, iamque de multo sanguine Priami aderit Pyrrhus, [is] qui obtruncat natum ante ora patris [atque obtruncat] patrem ad aras. Hoc erat, alma parens, quod eripis me per tela, per ignis? Ut cernam hostem in mediis penetralibus

robore = fortitudine
agitate fugam = fugite

exscidia: acc. pl. / superavimus ... = satis viximus ut videremus captam urbem / adfati extremum = postquam postrema funera dixeritis
discedite = relinquite

iactura sepulcri = non habere sepulcrum
divum = deorum

contigit = tetigit / igni = igne

effusi lacrimis = multo lacrimantes

vertere [in ruinam]
incumbere = convenire, assentire
urgenti = quod urgebat nos
incepto = consilio
in arma = ad pugnam

efferre pedem = abire
tantum ... ? = quo modo potest pater hoc dicere?

de multo sanguine Priami = de loco ubi necavit Priamum
obtruncat = necat modo crudeli

hoc erat quod = haec erat causa propter quam
cernam = videam

atque ut [cernam] Ascanium patremque meum iuxtaque Creusam mactatos, alterum in sanguine alterius? Arma, viri, ferte arma! Ultima lux vocat victos. Reddite me Danais, sinite [ut ego] revisam instaurata proelia. Hodie numquam moriemur omnes inulti."

Hinc accingor rursus ferro atque insertabam sinistram [manum] aptans [eam] clipeo atque ferebam me extra tecta. Ecce autem coniunx haerebat in limine, complexa [meos] pedes, atque tendebat parvum Iulum [mihi] patri: "Si periturus abis, rape et nos tecum in omnia [pericula]; sin, expertus, ponis aliquam spem in sumptis armis, primum tutare hanc domum. Cui parvus Iulus [relinquitur], cui pater [relinquitur] et [cui ego], quondam dicta tua coniunx, relinquor?" Talia vociferans replebat gemitu omne tectum, cum monstrum subitum atque mirabile dictu oritur. Namque inter manus atque ora maestorum parentum, ecce, levis apex visus [est] fundere lumen de summo vertice Iuli, atque mollis flamma, tactu innoxia, [visa est] lambere comas et pasci circum tempora [eius]. Nos, pavidi, trepidare metu atque excutere crinem flagrantem et restinguere sanctos ignis fontibus. At pater Anchises, laetus, extulit oculos ad sidera et tetendit palmas caelo cum [hac] voce: "Iuppiter omnipotens, si flecteris ullis precibus, aspice nos, hoc tantum, et, si meremur pietate, da deinde auxilium, pater, atque firma haec omina."

mactatos = necatos
alterum ... = corpus super corpore
sinite ut ego revisam = sinite me revisere

insertabam ... clipeo = capiebam clipeum sinistra manu
ferebam me = ibam

haerebat = manebat

periturus = moriturus / et = quoque

sin = sed si
expertus = sciens quid faciendum sit
tutare (imperat.) < tutor, -ari

quondam = alio tempore
dicta = vocata
omne tectum = omnem domum

dictu: supinum / manus: acc. pl.

levis apex = initium flammae
fundere = deorsum mittere
vertice = capite

pasci: pass. inf. / tempora = caput

excutere [ad flammam exstinguendam] / ignes
fontibus = aqua / extulit = sustulit

caelo = ad caelum

tantum = solum / (mereor + ablat.)

firma omina = dic quid omina significent

Vix senior fatus erat ea, subitoque laevum [latus] intonuit fragore, et stella, lapsa de caelo per umbras, ducens facem, cucurrit cum multa luce. Cernimus illam, claram labentem super summa culmina tecti atque signantem vias, condere se [in] silva Idaea; tum sulcus longo limite dat lucem, et loca, late circum, fumant sulphure. Hic vero genitor, victus, tollit se ad auras adfaturque deos et adorat sanctum sidus:

"Iam, iam nulla mora est; adsum et sequor [per viam] qua ducitis. Di patri, servate domum, servate nepotem, hoc augurium [est] vestrum, Troia est in vestro numine. Cedo equidem, nec recuso ire [ut] comes tibi, nate." Dixerat ille, et iam ignis auditur clarior per moenia, atque incendia volvunt aestus propius. "Ergo age, care pater, imponere [te] nostrae cervici; ipse subibo [te] [meis] umeris, nec iste labor gravabit me; quocumque res cadent, periclum [erit] unum et comune, salus erit una ambobus. Parvus Iulus sit mihi comes, et coniunx servet vestigia longe; vos, famuli, advertite animis vestris [ea] quae dicam. Est [eis] [ex] urbe egressis tumulus templumque vetustum desertae Cereris, iuxtaque [est] antiqua cupressus, per multos annos servata religione patrum. Veniemus in hanc unam sedem ex diverso [loco]. Tu, genitor, cape manu sacra patriosque Penatis; nefas [est] me, e tanto bello et recenti caede digressum,

facem = magnam lucem

cernimus illam condere se
labentem = cadentem
longo limite = longum iter faciens

locus, -i (sing.) > loca, -orum (pl.)
fumant = fumum effundunt

sidus, -eris n. = stella, -ae f.

nulla mora est = morari non debemus / qua = per quam

in vestro numine = penes vos

ignis auditur = sonus ignis auditur

aestus: acc. pl. / imponere (pass. imperat.) = impone te ipsum

quocumque ... = quocumque modo res eveniant
vestigia servare = sequi

famuli = servi

Est ... tumulus = Ei quicumque ex urbe egrediunt vident tumulum
cupressus, -i f.

sacra: acc. pl. / Penates

digressum = egressum

attrectare [eos] donec abluero me [in] vivo flumine."

Haec fatus, super latos umeros subiectaque colla insternor veste atque pelle fulvi leonis, succedoque oneri; parvus Iulus implicuit se dextrae [manui] sequiturque patrem passibus non aequis; pone subit coniunx; ferimur per opaca locorum et nunc omnes aurae terrent me, quem dudum non ulla iniecta tela movebant, neque Grai glomerati ex adverso agmine; omnis sonus excitat [me] suspensum, pariter timentem comitique onerique. Iamque propinquabam portis atque videbar evasisse omnem viam, cum subito creber sonitus pedum visus [est] adesse ad auris, genitorque, per umbram prospiciens, "Nate," exclamat, "fuge, nate: propinquant. Cerno ardentis clipeos atque micantia aera."

insternor veste = induo vestem
succedo oneri = capio onus
passibus non aequis: passus patris longiores erant / pone = postea
ferimur = imus
opaca locorum = opaca loca
movebant = terrebant
glomerati = magno numero
timeo comiti = timeo de comite (timeo ne quid accidat ei)
videbar evasisse = putabam me evasisse / pedum: genit. pl.
aures [meas]
ardentes
aera (< aes, aeris ≠ aer, aeris) = arma de aere facta

Hic nescio quod numen, male amicum, eripuit confusam mentem mihi, trepido, namque dum cursu sequor avia [loca] et excedo [e] nota regione viarum, heu, incertum [est] [mihi] misero coniunx Creusa substititne, erepta fato, erravitne [a] via seu resedit lapsa, nec post reddita est oculis nostris. Nec respexi [eam] amissam reflexive animum prius quam venimus [ad] tumulum antiquae Cereris sedemque sacratam. Hic demum, collectis omnibus, [illa] una defuit, et fefellit comites natumque virumque. Quem hominumque deorumque non incusavi, amens,

hic = tunc
avia loca = loca per quae difficile est ambulare / excedo = exeo
incertum est mihi = nescio
substitit = mansit ubi erat
lapsa = fessa
post = postea / amissam = ne amitteretur
reflexi animum = direxi animum [ad eam]
hic = in hoc loco
fefellit comites = evanuit ab oculis comitum
incusavi = accusavi

eversa = deleta
Penates / recondo = occulto
repeto = iterum eo ad
cingor armis = pono arma circa me
omnes casus: acc. pl.
obiectare ... = me in periculum iacere

aut quid crudelius vidi in eversa urbe? Commendo sociis Ascanium Anchisenque patrem Teucrosque Penatis et recondo [eos] [in] curva valle; ipse repeto urbem et cingor fulgentibus armis. [Consilium] stat [mihi] renovare omnis casus atque reverti per omnem Troiam et rursus obiectare caput periclis.

qua = per quem locum
meum gressum = meos passus
sequor observata vestigia = sequor vestigia mea quae video
tulisset: subiectum est Creusa
omne tectum = omnem domum
ilicet = statim, repente
fastigia = tecta
furit = ascendit furens
lecti = electi, delecti
adservabant = tuebantur (dep.)
(e) Troia / adytis = templis
captiva vestis = vestes magni pretii a Graeci captae
iactare voces = clamare
nequiquam = frustra
imago ... : imago maior erat quam vivum corpus
tectis = per tecta

Principio repeto muros obscuraque limina portae qua extuleram [meum] gressum et sequor retro per noctem observata vestigia et lustro [ea] lumine. Ubique horror [est] [in meo] animo, simul ipsa silentia terrent [me]; inde refero me domum, si forte, si forte [illuc] tulisset pedem; Danai inruerant et tenebant omne tectum; ilicet edax ignis volvitur vento ad summa fastigia, flammae exsuperant [ea], aestus furit ad auras. Procedo et reviso sedes arcemque Priami, et iam [in] vacuis porticibus, [in] asylo Iunonis, Phoenix et dirus Ulixes, lecti [ut] custodes, adservabant praedam. Huc congeritur gaza, erepta undique Troia, incensis adytis, mensaeque deorum crateresque solidi auro captivaque vestis. Pueri et pavidae matres stant circum [in] longo ordine. Quin, ausus etiam iactare voces per umbram, implevi vias clamore, maestusque vocavi Creusam nequiquam ingeminans [nomen] iterumque iterumque. Infelix simulacrum atque umbra ipsius Creusae, et imago maior [illa] nota, visa [est] ante oculos mihi quaerenti et furenti tectis urbis sine fine.

Obstipui atque [meae] comae steterunt, et [mea] vox haesit [in] faucibus. Tum sic adfari [mihi] et demere curas [a me] his dictis: "Quid iuvat tantum indulgere insano dolori, o dulcis coniunx? Haec eveniunt non sine numine divom, nec fas [est] te hinc portare Creusam [ut] comitem, aut ille regnator superi Olympi sinit [hoc]. Longa exsilia [erunt] tibi, et vastum aequor maris arandum [est tibi], et venies [ad] Hesperiam terram, ubi Lydius Thybris fluit inter opima arva virum leni agmine. Illic res laetae regnumque et regia coniunx parta [sunt] tibi. Pelle lacrimas dilectae Creusae. Ego, Dardanis et nurus divae Veneris, non aspiciam superbas sedes Myrmidonum Dolopumve, aut ibo servitum Graiiis matribus. Sed magna genetrix deum detinet me [in] his oris. Iamque vale, et serva amorem communis nati."

Ubi dedit haec dicta, deseruit [me] lacrimantem et multa dicere volentem atque recessit in tenuis auras. Ter conatus [sum] ibi dare bracchia circum collo: ter imago, frustra comprensa, effugit manus, par levibus ventis atque simillima volucri somno. Sic demum, consumpta nocte, reviso socios, atque hic, admirans, invenio ingentem numerum novorum comitum adfluxisse, matresque virosque, pubem collectam exsilio, miserabile volgus. Undique convenere, parati animis opibusque,

haesit = fixa mansit

adfari = locutus est
demere = deprompsit
indulgere dolori = dare te ipsum dolori
divom = deorum / nec fas est ... aut ille ... = nec fas est ... neque ille ...

arandum est: mare arare [remis] = per mare navigare

virorum
leni agmine = leni cursu aquae
parta sunt = parata sunt

Dardanis = e sanguine Dardani nata

servitum (supinum) < servio, -ire

deorum

communis nati = nostri filii

deseruit = reliquit

recessit = rediit / tenues

dare ... = circumdare collum bracchiis
manus: acc. pl. / par = similis

reviso = iterum video = redeo ad
hic = in hoc loco
adfluxisse = advenisse

exsilio = ad exsilium

convenerunt

in quascumque terras velim deducere [eos] pelago. Iamque Lucifer surgebat [ex] iugis summae Idae ducebatque diem, Danaique tenebant limina portarum obsessa nec ulla spes opis dabatur. Cessi et, sublato genitore, petivi montes.

pelago = per pelagus
ex iugis = e culmine, e summis
sublato genitore = genitorem portans

LIBER III

Postquam visum [est] superis evertere res Asiae atque gentem Priami, immeritam, atque superbum Ilium cecidit et omnis Neptunia Troia fumat humo, agimur auguriis divom quaerere diversa exsilia et desertas terras, atque sub ipsa Antandro et montibus Phrigiae Idae molimur classem, incerti quo fata ferant [nos], ubi detur [nobis] sistere, contrahimusque viros. Vix prima aestas inceperat et pater Anchises iubebat dare vela fatis, cum lacrimans relinquo litora patriae portusque et campos ubi Troia fuit. Feror exsul in altum [mare] cum sociis natoque et Penatibus, magnis dis.

evertere res Asiae = delere Asiam
immeritam = quae hoc non merebatur (dep.)
divom = deorum / agimur = cogimur
molimur = paramus / quo = ad quem locum / detur = sinetur
sistere = manere et habitare
contrahimus = colligimus
vix ... et = vix ... cum / fatis: dat.
portus: acc. pl. / exsul (adiect.) = in exsilium

Procul, terra Mavortia colitur vastis campis –Thraces arant [eam]–, quondam regnata acri Licurgo, antiquum hospitium Troiae atque socii Penates dum [nostra] fortuna fuit. Feror huc et, ingressus iniquis fatis, in curvo litore loco prima moenia

vastis campis = per vastos campos
Licurgo: dat. agentis / hospitium = locus ubi nos, Troiani, hospitalitatem accipiebamus / socii Penates = locus secundus, nam socii illic habitant / loco = pono, aedifico

atque de meo nomine fingo [incolis] nomen "Aeneadas." Ferebam sacra [meae] Dionaeae matri divisque, auspicibus coeptorum operum, atque in litore mactabam nitentem taurum supero regi caelicolum. Forte, iuxta fuit tumulus, [in] quo summo [erant] cornea virgulta et myrtus densis hastilibus horrida. Accessi atque, conatus convellere ab humo viridem silvam ut tegerem aras frondentibus ramis, video monstrum horrendum et mirabile dictu, nam arbos quae prima, radicibus ruptis, [e] solo vellitur, huic [arbori] guttae liquuntur atro sanguine et maculant terram tabo. Frigidus horror mihi quatit membra atque sanguis coit gelidus formidine. Rursus et insequor convellere lentum vimen alterius [arboris] et temptare causas penitus latentis: et ater sanguis sequitur de cortice alterius [arboris].

Multa movens [in] animo, venerabar agrestis Nymphas Gradivumque patrem, qui praesidet Geticis arvis, [ut] secundarent visus rite atque levarent omen. Sed postquam adgredior tertia hastilia maiore nisu atque obluctor adversae harenae genibus –eloquar an sileam?– lacrimabilis gemitus auditur [ex] imo tumulo et reddita vox fertur ad auris:

"Quid laceras miserum [virum], Aenea? Parce iam sepulto [viro], parce scelerare [tuas] pias manus. Troia non tulit me externum tibi aut hic cruor manat de stipite.

fingo = creo / ferebam sacra = faciebam sacrificia
auspicibus = ut auspices essent
coeptorum operum = operum quae iam coeperam
nitentem < niteo (≠ nitor)
in quo summo = in cuius summo

myrtus f. / accessi = appropinquavi

silvam = plantam, parvum arborem

monstrum = prodigium
arbos (arbor) ... huic arbori guttae = arbori ... guttae

coit = fit / formidine = timore
et = quoque / insequor = conor
temptare = indagare et invenire

latentes / et = quoque / sequitur = liquitur

venerabar = orabam / agrestes
Gradivum = Martem
secundarent = secundos facerent
visus: acc. pl.
levarent omen = bonum facerent omen / adgredior = capio manu
obluctor (dep.) + dat. = pugno contra / genibus (ablat.) = ponens genua super terram
lacrimabilis = tristissimus
aures

quid = cur / parce viro = noli turbare virum
manus: acc. pl. / Troia ... tibi = non sum ignotus tibi / tulit = peperit
aut = nec

crudeles
seges telorum = tamquam si plantae essent lanceae
acutis iaculis = formans acuta iacula ut ramas

Heu, fuge [has] crudelis terras, fuge [hoc] litus avarum, nam ego [sum] Polydorus. Hic ferrea seges telorum texit [me], confixum, et increvit acutis iaculis."

mentem: acc. respectus
ancipiti = ambigua, incerta
steterunt = rigidae factae sunt
diffideret armis = fidem non haberet in armis / cingi: pass. infinit.
alendum = ut rex eum aleret
ut = cum / Teucrorum
secutus ... = relinquens nostram amicitiam et capiens amicitiam Agamemnonis / potior + ablat. = capio
sacra fames (vocat.) = detestabilis fames

Tum vero, pressus mentem ancipiti formidine, obstipui, atque comae steterunt et vox haesit [in] faucibus. Quondam, infelix Priamus, cum iam diffideret armis Dardaniae atque videret urbem cingi obsidione, mandarat furtim Threicio regi hunc Polydorum alendum, cum magno pondere auri. Ille, ut opes Teucrum fractae [sunt] et Fortuna recessit, secutus res Agamemnonias victriciaque arma, abrumpit omne fas: obtruncat Polydorum et vi potitur auro. Quid non cogis mortalia pectora [facere], sacra fames auri?

refero monstra = narro prodigia
deum = deorum
proceres = primos, duces
quae sit ... : obliqua quaestio
animus = consilium, desiderium
dare Austros classibus = dare classem Austris [ventis]
tumulo (dat.) = tumulo qui iam illic erat
Manibus = ad Manes honorandos
maestae: maestae quia funebres arae erant / crinem: acc. respectus
de more: ut solebant
cymbia = pocula / sacri sanguinis = sanguinis victimarum
ciemus = vocamus
supremum = postremum

Postquam pavor reliquit [mea] ossa, refero monstra deum ad delectos proceres populi, primumque parentem, et posco quae sit sententia [eorum]. Omnibus idem animus [erat]: excedere [a] terra scelerata, linqui pollutum hospitium et dare Austros classibus. Ergo instauramus funus Polydoro et ingens tellus aggeritur tumulo; arae stant Manibus, maestae caeruleis vittis atraque cupresso et, circum, [stant] Iliades, solutae crinem de more; inferimus spumantia cymbia tepido lacte et pateras sacri sanguinis, condimus animam [eius] [in] sepulcro et magna voce ciemus [eum] supremum.

ubi ... = ubi pelagus praebet fiduciam

Inde, ubi prima fides [apparet] [in] pelago

atque venti dant placata maria et Auster, lenis crepitans, vocat [nos] in altum, socii deducunt navis et complent litora. Provehimur [e] portu, atque terrae urbesque recedunt. [In] medio mari colitur sacra tellus, gratissima matri Nereidum et Neptuno Aegaeo, quam, errantem circum oras et litora, pius arcitenens revinxit e celsa Mycono Gyaroque, atque dedit [eam], immotam, coli et contemnere ventos. Huc feror; haec [tellus], placidissima, accipit [nos] fessos [in] tuto portu; egressi, veneramur urbem Apollinis. Rex Anius, idem rex hominum atque sacerdos Phoebi, redimitus sacra tempora vittis et lauro, occurrit [nobis]; agnovit veterem Anchisem [ut] amicum; iungimus dextras [in] hospitio et subimus tecta.

naves / provehimur = navigamus
recedunt = ex oculis evanescunt
errantem ... : haec terra "navigabat"
dedit = sivit / coli: pass. infinit.
contemnere ventos: quia iam non movebatur ventis
redimitus < redimio, -ire
sacra tempora: acc. respectus
tempora = caput
subimus = intramus in

Venerabar templa dei, structa vetusto saxo: "Da, Thymbraee, propriam domum; da [nobis] fessis moenia et genus et mansuram urbem; serva altera Pergama Troiae, reliquias Danaum atque immitis Achilli. Quem sequimur? Quove iubes ire? Ubi [iubes] ponere sedes? Da, pater, augurium, atque inlabere animis nostris." Vix fatus eram ea: repente omnia visa [sunt] tremere, liminaque laurusque dei, totusque mons [visus est] moveri circum et cortina [visa est] mugire [in] reclusis adytis. Summissi, petimus terram, et vox fertur ad auris: "Duri Dardanidae, tellus quae prima tulit vos a stirpe parentum, eadem accipiet vos, reduces, laeto ubere.

venerabar templa dei = venerabar deum in templo
mansuram urbem = urbem quae maneat
altera Pergama: plur. pro sing.
reliquias Danaum (genit. pl.) = nos quos Danai non necaverunt
inlabere (pass. imperat.) animis = intra in animos
cortina = tripus, -odis
adytis = templo / aures
tellus ... = tellus ubi maiores vestri nati sunt
laeto ubere = laeta fecunditate

Exquirite antiquam matrem. Hic domus Aeneae dominabitur [in] cunctis oris, et nati natorum et qui nascentur ab illis."

Haec [dixit] Phoebus, atque ingens laetitia exorta [est] mixto tumultu, et cuncti quaerunt quae sint ea moenia quo Phoebus vocet [nos] errantis iubeatque reverti. Tum genitor, volvens monimenta veterum virorum, "Audite, o proceres," ait, "et discite vestras spes: Creta, insula magni Iovis, iacet [in] medio ponto, ubi [sunt] mons Idaeus et cunabula nostrae gentis. Habitant centum magnas urbes, uberrima regna, unde maximus pater, Teucrus, si rite recordor [illa a me] audita, primum advectus est in oras Rhoeteas atque [illic] optavit locum regno. Ilium et arces Pergameae nondum steterant, habitabant [in] imis vallibus. Hinc [subiere] [nobis] mater cultrix Cybeli atque Corybantia aera atque Idaeum nemus, hinc subiere fida silentia [in] sacris et leones [ad] currum dominae iuncti. Ergo agite et sequamur qua iussa divum ducunt, placemus ventos et petamus Cnosia regna, nec distant longo cursu: modo Iuppiter adsit, tertia lux sistet classem in Cretaeis oris."

Sic fatus, mactavit [in] aris meritos honores: taurum Neptuno, taurum tibi, pucher Apollo, nigram pecudem Hiemi, albam [pecudem] felicibus Zephiris. Fama volat Idomenea ducem, pulsum [e] regnis paternis, cessisse, atque litora Cretae deserta [esse],

hic = in hoc loco
cunctis = omnibus

laetitia mixto tumultu = laetitia mixta tumultu
cuncti = omnes
quo = ad quem locum
errantes / volvens monimenta = memor famae
proceres = primi viri

cunabula = origines
rite = ut decet, recte
advectus est = pervenit
optavit = delegit
subierunt = venerunt
aera: tympana de aere facta
fida ... sacris: quia in ritibus omnes praesentes tacebant
iuncti = vincti
qua = per quem locum
divum = deorum
modo = solum / lux: prima pars diei
sistet = ponet

mactavit = sacrificavit
Idomenea: Graecus acc.
cessisse = abiisse

domum vacare hoste atque sedes astare relictas. Linquimus portus Ortygiae atque volamus pelago atque legimus Naxon, bacchatam [in] iugis, viridemque Donusam, Olearon niveamque Paron atque Cycladas, sparsas per aequor, et freta crebris terris concita. Nauticus clamor exoritur vario certamine; socii hortantur [ut] petamus Cretam proavosque. Ventus, a puppi surgens, prosequitur euntis, et tandem adlabimur antiquis oris Curetum. Ergo, avidus, molior muros optatae urbis atque voco [eam] "Pergameam," et hortor gentem, laetam cognomine, amare focos atque attollere arcem tectis.

vacare hoste = vacuam hostium esse
portus: acc. pl.
pelago = per pelagus
bacchatam: ubi Bacchae ritus celebrant
crebris ... = multis parvis insulis plena
[nos] euntes
antiquis oris = ad antiquas oras
molior (dep.) = incipio erigere
cognomine = nomine urbis ("Pergamea") / tectis = ut praesidium

Iamque fere puppes subductae [sunt] [in] sicco litore, iuventus operata [est] conubiis atque novis arvis, [ego] dabam iura domosque, cum subito, [e] corrupto tractu caeli, venit lues, tabida membris arboribusque satisque atque miseranda, et letifer annus. [Homines] linquebant dulcis animas aut trahebant aegra corpora; tum Sirius exurere sterilis agros, herbae arebant, et aegra seges negabat victum. Pater hortatur ire, remenso mari, rursus ad oraclum Ortygiae Phoebumque atque precari veniam [et quaerere] quam finem ferat fessis rebus, unde iubeat temptare auxilium laborum, quo [iubeat] vertere cursus.

operata est = operam dabat, versabatur (dep.)
e ... caeli = quia aer impurus erat
letifer: qui letum (mortem) fert
linquo animam = morior / dulces
exurebat / steriles / victum = cibum
remenso mari = mare transientes
finem ferat fessis rebus = finem iubeat huius pessimi status (genit.)
cursus: acc. pl.

Nox erat et somnus habebat animalia [in] terris; sacrae effigies divom atque Phrygii Penates

divom = deorum

quos mecum a Troia atque ex mediis ignibus urbis extuleram visi [sunt] astare ante oculos [mei] iacentis in somnis, manifesti multo lumine [illic] qua luna plena fundebat se per insertas fenestras. Tum sic adfari et demere curas his dictis: "Quod tibi, delato Ortygiam, Apollo dicturus est, hic canit et, en, ultro mittit nos ad tua limina. Nos, secuti te atque tua arma, Dardania incensa, nos, permensi tumidum aequor classibus sub te, idem tollemus in astra venturos nepotes atque dabimus imperium urbi [eorum]. Tu para moenia magna magnis [hominibus] atque ne linque longum laborem fugae. Sedes mutandae [sunt]. Delius Apollo non suasit tibi haec litora aut iussit [te] considere Cretae. Est locus, Grai dicunt [eum] cognomine "Hesperiam," terra antiqua, potens armis atque ubere glebae; viri Oenotri coluere [eam], nunc fama [fertur] minores dixisse gentem "Italiam," de nomine ducis. Haec [sunt] propriae sedes nobis, hinc Dardanus ortus [est] Iasiusque pater, a quo principe [ortum est] genus nostrum. Age, surge et, laetus, refer haec haud dubitanda dicta longaevo parenti: requirat Corythum terrasque Ausonias; Iuppiter negat tibi Dictaea arva."

Attonitus talibus visis et voce deorum –nec sopor erat illud, sed videbar coram agnoscere vultus velatasque comas praesentiaque ora; tum gelidus sudor manabat [e] toto [meo] corpore–,

astare = stare

qua = per quem locum
fundebat se = intrabat
delato = postquam iterum iveris

hic canit = in hoc loco dicit

Dardania incensa: ablat. absol.
permensi = postquam navigavimus
sub te = te duce

ne linque = noli relinquere

sedes ... = locus mutandus est
suasit tibi = monuit te
Cretae: locat.

potens ubere glebae = fertilis

coluerunt
minores = posteri, prognati
nobis = nostrae, nobis destinatae

a quo principe = princeps a quo

refer = dic

longaevo = seni
requirat = petat, eat (ad)
arva = agros

sopor = somnium

videbar = sentiebam
praesentia ora = facies eorum praesentium

corripio corpus = surgo
manus: acc. pl.
facio Anchisen certum = dico omnia Anchisei
parentes
exercite: vocat. (< exercitus, -a, -um)
tales casus: accusat. pl.
repeto = memini
portendere = monstrare
vocare Hesperiam = loqui de Hesperia
quem ... moveret? = cui ... persuaderet? (nam nemo credebat Cassandrae)

corripio corpus e stratis tendoque ad caelum supinas manus cum voce et libo intemerata munera focis. Laetus perfecto honore, facio Anchinsen certum atque pando [ei] rem ordine; agnovit prolem ambiguam geminosque parentis, atque [agnovit] se deceptum [esse] novo errore veterum locorum. Tum memorat: "Nate, exercite Iliacis fatis, sola Cassandra canebat mihi talis casus. Nunc repeto [eam] portendere haec debita [esse] nostro generi et saepe vocare Hesperiam, saepe Itala regna. Sed quis crederet Teucros venturos [esse] ad litora Hesperiae? Aut quem tum vates Cassandra moveret? Cedamus Phoebo et, moniti, sequamur meliora."

deserimus = relinquimus
trabe = nave / tenuerunt
apparent = videntur
caelum ... : solum poteramus videre caelum et pontum / ferens noctem = omnia obscura faciens
magna aequora = magnae undae
involverunt / abstulit [a nobis]
ingeminant = duplices fiunt
negat discernere = dicit se non posse discernere
(memini + genit.)

Sic ait, et cuncti ovantes paremus dicto. Deserimus quoque hanc sedem atque, paucis relictis, damus vela atque currimus vastum aequor [in] cava trabe. Postquam rates tenuere altum [mare] nec iam amplius apparent ullae terrae, caelum undique et undique pontus, tum mihi supra caput astitit caeruleus imber ferens noctem hiememque, et unda inhorruit [in] tenebris. Continuo venti volvunt mare atque surgunt magna aequora; dispersi, iactamur [a] vasto gurgite. Nimbi involvere diem et humida nox abstulit caelum; ignes ingeminant [in] abruptis nubibus; excutimur [a] cursu et erramus in caecis undis. Ipse Palinurus negat discernere diem noctemque [in] caelo nec meminisse viae in media unda.

pelago = per pelagus / tres

totidem noctes = quoque tres noctes

attollere se = apparere

montes

adnixi = laborantes

me servatum

Graio = Graeco

colunt = habitant

Phineia domus = domus Phinei
(re)liquerunt

deorum / extulit sese = apparuit

manus: nom. pl. fem.

fame = propter famem
portus: acc. pl.
boum: genit. pl.

pecus, -udis n.
inruimus = impetum facimus
in partem = ut partem accipiant

epulamur = edimus

horrifico lapsu = modo horrifico descendentes
diripiunt = rapiunt / dapes = cibum
foedant ... = modo immundo foedant omnia quae tangunt (nam omnia quae tangunt pessimum odorem accipit)

Adeo erramus pelago tris incertos soles [in] caeca caligine, [atque] totidem noctes sine sidere.

Quarto die tandem terra primum visa [est] attollere se, aperire montis procul ac volvere fumum. Vela cadunt, insurgimus remis; haud mora [est]: nautae, adnixi, torquent spumas et verrunt caerula [aequora]. Litora Strophadum primum excipiunt me, ex undis servatum. Strophades, Graio nomine dictae, stant in magno (mari) Ionio, insulae quas dira Celaeno atque aliae Harpyae colunt, postquam Phineia domus clausa [est] [eis] atque metu liquere priores mensas. Haud [est] [aliud] monstrum tristius illis, nec ulla pestis et ira deum extulit sese saevior [e] Stygiis undis. Vultus volucrum [sunt] virginei, proluvies ventris [est] foedissima, atque manus [sunt] uncae et ora semper [sunt] pallida fame. Ubi huc delati intravimus portus, ecce, videmus laeta armenta boum passim [in] campis caprigenumque pecus per herbas nullo custode. Inruimus [eis] ferro et vocamus divos ipsumque Iovem in partem atque praedam; tum [in] curvo litore exstruimusque toros atque epulamur opimis dapibus. At Harpyiae adsunt subitae de montibus horrifico lapsu et quatiunt alas magnis clangoribus diripiuntque dapes atque foedant omnia immundo contactu. Tum dira vox [earum] [audita est] inter taetrum odorem.

Rursum in longo secessu, sub rupe cavata, clausi arboribus circum atque horrentibus umbris, <230> instruimus mensas atque reponimus ignem aris; rursum sonans turba, ex diverso [loco] caeli caecisque latebris, circumvolat praedam uncis pedibus [atque] polluit dapes ore. Tunc edico sociis [ut] capessant arma et bellum gerendum [esse] cum dira gente. Haud secus ac iussi faciunt atque disponunt ensis tectos per herbam et condunt scuta latentia. Ergo, ubi per curva litora delapsae dedere sonitum, Misenus ab alta specula dat signum cavo aere. Socii invadunt et temptant <240> nova proelia: foedare ferro obscenas volucris pelagi. Sed accipiunt neque vim ullam [in] plumis nec vulnera [in] tergo atque, lapsae sub sidera celeri fuga, relinquunt semesam praedam et foeda vestigia.

Una, Celaeno, infelix vates, consedit in praecelsa rupe, rumpitque hanc vocem [e] pectore: "Etiam [paratis inferre] bellum pro caede boum stratisque iuvencis, Laomedontiadae, paratisne inferre bellum et pellere insontis Harpyias [e] patrio regno? Ergo, accipite atque figite [in] animis haec mea dicta <250> quae pater omnipotens praedixit Phoebo, Phoebus Apollo [praedixit] mihi [atque] ego, maxima Furiarum, pando vobis. Petitis Italiam cursu; atque ibitis [ad] Italiam vocatis ventis atque licebit intrare portus, sed non cingetis datam urbem moenibus

in longo secessu = in magno atque remoto loco / [nos] clausi ... instruimus

aris = ad aras

polluit dapes = contaminat cibum

edico = dico / capessant = capiant

haud ... faciunt = faciunt quod ego iubeo / enses

dederunt

volucres / vim = ictum

lapsae < labor, -i, lapsus sum

semesam = esam (< edo, -ere) ad dimidiam partem

rumpit = iacit

pro caede = propter caedem

boum: genit. pl.
stratis iuvencis = propter necatas iuvencas / insontes

figite = ponite

pando = monstro, dico, nuntio

vocatis = invocatis / portus: acc. pl.
cingetis = munietis

antequam dira fames atque iniuria nostrae caedis subigat vos absumere ambesas mensas [vestris] malis."

Dixit, et pennis ablata refugit in silvam. At gelidus sanguis sociis deriguit subita formidine; animi cecidere, nec iam amplius iubent exposcere pacem armis sed votis precibusque, sive sint deae seu dirae obscenaeque volucres. At pater Anchises, passis palmis, de litore vocat magna numina atque indicit meritos honores: "Di, prohibete minas; di, avertite talem casum et, placidi, servate pios." Tum iubet deripere funem [e] litore atque laxare excussos rudentis. Noti tendunt vela; fugimus spumantibus undis qua ventusque gubernatorque vocabat cursum. Iam [in] medio fluctu apparet nemorosa Zacynthos Dulichiumque Sameque et Neritos, ardua saxis. Effugimus scopulos Ithacae, Laertia regna, et execramur terram altricem saevi Ulixi. Mox aperitur [nobis] et nimbosa cacumina Leucatae montis et Apollo, formidatus nautis. Petimus hunc, fessi, et succedimus parvae urbi. Ancora iacitur de prora; puppes stant [in] litore. Ergo, potiti tandem insperata tellure, lustramurque Iovi atque incendimus aras votis atque celebramus Actia litora Iliacis ludis.

Nudati socii exercent patrias palaestras, oleo labente; iuvat evasisse tot urbes Argolicas atque tenuisse fugam per medios hostis. Interea sol circumvolvitur magnum annum

subigat = cogat

absumere = edere
malis < mala, -ae (≠ malus, -a, -um)

ablata < aufero, -ferre

ceciderunt / iubent = desiderant

exposcere = poscere

passis < pando, -ere

indicit = nuntiat

deripere = secare / rudentes

spumantibus undis = per spumantes undas / qua = per quem locum

nemorosus = qui multa nemora habet

altricem Ulixi = quae aluit Ulixem

Apollo: templum Apollinis

succedo urbi = appropinquo ad urbem
lustramur Iovi = lustramur honoris Iovis causa

oleo labente = postquam oleo unxerunt sua corpora
iuvat = placet eis / hostes

sol ... : finis anni appropinquat

et glacialis hiems asperat undas Aquilonibus [ventis]. Figo [in] postibus adversis clipeum [de] cavo aere [factum], gestamen magni Abantis, et signo rem carmine: "Aeneas [obtinuit] haec arma de Danais victoribus." Tum iubeo linquere portus et considere [in] transtris. Socii certatim feriunt mare et verrunt aequora. Protinus abscondimus aerias arces Phaeacum atque legimus litora Epiri atque subimus portu Chaonio et accedimus celsam urbem Buthroti.

asperat = asperas facit / figo = pono
adversis = adversum me
signo ... : scribo hoc in clipeo
portus: acc. pl.
feriunt (< ferio, -ire) ≠ ferunt
legimus = navigamus iuxta
subimus portu = intramus in portum

Hic incredibilis fama rerum occupat auris: [dicitur] Priamiden Helenum, potitum coniugio sceptrisque Aeacidae Pyrrhi, regnare per urbis Graias, et Andromachen iterum cessisse patrio marito. Obstipui, atque pectus incensum [est] miro amore compellare virum et cognoscere tantos casus. Progredior [a] portu linquens classis et litora, cum forte Andromache, ad undam falsi Simoentis, ante urbem, in luco, libabat sollemnis dapes et tristia dona cineri [Hectoris] atque vocabat Manis ad tumulum Hectoreum viridi caespite quem, inanem, sacraverat et [ad] geminas aras, causam lacrimis. Ut conspexit me venientem et, amens, vidit Troia arma circum, exterrita magnis monstris deriguit in medio visu, calor reliquit ossa [eius], labitur, et tandem vix longo tempore fatur: "Verane [est] [haec] facies? Verus nuntius mihi adfers te, nate dea? Vivisne?

hic = tunc / aures
potitum < potior, -iri
urbes / cessisse = nupsisse
amore compellare = cupiditate compellandi
casus: acc. pl. / classes (= naves)
Andromache: nom. sing.
falsi Simoentis = fluminis quod simile erat flumini Simoenti
sollemnes
Manes / tumulum ... = tumulum ubi viridis caespes creverat
inanem = vacuum (sine corpore Hectoris) / lacrimis = lacrimarum
Troia = Troiana
deriguit = rigida mansit
longo tempore = post longum tempus

Aut, si alma lux recessit [a te], ubi est Hector?" Dixit, atque effudit lacrimas et implevit omnem locum clamore. Vix pauca [verba] subicio [ei] furenti et, turbatus, hisco raris vocibus: "Vivo equidem, atque duco vitam per omnia extrema. Ne dubita, nam vides vera. Heu, quis casus excipit te, deiectam [a] tanto coniuge? Aut quae fortuna satis digna revisit [te], Andromache Hectoris? Pyrrhin conubia servas?"

Deiecit vultum et locuta est demissa voce: "O felix ante alias una, Priameia virgo, iussa mori ad hostilem tumulum sub altis moenibus Troiae, quae non pertulit ullos sortitus nec captiva tetigit cubile victoris heri! Nos, patria incensa, vectae per diversa aequora, enixae [in] servitio tulimus fastus Achilleae stirpis atque superbum iuvenem, qui deinde secutus [est] Ledaeam Hermionen Lacedaemoniosque hymenaeos, atque transmisit me, famulam, famulo Heleno habendam. Ast Orestes, flammatus magno amore ereptae coniugis et agitatus furiis scelerum, excipit illum incautum atque obtruncat [eum] ad patrias aras. Morte Neoptolemi pars regnorum, reddita, cessit Heleno, qui a Troiano Chaone dixit campos "Chaonios" atque omnem [terram] "Chaoniam," atque addidit Pergama atque hanc Iliacam arcem [his] iugis. Sed qui venti, quae fata dedere cursum tibi? Aut quisnam deus appulit [te] ignarum nostris oris? Quid puer Ascanius? Superatne et vescitur aura?

recessit a te = reliquit te
subicio = dico
hisco = aperio os
ne dubita = noli dubitare
tanto = tam magno
Pyrrhin = Pyrrhine (Pyrrhi-ne)
Pyrrhin ... ? = adhuc es uxor Pyrrhi?
iussa mori = quae, iussa a deis, mortua est
sortitus (acc. pl.) = sortes
heri < herus, -i (= erus, -i)
enixae in servitio = liberos parientes in servitudine
fastus (acc. pl.) = arrogantiam
transmisit = dedit
flammatus = incensus, ardens
agitatus ... : quia matrem necaverat
obtruncat = necat / ad = prope
morte = post mortem
cessit = data est
addidit = quoque aedificavit
Pergama: plur. pro sing.
dederunt
nostris oris = ad nostras oras
quid ... = quid accidit Puero Ascanio?
vescitur (dep.) aura (ablat.)? = vivit?

(sententia imperfecta est)
ecqua = aliqua
ecquid = fortasse

viriles

Quem tibi, iam Troia... Ecqua cura tamen amissae parentis est puero? Ecquid, et pater Aeneas et avunculus Hector excitat [eum] in antiquam virtutem animosque virilis?"

fletus: acc. pl.
incassum = frustra, nequiquam
adfert sese = venit

inter singula verba = dum loquitur
agnosco ... = video parvam urbem similem Troiae / Pergama: pl. pro sing.

Nec non et = Et quoque

aulai: genit. sing.

Bacchi = vini
in auro = in aureis patinis

Talia fundebat lacrimans, atque ciebat longos fletus incassum, cum heros Helenus Priamides adfert sese a moenibus, multis comitantibus, agnoscitque suos laetusque ducit [eos] ad limina, et multum fundit lacrimas inter singula verba. Procedo et agnosco parvam Troiam atque Pergama simulata [ex] magnis [Pergamis] et arentem rivum cognomine Xanthi, atque amplector limina portae Scaeae. Nec non et Teucri simul fruuntur socia urbe. Rex accipiebat illos in amplis porticibus; [in] medio aulai libabant pocula Bacchi, dapibus [in] auro impositis, atque tenebant pateras.

aurae = venti

carbasus: genus velae

divum = deorum
sentis = scis interpretari

pennae = avis (sing. pro pl.)
fare: imperat.
religio = oraculum
numine = sua voluntate
temptare = conari pervenire ad

nefas dictu = quod dici non potest
tristes

Iamque dies alterque dies processit, et aurae vocant vela atque carbasus inflatur tumido Austro. Adgredior vatem his dictis ac quaeso talia: "Troiugena, interpres divum, qui [sentis] numina Phoebi, qui [sentis] tripodas et lauros Clarii, qui sentis sidera et linguas volucrum et omina praepetis pennae: fare, age, namque omnis prospera religio dixit mihi cursum et cuncti divi suaserunt numine petere Italiam et temptare repostas terras; sola Harpya Celaeno canit [nobis] prodigium novum atque nefas dictu et denuntiat tristis iras obscenamque famem; quae pericula vito prima?

Quidve sequens possim superare tantos labores?"

Hic Helenus, primum caesis iuvencis de more, exorat pacem divum atque resolvit vittas sacrati capitis atque ipse ducit me manu at tua limina, Phoebe, suspensum multo numine, atque deinde sacerdos canit haec ex divino ore: "Nate [e] dea –nam fides manifesta [est mihi] te ire per altum [mare] maioribus auspiciis, sic rex deum sortitur fata volvitque vices, [atque] is ordo vertitur–, expediam tibi [meis] dictis pauca e multis, quo tutior lustres hospita aequora et possis considere [in] Ausonio portu; nam Parcae prohibent Helenum scire cetera atque Saturnia Iuno vetat [me] fari. Principio, longa via, longis terris invia, procul dividit Italiam, quam tu iam rere propinquam [esse] atque, ignare, [cuius] vicinos portus paras invadere; et remus lentandus [est] in unda Trinacia, et aequor salis Ausonii lustrandum [est] navibus atque lacus inferni atque insula Aeaeaeque Circae, antequam possis componere urbem [in] tuta terra. Tibi dicam signa, tu teneto [ea] condita [in] mente: cum iacebit tibi, sollicito, ad undam secreti fluminis, ingens alba sus, inventa sub litoreis ilicibus, enixa triginta fetus capitum, recubans [in] solo, [et] albi nati circum ubera [eius], is erit tibi locus urbis, ea [erit] certa requies laborum. Nec tu horresce futuros morsus mensarum: fata invenient viam atque Apollo, vocatus, aderit.

quidve ... superare = quid facere possum ut superem
de more = ad consuetudinem
divum = deorum
suspensum = anxium
fides ... mihi = constat, video
maioribus auspiciis: quia dei ducunt te / deorum
(ut + comparat. > quo + comparat.)
fari = dicere / longa via dividit
rere = reris (< reor)
portus: acc. pl.
aequor salis = superficies maris
lacus: nom. pl.
componere = aedificare
teneto: fut. imperat.
cum iacebit tibi alba sus = cum videbis albam suem
enixa ... capitum = habens triginta fetus (acc. pl.)
requies = finis
nec horresce = et noli horrescere
morsus: acc. pl. / aderit = iuvabit te

Effuge autem has terras atque hanc oram Itali litoris, quae, proxima, perfunditur aestu nostri aequoris: cuncta moenia habitantur malis Grais. Hic et Narycii Locri posuerunt moenia et Lyctius Idomeneus obsedit Sallentinos campos milite; hic [iacet] illa parva Petelia, subnixa muro ducis Meliboei Philoctetae. Quin, ubi classes, transmissae trans aequora, steterint et, positis aris, iam solves vota in litore, adopertus purpureo amictu velare comas, ne inter sanctos ignis in honore deorum qua hostilis facies occurrat et turbet omina; [tui] socii [tenento] hunc morem sacrorum, ipse [tu] teneto. Maneant nepotes casti in hac religione. Ast ubi ventus admoverit te, digressum, orae Siculae et claustra angusti Pelori rarescent, petantur tibi longo circuitu tellus laeva et aequora laeva, fuge dextrum litus et undas [dextras]. Ferunt quondam haec loca, cum protinus utraque tellus una foret, dissiluisse convulsa vi et vasta ruina –tantum longinqua vetustas aevi valet mutare–: pontus venit vi [in] medio et undis abscidit Hesperium latus [a] Siculo [latus] atque interluit arva et urbes, diductas [nunc] [a] litore angusto aestu.

perfunditur ... = rigatur nostro mari
hic = in hoc loco
milite: sing. pro pl.
subnixa = protecta, defensa
velare: pass. imperat.
ignes / (ali)qua
tenento, teneto: fut. imperat.
Maneant ... = servent tui nepotes hanc religionem
orae Siculae (dat.) = ad oras Siculas
petatur tibi tellus = debes petere tellurem
ferunt = dicunt
[loca] convulsa: acc. pl.
vasta ruina: ablat. sing.
abscidit = abiunxit
aestu = mari

Scylla obsidet dextrum latus, implacata Charybdis [obsidet] laevum, atque ter sorbet vastos fluctus in abruptum [in] imo gurgite barathri atque rursus erigit [eos] alternos sub auras, et unda verberat sidera.

obsidet = tenet, occupavit
fluctus: acc. pl. / in abruptum = repente
unda: ablat. sing.
sidera: acc. pl.

At spelunca cohibet Scyllam [in] caecis latebris, exsertantem ora et trahentem navis in saxa. Prima [pars] [videtur] facies hominis et virgo pulchro pectore pube tenus, postrema [pars] [videtur] pistrix immani corpore, commissa caudas delphinum [cum] utero luporum. Praestat [te], cessantem, lustrare metas Trinacii Pachyni et circumflectere longos cursus quam semel vidisse informem Scyllam sub vasto antro et saxa resonantia caeruleis canibus. Praeterea, si qua prudentia est Heleno vati, si qua fides, si Apollo implet animum veris, tibi, nate [e] dea, praedicam unum illud, atque unum pro omnibus, et monebo repetens [id] iterumque iterumque: primum adora numen magnae Iunonis prece, libens cane vota Iunoni, atque supera potentem dominam supplicibus donis; sic denique, Trinacia relicta, victor mittere [ad] Italos fines.

Ubi, huc delatus, accesseris urbem Cumaeam divinosque lacus et Averna sonantia silvis, aspicies insanam vatem quae sub ima rupe canit fata atque mandat notas et nomina foliis. Quaecumque carmina descripsit in foliis, virgo digerit [ea] in numerum atque relinquit [ea] seclusa [in] antro. Illa manent immota [in] locis neque cedunt ab ordine. Verum cum, cardine verso, tenuis ventus impulit eadem et ianua turbavit teneras frondes, numquam curat deinde prendere [ea], [in] cavo saxo volitantia,

naves

pube tenus = usque ad pubem

praestat = melius est
praestat lustrare ... quam vidisse

cursus: acc. pl.

(ali)qua

(ali)qua / implet ... = vera ei dicit

adora ... = adora magnam Iunonem precibus

supplex, -icis: adiect.

mittere = mitteris

lacus: acc. pl.

sonantia silvis = ubi frons arborum sonat vento
mandat = scribit / foliis = in foliis

in numerum = ordine

illa: carmina / neque cedunt ab ordine = atque non mutant ordinem
verum = sed / eadem = carmina

frondes = folia / prendere = colligere

nec revocare [ea] [ad] situs aut iungere carmina. [Homines] abeunt inconsulti atque odere sedem Sibyllae. Hic ne qua dispendia morae fuerint tibi tanti, quamvis socii increpitent et cursus vocet vi vela in altum [mare] possisque implere secundos sinus [velorum] [vento], quin adeas vatem atque precibus poscas [ut] ipsa canat atque volens resolvat vocem atque ora. Illa tibi expediet populos Italiae venturaque bella et quo modo atque quem laborem fugiasque ferasque, atque, venerata [a te], dabit [tibi] secundos cursus. Haec sunt quae liceat te moneri nostra voce. Vade, age, et [tuis] factis fer ingentem Troiam ad aethera."

situs: acc. pl.
oderunt / hic = in hoc loco / (ali)qua
tanti: genit. pretii / vocet vela = hortetur (dep.) ad navigandum
sinus: acc. pl.
quin = cave ut non
ora: pl. pro sing.
expediet = monstrabit
feras = patiaris / cursus: acc. pl.
liceat ... : possum tibi dicere
fer: imperat. / aethera: Graecus acc.

Quae postquam vates sic effatus est ore amico, imperat dehinc dona, auro ac secto elephanto gravia, ferri ad navis, stipatque [in] carinis ingens argentum Dodonaeosque lebetas, loricam trilicem hamis auroque consertam et conum insignis galeae cristasque comantis, arma Neoptolemi. Sunt et sua dona parenti [meo]. Addit equos, additque duces, supplet remigium, simul instruit socios armis. Interea Anchises iubebat aptare classem velis, ne qua mora fieret vento ferenti. Quem interpres Phoebi compellat multo honore: "Anchisa, dignate superbo coniugio Veneris, cura deum, bis erepte [e] Pergameis ruinis, ecce tibi tellus Ausoniae: arripe hanc velis; et tamen necesse est praeterlabare hanc [in] pelago:

imperat dona gravia ferri
naves / stipat = cumulat
loricam consertam
insignis galeae, comantis: genit.
sunt ... = quoque dat dona parenti meo
supplet remigium = dat nobis remiges
(ali)qua
dignate, erepte: vocat. / deorum
arripe = perveni ad
praeterlabare = navigare iuxta

illa pars Ausoniae quam Apollo pandit [iacet] procul. Vade," ait, "o felix pietate [tui] nati. Quid ultra provehor et, fando, demoror surgentis Austros?"

quid = cur

surgentes

Nec minus Andromache, maesta supremo digressu, fert vestis, subtemine auri picturatas, et Phrygiam chlamydem Ascanio (nec cedit [in] honore) atque onerat [eum] textilibus donis, ac talia fatur: "Accipe et haec, quae tibi sint monimenta mearum manuum, puer, et testentur longum amorem Andromachae, coniugis Hectoreae. Cape extrema dona tuorum, o sola imago mei Astyanactis [quae] mihi super [manet]! Sic ille ferebat oculos, sic manus, sic ora, et nunc pubesceret tecum aequali aevo."

vestes

nec cedit in honore = atque non inferior apparet in honorando

et = quoque

Hectoreae = Hectoris

extrema = ultima

sic ... oculos = tales oculos habebat

manus: acc. pl.

aequali aevo = aequum numerum annorum nato

Ego, digrediens, adfabar hos lacrimis obortis: "Vivite felices, [vos] quibus sua fortuna iam peracta est; nos vocamur ex aliis [fatis] in alia fata. Vobis parta [est] quies: nullum aequor maris arandum [est], neque arva Ausoniae, semper retro cedentia, quaerenda [sunt]. Videtis effigiem Xanthi Troiamque quam vestrae manus fecere – melioribus auspiciis, opto– et quae fuerit minus obvia Grais. Si quando intraro Thybrim vicinaque Thibridis arva atque cernam moenia data meae genti, faciemus [has] urbes olim cognatas atque [hos] populos propinquos, Hesperiam Epiro –quibus idem auctor [est], Dardanus, atque idem casus–, utramque unam Troiam,

adfabar hos = loquebar his

peracta = facta

parta est = iam adest

semper ... = ad quae pervenire non possumus

fecerunt

quae ... = contra quam Graeci impetum non facient

(ali)quando / intraro = intravero

faciemus unam

Hesperiam [propinquam] Epiro (dat.) / auctor = conditor

casus = fatum / utramque = utrosque [populos]: "utrosque" attractum est ad "Troiam"

[in] [nostris] animis: maneat ea cura [ad] nostros nepotes."

Provehimur pelago [ad] iuxta vicina Ceraunia, unde iter [ad] Italiam cursusque undis [est] brevissimus. Sol interea ruit et montes umbrantur opaci; sortiti remos, sternimur ad undam [in] gremio optatae telluris atque curamus corpora passim in sicco litore; sopor inrigat fessos artus. Necdum nox, Horis acta, subibat medium orbem: haud segnis Palinurus surgit [e] strato et explorat omnis ventos atque captat aera auribus. Notat cuncta sidera tacito caelo labentia: Arcturum pluviasque Hyadas geminosque Triones, atque circumspicit Oriona, armatum auro. Postquam videt cuncta constare [in] caelo sereno, dat clarum signum e puppi; nos movemus castra temptamusque viam et pandimus alas velorum.

pelago = per pelagus
undis = per undas
sortiti remos = sortiti vigilias iuxta remos habendas
ad undam = iuxta mare
artus: acc. pl.
e strato = e lecto / omnes
aera: Graecus acc.
tacito caelo = per tacitum caelum
Oriona: Graecus acc.
constare = quiete manere
pandimus = aperimus

Iam Aurora rubescebat, stellis fugatis, cum procul videmus obscuros collis humilemque Italiam. "Italiam," primus conclamat Achates; "Italiam," salutant socii laeto clamore. Tum pater Anchises induit magnum cratera corona implevitque mero [vino], atque stans in celsa puppi vocavit divos: "Di potentes maris et terrae tempestatumque, ferte facilem viam vento et spirate secundi." Optatae aurae crebrescunt portusque iam propior patescit, templumque Minervae apparet in arce; socii legunt vela et torquent proras ad litora. Portus [apparet] ab Euroo fluctu curvatus in arcum,

stellis fugatis = postquam stellae abierant
colles
induit ... = ponit coronam circum cratera (Graecus acc.)
corona: ablat. sing. / mero = puro
ferte = date [nobis]
patescit = apparet
legunt = colligunt, complicant
torquent = vertunt

obiectae cautes = obiecta saxa
templum refugit = templum distat paulum
nivali candore = albos ut nivem
tondentes = herbam edentes
portas = nuntias / bello = ad bellum
armenta = animalia
quadripedes = equi
succedere curru = currum trahere
armisonae = cuius arma sonant
ovantes / velamur = operimur velo
capita: acc. respectus
praeceptis = propter praecepta
cornua = extremas partes, fines
velata antemna = antemna quae velam habet / Graiugenum: genit.
suspecta arva = arva ubi suspicimus Graecos habitare

obiectae cautes spumant salsa aspergine, [atque] ipse [portus] latet; turriti scopuli demittunt bracchia gemino muro, atque templum refugit ab litore. Hic vidi primum omen, quattuor equos nivali candore, in gramine, tondentis late campum. Et pater Anchises "O terra hospita, portas bellum: equi armantur bello, haec armenta minantur bellum. Sed tamen idem quadripedes olim sueti [sunt] succedere curru et ferre concordia frena [sub] iugo; et spes pacis [apparet]" ait. Tum precamur numina sancta armisonae Palladis, quae prima accepit [nos] ovantis, et ante aras velamur capita Phrygio amictu, atque praeceptis Heleni, quae [is] dederat [nobis] [ut] maxima, adolemus rite iussos honores Iunoni Argivae. Haud mora [est]: perfectis votis continuo ordine, obvertimus cornua velatarum antemnarum atque linquimus domos Graiugenum suspectaque arva.

cernitur = videtur
navifragum = qui naves frangit
e fluctu = e fluctu emergens
longe = procul
pulsata [undis] / voces [undarum]
aestu = aqua, undis
canebat hos scopulos = loquebatur de his scopulis

Hinc cernitur sinus Herculei Tarenti (si vera est fama); contra, attollit se diva Lacinia, Caulonisque arces et navifragum Scylaceum. Tum procul cernitur e fluctu Trinacia Aetna, et audimus longe gemitum ingentem pelagi pulsataque saxa atque voces fractas ad litora, vadaque exsultant atque harenae miscentur aestu. Et pater Anchises [dixit] "Nimirum, hic [iacet] illa Charybdis, Helenus canebat hos scopulos, haec horrenda saxa.

Eripite [nos a periculo], o socii, pariterque insurgite remis."

insurgo remis = incumbo remis, me confero ad remos

Haud minus ac iussi faciunt, atque Palinurus primus contorsit proram ad laevas undas; cuncta cohors petivit laevam remis ventisque. Tollimur in caelum curvato gurgite et, unda subducta, [nos] idem desedimus ad imos Manis. Ter scopuli dedere clamorem inter cava saxa, ter vidimus spumam elisam et astra rorantia [nos]. Interea ventus cum sole reliquit [nos], fessos, ignarique viae adlabimur oris Cyclopum. Portus ipse, ab accessu ventorum, [iacet] immotus et ingens, sed iuxta tonat Aetna horrificis ruinis, interdumque prorumpit ad aethera atram nubem, piceo turbine et candente favilla fumantem, attollitque globos flammarum et lambit sidera; interdum erigit eructans scopulos atque avulsa viscera montis, atque cum gemitu glomerat sub auras liquefacta saxa atque exaestuat [in] imo fundo. Fama est corpus Enceladi, fulmine semustum, urgeri hac mole, atque ingentem Aetnam, impositam super, exspirare flammam ruptis caminis, et [eum] fessum, quotiens mutet latus, omnem Trinaciam intremere murmure et caelum subtexere fumo.

Haud ... = Faciunt ea quae iussa sunt

subducta = remota

Manes / dederunt

elisam (< elido) = ruptam
rorantia = umectantia
adlabimur oris = pervenimus ad oras

ab accessu ventorum = protectus a ventis
iuxta = prope

prorumpit = iacit
aethera: Graecus acc.

avulsa < avello, -ere

glomerat = cumulat

fama est = dicitur, fertur
urgeri (pass. infinit.) = iacere compressum ab

mutet latus = iacens vertat se ad alterum latus
subtexere = operiri, celari

Tecti silvis, illam noctem perferimus immania monstra, nec videmus quae causa det sonitum, nam neque erant ignes astrorum nec lucidus polus [in] siderea aethra, sed nubila [in] obscuro caelo, et nox intempesta tenebat lunam in nimbo.

tecti = protecti

quae ... = quae sit causa sonitus (genit. sing.)

nox intempesta = iam ultima pars noctis

postera = insequens

nova ... = ignotus vir

confecta = affecta / cultu = habitu

manus: acc. pl.
inluvies = sordes, squalor
immissa = non tonsa / tegimen = vestis / cetera: acc. respectus

habitus: acc. pl.

continuit gradum = fecit finem ambulandi

tollite me = capite me vobiscum

fateor = confiteor

petiisse ... = conatum esse bellum gerere ad Iliacos Penates
fluctus: acc. pl.

iuvabit = placebit, melius erit

amplexus < amplector

fari = dicere / cretus = natus

agitet = turbet

praesenti pignore = hoc signo benevolentiae

genitore ... : quia meus genitor Adamastus pauper erat

Iamque postera dies surgebat primo Eoo, atque Aurora dimoverat umentem umbram [e] polo, cum subito e silvis procedit nova forma viri ignoti, confecta suprema macie atque miseranda cultu, supplexque tendit manus ad litora. Respicimus: dira inluvies immissaque barba, tegimen consertum spinis; at cetera Graius [erat], et quondam missus in patriis armis ad Troiam. Isque, ubi procul vidit Dardanios habitus et Troia arma, conterritus aspectu paulim haesit continuitque gradum; mox tulit sese ad litora praeceps cum fletu precibusque: "Per sidera testor, per superos atque hoc spirabile lumen caeli, tollite me, Teucri, abducite [me] [ad] quascumque terras! Hoc sat erit. Scio me unum [esse] e Danais classibus et fateor petiisse bello Iliacos Penatis. Pro quo, si tanta est iniuria nostri sceleris, spargite me in fluctus atque immergite [me] [in] vasto ponto; si pereo, iuvabit periisse manibus hominum."

Dixerat, et haerebat amplexus [mea] genua atque volutans genibus [suis]. Hortamur [eum] fari qui sit, [e] quo sanguine cretus, fateri quae fortuna deinde agitet [eum]. Ipse pater Anchises, haud multa moratus, dat dextram iuveni atque firmat animum [eius] praesenti pignore. Ille, deposita formidine, tandem haec fatur: "Sum ex Ithaca patria, comes infelicis Ulixi, nomine Achaemenides, profectus Troiam genitore Adamasto paupere

trepidi = timentes
deseruerunt
sanies, -ei = sanguis, -inis
sanie dapibusque: ablat. descriptionis
ulli: dat. / vescitur (dep.) visceribus = edit viscera (< viscus, eris n.)
resupinus = iacens
ad = contra
natarent = stagnarent
manderet < mando, -ere
tabo = sanguine / artus: nom. pl.

–atque utinam mansisset fortuna!– Hic socii, dum trepidi linquunt crudelia limina, immemores deseruere me in vasto antro Cyclopis. Est domus sanie dapibusque cruentis, opaca intus, ingens; ipse arduus [est], atque pulsat alta sidera –di, avertite talem pestem [a] terris!– nec facilis visu nec adfabilis dictu ulli; vescitur visceribus miserorum et atro sanguine: egomet vidi cum, resupinus in medio antro, frangeret ad saxum duo corpora de numero nostro, prensa manu, atque limina natarent aspersa sanie. Vidi cum manderet membra, atro tabo fluentia, et [cum] tepidi artus tremerent sub dentibus.

oblitus est sui = oblitus est suae naturae
discrimine = periculo
expletus = plenus
iacuit < iaceo (≠ iacio)
frusta (≠ frustra) < frustum
vices: ea quae cuique facienda sunt
lumen = oculum
instar + genit. = idem ac
umbras = neces, caedes
rumpite = secate
pressat ubera: ut lac obtineat

Haud impune quidem, nec Ithacus Ulixes talia passus [est] oblitusve est sui [ipsius] [in] tanto discrimine, nam [Cyclops], simul expletus dapibus atque sepultus vino, posuit cervicem inflexam atque iacuit per antrum, immensus, per somnum eructans saniem et frusta cruento mero commixta; nos, precati magna numina sortitique vices, una undique circum fundimur et acuto telo terebramus ingens lumen quod latebat solum sub torva fronte, instar Argolici clipei aut Phoebeae lampadis, et tandem laeti ulciscimur umbras sociorum. Sed fugite, o miseri, fugite atque rumpite funem ab litore. Nam qualis quantusque Polyphemus in cavo antro claudit lanigeras pecudes atque pressat ubera, centum alii Cyclopes infandi vulgo habitant ad haec curva litora et errant [in] altis montibus. Iam tertia cornua lunae complent se lumine cum [interea] traho vitam in silvis inter deserta lustra domosque ferarum atque prospicio ab rupe vastos Cyclopas atque tremesco sonitum pedum vocemque [eorum]. Rami dant [mihi] infelicem victum, bacas lapidosaque corna, et herbae pascunt [me] vulsis radicibus. Conlustrans omnia, conspexi primum hanc classem ad litora venientem; addixi me huic [classi], quaecumque fuisset, satis est effugisse gentem nefandam; vos potius absumite hanc animam quocumque leto."

Vix ea fatus erat cum [in] summo monte videmus ipsum pastorem Polyphemum moventem se vasta mole inter pecudes et petentem nota litora, monstrum horrendum, informe, ingens, cui lumen ademptum [est]; trunca pinus regit manum et firmat vestigia; lanigerae oves comitantur; ea sola voluptas [est] [ei] solamenque mali. Postquam tetigit altos fluctus et venit ad aequora, lavit inde fluidum cruorem effossi luminis infrendens dentibus gemitu, graditurque iam per medium aequor, necdum fluctus tinxit ardua latera. Nos procul trepidi, recepto supplice sic merito, inde celerare fugam tacitique incidere funem, et proni vertimus [proras] [ad] aequora certantibus remis.

vulgo = ubique / ad = iuxta

iam ... = iam ter cornua lunae ...

traho vitam = habito, vivo

Cyclopas: acc. pl.

pedum < pes, pedis

victus, -us = cibus, -i
pascunt = alunt
vulsis (< vello, -ere) = quas ego vello

addixi = dedi, ieci

quocumque leto: et necate me si vultis

moventem se vasta mole = moventem suum magnum corpus
cui ... = qui nunc caecus est

trunca ... : utitur trunca pino ut baculo

fluctus: acc. pl.

luminis = oculi

graditur (dep.) = ambulat / aequor = mare / tinxit = pervenit ad, tangit
celeramus

incidimus (= secamus)

certantibus remis = cito remigantes tamquam si in certamine essemus

[Is] sensit, et torsit vestigia ad sonitum vocis. Verum, ubi nulla potestas adfectare [nos] dextra [manu] datur [ei] nec potis [est] aequare Ionios fluctus sequendo, tollit clamorem immensum quo pontus et omnes undae atque tellus Italiae, exterrita, penitus contremuere, atque immugiit Aetna curvis cavernis.

At genus Cyclopum, excitum e silvis et altis montibus, ruit ad portus et complent litora. Cernimus Aetnaeos fratres adstantis, nequiquam lumine torvo, ferentis capita alta caelo, concilium horrendum: quales cum [in] celso vertice aeriae quercus aut coniferae cyparissi constiterunt, silva alta Iovis lucusve Dianae. Acer metus agit [nos] praecipitis excutere rudentis quocumque et intendere vela secundis ventis. Contra, iussa Heleni monent ni teneant cursus inter Scyllamque Charybdinque, utramque viam leti parvo discrimine; certum est dare lintea retro. Ecce autem Boreas adest, missus ab angusta sede Pelori: praetervehor ostia Pantagiae [in] vivo saxo [sita] Megarosque sinus Thapsumque [ad mare] iacentem. Talia litora monstrabat [nobis] Achaemenides, comes infelicis Ulixi, relegens retrorsus [illa] errata [litora]. [In] sinu Sicanio iacet insula, praetenta contra undosum Plemyrium; priores dixere [eam] nomen "Ortygiam." Fama est Alpheum, amnem Elidis, huc egisse occultas vias subter mare,

vestigia = passus (acc. pl.)
ubi nulla potestas datur ei = ubi non poterat

aequare fluctus (acc. pl.): = tam cito progredi quam fluctus

contremuerunt

portus: plur. pro sing.

adstantes / nequiquam: nequiquam quia non videbant nos
ferentes

aeriae quercus: nomin. pl. f.
cyparissus, -i f.
agit = iubet, monet, cogit

praecipites / rudentes
quocumque = ad quemcumque locum
ni teneant cursus (acc. pl.) = non tenere cursus
parvo discrimine = paene aequales
dare ... = recedere / adest = apparet

praetervehor = vehor praeter
ostia: plur. pro sing.
sinus: acc. pl.

relegens = iterum legens

errata litora = litora iuxta quas iam erraverat
dixerunt (= vocaverunt)

fama est = dicitur, fertur

subter = sub

Arethusa: vocat.
exsupero = relinquo
radimus = navigamus iuxta
a fatis ... = quam fata numquam concesserunt moveri
immanis = mirabilis, maximi

qui nunc, Arethusa, confunditur Siculis undis [in] tuo ore. [Nos], iussi, veneramur magna numina loci, et inde exsupero praepingue solum stagnantis Helori. Hinc radimus altas cautes proiectaque saxa Pachyni, et procul apparet Camerina, [a] fatis numquam concessa moveri, campique Geloi, atque Gela, dicta cognomine immanis fluvii.

magnanimorum
longe = procul
lego = video / caecis saxis = saxis quae non videntur
hic = in hoc loco
casus: genit. sing.
erepte: vocat. / deseris = relinquis
luctus: acc. pl. / dira = terribilis
appulit = pepulit (< pello, -ere)
vestris oris = ad vestras oras

Inde arduus Acragas, quondam generator magnanimum equorum, ostentat longe maxima moenia; atque datis ventis linquo te, palmosa Selinus, et lego Lilybeia vada, dura caecis saxis. Hinc portus Drepani et inlaetabilis ora accipit me. Hic, actus tot tempestatibus pelagi, heu, amitto genitorem Anchisen, levamen omnis curae casusque. Hic, pater optime, nequiquam erepte [e] tantis periclis, deseris me, fessum! Nec vates Helenus, cum moneret multa horrenda, praedixit mihi hos luctus, non dira Celaeno [praedixit]. Hic [fuit] labor extremus, haec [fuit] meta longarum viarum. Deus appulit me, hinc digressum, vestris oris.>>

(hic finem habet narratio ad initium capitis secundi incepta)
unus ... = qui unus loquebatur dum omnes intenti audiebant
divum = deorum / cursus: acc. pl.
hic = in hoc loco narrationis

Sic pater Aeneas, unus omnibus intentis, renarrabat fata divum atque docebat [suos] cursus. Conticuit tandem atque, fine hic facto, quievit.

LIBER IV

saucia = vulnerata
multa = tanta / gentis [Troianae]
haerent = manent
nec cura dat = atque cura non dat
male sana = insana
unanima = quae idem sentit
suspensam = nescientem quid faciendum sit
succedit sedibus = intravit in sedes
quem ... = quam faciem monstrans!
arguit = monstrat
exhausta = usque ad finem facta
ne vellem sociare = non sociare (ali)cui
deceptam morte: quia primus coniunx mortuus est
forsan = fortasse
huic uni culpae = solum huic culpae
Penates
sensus: acc. pl.
adigat = iaciat

At regina, saucia iamdudum gravi cura, alit vulnus [in] venis et carpitur caeco igni; multa virtus viri multusque honos gentis recursat [in] animo [reginae]; vultus verbaque [Aeneae] haerent infixi [in] pectore nec cura dat placidam quietem membris [reginae]. Postera Aurora lustrabat terras Phoebea lampade atque dimoverat umentem umbram [a] polo, cum sic, male sana, adloquitur unanimam sororem:

"Anna soror, quae insomnia terrent me suspensam! Quis hic novus hospes successit nostris sedibus! Quem ferens se [in] ore! Quam forti pectore et armis! Credo equidem, nec vana [est] [mea] fides, [eum] esse genus deorum. Timor arguit degeneres animos. Heu, ille, quibus fatis iactatus [est]! Quae bella exhausta canebat! Si mihi non sederet fixum immotumque [in] animo ne vellem sociare me cui iugali vinclo, postquam primus amor fefellit [me] deceptam morte, si non pertaesum [mihi] fuisset thalami taedaeque [nuptialis], forsan potui succumbere huic uni culpae. Anna, fatebor enim, post fata miseri coniugis Sychaei et [post] Penatis fraterna caede sparsos, solus hic inflexit [meos] sensus atque impulit animum labantem. Agnosco vestigia veteris flammae. Sed optem prius vel ima tellus dehiscat mihi vel pater omnipotens adigat me fulmine ad umbras,

[ad] pallentis umbras Erebi noctemque profundam, ante quam violo te, Pudor, aut resolvo tua iura. Ille, qui primus iunxit me sibi, abstulit meos amores; ille habeat [eos] secum servetque [eos] [in] sepulcro."

Sic effata, implevit sinum obortis lacrimis. Anna refert: "O [tu], sorori [tuae] magis dilecta luce, solane maerens carpere [in] perpetua iuventa nec noris dulcis natos nec praemia Veneris? Credis cinerem aut sepultos Manis curare id? Esto: nulli mariti quondam flexere [te] aegram, non Lybiae, non ante Tyro; Iarbas despectus [est] ductoresque alii, quos Africa terra, dives triumphis, alit. Etiam pugnabisne placito amori? Nec venit in mentem [in] arvis quorum consederis? Hinc Gaetulae urbes, genus insuperabile bello, et infreni Numidae cingunt [te], et inhospita Syrtis; hinc [cingunt te] regio deserta siti atque Barcaei late furentes. Quid dicam bella Tyro surgentia atque minas germani [tui]? Reor equidem auspicibus dis et Iunone secunda Iliacas carinas tenuisse hunc cursum vento. Quam urbem, hanc, tu cernes, soror, quae regna [cernes] surgere [e] tali coniugio! Armis Teucrum comitantibus, quantis rebus Punica gloria attollet se! Tu modo posce deos veniam, sacrisque litatis indulge hospitio atque innecte causas morandi, dum hiems et aquosus Orion desaevit pelago atque rates quassatae [manent], dum caelum [manet] non tractabile."

pallentes
resolvo = rumpo / abstulit < aufero
ille: mortuus coniunx Sychaeus
sosori tuae: mihi
carpere = carperis
noris = noveris / dulces
Manes / flexerunt
Lybiae: locat.
ductores = duces
placito amori: cum placito amore
consederis = habitaveris
deserta siti (dat.) = sine aqua
dicam bella = dicam de bellis
quam: exclamat.
quae: exclamat.
Teucrorum / quantis: exclamat.
modo = solum
indulge hospitio = accipe eos ut hostes per longum tempus
pelago = per pelagus

delubra = templa
de more = ut solebant / bidentes
omnes
cui ... = quae curat de vinclis iugalis
candentis = albae
deorum / spatiatur (dep.) = it
pingues / instaurat = celebrat, incipit
inhians = avido modo / exta = viscera / reclusis = apertis
quid = quo modo
est (= edit) < edo, edere
uritur = ardet
tota urbe = per totam urbem
agens = persequens
fixit = vulneravit
illa: nomin. / fuga: ablat.
saltus: acc. pl.
harundo = sagitta
Aenean: Graecus acc.
resistit ... = pausam facit dum loquitur
eadem: eadem ac hesterna
exposcit = poscit, desiderat, postulat
post = postea
suadent somnos = monent dormire

His dictis flammavit animum impenso amore atque dedit spem dubiae menti solvitque pudorem. Principio adeunt [ad] delubra atque per aras exquirunt pacem; de more mactant lectas bidentis [oves] legiferae Cereri Phoeboque patrique Lyaeo, Iunoni ante omnis, cui vincla iugalia [sunt] curae. Ipsa pulcherrima Dido, tenens pateram [in] dextra, fundit [eam] inter media cornua candentis vaccae, aut ante ora deum spatiatur ad pinguis aras instauratque diem donis, atque inhians consulit spirantia exta [in] reclusis pectoribus pecudum. Heu, ignarae mentes vatum! Quid vota, quid delubra iuvant [eam] furentem? Interea mollis flamma est medullas et vulnus vivit tacitum sub pectore. Infelix Dido uritur atque furens vagatur tota urbe, qualis cerva, coniecta sagitta, quam pastor, agens [eam] telis, fixit incautam procul inter Cresia nemora atque, nescius, liquit volatile ferrum: illa fuga peragrat silvas saltusque Dictaeos; letalis harundo haeret lateri.

Nunc ducit Aenean secum per media moenia atque ostentat [ei] Sidonias opes urbemque paratam; incipit effari atque resistit in media voce; nunc, die labente, quaerit eadem convivia atque, demens, iterum exposcit audire Iliacos labores atque iterum pendet ab ore [eius] narrantis. Post, ubi digressi [sunt] atque obscura luna vicissim premit lumen atque cadentia sidera suadent somnos, maeret sola [in] vacua domo atque incubat stratris relictis. Absens, auditque videtque illum absentem, aut detinet Ascanium [in] gremio, capta [ab] imagine genitoris, si possit fallere infandum amorem. Coeptae turres non adsurgunt, iuventus non exercet arma parantve portus aut propugnacula, tuta [in] bello; opera atque ingentes minae murorum atque machina caelo aequata pendent interrupta.

relictis [ab Aenea]
detinet = habet, tenet
si possit = conans
coeptae ... = iam nemo aedificat turres quas aedificare inceperunt
portus: acc. pl. / tuta (adiect.) = praesidium
caelo aequata = tam alta quam caelum

Quam simul ac cara Iovis coniunx persensit teneri tali peste nec famam obstare furori, Saturnia talibus dictis adgreditur Venerem: "Vero tuque puerque tuus (magnum et memorabile numen) refertis egregiam laudem et ampla spolia, si una femina victa est dolo duorum divum. Nec me adeo fallit te, veritam moenia nostra, habuisse domos altae Karthaginis [ut] suspectas. Sed quid erit modus, aut quo nunc [imus] tanto certamine? Quin potius exercemus aeternam pacem pactosque hymenaeos? Habes quod petisti tota mente: ardet amans Dido atque traxit furorem per ossa. Ergo regamus communem hunc populum paribusque auspiciis; liceat [Didoni] servire Phrygio marito atque permittere dotalis Tyrios tuae dextrae."

Quam ... = Simul ac cara iovis coniunx persensit Didonem teneri
refertis = obtinetis
divum = deorum
nec me adeo fallit = et video, sentio
modus = finis, limes
quin = cur non
exercemus = constituimus
tota mente = toto corde
regamus communem = regamus nos duae
permittere dotales ... = ponere Tyrios in tua dextra ut dotem

Venus, contra, sic ingressa est olli (sensit enim [eam] locutam [esse] simulata mente, quo averteret regnum Italiae [ad] Lybicas oras):

ingressa est = loqui incipit / olli = illi (dat.)
quo (relat.): ut

abnuere = reicere / malit < malo
si modo = utinam
(a) Troia
probet = ei placeat / iungi: pass. infinit.
perge = incipe viam

"Quis demens abnuat talia aut malit contendere bello tecum? Si modo fortuna sequatur factum quod memoras! Sed incerta feror [a] fatis, si Iuppiter velit unam urbem esse Tyriis atque [eis] Troia profectis, probetve populos misceri aut foedera iungi. Tu [es] coniunx, tibi fas [est] temptare animum precando. [Tu] perge, [ego] sequar."

qua ratione = quo modo
confieri = fieri
venatum (supinum) = ad venandum
ortus: acc. pl.
desuper = de caelis
alae: globi hominum venantium
saltus: acc. pl. / ciebo = turbabo
diffugient = fugient alii in aliam partem
devenient = pervenient
certa est mihi = similis est meae
dicabo ... = dabo Didonem Aeneae
dolis = propter dolos

Tum sic excepit regia Iuno: "Mecum erit iste labor. Nunc, qua ratione possit confieri [id] quod [iam] instat, paucis [verbis] docebo; adverte: Aeneas atque miserrima Dido parant una ire in nemus venatum, ubi crastinus Titan extulerit primos ortus atque retexerit orbem radiis. Ego, desuper, infundam his nigrantem nimbum, commixta grandine, dum alae trepidant atque cingunt saltus indagine, et ciebo omne caelum tonitru. Comites diffugient et tegentur nocte opaca; Dido et Troianus dux devenient [ad] eandem speluncam; adero et, si tua voluntas certa [est] mihi, iungam [eos] [in] stabili conubio atque dicabo [Didonem] propriam [Aeneae]. Hic Hymenaeus erit." Cytherea adnuit, non adversata [ei] petenti, atque risit repertis dolis.

iubar, -aris = prima lux
portis = per portas / retia rara, plagae: diversa genera retium
venabula lato ferro = venabula ferrum in cuspide habentia
odora vis canum = canes qui olfacere possunt

Interea Aurora, surgens, reliquit Oceanum; iubare exorto, delecta iuventus it portis, [videntur] retia rara, plagae, venabula lato ferro, atque Massyli equites et odora vis canum ruunt. Primi Poenorum ad limina exspectant reginam,

[in] thalamo cunctantem, atque sonipes stat, insignis ostro et auro, ac ferox mandit spumantia frena. Tandem [regina] progreditur, magna caterva stipante, circumdata chlamydem Sidoniam picto limbo. Cui [est] pharetra ex auro [facta], crines nodantur in aurum, [atque] aurea fibula subnectit purpuream vestem. Nec non et Phrygii comites et laetus Iulus incedunt. Ipse Aeneas, pulcherrimus ante omnis alios, infert se [ut] socium atque iungit agmina. Qualis ubi Apollo deserit hibernam Lyciam fluentaque Xanthi ac invisit maternam Delum instauratque choros, atque Cretesque Dryopesque pictique Agathyrsi mixti fremunt circum altaria; ipse graditur iugis Cynthi atque premit fluentem crinem molli fronde, fingens [eum], atque implicat [eum] auro, [atque] tela sonant [in] umeris: haud segnior illo ibat Aeneas, tantum decus enitet [ex] egregio ore. Postquam ventum [est] in altos montis atque invia lustra, ecce ferae caprae, [e] vertice saxi deiectae, decurrere iugis; de alia parte cervi transmittunt cursu patentis campos atque [in] purulenta fuga glomerant agmina atque relinquunt montis. At puer Ascanius in mediis vallibus gaudet acri equo atque cursu praeterit iam hos, iam illos, atque votis optat spumantem aprum dari inter inertia pecora aut fulvum leonem descendere [de] monte.

Interea caelum incipit misceri magno murmure,

sonipes = equus
mandit = mordet
circumdata = induta
nodantur in aurum = aureo nodo tenentur
nec non et = et quoque
incedunt = progrediuntur (dep.)
omnes / infert se = venit / iungit agmina = iungit se agminibus
deserit = relinquit / invisit = visitat
instaurat = parat, constituit
ipse: Apollo / iugis = per iuga
Cynthus: nomen montis / fingens eum = efficiens ut pulchram formam habeat
illo: ablat. comparationis
montes / invia = non facilia ad ambulandum
decurrebant / iugis = per iuga
transmittunt = transeunt / cursu = currentes / patentes
glomerant = cumulant / montes
praeterit = antecedit
dari = apparere
misceri: pass. infinit.

- metu = metuentes / petiverunt
- deveniunt = perveniunt
- fulserunt
- leti = mortis
- fama: ablat.
- meditatur (dep.) amorem = putat de amore / praetexit = occultavit
- extemplo = statim
- qua: ablat. comparationis
- adquirit vires = fit fortior
- solo = per solum
- condit = celat (quia altissima est)
- perhibent = dicunt
- ira: ablat. causae
- quot ... tot ...
- sonant = loquuntur
- subrigit = surrigit / aures
- declinat lumina = claudit oculos
- luce = interdiu ↔ noctu
- territat = terret / ficti = falsi
- tenax = perita

nimbus insequitur commixta grandine, et Tyrii comites et Troiana iuventus Dardaniusque nepos Veneris metu petiere tecta per agros diversa. Amnes ruunt de montibus. Dido et Troianus dux deveniunt [ad] eandem speluncam; et Tellus, prima, et pronuba Iuno dant signum; ignes fulsere et aether, conscius conubiis, atque Nymphae ulularunt [in] summo vertice. Ille dies primus fuit leti atque primus [fuit] causa malorum, neque enim Dido movetur specie famave nec iam meditatur furtivum amorem: vocat id "coniugium," praetexit culpam hoc nomine. Extemplo Fama it per magnas urbes Lybiae, Fama, qua non ullum aliud malum velocius [est]; viget mobilitate atque adquirit vires eundo; primo, parva metu, mox attollit sese in auras ingrediturque solo et condit caput inter nubila.

Ut perhibent, Terra parens, inritata ira deorum, progenuit illam extremam, sororem Coeo Enceladoque, celerem pedibus et pernicibus alis, monstrum horrendum, ingens, cui quot plumae sunt [in] corpore, tot vigiles oculi [sunt] subter, mirabile dictu, tot linguae, totidem ora sonant, [atque] subrigit tot auris. Volat nocte [in] medio caeli terraeque per umbram, stridens, nec declinat lumina dulci somno; luce sedet custos aut [in] culmine summi tecti aut [in] altis turribus, et territat magnas urbes, nuntia tam tenax ficti pravique quam veri.

Tum haec, gaudens, replebat populos multiplici sermone, et pariter canebat facta atque infecta: venisse Aenean, cretum [a] Troiano sanguine, cui viro pulchra Dido dignetur iungere se; nunc [eos] fovere hiemem, quam longa [esset], inter se luxu, immemores regnorum atque captos turpi cupidine. Dea passim diffundit haec foeda in ora virum; protinus detorquet cursum ad regem Iarban incenditque animum [eius] dictis atque aggerat iras. Hic, satus [ab] Hammone, Garamantide nympha rapta, posuit centum immania templa Iovi [in] latis regnis, centum aras atque sacraverat vigilem ignem, aeternas excubias divum, atque solum pingue [erat] cruore pecudum, et limina florentia [erant] variis sertis. Isque dicitur, amens animi et accensus amaro rumore, supplex multa orasse Iovem ante aras, inter media numina divum, manibus supinis: "Iuppiter omnipotens, cui nunc Maurusia gens, epulata [in] pictis toris, libat Lenaeum honorem: aspicis haec? An nequiquam horremus te, genitor, cum torques fulmina et ignes, caeci in nubibus, terrificant animos et miscent inania murmura? Femina quae errans posuit in nostris finibus exiguam urbem pretio, cui [dedimus] litus arandum cuique dedimus leges loci, reppulit conubia nostra ac recepit Aenean in regna [ut] dominum, et nunc ille Paris, cum semiviro comitatu, subnexus mentum crinemque madentem Maeonia mitra, potitur rapto.

infecta = falsa, res non factas
cretum = natum
dignetur (dep.) = accipiat
fovere = agere

Dea: Fama

virorum / Iarban: Graecus acc.

aggerat = cumulat
satus (< sero) = natus
immania = magna

vigilem = qui numquam exstinguitur

divum = deorum
solum: solum circa aras
florentia = floribus ornata

oravisse

numina divum = statuas deorum

epulor, -ari = edo, -ere

horremus = timemus

fulmina: acc. pl. / caeci: nom. pl.
caeci = occulti
inania = vacua

pretio = postquam pretium solvit

reppulit ... = non vult mihi nubere

subnexus = subiciens, nectens

Maeonia mitra: ablat.
rapto = femina (ablat.) quam rapuit

Quippe, nos ferimus munera [in] tuis templis atque fovemus inanem famam."

Omnipotens audiit [eum] orantem talibus dictis atque tenentem aras, atque torsit oculos ad regia moenia et amantes oblitos famae melioris. Tum sic adloquitur Mercurium ac mandat talia: "Vade, age, nate, voca Zephyros et labere pennis, atque adloquere Dardanium ducem qui nunc Tyria Karthagine exspectat atque non respicit urbes [a] fatis datas, et defer mea dicta per celeris auras. Pulcherrima genetrix non promisit nobis illum talem, atque ideo bis vindicat [eum] [ab] armis Graium, sed [promisit] [eum] fore qui regeret Italiam, gravidam imperiis atque frementem bello, [qui] proderet genus ab alto sanguine Teucri ac mitteret totum orbem sub leges. Si nulla gloria tantarum rerum accendit [eum] nec ipse molitur super laborem sua laude, [is], pater, invidetne Romanas arces Ascanio? Quid struit? Aut qua spe moratur in gente inimica nec respicit prolem Ausoniam et Lavinia arva? Naviget! Haec summa est, esto hic nuntius nostri."

Dixerat. Ille parabat parere imperio magni patris, et primum nectit pedibus talaria aurea, quae alis portant [eum] sublimem sive supra aequora seu [supra] terram, pariter cum rapido flamine. Tum capit virgam: hac ille evocat pallentis animas [ex] Orco, mittit alias sub tristia Tartara,

ferimus munera = sacrificamus animalia
fovemus ... = nequiquam fovemus tuam famam

tenentem = tangentem

oblitos = qui obliti erant

labere (< labor): imperat.

(in) Tyria Karthagine
respicit urbes = curat de urbibus
celeres

atque ideo = neque ad hunc finem
vindicat = servavit
Graium = Graecorum

gravidam imperiis = quae imperia pariet (< pario, -ere)

accendit = hortatur (dep.) / molitur (dep.) ... laude = laborat ad suam laudem / invidet ... ?: non vult Ascanium habere Romanas arces?

hic: nunc

nectit = vinxit

pedibus: dat.
sublimem = per aerem
aequora = mare / paritem cum flamine = tam cito quam flamen (= ventus) / pallentes

dat adimitque somnos, et resignat lumina [in] morte. Fretus illa, agit ventos et tranat [per] turbida nubila, iamque volans cernit apicem et ardua latera duri Atlantis, qui fulcit caelum [suo] vertice; Atlantis, cui piniferum caput, nubibus atris cinctum, adsidue pulsatur et vento et imbri; nix infusa tegit umeros, tum flumina praecipitant [a] mento senis, et horrida barba riget glacie. Hic primum Cyllenius, nitens paribus alis, constitit; hinc misit se praeceps toto corpore ad undas, similis avi quae volat humilis circum litora, circum piscosos scopulos iuxta aequora: haud aliter Cyllenia proles volabat inter terras caelumque ad harenosum litus Libyae atque, veniens ab avo materno, secabat ventos.

resignat ... = efficit ut mortui videre possint / illa: ablat.
apicem = cuspidem
vertice = capite / cui = cuius
praecipitant = cadunt
hic = in hoc loco
Cyllenius: Mercurius natus erat in monte Cileno
Cyllenia proles = Mercurius
veniens ... : mater Mercurii erat Maia, filia Atlantis

Ut primum tetigit magalia alatis plantis, conspicit Aenean fundantem arces ac novantem tecta. Atque illi erat ensis, fulva iaspide stellatus, atque laena ardebat Tyrio murice, ex umeris demissa, munera quae dives Dido fecerat et discreverat telas tenui auro. Continuo invadit [eum]: "Tu nunc locas fundamenta altae Karthaginis atque, uxorius, exstruis pulchram urbem? Heu, oblite regni rerumque tuarum! Ipse regnator deum, qui torquet [suo] numine caelum et terras, demittit me [e] claro Olympo, ipse iubet [me] ferre per celeris auras haec mandata: Quid struis? Aut qua spe teris otia [in] Lybicis terris?

magalia = casas, parvas domus
novare = e novo facere
ensis (= gladius) stellatus
laena (= tunica) demissa
tenui auro = tenui aureo filo
continuo = tunc, statim
invadit = adloquitur
oblite: vocat. (< obliviscor)
deorum / torquet = regit
celeres
teris = geris

Si nulla gloria tantarum rerum movet te nec ipse moliris super laborem tua laude, respice Ascanium surgentem et spes heredis Iuli, cui debetur regnum Italiae Romanaque tellus." Cyllenius, locutus tali ore, [in] medio sermone reliquit mortalis visus et evanuit ex oculis procul in tenuem auram.

moliris ... laude = laboras ad tuam laudem
spes: acc. pl.
tellus: fem.
mortales visus: acc. pl.

At vero Aeneas, amens aspectu, obmutuit, atque comae arrectae [sunt] horrore et vox haesit [in] faucibus. Ardet abire [in] fuga atque relinquere dulcis terras, attonitus tanto monitu imperioque deorum. Heu, quid agat? Quo adfatu nunc audeat ambire reginam furentem? Quae exordia sumat prima? Atque dividit celerem animum nunc huc nunc illuc atque rapit [eum] in varias partis atque versat per omnia. Haec sententia potior visa est [optima] [ei] alternanti: vocat Mnesthea Sergestumque fortemque Serestum, [imperat ut], taciti, aptent classem atque cogant socios ad litora, parent arma et dissimulent quae sit causa rebus novandis; [dicit] sese interea, quando optima Dido nesciat et non speret tantos amores rumpi, temptaturum [esse] aditus et tempora quae mollissima fandi [sint], quis modus [sit] dexter [his] rebus.

aspectu = visione, visu
haesit = invita mansit
dulces
quo adfatu = quibus verbis
ambire reginam = ire ad reginam
exordium = initium, prima verba
partes
versat per omnia = de omnibus rebus cogitat
Mnesthea: Graecus acc.
aptent = parent
rebus novandis = novarum rerum, novi status (gen.)
aditus: acc. pl.
mollissima = aptissima, optima
dexter = secundus

Ocius omnes, laeti, parent imperio et facessunt iussa. At regina praesentit dolos (quis posset fallere amantem?), atque prima excepit futuros motus, timens omnia [quae nunc] tuta [sunt].

excepit = sensit
motus: acc. pl.
timens omnia = timens de omnibus

Eadem impia Fama detulit [ei] furenti classem armari cursumque parari. Inops animi saevit atque bacchatur incensa per totam urbem, qualis Thyias commotis sacris excita, ubi, audito Baccho, trieterica orgia stimulant [eam] nocturnusque Cithaeron vocat clamore. Tandem ultro compellat Aenean his vocibus: "Sperasti, perfide, etiam posse dissimulare tantum nefas tacitusque decedere [e] mea terra? Nec noster amor [tenet] te nec dextera quondam data tenet te nec Dido moritura crudeli funere? Quin, etiam moliris classem [sub] hiberno sidere et properas ire per altum [mare] mediis Aquilonibus, crudelis? Quid? Si non peteres arva aliena domosque ignotas et Troia antiqua maneret, peteretur Troia classibus per undosum aequor? Mene fugis? Ego per has lacrimas dextramque tuam (quando iam ipsa reliqui nihil aliud mihi miserae), per conubia nostra, per inceptos hymenaeos, si bene merui quid de te, aut [si] quicquam meum fuit dulce tibi, oro te, miserere labentis domus et, si quis locus adhuc [est] precibus, exue istam mentem. Propter te Libycae gentes Nomadumque tyranni odere [me], Tyrii [sunt] infensi [mihi]; propter te eundem pudor exstinctus [est] et prior fama [exstincta est], qua sola adibam [ad] sidera. Cui deseris me, moribundam, hospes –quoniam hoc solum nomen restat de coniuge–? Quid moror? An dum frater Pygmalion destruat mea moenia aut Gaetulus Iarbas ducat [me] captam?

inops animi = amens

commotis sacris = cum sacrae res e templo ad pompam extrahuntur
trieterica = quae fiunt trinis annis

ultro = sua sponte

decedere = exire

funere = morte / quin = contra
moliris = paras
sub hiberno sidere: cum caelum adversum ad navigandum est
properas = festinas

peteretur Troia = peteres Troiam

me (acc.) fugis = a me fugis, me vitas

quando = quoniam

merui = accipere possum / (ali)quid

miserere: imperat.

(ali)quis / exue = relinque
mentem = consilium [abeundi]
oderunt

infensi = hostes

qua sola (ablat.) = una via per quam

hospes: vocat. / de coniuge = de te, qui fuisti meus coniunx
an = fortasse

(ali)qua / suscepta = nata / (ali)quis
referret te = memoriam adferret tui
capta = decepta
lumina = oculis
obnixus = pugnans, obluctans
promeritam esse = mereri
vales = potes
Elissa: alter nomen reginae
artus: acc. pl.
ne finge = noli putare hoc
taedas coniugis = matrimonium
paterentur = sinerent
ducere = deligere
dulces
alta tecta = urbem
recidiva = iterum nata
sortes = oraculum / iusserunt
hic = in Italia
quae invidia est = cur tibi non placet
et = quoque
operit = tegit, occultat
[totiens] admonet

Saltem si qua suboles ante fugam fuisset mihi, de te suscepta, si quis parvulus Aeneas luderet mihi [in] aula, qui tamen referret te [suo] ore, non equidem omnino viderer capta ac deserta."

Dixerat. Ille, Iovis monitis, immota tenebat lumina et, obnixus, premebat curam sub corde. Tandem refert pauca: "Ego numquam negabo, regina, te promeritam [esse] plurima quae vales enumerare fando, nec pigebit me meminisse Elissae dum ipse memor [sum] mei, dum spiritus regit hos artus [meos]. Pauca loquar pro re: neque ego speravi furto abscondere hanc fugam –ne finge– nec umquam praetendi taedas coniugis aut veni in haec foedera. Si fata paterentur [me] ducere meam vitam meis auspiciis et componere curas mea sponte, primum colerem urbem Troianam dulcisque reliquias meorum, alta tecta Priami manerent, et [mea] manu posuissem recidiva Pergama victis. Sed nunc Gryneus Apollo [iussit] [capessere] magnam Italiam, Lyciae sortes iussere capessere Italiam; hic [est] amor [meus], haec est patria [mea]. Si arces Karthagini atque aspectus Libycae urbis detinet te, Phoenissam, quae invidia est Teucros tandem considere [in] terra Ausonia? Et fas [est] nos quaerere externa regna. Turbida imago patris Anchisae, quotiens nox operit terras umentibus umbris, quotiens astra ignea surgunt, admonet me in somnis et terret;

iniuria ... = iniuria quam meo filio committo
divum = deorum
celeres
hausi (< haurio) = audivi
sponte = libenter, ultro
sequor (dep.) = peto

puer Ascanius, quem fraudo [a] regno Hesperiae et fatalibus arvis, atque iniuria cari capitis [eius] [movent] me. Nunc etiam interpres divum, missus ab ipso Iove (testor utrumque caput [tuum et meum]), detulit mandata per celeris auras: ipse vidi deum in manifesto lumine intrantem muros atque hausi vocem his [meis] auribus. Desine incendere meque teque tuis querelis; non sponte sequor Italiam."

iamdudum = iam per longum tempus
luminibus = oculis
accensa = iratissima
auctor = conditor
admoverunt ... te = aluerunt te
quid = cur
(nunc Dido loquitur tamquam si Aeneas abesset)
lumina = oculos
quae ... ?: = quae crimina tua dicam primum?
aequis oculis = nemini favens
nusquam = in nullo loco
excepi [e mare] = accepi, servavi
reduxi = servavi
feror = affecta sum
sortes = oraculum / divum = deorum
(nunc Dido irrisu utitur)

[Dido], aversa, iamdudum tuetur [eum] talia dicentem, volvens oculos huc illuc, atque pererrat [eum] totum tacitis luminibus et, accensa, sic profatur: "Nec tibi [est] diva parens nec Dardanus [est] auctor generis, perfide, sed Caucasus, duris cautibus horrens, genuit te, atque Hyrcanae tigres admorunt ubera [ad te]. Nam quid dissimulo aut ad quae maiora reservo me? Num ingemuit nostro fletu? Num flexit lumina? Num victus dedit lacrimas aut miseratus est amantem? Quae anteferam quibus? Iam, iam nec maxima Iuno nec Saturnius pater aspicit haec aequis oculis. Nusquam tuta [est] fides. Excepi [eum] [in] litore eiectum, egentem, et demens locavi [eum] in parte regni. [Reduxi] [ei] amissam classem, reduxi socios a morte. Heu, feror incensa furiis! Nunc augur Apollo, nunc Lyciae sortes, nunc et interpres divum ab ipso Iove missus fert horrida iussa per auras. Scilicet, is est labor superis, ea cura sollicitat [eos] quietos.

Neque teneo te neque refello dicta: i, sequere Italiam ventis, pete regna per undas. Spero equidem, si pia numina possunt quid, [te] hausurum [esse] supplicia [in] mediis scopulis et saepe vocaturum [esse] "Dido" nomine. Absens, sequar [te] atris ignibus et, cum frigida mors seduxerit [meos] artus [ab] anima, adero [in] omnibus locis [ut] umbra. Dabis poenas, improbe. Audiam [hoc] et haec fama veniet mihi sub imos Manis."

refello: refuto, loquor contra
i: sententia qua brevior nulla esse potest in lingua Latina / (ali)quid
hausurum = inventurum, passurum
sequar = persequar
seduxerit = abduxerit / artus: acc. pl.
dabis poenas = punieris
fama = rumor / Manes

Abrumpit medium sermonem his dictis et, aegra, fugit auras atque avertit [se] et aufert se ex oculis, linquens [eum] cunctantem multa metu et parantem multa dicere. Famulae suscipiunt [eam] atque referunt conlapsa membra marmoreo thalamo atque reponunt [eam] [in] stratis. At pius Aeneas, quamquam cupit lenire dolentem solando et avertere curas dictis, gemens multa atque labefactus animum magno amore, tamen exsequitur iussa divum atque revisit classem.

fugit auras = fugit locum
aufert ... = se occultavit
metu = propter metum
ad marmoreum thalamum
stratis = lecto
labefactus = ruptus
animum: accusat. respectus
divum = deorum

Tum vero Teucri incumbunt et toto litore deducunt celsas navis; Natat uncta carina, atque studio fugae ferunt [e] silvis frondentis remos et robora infabricata. Cernas [eos] migrantis atque ruentis ex tota urbe: ac velut cum formicae, memores hiemis, populant ingentem acervum farris atque reponunt [eum] [in] tecto; nigrum agmen it campis atque convectant praedam per herbas [in] angusto calle;

incumbunt = nituntur (dep.)
toto litore = per totum litus
celsas naves / frondentes remos = ramos [ad remos faciendos] qui adhuc folia habent
cernas = possis cernere
migrantes / ruentes
in tecto = domum suam
campis = per campos

pars, obnixae, trudunt grandia frumenta umeris, pars cogunt agmina castigantque moras; omnis semita fervet opere.

Quis sensus [erat] tibi tum, Dido, talia cernenti! Quosve gemitus dabas, cum ex summa arce prospiceres litora late fervere atque ante oculos videres totum aequor misceri tantis clamoribus! Improbe Amor, quid non cogis mortalia pectora [facere]! [Dido] cogitur ire iterum in lacrimas, iterum temptare precando et, supplex, summittere animos Amori, ne relinquat quid inexpertum, moritura frustra. "Anna, vides circum [in] toto litore properari; convenere undique; iam carbasus vocat auras, et laeti nautae imposuere coronas puppibus. Si ego potui sperare hunc tantum dolorem, soror, et potero perferre. Exsequere tamen hoc unum mihi miserae, Anna, nam ille perfidus colere te solam, etiam credere tibi arcanos sensus; sola [tu] noras mollis aditus viri et tempora; i, soror, atque tu, supplex, adfare superbum hostem: ego Aulide non iuravi cum Danais exscindere gentem Troianam misive classem ad Pergama, nec revelli cinerem Manisve patris [eius] Anchisae; cur negat demittere mea dicta in [suas] duras auris? Quo ruit? Det hoc extremum munus miserae amanti: exspectet facilemque fugam ventosque ferentis. Non iam oro antiquum coniugium quod prodidit, nec [oro] ut careat pulchro Latio atque relinquat regnum;

grandia = magna
moras = eas quae morantur (dep.)
gemitus: acc. pl.
prospiceres = videres
misceri: pass. infinit.
ire in lacrimas = lacrimare
(ali)quid / inexpertum = sine conatu
convenerunt
carbasus = vela / imposuerunt
et = quoque / perferre = pati
exsequere: imperat.
colit / credit / sensus: acc. pl.
noveras molles aditus (acc. pl.)
tempora: optima tempora ad loquendum / adfare: imperat.
(in) Aulide
misive = neque misi
Manes
aures / munus = donum
exspectet ... : hoc est munus quod poscit / ferentes = secundos
(careo + ablat.)

inane = vacuum
dolere = pati / miserere: imperat.
remittam = reddam
cumulatam = auctam

peto tempus inane, requiem spatiumque furori, dum mea fortuna doceat me, victam, dolere. Oro hanc extremam veniam (miserere sororis!), quam, cum mihi dederit [eam], remittam cumulatam morte."

tales fletus (acc. pl.) / aut = neque
aures
quercus, -us f. / validam = fortem
it = expanditur
consternunt = operiunt
vertice = culmine
haud secus = haud aliter
tunditur = pulsatur
persentit = sentit

Talibus [verbis] orabat, atque miserrima soror fertque refertque [ad Aenean] talis fletus, sed ille movetur nullis fletibus aut, tractabilis, audit ullas voces: fata obstant atque deus obstruit placidas auris. Ac velut cum Alpini Boreae, flatibus nunc hinc nunc illinc, certant inter se eruere quercum, annoso robore validam, stridor it, et altae frondes consternunt terram, concusso stipite; ipsa haeret scopulis et, quantum [tendit] ad aetherias auras vertice, tantum tendit in Tartara radice: haud secus heros tunditur adsiduis vocibus hinc atque hinc, et persentit curas [in] magno pectore; [sed] mens manet immota, lacrimae volvuntur inanes.

taedet ... = nolit videre caelum
ut + comparat. > quo + comparat.
vidit latices nigrescere
vertere = mutare
cruorem = sanguinem
effata est = narravit
quod: accusat.
revinctum = ornatum

Tum vero infelix Dido, fatis exterrita, orat mortem; taedet tueri convexa caeli. Quo magis peragat inceptum atque relinquat lucem, vidit, cum imponeret dona [in] turicremis aris, (horrendum dictu) sacros latices nigrescere fusaque vina vertere se in obscenum cruorem; effata [est] hoc visum nulli, non ipsi sorori. Praeterea fuit in tectis [eius] templum de marmore, antiqui coniugis, quod colebat miro honore, revinctum velleribus niveis et festa fronde;

Dido visa est = Didoni videtur
bubo: genus avis / queri: pass. infin.
culminibus = tectis
ducere = iactare, canere
videtur: subiectum est Dido
incomitata = sine comitibus
Eumenidum: genit. pl.
geminum ... = duos soles et duas Thebas
fugit matrem = fugit a matre, vitat matrem

[Dido] visa [est] voces et verba vocantis viri exaudiri hinc, cum obscura nox teneret terras, atque sola bubo saepe queri ferali carmine [in] culminibus et ducere longas voces in fletum; praeterea, multa praedicta priorum vatum horrificant [eam] terribili monitu. In somnis, ipse ferus Aeneas agit [eam] furentem, semperque [videtur] relinqui sola sibi, semper videtur ire longam viam incomitata et [in] deserta terra quaerere Tyrios, veluti Pentheus demens videt agmina Eumenidum et geminum solem et duplices Thebas ostendere se, aut Agamemnonius Orestes, agitatus [in] scaenis, cum fugit matrem, facibus et atris serpentibus armatam, atque ultrices Dirae sedent in limine.

evicta = omnino victa
concepit furias = amens facta est
exigit = delegit
serenat = simulat
gratare: imperat. / sorori: mihi
amantem ab eo = ab amore eius
Aethiopum: genit. pl.
torquet = volvit
axem [mundi] / sacerdos, -otis m./f.
Hesperidum: genit. pl.
epulas = cibum
mella < mel, mellis n.
papaver: genus plantae

Ergo ubi, evicta dolore, concepit furias decrevitque mori, ipsa exigit secum tempus modumque, et, adgressa maestam sororem dictis, tegit consilium [ficto] vultu ac serenat spem [in] fronte: "Germana, inveni viam (gratare sorori) quae reddat eum mihi vel solvat me amantem [ab] eo. Iuxta finem Oceani solemque cadentem est ultimus locus Aethiopum, ubi maximus Atlas [in] umero torquet axem, stellis ardentibus aptum; mihi monstrata [est] hinc sacerdos gentis Massylae, custos templi Hesperidum atque quae dabat epulas draconi et servabat sacros ramos in arbore, spargens umida mella soporiferumque papaver;

haec promittit se carminibus solvere mentes quas velit, ast immitere duras curas aliis [mentibus], sistere aquam fluviis et vertere sidera retro, atque movet nocturnos Manis; videbis terram mugire sub pedibus et ornos descendere [de] montibus. Testor, cara germana, deos et te tuumque dulce caput, [me] invitam accingier magicas artis. Tu, secreta, sub auras erige pyram [in] tecto interiore, atque super imponas arma viri, quae [ille] impius reliquit fixa [in] thalamo, exuviasque omnis lectumque iugalem, [in] quo perii: iuvat abolere cuncta monimenta viri nefandi, atque sacerdos monstrat [hoc]."

Haec effata, silet; pallor simul occupat ora [eius]. Anna tamen non credit germanam praetexere funera [his] novis sacris, nec concipit [in] mente tantos furores aut timet graviora quam morte Sychaei; ergo, parat iussa. At regina, ingenti pyra sub auras in penetrali sede taedis atque secta ilice erecta, intenditque locum sertis et coronat funerea fronde; haud ignara futuri, super toro locat exuvias ensemque relictum effigiemque. Arae stant circum, et sacerdos, crinis effusa, tonat [sua] ore ter centum deos, Erebumque Chaosque tergeminamque Hecaten, tria ora virginis Dianae. Et sparserat latices simulatos fontis Averni, et quaeruntur herbae cum lacte nigri veneni pubentes, ad lunam aenis falcibus messae;

ast = at = sed

fluviis (dat.) = fluviorum (gen.)

Manes

ornus, -i: genus arboris
testor (dep.) deos = pono deos ut testes / accingier = accingi / artes

secreta = nullo te vidente
super = insuper
viri = Aeneae

exuvias = vestes / omnes / iuvat abolere = placet delere
monstrat [hoc faciendum esse]

praetexere = celare / novis = miris

aut = neque

ingenti pyra erecta: ablat. absol.

intenditque ... et coronat = et intendit et coronat
intendit = ornat, operit

exuvias = vestes

crines effusa = postquam effudit crines / tonat = vocat, invocat

quaeruntur herbae = quaerit herbas

ad lunam = ad lucem lunae
messae (< meto, -ere) = collectae

amor: pars pellis equi nuper nati; Vergilius vocat hoc "amor"
praereptus matri: quia dicebatur ipsam matrem equi auferre hoc
exuta ↔ induta
recincta in veste = vestem induens non omnino ligatam / (ali)quod
curae: dat. / amantes
aequora = maria / volvuntur ... = iam fecerunt dimidiam partem itineris
lacus: acc. pl.
positae = iacentes
corda oblita
neque umquam = et numquam
solvitur in somnos = dormit
ingeminant = fiunt duplices
aestu = tempestate
inrisa = postquam omnes in me inriserunt / experiar = adibo ad
Nomadum: genit. pl.
dedignor (dep.) = recuso / classes
iuvat = placet / levo, -are = lenio, -ire
fac me velle = etiam si volo
invisam = quam omnes oderunt

et quaeritur amor, revulsus de fronte nascentis equi et praereptus matri. Ipsa, mola manibusque piis, iuxta altaria, exuta unum pedem [e] vinclis, recincta in veste, moritura testatur deos et sidera, conscia fati. Tum precatur, si quod numen, iustumque memorque, habet curae [eos] non aequo foedere amantis.

Nox erat, et fessa corpora per terras carpebant soporem, silvaeque et saeva aequora quierant, cum sidera volvuntur [in] medio lapsu, cum omnis ager tacet, pecudes pictaeque volucres [tacent], atque [ferae] quae late [tenent] liquidos lacus atque quae tenent rura, dumis aspera, [a] somno sub silenti nocte positae. [Omnes] lenibant curas et corda, oblita laborum. At non Phoenissa, infelix animi, neque umquam solvitur in somnos accipitve noctem [in] oculis aut pectore; curae ingeminant, atque amor, rursus regurgens, saevit, atque fluctuat [in] magno aestu irarum. Sic adeo insistit secumque ita volutat [in] corde: "En, quid ago? Rursusne, inrisa, experiar priores procos, atque supplex petam conubia Nomadum, quos ego totiens iam dedignata sim [ut] maritos? Igitur sequar Iliacas classis atque ultima iussa Teucrum? Quiane iuvat [eos] ante levatos [esse] auxilio [meo] et gratia veteris facti bene stat apud memores? Fac [me] velle: Quis autem sinet me, atque accipiet [me] invisam [in] ratibus superbis?

Heu, perdita, nescis, necdum sentis periuria Laomedonteae gentis? Quid tum? Comitabor sola ovantis nautas [in] fuga? An inferar [in eos] [cum] Tyriis omnique stipata manu meorum et rursus agam pelago et iubebo vela dare ventis [eos] quos vix [e] Sidonia urbe revelli? Quin, morere ut merita es, atque averte dolorem ferro. Tu prima, germana, evicta meis lacrimis, oneras [me] furentem his malis atque obicis [me] hosti. Non licuit [me], expertem thalami, degere vitam sine crimine, more ferae, nec tangere talis curas; fides promissa Sychaeo cineri non servata [est]."

periuria: acc. pl. n.

ovantes = laetos
inferar = impetum faciam

pelago = per pelagus

morere: imperat.

oneras me his malis = ponis haec mala super me
expertem thalami = non habentem thalamum
tales

Tantos questus illa rumpebat [e] suo pectore. Aeneas, iam certus eundi, in celsa puppi carpebat somnos, rebus iam rite paratis; forma dei, redeuntis eodem vultu, obtulit se huic in somnis rursusque ita visa est monere [eum], similis omnia Mercurio, vocemque coloremque et crinis flavos et membra decora iuventa: "Nate dea, potes ducere somnos sub hoc casu nec cernis, demens, quae pericula deinde stent circum te, nec audis Zephyros spirare secundos? Illa, certa mori, versat in pectore dolos dirumque nefas, atque concitat varios aestus irarum. Non fugis hinc praeceps, dum [est] potestas praecipitare? Videbis mare iam turbari trabibus saevasque faces conlucere, [videbis] iam litora fervere flammis, si Aurora attigerit te [in] his terris morantem.

questus: acc. pl.

carpebat = capiebat

obtulit se = apparuit / huic: Aeneae

(similis + dat.) / omnia: accusat. respectus
crines / iuventa: ablat.

ducere somnos = dormire

spirare = flare

certa mori = quae iam consilium moriendi cepit
aestus: acc. pl.

praecipitare = fugere
trabibus = navibus

attigerit = invenerit, viderit

rumpe moras = festina

Heia, age, rumpe moras. Femina semper [est] varium et mutabile."

subitis = repentinis
corripit ... = expergefit
praecipites
instimulat = hortatur (dep.)
incidere = secare / funes
quisquis = quicumque
adsis: desiderat. subiunc.
feras = monstres

Sic fatus immiscuit se atrae nocti. Tum vero Aeneas, subitis umbris exterritus, corripit corpus e somno atque fatigat socios praecipitis: "Vigilate, viri, et considite [in] transtris; citi solvite vela. Deus, ab alto aethere missus, ecce iterum instimulat festinare fugam atque incidere tortos funis. Sequimur te, sancte deorum, quisquis es, atque iterum paremus imperio [tuo] ovantes; o, adsis, atque placidus iuves [nos] et feras [nobis] sidera [in] caelo [tua manu] dextra."

ferit < ferio (≠ fero)
omnes
deseruerunt / aequor ... = classis operit mare / adnixi / laborantes
caerulea aequora = caeruleum mare
e speculis = e loco optimo ad videndum
portus: acc. pl.
sine remige = sine remigibus
abscissa = postquam abscidit
flaventes
inludo + dat. = irrideo + acc.
expedient = capient
rates = naves
date = iacite

Dixit, atque eripit fulmineum ensem [e] vagina atque ferit retinacula stricto ferro. Idem ardor habet simul omnis, rapiuntque ruuntque; deseruere litora, aequor latet sub classibus; adnixi, torquent spumas et verrunt caerulea [aequora]. Et iam prima Aurora, linquens croceum cubile Tithoni, spargebat terras novo lumine. Regina, ut e speculis vidit primam lucem albescere et classem procedere aequatis velis atque sensit litora et portus vacuos [esse] sine remige, terque quaterque percussa decorum pectus manu atque abscissa flaventis comas, "Pro Iuppiter, ibit hic," ait, "et advena inluserit nostris regnis? [Mei cives] non expedient arma atque ex tota urbe sequentur [eum], atque alii diripient rates [e] navalibus? Ite, citi ferte flammas, date tela, impellite remos! Quid loquor? Aut ubi sum?

Quae insania mutat [meam] mentem? Infelix Dido, nunc facta impia tangunt te? Tum decuit [hoc facere], cum dabas [ei] sceptra. En dextra fidesque eius, quem aiunt portare secum patrios Penates, quem [aiunt] subiisse umeris parentem aetate confectum. Non potui divellere abreptum corpus et spargere [id] undis? Non [potui] absumere socios [eius] ferro, non [potui absumere] ipsum Ascanium atque ponere [eum] [in] patriis mensis [ad] epulandum? Verum fortuna pugnae fuerat anceps. [Utinam] fuisset! Quem metui, moritura? Tulissem faces in castra implessemque foros flammis atque exstinxem natum patremque cum genere, [atque] dedissem memet supra ipsa. Sol qui lustras omnia opera terrarum [tuis] flammis, tuque, Iuno, interpres et conscia harum curarum, atque Hecate, ululata per urbes [in] nocturnis triviis, et Dirae ultrices, et di morientis Elissae: accipite haec, atque advertite meritum numen [meis] malis et audite nostras preces. Si necesse est infandum caput tangere portus ac adnare terris, et fata Iovis sic poscunt, [et si] hic terminus haeret, at vexatus bello et armis audacis populi, extorris [e] finibus, avulsus [e] complexu Iuli, imploret auxilium videatque indigna funera suorum; nec, cum tradiderit se sub leges iniquae pacis, fruatur regno aut optata luce, sed cadat ante diem atque inhumatus [in] media harena. Haec precor, hanc vocem extremam fundo cum sanguine.

en = ecce

aiunt = dicunt

subiise umeris = posuisse super umeros

undis = per undas

absumere = necare

ad epulandum = ad edendum

anceps = dubitanda

implevissem

exstinxem = exstinxissem

ipsa: corpora necatorum

ululata = invocata ululatibus

Elissa: alterum nomen Didonis

advertite = vertite

portus: acc. pl.

adnare terris = pervenire ad terram

at = saltem / extorris = expulsus

avulsus < avello

sub ... pacis = victum et coactum adversam pacem accipere

ante diem [qua mori debet]

fundo = effundo, iacio

exercete stirpem odiis = vertite odium contra stirpem
haec munera: odium contra genus Aeneae
exoriare: imperat. (exorior = nascor)
ultor aliquis: vocat.
sequare = sequaris
vires dabunt se = habebis vires ad hoc faciendum
nepotes = posteri

Tum vos, o Tyrii, exercete stirpem [Aeneae] et omne genus futurum [vestris] odiis, atque mittite haec munera nostro cineri; nullus amor nec foedera sunto [nostris duobus] populis; exoriare e nostris ossibus [tu], ultor aliquis, qui sequare Dardanios colonos face ferroque, nunc, olim, quocumque tempore vires dabunt se. Imprecor litora [nostra] [esse] contraria litoribus [eorum], undas [nostras esse contrarias] fluctibus [eorum], arma [nostra] armis [eorum]: pugnent ipsique nepotesque."

omnes partes
invisam = odiosam / Barcen: acc.
namque = nam
siste = voca, iube venire
lympha = aqua
tempora (= caput): acc. pl.
pia vitta: ablat.
sacra: acc. pl. n.
flammae: dat.
celebrabat gradum = laeta ibat
trementes / pallida: nom.
futura morte: ablat. / domus: genit.

Haec ait, et versabat animum in omnis partis, quaerens quam primum abrumpere invisam lucem. Tum breviter adfata [est] Barcen, nutricem Sychaei, namque ater cinis habebat suam [nutricem] [in] antiqua patria: "Cara mihi nutrix, siste sororem Annam huc; dic [ei] properet spargere corpus fluviali lympha, et ducat secum pecudes et piacula [mihi] monstrata. Sic veniat, tuque ipsa tege tempora pia vitta; animus [meus] est perficere Iovi Stygio sacra quae, [iam] incepta, paravi rite, atque imponere finem curis atque permittere flammae rogum Dardanii capitis." Sic ait. Illa celebrabat gradum anili studio. At Dido, trepida et immanibus coeptis effera, volvens sanguineam aciem atque interfusa trementis genas maculis et pallida futura morte, inrumpit interiora limina domus et, furibunda, conscendit altos rogos atque recludit Dardanium ensem, munus non quaesitum in hos usus.

recludit = stringit / usus: acc. pl.

Hic, postquam conspexit Iliacas vestis notumque cubile, paulum morata [in] lacrimis et mente, incubuitque toro dixitque novissima verba: "Dulcis exuviae, [dulcis] dum fata deusque sinebat, accipite hanc animam atque exsolvite me [ex] his curis. Vixi et peregi cursum quem Fortuna dederat, et nunc magna imago mei ibit sub terras; statui urbem praeclaram, vidi mea moenia, ulta virum recepi poenas a fratre inimico; felix, heu, nimis felix [fuissem] si tantum Dardaniae carinae numquam tetigissent nostra litora!" Dixit, et, impressa os toro, "Moriemur inultae, sed moriamus" ait. "Sic, sic iuvat ire sub umbras. Hauriat crudelis Dardanus hunc ignem ab alto [mare] et ferat secum omina nostrae mortis."

hic = tunc / vestes
incubuit toro = se iecit super torum
novissima = ultima
dulces
exsolvite = liberate
cursum = vitam
ulta < ulciscor (dep.) / recepi poenas a fratre = facta sum inimica fratri
tantum = solum
toro (dat.) = contra torum
iuvat = placet / hauriat = videat
nostrae = meae

Dixerat, atque, inter talia media [verba], comites aspiciunt illam conlapsam ferro ensemque cruore spumantem sparsasque manus. Clamor it ad alta atria: Fama bacchatur per concussam urbem; tecta fremunt lamentis gemituque et femineo ululatu, aether resonat magnis plangoribus, non aliter quam si, immissis hostibus, omnis Karthago aut antiqua Tyros ruat flammaeque furentes volvantur perque culmina hominum perque [culmina] deorum. Soror exanimis audiit [hoc], trepidoque curso, exterrita, foedans [sua] ora ungibus et pectora pugnis, ruit per medios,

manus: acc. pl.
bacchatur (dep.) = currit ut Baccha
concussam = agitatam
immissis hostibus = hostibus in urbem ingredientibus
volvantur = expanduntur
culmina hominum = domus (acc. pl.)
culmina deorum = templa
foedans = sauciens

ac clamat [eam] morientem nomine: "Hoc fuit illud, germana? Petebas me fraude? Iste rogus [parabat] hoc mihi, ignes araeque parabant hoc? Quid primum querar, deserta? Sprevistine comitem sororem moriens? [Si] me vocasses ad eadem fata, idem dolor atque eadem hora tulisset ambas ferro. Etiam his manibus struxi [rogum] atque vocavi patrios deos [mea] voce, crudelis, ut abessem [a] te sic posita? Exstinxti te meque, soror, populumque patresque Sidonios urbemque tuam. Date [mihi], abluam vulnera [eius] lymphis et, si quis halitus extremus super errat, legam [eum] ore [mea]."

petebas me fraude? = in mente habebas me decipere?
deserta (nominat.) = relicta
sprevisti ... ? = noluisti moriens sororem tuam comitem esse?
crudelis: vocat.
posita: ablat. / exstinxisti
(nunc soror loquitur servis)
lymphis = aqua (ablat.)
(ali)quis / legam = capiam

Sic fata, evaserat altos gradus atque fovebat semianimem germanam [in] sinu cum gemitu, atque siccabat atros cruores veste. Illa, conata attollere rursus gravis oculos, deficit; infixum vulnus stridit sub pectore. Ter levavit sese, attollens [se] atque adnixa [suo] cubito, ter revoluta est [in] toro atque oculis errantibus quaesivit lucem [in] alto caelo atque, reperta [eam], ingemuit.

gradus: acc. pl.
fovebat = amplectebatur (dep.)
atros cruores = atrum sanguinem
graves / deficit = languescit
adnixa < adnitor
revoluta est = cecidit / toro = lecto
reperta = postquam invenit

Tum Iuno omnipotens, miserata longum dolorem difficilisque obitus, demisit Irim [ex] Olympo quae resolveret luctantem animam nexosque artus, nam quia peribat nec fato nec merita morte, sed misera ante diem atque accensa subito furore, Proserpina nondum abstulerat illi flavum crinem [a] vertice atque [nondum] damnaverat caput Stygio Orco.

difficiles obitus (acc. pl.)
resolveret = liberaret
artus: acc. pl. / peribat = moriebatur
ante diem = ante tempus quo, pro aetate, mori debebat
vertice = capite

devolat = volat

adverso sole: ablat. absol.
astitit < adstitit
Diti: dat. / te = Dido

Ergo Iris, roscida, per caelum devolat croceis pennis, trahens mille varios colores adverso sole, et astitit supra caput [eius]: "Ego, iussa, fero Diti hunc sacrum [crinem] teque solvo [ab] isto corpore."

una = eodem puncto temporis
dilapsus est = evanuit

Sic ait, et dextra [manu] secat crinem et, una, omnis calor dilapsus [est] atque vita [reginae] recessit in ventos.

LIBER V

certus = certe sciens quid faciendum esset
fluctus: acc. pl.

conlucent = fulgent, splendent
Elissa: alterum nomen Didonis
latet = occulta est / polluto = deleto
notum esse = quia sciunt

tenuerunt = occupaverunt

amplius occurrit = apparet

astitit < adsitit / olli = illi (dat.)
unda: sing. pro plur.

quianam = cur / aethera: Graecus acc.
arma = instrumenta (= velas)

incumbere remis = operam dare remis

Interea Aeneas, certus, iam tenebat medium iter classe atque secabat fluctus, atros Aquilone, respiciens moenia quae iam conlucent flammis infelicis Elissae. Quae causa accenderit tantum ignem latet, sed duri dolores, magno amore polluto, notumque [esse] quid furens femina possit [facere], ducunt triste augurium per pectora Teucrorum. Ut rates tenuere pelagus nec iam tellus ulla amplius occurrit, maria undique et undique caelum, caeruleus imber astitit olli supra caput, ferens noctem hiememque, et unda inhorruit [in] tenebris. Ipse gubernator Palinurus ab alta puppi [dixit]: "Heu, quianam tanti nimbi cinxerunt aethera? Quidve, pater Neptune, paras?" Deinde, sic locutus, iubet colligere arma atque incumbere validis remis,

obliquat sinus (acc. pl.) = offert latera
spondeat = promittat
contingere = pervenire ad
cogitur in nubem = nubem format
sufficimus = possumus / obniti: pass. infinit. / tendere = pugnare
portus: acc. pl.
modo rite memor = recte memor
remetior (dep.) servata astra = navigo iterum observans astra quae iam novi

obliquatque sinus [velorum] in ventum, ac talia fatur: "Magnanime Aenea, [etiam] si Iuppiter auctor spondeat mihi, non sperem contingere Italiam hoc caelo; venti mutati fremunt transversa [navium] et consurgunt ab atro vespere, atque aer cogitur in nubem, nec nos sufficimus obniti contra nec tendere tantum [in ventos]. Quoniam Fortuna superat, sequamur, atque vertamus iter [illuc] quo vocat. Nec reor fida fraterna litora Erycis portusque Sicanos longe [abesse] si, modo rite memor, remetior servata astra."

flecte ... = muta collocationem velarum / sit = potest esse
naves
complectitur (dep.) = intus habet

Tum pius Aeneas: "Equidem cerno ventos iamdudum sic poscere et te frustra tendere contra. Flecte viam velis. An ulla [tellus] sit mihi gratior, quove magis optem dimittere fessas navis, quam tellus quae mihi servat Dardanium Acesten et complectitur ossa patris Anchisae [in] gremio?"

intendunt = implent
advertuntur ... = adveniunt ad harenam quam iam noverunt
adventum sociasque rates = adventum sociarum ratium
occurrit = currit ad eos
reduces < redux, -ucix
excipit = accipit / gaza = thesauro

Ubi haec dicta [sunt], petunt portus et secundi Zephyri intendunt vela; classis fertur cita gurgite, et tandem, laeti, advertuntur notae harenae. At, procul miratus adventum sociasque rates, ex celso vertice montis, horridus in iaculis et pelle Libystidis ursae, occurrit Acestes, quem Troia mater genuit conceptum [a] Criniso flumine. Ille, non immemor veterum parentum, gratatur [eos] reduces et laetus excipit [eos] agresti gaza ac solatur [eos] fessos amicis opibus.

Cum postera clara dies, primo oriente, fugarat stellas, Aeneas advocat socios in coetum ab omni litore atque ex aggere tumuli fatur:

"Dardanidae magni, genus ab alto sanguine divum, annuus orbis completur, mensibus exactis, ex quo condidimus [in] terra reliquias atque ossa divini parentis atque sacravimus maestas aras; iamque dies adest, nisi fallor, quem semper habebo acerbum, semper honoratum (sic voluistis, di). [Etiam] si ego agerem hunc [diem] exsul Syrtibus Gaetulis deprensusve [in] Argolico mari et [in] urbe Mycenae, tamen exsequerer ordine annua vota sollemnisque pompas strueremque altaria suis donis; nunc ultro adsumus ad cineres et ossa ipsius parentis haud sine mente, sine numine divum, equidem [sic] reor, et delati intramus portus amicos. Ergo agite et celebremus cuncti laetum honorem; poscamus ventos, atque velit [pater] me, urbe posita, quotannis ferre haec sacra [in] templis sibi dicatis. Acestes, Troia generatus, dat vobis bina capita boum numero in navis; adhibete [in] epulis et Penatis patrios et [eos] quos hospes Acestes colit. Praeterea, si nona Aurora extulerit mortalibus almum diem atque retexerit orbem radiis, ponam Teucris prima certamina citae classis; atque [is] qui valet cursu pedum, et qui, audax viribus, aut incedit melior iaculo levibusque sagittis seu fidit committere pugnam crudo caestu,

primo oriente = cum primum sol ortus est / fugarat < fugo, -are (≠ fugio, -ere)

divum = deorum

exactis < exigo, -ere = transcurro
condidimus = celavimus, posuimus

habebo = putabo esse

exsul = in exsilio

deprensus = repente captus

exsequerer = facerem

struerem = implerem

mente, numine = voluntate
divum = deorum
portus: acc. pl.

posita = condita

Troia: ablat. / boum: genit. pl.

numero in naves = cuique navi
Penates
colit = veneratur (dep.)

retego = detego, aperio

citae = velocis / cursu pedum = currens
incedit melior = alios superat
fidit = audet

adsint cuncti atque exspectent praemia meritae palmae. Favete omnes ore et cingite tempora ramis."

favete ore = tacete
tempora = caput

Sic fatus velat tempora materna myrto. Hoc Helymus facit, hoc Acestes, aevi maturus, hoc puer Ascanius, quos cetera pubes sequitur; ille ibat e concilio cum multis milibus ad tumulum, medius [in] magna comitante caterva. Hic, libans rite, fundit humi duo carchesia mero Baccho, duo novo lacte, duo sanguine sacro, atque iacit purpureos flores ac talia fatur: "Salve iterum, sancte parens; salvete, cineres nequiquam recepti animaeque umbraeque paternae; non licuit [mihi] quaerere tecum finis Italos fataliaque arva nec Thybrim Ausonium, quicumque est."

materna: ablat. sing. / myrtus, -i f.
hoc: accusat.
aevi maturus = senex
hic = in hoc loco / humi: locat.
carchesia = pocula
mero Baccho = merum vinum continentia
recepti = iterum accepti
fines Italos = Italiam
fatalia arva = arva a fato data

Haec dixerat, cum ingens lubricus anguis, amplexus placide tumulum lapsusque per aras, traxit ab imis adytis septem gyros, septena volumina, [anguis] cui caeruleae notae [operiebant] terga et maculosus fulgor incendebat squamam auro, ceu arcus [in] nubibus iacit mille varios colores adverso sole. Aeneas obstipuit visu; ille, longo agmine, tandem serpens inter pateras et levia pocula, libavitque dapes rursusque successit innoxius [in] imo tumulo et liquit depasta altaria. [Propter] hoc [Aeneas] magis instaurat inceptos honores genitori, incertus [utrum] putet [hoc] esse geniumne loci famulumne parentis [necne];

lubricus = qui facile et celeriter fugit
traxit ab imis adytis (plur. pro sing.) = venit ab imo adyto et fecit
notae = puncta
ceu = idem ac
visu = propter visum / ille = anguis
longo agmine = longo corpore quod ut agmen trahit
successit = abivit
depasta altaria = altaria ubi ederat
utrum putet necne
famulum = servum

caedit de more binas bidentis totque sues, totidem iuvencos nigrantis terga, atque fundebat vina [e] pateris atque vocabat animam magni Anchisae Manesque [ex] Acheronte remissos. Nec non et socii, laeti, ferunt dona quae cuique est copia, onerant aras mactantque iuvencos; alii locant aena ordine, fusique per herbam subiciunt prunas veribus et torrent viscera.

caedit = mactat / bidentes nigrantes
terga: acc. respectus

nec non et = et quoque

cuique est copia = quisque potest

subiciunt prunas veribus = ponunt ignem sub vera (< veru, -us)

Exspectata dies aderat atque equi Phaetontis iam vehebant nonam Auroram serena luce, famaque et nomen clari Acestae excierat finitimos [incolas]; complerant litora laeto coetu, visuri Aeneadas, et pars [aderant] parati certare. Principio munera locantur ante oculos atque in medio circo: sacri tripodes viridesque coronae et palmae, pretium victoribus, armaque et vestes ostro perfusae, talenta argenti aurique; et tuba [e] medio aggere canit commissos ludos.

excierat = vocaverat

finitimos = prope habitantes
laeto coetu = laeti convenientes
certare = ad certandum
principio = primum

perfusae = ornatae

canit commissos ludos = indicat initium ludorum

Quattuor pares carinae, ex omni classe delectae, gravibus remis ineunt prima certamina: Mnestheus agit velocem Pristim acri remige, Mnestheus, mox Italus, a quo nomine [venit] genus Memmi; atque Gyas, ingenti mole, [agit] ingentem Chimaeram, opus urbis, quam Dardana pubes impellunt triplici versu; remi consurgunt terno ordine; Sergestusque, a quo Sergia domus tenet nomen, invehitur magna Centauro,

pares = aequales

acri remige = fortibus remigibus
Pristim: nomen navis

ingenti mole = magno corpore
opus urbis = tam magnam quam urbem / versu = acie
consurgunt = apparent
terno ordine = tribus ordinibus

magna Centauro: ablat.

atque Cloanthus, unde tibi, Romane Cluenti, [est] genus, [invehitur] caerulea Scylla. Est procul in pelago saxum, contra spumantia litora, quod olim summersum tunditur tumidis fluctibus, ubi hiberni Cauri condunt sidera; tranquillo [tempore] silet, atque [ex] immota unda attollitur [ut] campus et statio gratissima mergis apricis. Hic pater Aeneas constituit viridem metam e frondenti ilice, signum nautis, [ut] scirent unde reverti et ubi circumflectere longos cursus. Tum legunt loca sorte, ipsique ductores in puppibus effulgent longe, decori auro ostroque; cetera iuventus velatur populea fronde atque, perfusa oleo, nitescit nudatos umeros. Considunt [in] transtris, atque bracchia intenta [sunt] remis; intenti, exspectant signum, atque pulsans pavor atque arrecta cupido laudum haurit exsultantia corda; inde, ubi clara tuba dedit sonitum, haud mora [est], omnes prosiluere [e] suis finibus; nauticus clamor ferit aethera; freta, adductis lacertis versa, spumant. Pariter infindunt sulcos, totumque aequor dehiscit, convulsum remis rostrisque tridentibus. Non tam praecipites currus corripuere campum [in] biiugo certamine ruuntque effusi [e] carcere, nec sic, immissis iugis, aurigae concussere undantia lora pronique pendent in verbera; tum omne nemus consonat plausu fremituque virum studiisque faventum, atque inclusa litora volutant vocem, [atque] colles, clamore pulsati, resultant.

caerulea Scylla: ablat.
ubi = cum
condunt = celant
campus = planities
mergis apricis: dat.
viridem metam e = metam e viridi
cursus: acc. pl.
legunt = distribuunt
decori = ornati / velatur = operitur
nudatos umeros: acc. respectus
transtrum: locus ubi remiges sedent
intenta ... = parata sum ad remigandum
inde = tunc, postea / ubi = cum
prosiluerunt
aethera: Graecus acc. / freta = mare
versa = mota
convulsum = pulsum
currus (nom. pl.) corripuerunt
cincusserunt
pendent in verbera = inclinantur ut equos verberent
virorum / faventium
volutant = mittunt
resultant = reddunt [vocem]

Gyas effugit ante alios primisque undis elabitur inter turbam fremitumque; quem deinde Cloanthus consequitur, melior remis, sed tarda pinus tenet [eum] pondere. Post hos, aequo discrimine Pristis Centaurusque tendunt superare priorem locum; et nunc Pristis habet [priorem locum], nunc ingens Centaurus praeterit [eam] victam, nunc ambae feruntur, una iunctisque frontibus, et sulcant salsa vada longa carina. Iamque propinquabant scopulo metamque tenebant, cum Gyas, princeps atque victor in medio gurgite, compellat voce Menoeten, rectorem navis: "Quo abis tantum dexter mihi? Derige cursum huc; ama litus et sine [ut] laeva palmula stringat cautes; alii [remi] teneant altum [mare]."

Dixit, sed Menoetes, timens caeca saxa, detorquet proram ad undas pelagi. "Quo abis diversus? Pete saxa, Menoete!" iterum revocabat Gyas cum clamore, et ecce respicit Cloanthum instantem tergo et [iam] tenentem propiora [loca]. Ille, inter navemque Gyae scopulosque sonantis, interior [iens] radit laevum iter subitoque praeterit priorem et, metis relictis, tenet tuta aequora. Tum vero ingens dolor exarsit iuveni [in] ossibus, nec genae caruere lacrimis, atque oblitus decorisque sui atque salutis socium deturbat segnem Menoeten in mare ab alta puppi. Ipse [ut] rector subit gubernaclo, ipse [ut] magister hortaturque viros torquetque clavum ad litora.

cito progreditur

pinus = navis [pino constructa]
pondere = propter pondus
discrimine = intervallo
tendunt = conantur
praeterit = antecedit

salsa vada: acc. pl.
longa carina: abl. sing.
appropinquabant

dexter = ad dextram

ama (imperat.) litus = appropinqua
ad cautes = saxa

caeca = quae non videntur
ad undas pelagi: procul a saxis
diversus = deflectens, aberrans

respicit = caput vertens videt
instantem tergo = appropinquantem a tergo

sonantes

tenet ... = navigat per aequor nullo adversario impediente
caruerunt + ablat.

socium: gen. pl. / deturbat = iacit

subit gubernaclo = gubernat navem

magister: nauta qui navem gubernat

At Menoetes, ut tandem redditus est [ex] imo fundo, gravis iam senior atque fluens in madida veste, petit summa scopuli atque resedit in sicca rupe. Teucri risere illum et labentem et natantem, et rident [eum] revomentem salsos fluctus [e] pectore. Hic laeta spes accensa est duobus extremis, Sergesto Mnestheique: superare morantem Gyan; Sergestus capit locum ante atque propinquat scopulo, nec tamen ille prior [it] tota carina praeeunte; prior [it] parte, aemula Pristis premit partim rostro, at Mnestheus, incedens per ipsos socios media nave, hortatur [eos]: "Nunc, insurgite remis nunc, Hectorei socii, quos delegi [ut] comites [in] suprema sorte Troiae; promite nunc illas viris, [promite] nunc animos quibus usi [estis] in Gaetulis Syrtibus Ionioque mari atque sequacibus undis Maleae. [Ego], Mnestheus, non iam peto prima [loca] neque certo vincere, quamquam o [vellem!], sed superent [ei] quibus dedisti hoc, Neptune; pudeat [nos] rediisse extremos: vincite hoc, cives, et prohibete nefas."

Olli procumbunt summo certamine: aerea puppis tremit vastis ictibus atque solum subtrahitur [sub ea]; tum creber anhelitus quatit artus aridaque ora, [atque] sudor fluit undique rivis. Ipse casus attulit optatum honorem viris, namque dum Segestus, furens animi, suburget proram ad saxa

gravis senior = gravis propter aetatem
riserunt

salsos fluctus (acc. pl.) = aquam salsam / hic = tunc

antea

appropinquat + dat.
tota carina praetereunte: ablat.
aemula = idem faciens

incedens = ambulans
media nave = per mediam navem
insurgite remis = ponite vires ad remos
vires / promite = exhibete

sequacibus = cito sequentibus

vincere = ut vincam

extremos = ultimos

prohibete nefas = impedite ignominia cladis

olli = illi / procumbunt ... = maximas vires ponunt ad finem certaminis
solum = mare / artus: acc. pl.

casus = bonum fatum

optatum honorem: victoriam
viris = eis
suburget = dirigit, ducit

atque, interior, subit iniquo spatio, haesit infelix in procurrentibus saxis. Cautes concussae [sunt] et remi, in acuto murice obnixi, crepuere, atque prora, inlisa, pependit; nautae consurgunt et morantur magno clamore, atque expediunt ferratas trudes et contos acuta cuspide atque legunt fractos remos in gurgite. At Mnestheus, laetus atque acrior ipso successu, celeri agmine remorum ventisque vocatis petit prona maria et decurrit aperto pelago. Qualis columba, cui domus et dulces nidi [sunt] in latebroso pumice, subito commota [in] spelunca fertur volans in arva atque, exterrita, dat ingentem plausum pennis tecto, [atque] mox, lapsa quieto aere, radit liquidum iter neque commovet celeris alas: sic Mnestheus, sic ipsa Pristis secat ultima aequora fuga, sic ipse impetus fert illam volantem.

subit ... = intrat in difficile spatium
procurrentibus = emergentibus
obnixi = percussi

crepuerunt / inlisa = percussa

expediunt = capiunt

legunt = colligunt

celeri agmine remorum = propter remiges celeriter remigantes
aperto pelago = per apertum pelagus

dat plausum pennis = movet alas

tecto: dat.
quieto aere = per quietum aerem
liquidum iter = caelum sine nubibus

ultima aequora = ultimam partem cursus / fuga: ablat.

Et primum deserit Sergestum, pugnantem in alto scopulo brevibusque vadis frustraque vocantem auxilia et discentem currere fractis remis; inde consequitur Gyan ipsamque Chimaeram ingenti mole; [haec navis] cedit, quoniam spoliata est magistro. Iamque solus superest in ipso fine Cloanthus, quem petit et urget adnixus summis viribus. Tum vero clamor ingeminat cunctique instigant studiis [eum] sequentem, atque aether resonat fragoribus. Hi indignantur ni teneant proprium decus et [iam] partum honorem,

deserit = relinquit

discentem = conantem

ingenti mole: ablat. descriptionis

spoliata ... = magistrum (= gubernatorem) iam non habet
adnixus = utens

ingeminat = duplex fit

indignantur (dep.) ... = putant indignum esse non obtinere victoriam et honorem quem iam habent atque volunt pacisci vitam pro laude; successus alit hos: possunt [vincere], quia videntur posse. Et fors [fuisset ut], aequatis rostris, cepissent praemia, ni Cloanthus, tendens utrasque palmas ponto, fudissetque preces vocassetque divos in vota: "Di, quibus est imperium pelagi, quorum aequora curro: ego [propter] hoc, reus voti, laetus vobis in litore constituam candentem taurum ante aras, atque proiciam exta in salsos fluctus et fundam liquentia vina." Dixit, atque sub imis fluctibus omnis chorus Nereidum Phorcique Panopeaque virgo audiit eum, et pater ipse Portunus impulit euntem [navem] [sua] magna manu: illa, citius Noto volucrique sagitta, fugit ad terram et condidit se [in] alto portu.

pacisci = emere / hos = alteros
videntur = putant
fors = fortuna, sors
nisi / ponto = ad pontus
in vota = ut vota acciperent
voti = mei promissi
constituam [ad sacrificandum]
candentem = album
exta [tauri] / fluctus: acc. pl.
Nereidum: genit. pl.
audiit = audiverunt
citius = celerius / fugit = advolat
condidit se = intravit

Tum satus [ex] Anchisa, cunctis ex more vocatis, magna voce praeconis declarat Cloanthum victorem advelatque tempora viridi lauro, atque [ut] munera dat optare ternos iuvencos vinaque in navis, et [dat] ferre magnum talentum argenti. Addit praecipuos honores ipsis ductoribus: victori, chlamydem auratam, circum quam plurima purpura Meliboea cucurrit duplici maeandro, atque regius puer, intextus, [in] frondosa Ida fatigat iaculo cursuque velocis cervos, acer, similis anhelanti, quem praepes armiger Iovis ab Ida sublimem rapuit uncis pedibus; longaevi custodes nequiquam tendunt palmas ad sidera, atque latratus canum saevit in auras.

satus = filius, natus
advelat tempora = operit caput
optare = eligere, deligere
in naves = cuique navi
ferre [ad quamque navem]
duplici maeandro = fingens duplicem maeandrum / (regius ... : nunc incipit descriptio imaginum quae in chlamide videntur) / veloces
praepes = celer
saevit in auras = ascendit saevus ad auras

At deinde, qui tenuit secundum locum virtute, huic donat habere loricam levibus hamis atque trilicem auro consertam, quam ipse, victor apud rapidum Simoenta sub alto Ilio, detraxerat [a] Demoleo, decus viro et tutamen in armis; famuli Phegeus Sagarisque vix ferebant illam, multiplicem, conixi umeris, at olim Demoleos, [ea] indutus, agebat palantis Troas cursu. Facit tertia dona geminos lebetas ex aere cymbiaque argento perfecta atque aspera signis.

habere = ut habeat

loricam, decus viro et tutamen in armis

in armis = in proelio

conixi humeris = operam dantes humeris (= ferentes loricam humeris) / agebat palantes Troas = persequebatur (dep.) Troianos

aspera signis = caelata signa (acc. pl.) habentia (nom. pl.)

Iamque omnes ibant, adeo donati opibusque superbi, evincti tempora puniceis taenis, cum Sergestus, vix revulsus e saevo scopulo multa arte, amissis remis atque debilis uno ordine, sine honore agebat inrisam ratem. Qualis serpens saepe deprensus in aggere viae, quem aerea rota transiit obliquum aut viator, gravis ictu, liquit seminecem lacerumque saxo; nequiquam fugiens dat longos tortus corpore, parte ferox ardensque [in] oculis et, arduus, attollens sibila colla; pars, clauda vulnere, retentat [eum] nodis nexantem atque plicantem se in sua membra: tali remigio navis movebat se tarda; facit vela tamen et velis plenis subit ostia. Aeneas donat Sergestum promisso munere, laetus ob servatam navem sociosque reductos: olli datur serva haud ignara operum Minervae, Cressa genus, Pholoe, geminique nati sub ubere.

tempora = capita / revulsus e saevo scopulo = postquam potuit relinquere scopulum / debilis uno ordine = debilis quia solum unum ordinem remorum habebat

viae: genit. / gravis ictu = postquam gravem ictum iecit ad serpentem

tortus: acc. pl.

navis: nom. sing.

tarda = lenta

subit ostia = intrat in portum

olli = illi

sub ubere = qui aluntur uberibus matris

Hoc certamine misso, pius Aeneas tendit in gramineum campum

tendit in = it ad

quem undique silvae cingebant curvis collibus, atque circus theatri erat in media valle. Quo heros tulit se medium [in] consessu cum multis milibus atque resedit [in] exstructo. Hic pretiis invitat animos [horum] qui forte velint contendere rapido cursu et ponit praemia. Undique conveniunt Teucri mixtique Sicani, Nisus et Euryalus primi, Euryalus insignis forma viridique iuventa, Nisus [insignis] pio amore pueri; quos deinde secutus [est] regius Diores, de egregia stirpe Priami; hunc [secuti sunt] Salius simul et Patron, quorum alter [est] Acarnan, alter [est] ab Arcadio sanguine Tegeaeae gentis; tum duo iuvenes Trinacrii, Helymus Panopesque, adsueti silvis, comites senioris Acestae; praeterea [secuti sunt] multi quos fama obscura recondit. Quibus in mediis Aeneas sic deinde locutus [est]:

quo = ad hunc locum
hic = in hoc loco / pretiis = praemiis
animos horum = hos
contendere = certare
forma, iuventa: ablat.
pio amore pueri = propter pium amorem ad puerum
adsueti silvis = qui in silvis habitabant
quos ... = quorum nomina nescimus
recondit = occultat
quibus in mediis = in mediis his

"Accipite haec [in] animis atque advertite laetas mentes. Nemo ex hoc numero abibit non donatus mihi. Dabo ferre bina lucida Cnosia spicula levato ferro atque bipennem argento caelatam; omnibus erit hic unus honos. Tres primi accipient praemia atque nectentur caput flava oliva. Primus victor habeto equum insignem phaleris; alter pharetram Amazoniam plenamque sagittis Threiciis, quam balteus circum amplectitur lato auro et [quam] fibula subnectit tereti gemma; tertius abito contentus hac Argolica galea."

accipite ... = audite haec
advertite [ad mea verba]
abibit [a certamine] / mihi = a me
ferre = ut secum ferant
spicula = sagittas
honos = praemium
flava oliva: ablat.
alter = secundus
balteus ... auro = aureus balteus late circum aplectitur (dep.)
tereti gemma: ablat.

Ubi haec dicta [sunt], capiunt locum, signoque repente audito corripiunt spatia atque relinquunt limen, effusi similes nimbo. Simul signant ultima [loca]; Nisus abit primus longeque emicat ante omnia corpora, ocior et ventis et alis fulminis; Salius insequitur proximus huic, sed proximus longo intervallo; deinde post, spatio relicto, Euryalus [sequitur] tertius; atque Helymus sequitur Euryalum, sub quo ipso deinde, ecce, Diores volat atque iam terit calcem calce, incumbens umero, et, si plura spatia supersint, elapsus transeat prior atque relinquat ambiguum. Iamque fere [in] spatio extremo fessique adventabant sub ipsam finem, cum Nisus infelix labitur levi sanguine: ut forte, caesis iuvencis, [sanguis] fusus [erat] humum atque madefecerat super viridis herbas. Hic iuvenis, iam ovans [ut] victor, presso solo, haud tenuit [sua] titubata vestigia, sed concidit pronus in ipso [solo] immundoque fimo sacroque cruore. Non tamen [oblitus est] Euryali, non ille oblitus [est] amorum, nam surgens per lubrica sese opposuit Salio; ille autem iacuit revolutus [in] spissa harena; emicat Euryalus et, victor munere amici, tenet prima [loca] atque volat plausu fremituque secundo; post subit Helymus et nunc Diores, tertia palma. Hic Salius magnis clamoribus implet totum consessum ingentis caveae et prima ora patrum, atque poscet honorem, dolo ereptum, reddi sibi.

effusi = sparsi

signant ultima loca = adspiciunt finem (= terminum cursus)

postea

sub quo ipso = prope quem ipsum

calcem calce = pedem Euryali pede suo

incumbens umero = paene tangens umeros Helymi / si ... = si cursus longior sit / relinquat ambiguum = nemo sciat quis vicerit

adventabant sub = perveniebant ad

caesis = mactatis / ut = aliquo modo

virides

presso solo (ablat. abs.) = cum solum premeret pedibus

tenuit = potuit tenere

concidit = cecidit

iacuit = cecidit et iacuit

munere = propter auxilium

postea / subit = pervenit

prima ora patrum = aures patrum qui in primo ordine sedebant

Favor [spectatorum] tutatur Euryalum, atque lacrimae decorae et virtus, gratior veniens in pulchro corpore, [quoque tutantur eum]; Diores, qui subiit palmae frustraque venit ad ultima praemia, si primi honores reddentur Salio, adiuvat [eum] et proclamat magna voce.

tutatur (dep.) = protegit
veniens ... = quia iuvenis pulchro corpore erat
subiit palmae = praemium obtinuit
proclamat = clamat

Tum pater Aeneas "Vestra" inquit "munera, pueri, manent certa vobis, et nemo movet palmam [ex] ordine; liceat me miserari casus insontis amici." Sic fatus, dat Salio immane tergum Gaetuli leonis, onerosum villis atque aureis unguibus. Hic Nisus "Si tanta" inquit "sunt praemia victis, et te miseret lapsorum, quae digna munera dabis Niso, qui merui laude primam coronam ni fortuna inimica, quae [tulit] Salium, tulisset me?" Et simul his dictis ostentabat faciem et membra udo fimo turpia. Risit olli pater optimus et iussit clipeum efferri, artis Didymaonis, refixum [a] Danais de sacro poste Neptuni. Hoc praestanti munere donat egregium iuvenem.

certa = fixa
casus: acc. pl.
insons, -ntis ↔ sons, -ntis
tergum onerosum
lapsorum = eorum qui lapsi sunt
quae: interrogat.
ni = nisi
[eadem] quae / tulit = cecidit (< caedo, caedo ≠ cado)
olli = illi (dat.)
artes = artificium
refixum = revulsum, ereptum
poste = ianua

Post, ubi cursus confecti [sunt] et peregit dona, [dixit]: "Nunc, si cui virtus animusque [est] praesens in pectore, adsit et attollat bracchia evinctis palmis." Sic ait, et proponit geminum honorem pugnae: victori, iuvencum velatum auro vitiisque; victo, ensem atque insignem galeam [ut] solacia. Nec mora [est]; continuo cum vastis viribus Dares effert ora atque tollit se magno murmure virum,

postea / cursus: nom. pl. / (ali)cui
evinctis palmis: pugiles vinciebant plumbum in manibus ad pugilatum
velatum auro = habentem aurum in fronte / victo: dat.
effert ora = monstrat suum caput
virorum

[Dares] qui solus solitus [est] contendere contra Paridem, idemque, ad tumulum [in] quo maximus Hector occubat, perculit et extendit victorem Buten, moribundum [in] fulva harena, immani corpore, qui ferebat se veniens de Bebrycia gente Amyci. Talis Dares tollit altum caput in prima proelia ostenditque umeros latos atque protendens bracchia iactat [ea] alterna et verberat auras ictibus.

- occubat = iacet / perculit = pulsavit
- extendit = deturbavit, stravit
- ferebat se veniens = dicebat se originem habere
- in prima proelia = ut pugnam inciperet

Alius quaeritur huic, nec quisquam ex tanto agmine audet adire [ad] virum atque inducere caestus [in] manibus. Ergo, alacris atque putans cunctos excedere [a] palma, stetit ante pedes Aeneae nec plura moratus tum laeva [manu] tenet taurum cornu atque ita fatur: "Nate dea, si nemo audet credere se pugnae, quae [est] finis standi? Quo usque decet me teneri? Iube [me] ducere dona." Cuncti Dardanidae simul fremebant ore atque iubebant promissa reddi viro.

- nec quisquam = et nemo
- caestus (acc. pl.) = manicae ad pugilatum
- cunctos ... = omnes renuntiare praemium
- credere se = dare se
- quae ... ? = cur stantes manemus?
- teneri (pass. inf.) = hic manere
- reddi: pass. infinit.

Hic gravis Acestes castigat Entellum dictis, ut consederat proximus [in] viridante toro herbae: "Entelle, quondam frustra fortissime heroum, sinesne tam patiens tanta dona tolli nullo certamine? Nunc ubi [est] nobis ille deus, Eryx, magister nequiquam memoratus? Ubi [est] fama per omnem Trinaciam et illa spolia [a] tuis tectis pendentia?" Ille [dixit] sub haec: "Non amor laudis nec gloria cessit metu pulsa, sed enim gelidus sanguis hebet tardante senecta, atque effetae vires frigent in corpore.

- hic = tunc
- toro = lecto
- heroum: genit. pl.
- tam patiens = nihil faciens
- nequiquam = frustra
- sub haec = post haec verba
- cessit = evanuit
- senecta (ablat.) = senectute
- effetae = deletae

qua: ablat.
venissem = me devovisse [ad pugnam]
nec moror (dep.) dona = dona non cupio

Si mihi [foret nunc] illa iuventas quae quondam fuerat atque qua fidens iste improbus exsultat, si nunc foret, venissem, haud equidem inductus pretio pulchroque iuvenco, nec moror dona."

caestus (acc. pl.) = manicae ad pugilatum
duro tergo: caestus habebant taurinum tergum / obstipuerunt
boum: genit. pl.
omnes / stupet = attonitus fit
recusat = retro cedit
vinclorum = manicarum / tales

Deinde, sic locutus, proiecit in medium geminos caestus immani pondere, quibus acer Eryx suetus [erat] ferre manum in proelia atque intendere bracchia duro tergo. Obstipuere animi: ingentia terga tantorum septem boum rigebant insuto plumbo ferroque. Ante omnis stupet ipse Dares longeque recusat, magnanimusque Anchisiades versat huc illuc et pondus et ipsa immensa volumina vinclorum. Tum senior referebat talis voces [e] pectore:

(ali)quis
cernis = potes cernere
infecta = maculata
vires / necdum = et nondum
canebat = faciebat albos meos capillos / temporibus = capite
id sedet ... = Aeneas probat
aequemus pugnas = pugnemus aequo modo / tibi remitto terga = proper te nolo uti manicis

"Quid, si quis vidisset caestus et arma ipsius Herculis tristemque pugnam in hoc ipso litore? Tuus germanus Eryx quondam gerebat haec arma (adhuc cernis [ea] infecta sanguine sparsoque cerebro), his [armis] stetit contra magnum Alciden, his ego suetus [eram], dum melior sanguis dabat viris [mihi] necdum aemula senectus canebat, sparsa geminis temporibus. Sed si Troius Dares recusat haec arma nostra idque sedet pio Aeneae [atque] Acestes auctor probat, aequemus pugnas. Tibi remitto terga Erycis (solve metus), et tu exue Troianos caestus."

artus: acc. pl.

Haec fatus, reiecit ex umeris duplicem amictum et exuit magnos artus membrorum, magna ossa lacertosque,

satus = natus
caestus: acc. pl.
extemplo = statim
abduxerunt
longe ab ictu = ut ictus vitarent
lacessunt = incipiunt
iuventa: ablat.
artus: acc. pl.
ingeminant multa cavo lateri = saepissime pulsant latera cavo modo sonantia / sonitus: acc. pl.
aures / tempora = caput

atque ingens consistit [in] media harena. Tum pater satus [ex] Anchisa extulit aequos caestus et innexuit palmas amborum paribus armis. Extemplo uterque, arrectus, constitit in digitos [pedum] atque interritus extulit bracchia ad superas auras. Abduxere ardua capita retro, longe ab ictu, immiscentque manus manibus atque lacessunt pugnam, ille melior motu pedum fretusque iuventa, hic valens membris et mole, sed tarda genua labant [ei] trementi, [atque] aeger anhelitus quatit vastos artus [eius]. Viri iactant nequiquam multa vulnera inter se, ingeminant multa cavo lateri et dant vastos sonitus [in] pectore, atque crebra manus errat circum auris et tempora, [atque] malae crepitant sub duro vulnere.

eodem nisu = propter eundem nisum / exit tela = vitat ictus
molibus = machinis belli
sub armis / habens arma
aditus: acc. pl.
inritus (adiect.) = frustra (adv.)
cessit = vitat / effudit = iacit
vires / ultro = sua sponte
pinus, -i f.

Entellus stat, gravis, atque, immotus eodem nisu, exit tela modo corpore atque vigilantibus oculis; ille, velut qui oppugnat celsam urbem molibus aut sedet sub armis circum montana castella, nunc [temptat] hos aditus, nunc illos, atque pererrat omnem locum arte et, inritus, urget variis adsultibus. Entellus, insurgens, ostendit dextram et alte extulit [eam]; ille, velox, praevidit ictum a vertice venientem celerique corpore elapsus cessit [eum]. Entellus effudit viris in ventum et ultro ipse gravis graviterque concidit ad terram vasto pondere, ut quondam cava pinus, [e] radicibus eruta, concidit aut [in monte] Erymantho aut in magna Ida.

Teucri et Trinacria pubes consurgunt studiis; clamor it caelo primusque Acestes accurrit atque, miserans, attollit aequaevum amicum ab humo. At, non tardatus casu neque territus, heros redit acrior ad pugnam ac [ex] ira suscitat vim. Tum pudor et conscia virtus incendit viris [illius], atque ille, ardens, agit praecipitem Daren toto aequore, nunc ingeminans ictus dextra [manu], nunc sinistra. Nec mora nec requies [adest]: quam nimbi multa grandine crepitant [in] culminibus, sic heros, creber, densis ictibus pulsat Dareta utraque manu versatque [eum]. Tum pater Aeneas haud passus [est] iras procedere longius et Entellum saevire acerbis animis, sed imposuit finem pugnae atque eripuit fessum Dareta, mulcens [eum] dictis, ac talia fatur: "Infelix, quae tanta dementia cepit animum? Non sentis viris alias [esse] conversaque [esse] numina? Cede deo."

studiis = ardentes in animo
caelo = per caelum
aequaevum = eiusdem aetatis

casu = propter casum

vires / agit = persequitur (dep.)
toto aequore = per totam planitiem
ictus: acc. pl.

Dareta: Graecus acc.

versat eum = efficit ut se vertat

saevire = modo saevo se gerere

eripuit [e pugna]

vires alias esse = vos non habere easdem vires / conversa esse numina = deos reliquisse te

Dixitque et voce diremit proelia. Ast fidi aequales ducunt ad navis illum, trahentem aegra genua iactantemque caput utroque atque eiectantem [ex] ore crassum cruorem atque dentes in sanguine mixtos; vocati, accipiunt galeamque ensemque, [atque] relinquunt palmam taurumque Entello. Hic, victor, superans animis atque superbus tauro, "Nate dea, vosque, Teucri," inquit, "cognoscite haec: et quae vires fuerint mihi in iuvenali corpore et a qua morte revocatum servetis Dareta."

aequales = amicos /naves
iactantem caput utroque = moventem caput ad utrumque latus

superans animis = multum gaudens

superbus = laetus
cognoscite = vidite, audite
et... et...

astabat ut = erat
reducta = retro ducta (quo fortius pulset) / caestus: acc. pl.
eos: caestus
procumbit = iacet / super = insuper
tales / persolvo = offero, praebeo
hic = nunc, in hoc loco
repono = relinquo / caestus: acc. pl.

Dixit, et stetit contra ora adversi iuvenci qui astabat [ut] donum pugnae, atque, reducta dextra [manu] , arduus libravit duros caestus inter media cornua, effractoque cerebro inlisit [eos] in ossa. Bos sternitur, atque tremens procumbit humi, exanimis. Ille, super, effundit talis voces [e] pectore: "Eryx, pro morte Daretis persolvo tibi hanc meliorem animam; hic, victor, repono caestus atque [meam] artem."

forte = fortasse
malus, -i: pars navis (≠ adiect. malus)
in traiecto fune = fune vinciens
quo = ad quem / convenerunt
deiectam sortem = silices nomina omnium monstrantes
omnes
modo = nuper / evinctus ... : quia coronam victoriae gerit
confundere = violare
torsisti = emisisti
subsedit (< subsido)= in fundo manet / et = quoque

Protinus Aeneas invitat certare celeri sagitta [eos] qui forte velint, et dicit praemia, ingentique manu erigit malum de nave Seresti et in traiecto fune suspendit ab alto malo volucrem columbam, [scopum] quo tendant ferrum. Convenere viri, atque aerea galea accepit deiectam sortem et, clamore secundo, locus Hyrtacidae Hippocoontis exit primus ante omnis; quem consequitur Mnestheus, modo victor [in] navali certamine, Mnestheus evinctus viridi oliva; tertius [fuit] Eurytion, tuus frater, o clarissime Pandare, qui, quondam iussus confundere foedus, primus torsisti telum in medios Achivos; extremus atque [in] ima galea subsedit Acestes, ausus et ipse temptare manu [sua] laborem iuvenum.

pro se = pro suis viribus
arcus: acc. pl.
depromunt = excipiunt

Tum, quisque pro se, viri incurvant flexos arcus validis viribus et depromunt tela [e] pharetris atque, nervo stridente, prima sagitta iuvenis Hyrtacidae, volucris, per caelum diverberat auras, et venit atque infigitur [in] arbore adversi mali. Malus intremuit atque ales, exterrita, timuit pennis, et omnia sonuerunt ingenti plausu. Post, acer Mnestheus constitit, petens alta adducto arcu, pariterque tetendit oculos telumque. Ast, miserandus, non valuit contingere ipsam avem ferro: rupit nodos et linea vincula quis [avis], innexa pedem, ab alto malo pendebat; illa fugit, volans in Notos atque atra nubila. Tum rapidus Eurytion, tenens iamdudum tela contenta [in] parato arcu, vocavit fratrem in vota, [atque] speculatus columbam, iam laetam vacuo caelo et plaudentem alis, figit [eam] sub nigra nube. [Illa] decidit exanimis atque reliquit vitam in astris aetheriis atque, delapsa, refert fixam sagittam.

Amissa palma, solus Acestes superabat, qui tamen contendit telum in aerias auras, ostentans [ut] pater artemque arcumque sonantem. Hic obicitur oculis [omnium] subitum monstrum atque futurum magno augurio; ingens exitus docuit [hoc] post, atque terrifici vates cecinerunt sera omina, namque volans in liquidis nubibus harundo arsit signavitque viam flammis atque recessit consumpta in tenuis ventos, ceu saepe volantia sidera, [e] caelo refixa, transcurrunt atque ducunt crinem. Trinacii Teucrique viri haesere attonitis animis atque precati [sunt] superos, nec maximus Aeneas abnuit omen,

arbore = ligno

ales = columba

plausu: plausu alarum, nullo modo plausu spectatorum / postea

tetendit [ad columbam]

quis = quibus

pedem = acc. respectus

tela: plur. pro sing.

contenta = posita

vacuo caelo = per vacuum caelum

exanimis = sine animo, mortua

refert sagittam: quia sagitta adhuc in corpore columbae manebat

amissa palma = quamquam iam non poterat primum praemium obtinere / pater = senex

monstrum = prodigium

futurum ... = magnum augurium monstrans / exitus = eventus

sera (adiect.) = nimis sero (adv.)

harundo (nominat.) = sagitta

tenues

refixa = liberata / [luminosa] crinem

haeserunt attonitis animis = stupuerunt/ superos = deos

abnuit = repudiavit

sed, amplexus laetum Acesten, cumulat [eum] magnis muneribus ac talia fatur: "Sume, pater, nam magnus rex Olympi voluit talibus auspiciis te exsortem ducere honores; habebis hoc munus ipsius longaevi Anchisae, cratera impressum signis, quem Thracius Cisseus olim [meo] genitori Anchisae in magno munere dederat ferre [ut] monimentum et pignus amoris sui." Sic fatus, cingit tempora viridanti lauro et appellat Acesten victorem primum ante omnis; nec bonus Eurytion invidit praelato honori, quamvis [ipse] solus deiecit avem ab alto caelo. Proximus ingreditur donis [is] qui rupit vincula, extremus [is] qui fixit malum volucri harundine. At pater Aeneas, nondum certamine misso, vocat ad sese Epytiden, custodem comitemque impubis Iuli, et sic fatur ad fidam aurem: "Vade, age et dic Ascanio, si iam paratum habet secum puerile agmen atque instruxit cursus equorum, ducat turmas avo et ostendat sese in armis" ait. Ipse iubet omnem infusum populum decedere [e] longo circo et campos esse patentis.

Incedunt pueri, pariterque lucent in frenatis equis ante ora parentum, [pueri] quos euntis mirata omnis iuventus Trinaciae Troiaeque fremit. In morem, omnibus coma pressa [est] tonsa corona; ferunt bina cornea hastilia, ferro praefixa; pars [fert] levis pharetras umero;

cumulat = onerat

pater: Aeneas vocat eum "pater"

exsortem (adiect.) = praesertim, praecipue (adv.)
cratera: Graecus acc.

in magno munere = ut magnum donum
tempora = caput

omnes

invidit + dat. / quamvis = quamquam

ingreditur (dep.) donis = accipit dona
extremus = ultimus
harundine = sagitta
nondum ... = quamquam certamen nondum confecerant
impubis = nondum iuvenis

puerile agmen = agmen puerorum

cursus: acc. pl.
avo = ut avo honorem tribuat
decedere = retro ire

patentes

incedunt = progrediuntur (dep.)

parentium / euntes / mirata quos

in morem = ut mos erat
tonsa corona: ablat.
hastilia = sagittas / ferro praefixa = ferrum in cuspide habentia / leves

[in] summo pectore, flexilis circulus obtorti auri it per collum. Numero, tres turmae equitum ternique ductores vagantur; secuti quemque, agmine [in duas partes] partito, bis seni pueri fulgent, paribusque magistris. Una [est] acies iuvenum quam, ovantem, ducit parvus Priamus, referens nomen avi, tua clara progenies, Polite, auctura Italos; [parvus Priamus] quem portat Thracius equus bicolor albis maculis, arduus ostentans alba vestigia primi pedis frontemque albam; alter [ductor est] Atys, unde Latini Atii duxere genus, parvus Atys, atque puer dilectus puero Iulo; Iulus, extremus atque pulcher ante omnis forma, invectus est Sidonio equo quem candida Dido dederat [ei] esse monimentum et pignus amoris sui; cetera pubes fertur equis Trinaciis senioris Acestae.

Dardanidae excipiunt [eos], pavidos, plausu gaudentque tuentes [eos], atque agnoscunt ora veterum parentum. Postquam laeti lustravere in equis omnem consessum oculosque suorum, Epytides longe dedit [eis] paratis signum clamore insonuitque flagello. Olli discurrere pares atque, diductis choris, terni solvere agmina rursusque vocati convertere vias atque tulere infesta tela; inde, adversi, ineunt alios cursus aliosque recursus [in] spatiis, atque impediunt alternos orbis orbibus atque sub armis cient simulacra pugnae; et nunc nudant terga [in] fuga,

obtorti < obtorqueo
[aequales in] numero
bis seni = XII
paribus magistris = cum eodem numero magistrorum / una = prima
auctura Italos = quae augebit numerum Italorum
alba ... = albam primam partem pedum
duxerunt
extremus = ultimus / omnes
forma: ablat.
esse = ut esset
fertur = vehitur, portatur
senioris = senis
excipiunt = accipiunt
parentum = maiorum
lustraverunt / in equis = equitantes
olli = illi
discurrerunt / pares = eundem numerum equitum habentes
solverunt / converterunt / tulerunt
cursus, recursus: acc. pl.
orbes / sub armis = armis utentes
nudant = monstrant

nunc infensi vertunt spicula, nunc pariter feruntur facta pace.

Ut quondam in alta Creta Labyrinthus fertur habuisse iter textum [in] caecis parietibus ancipitemque dolum mille viis, qua indeprensus et inremeabilis error frangeret signa sequendi; haud alio cursu nati Teucrum impediunt vestigia texuntque fugas et proelia ludo, similes delphinum qui, nando per umida maria, secant Carpathium Libycumque. Ascanius, cum cingeret Albam Longam muris, primus rettulit hunc morem cursus atque haec certamina et docuit priscos Latinos celebrare [ea] modo quo ipse puer [celebrabat], [modo] quo Troia pubes [celebrabat] secum; Albani docuere suos; hinc maxima Roma porro accepit et servavit patrium honorem, atque nunc pueri [dicuntur] "Troia", [atque] agmen dicitur "Troianum [agmen]." Hac tenus celebrata [sunt] certamina sancto patri.

Hinc primum Fortuna, mutata, novavit fidem. Dum referunt sollemnia tumulo variis ludis, Saturnia Iuno misit Irim de caelo ad Iliacam classem atque aspirat ventos [ei] eunti, movens multa [in mente] necdum saturata antiquum dolorem. Illa virgo, celerans viam per arcum mille coloribus, visa nulli, decurrit cito tramite. Conspicit ingentem concursum et lustrat litora atque videt desertos portus classemque relictam.

feruntur = progrediuntur (dep.)

fertur = dicitur / textum = positum

ancipitem = fallacem
qua = per quem locum
frangeret signa sequendi = deleret vestigia ad exitum sequenda
Teucrorum

Carpathium [mare] Libycumque [mare]

cursus: genit. sing.

puer = cum puer esset

docuerunt

porro = postea
patrium honorem = morem maiorum

hac tenus = usque ad hoc temporis

novavit = mutavit

tumulo = prope tumulum

movens = putans, volvens

necdum = atque nondum
saturata = satiata
nulli (dat.) = a nullo
cito tramite = per citam viam
concursum = multitudinem
portus: acc. pl.

acta = litore, ora
secretae < secerno
flentes = lacrimantes
superesse (exclamat. infinit.) = manere
perferre laborem pelagi = navigare
conicit sese = intrat
reponit = exuit (↔ induit)
Beroe: nominat.
genus = nobilitas
Dardanidum: genit. pl.

At procul, in sola acta, Troades secretae flebant amissum Anchisen, cunctaeque aspectabant profundum pontum flentes. Vox [erat] una omnibus: "Heu, tot vada et tantum maris [adhuc] superesse [nobis] fessis!" Orant urbem, taedet perferre laborem pelagi. Ergo [Iris], haud ignara [artis] nocendi, conicit sese inter [eas] medias et reponit faciemque vestemque deae; fit Beroe, longaeva coniunx Tmarii Dorycli, cui quondam fuissent genus et nomen natique, ac sic infert se mediam [in] matribus Dardanidum.

traxerit ad letum = necaverit
cui exitio = cui cladi, cui stragi
excidium = stragem, ruinam
cum = dum
omnes / emensae = navigantes per
fugientem = qui semper a nobis fugit, ad quam numquam advenire possumus
iacere = iacio, -ere (≠ iaceo, -ere)
nequiquam = frustra
Troiae: genit. / Hectoreos amnis: Troianos amnes
puppis: acc. pl.
ardentes
hic = in hoc loco
agi = fieri / tantis prodigiis = postquam tanta prodigia vidimus

"O miserae, quas Achaica manus" inquit "[in] bello non traxerit ad letum sub moenibus patriae! O gens infelix, cui exitio Fortuna reservat te? Iam, post excidium Troiae, septima aestas vertitur, cum ferimur freta, cum [ferimur] omnis terras, emensae tot inhospita saxa atque sidera, dum per magnum mare sequimur Italiam fugientem et volvimur [in] undis. Hic [sunt] fines fraterni Erycis atque hospes Acestes: quis prohibet iacere muros [hic] et dare urbem civibus? O patria et Penates, nequiquam rapti ex hoste, nullane moenia iam dicentur Troiae? Nusquam videbo Hectoreos amnis, Xanthum et Simoenta? Quin, agite et mecum exurite infaustas puppis, nam imago vatis Cassandrae visa [est] per somnum dare mihi ardentis faces: 'Quaerite Troiam hic; hic domus est' inquit 'vobis.' Iam tempus [est] res agi, nec mora [debet esse] tantis prodigiis.

en = ecce / Neptuno: dat.
ministrat = dat nobis
animumque = atque hortatur (dep.) nos

En, quattuor arae Neptuno [sacratae]: deus ipse ministrat faces animumque."

infensum = hostilem, inimicum
conixa = omnibus viribus utens
coruscat = ciet / Iliadum = gen. pl.
hic = tunc
Non Beroe ... = Haec quam videtis non est Beroe
ardentes / qui: exclamat.
gressus = modus ambulandi
dudum = nuper
careret munere = non posset sacrificio adesse
Anchisae: dat.

Haec memorans, prima corripit vi infensum ignem atque, sublata dextra [manu], conixa coruscat [eum] procul et iacit. Mentes Iliadum [manent] arrectae atque corda [manent] stupefacta. Hic una e multis, quae maxima [erat] natu, Pyrgo, regia nutrix tot natorum Priami, [dixit]: "Non Beroe vobis [adest], non haec est, matres, Rhoeteia coniunx Dorycli; notate signa divini decoris ardentisque oculos: qui spiritus [est] illi, qui vultus atque sonus vocis vel gressus [est illi] eunti! Egomet ipsa, dudum digressa, reliqui Beroen aegram, indignantem quod [ipsa] sola careret [hoc] tali munere nec inferret Anchisae meritos honores." Haec effata [est].

ancipites = dubitantes / spectabant
fatis = propter fata
sustulit < tollo, -ere
secuit < seco, -are
monstris (plur. pro sing.) = visu (< visus, -us) = propter visum
immissis habenis = liber, nihilo impediente / Volcanus = ignis
puppis: acc. pl.
naves

At matres, primo, ancipites oculisque malignis, spectare rates, ambiguae inter miserum amorem praesentis terrae atque regna vocantia [eas] fatis, cum dea sustulit se per caelum paribus alis atque sub nubibus secuit ingentem arcum [in] fuga. Tum vero, attonitae monstris actaeque furore, conclamant, rapiuntque ignem [e] penetralibus focis; pars spoliant aras atque coniciunt frondem, virgulta ac faces. Immissis habenis, Volcanus furit per transtra et remos et pictas puppis [de] abiete. Eumelus nuntius perfert ad tumulum Anchisae cuneosque theatri navis incensas [esse], et ipsi respiciunt atram favillam volitare in nimbo. Et Ascanius primus, ut laetus ducebat equestris cursus, sic acer petivit turbata castra equo, nec exanimes magistri possunt retinere [eum]. "Quis [est] iste novus furor? Quo tenditis nunc, quo," inquit, "heu miserae cives? Non uritis hostem inimicaque castra Argivum, [uritis] vestras spes. En, ego [sum], vester Ascanius!" Proiecit ante pedes inanem galeam qua indutus ciebat simulacra belli [in] ludo. Simul Aeneas accelerat, simul agmina Teucrum. Ast illae, metu, passim diffugiunt per diversa litora atque furtim petunt silvas et, sicubi [sint], concava saxa; piget incepti [facinoris] lucisque, atque, mutatae, agnoscunt suos atque Iuno excussa est [e] pectore [earum].

equestres cursus: acc. pl.
equo = equitans
quo tenditis? = quo ire vultis?
Argivum: gen. pl.
en = ecce
ciebat = faciebat, hortabat
Teucrum: gen. pl.
concava saxa = cavernas ubi possint se celare
mutatae = mutatae rursus in sanitatem
excussa = expulsa

Sed non idcirco flamma atque incendia posuere indomitas viris; stuppa vivit sub udo robore, vomens tardum fumum, lentusque vapor est carinas et pestis descendit toto corpore [navium], nec vires heroum infusaque flumina [aquae] prosunt.

posuerunt = deposuerunt / vires
vivit = ardet
vapor = ignis / est < edo, edere
heroum: gen. pl.

Tum pius Aeneas abscindere vestem [ab] umeris atque vocare deos auxilio et tendere palmas: "Iuppiter omnipotens, si nondum exosus [es] Troianos ad unum [hominem], si quid [tua] antiqua pietas respicit humanos labores, da nunc flammam evadere [e] classi, pater, et eripe [e] leto tenuis res Teucrum;

abscindit / vocat
tendit / exosus es = odisti
ad unum = usque ad ultimum (ali)quid
tenues / Teucrum: gen. pl.

vel tu, si mereor, demitte morti infesto fulmine quod superest, atque hic obrue [nos] tua dextra [manu]."

demitte = mitte
hic = in hoc loco

Vix haec ediderat cum atra tempestas, effusis imbribus, sine more furit atque ardua terrarum et campi tremescunt tonitru; imber turbidus aqua atque nigerrimus densis Austris ruit [ex] aethere toto, atque puppes implentur super, robora semusta madescunt, donec omnis vapor restinctus [est] et omnes carinae, quattuor amissis, servatae [sunt] a peste.

sine more = modo inusitato
ardua terrarum = cuspides montium
aqua: ablat.
madescunt = umida fiunt
vapor = ignis / restinctus = exstinctus / amissis = deletis
a peste = ab exscidio, a ruina

At pater Aeneas, concussus acerbo casu, [in] pectore versans, mutabat ingentis curas, nunc huc, nunc illuc, resideretne [in] Siculis arvis, oblitus fatorum, capesseretne Italas oras. Tum senior Nautes, quem unum docuit Tritonia Pallas atque reddidit [eum] insignem multa arte (haec dabat [ei] responsa, vel quae portenderet magna ira deum vel quae posceret ordo fatorum); isque, solatus Aenean, infit his vocibus: "Nate dea, sequamur quo fata trahunt retrahuntque; quidquid erit, omnis fortuna superanda est ferendo; est tibi Dardanius Acestes, divinae stirpis: cape hunc [ut] socium consiliis et coniunge [tibi eum] volentem, trade huic [eos] qui, navibus amissis, superant et quos pertaesum est magni incepti rerumque tuarum; atque delige logaevos senes ac matres aequore fessas et quidquid tecum invalidum metuensque pericli est,

casu = eventu
mutabat ingentes curas = dubitabat de ingentibus curis
capesseret = perveniret ad
Tum ... fatorum: sententia fit interrupta
portenderet = significaret
deorum / isque: sententia iterum incipit
ferendo = sufferendo
consiliis = consiliorum
volentem = si vult
superant = supervacanei sunt
pertaesum est = taedet
aequore = mari (ablat.)
quidquid: neutr. pro masc. quisquis

sine (< sino, -ere) ei habeant = sine eos habere

et sine [ei], fessi, habeant moenia [in] his terris; appellabunt urbem 'Acestam,' nomine permisso."

diducitur = dividitur
omnes / polum = caelum
subvecta = tracta
tales / vita: ablat. comparat.
exercite: vocat. (< exerceo)
imperio = iussu
depulit = exstinxit
pare: imperat. (< pareo)
aspera cultu = agrestes mores habens / antea
pete congressus (acc. pl. pro sing.) meos = inveni me
namque = nam
multo ... = si multa sacrificia pecudum facies ei
dentur = destinata sint tibi
cursus: acc. pl.
anhelis equis / equis qui suum anhelitum ad me iactant

Incensus talibus dictis senioris amici, tum vero diducitur [in] animo in omnis curas, et Nox atra, bigis subvecta, tenebat polum. Dehinc, delapsa [de] caelo, facies parentis Anchisae visa [est] subito effundere talis voces: "Nate, quondam magis care mihi vita, dum vita manebat, nate, exercite Iliacis fatis, huc venio imperio Iovis, qui depulit ignem [a] classibus et tandem ab alto caelo miseratus est: pare consiliis quae nunc senior Nautes dat, pulcherrima [consilia]; defer in Italiam lectos iuvenes, fortissima corda; gens dura atque aspera cultu debellanda est tibi [in] Latio. Ante tamen accede infernas domos Ditis et pete congressus meos per alta Averna, nate, namque impia Tartara, tristes umbrae, non habent me, sed colo amoena concilia piorum Elysiumque. Casta Sybilla ducet te huc multo sanguine nigrarum pecudum: tum disces omne genus tuum et quae moenia dentur. Iamque vale; humida Nox torquet medios cursus et saevus Oriens adflavit me anhelis equis."

ceu = idem ac
arcet te = privat te
suscitat ignes = efficit ut ignes rursus ardeant

Dixerat, et fugit tenuis ceu fumus in auras. Aeneas "Quo deinde ruis? Quo proripis?" inquit, "Quem fugis? Aut quis arcet te [a] nostris complexibus?" Haec memorans, suscitat cinerem et sopitos ignis atque, supplex, veneratur Pergameum Larem et penetralia canae Vestae pio farre et plena acerra. Extemplo accersit socios primumque Acesten, et edocet imperium Iovis et praecepta cari parentis et quae sententia nunc constet [in] animo. Haud mora [est] consiliis, nec Acestes recusat iussa: transcribunt matres urbi atque deponunt populum volentem, <750> animos egentis nil magnae laudis. Ipsi novant transtra atque reponunt [in] navigiis robora flammis ambesa, aptant remosque rudentisque, [ipsi] exigui numero, sed vivida virtus [in] bello.

Interea Aeneas designat urbem aratro sortiturque domos; iubet hoc esse Ilium et haec loca [esse] Troiam. Troianus Acestes gaudet regno indicitque forum et dat iura vocatis patribus. Tum in Erycino vertice fundatur sedes, vicina astris, Veneri Idaliae, atque sacerdos <760> ac sacer lucus late additus [est] tumulo Anchiseo.

Iamque novem dies omnis gens epulata [erat], et factus [erat] honos aris: placidi venti straverunt aequora et Auster, creber aspirans, rursus vocat [eos] in altum [mare]. Ingens fletus exoritur per procurva litora; complexi inter se, morantur noctemque diemque. Iam ipsae matres [atque] [ei] ipsi quibus quondam facies maris visa [erat] aspera et numen [visum erat] non tolerabile, volunt ire atque perferre omnem laborem fugae. Quos bonus Aeneas solatur amicis <770> dictis et lacrimans commendat [eos] consanguineo Acestae.

penetralia = templum

quae ... : obliqua quaestio
constet = sit
transcribunt matres = dant nomina matrum
animos egentes... = homines qui nullam laudem desiderabant

ambesa = deleta / rudentes
exigui = pauci
(erant) vivida virtus = erat eis vivida virtus

designat = notat
sortitur (dep.) = dat sorte

indicit = designat / vocatis = electis

vicina = propinqua

late = per longum locum

epulor, -ari = multum edere

straverunt = placaverunt
aequora = mare
exoritur (dep.) = nascitur, fit

morantur (dep.) = manent, tradunt

facies = visus

numen = fatum

perferre = pati

Deinde iubet caedere tris vitulos Eryci et agnam Tempestatibus atque funem solvi ex ordine. Ipse, evinctus caput foliis tonsae olivae, stans procul in prora, tenet pateram atque proicit exta in salsos fluctus ac fundit liquentia vina. Ventus, a puppi surgens, prosequitur [eos] euntis; socii feriunt mare certatim et verrunt aequora.

caedere = mactare / tres
ex ordine = alium post alium
exta [mactatorum animalium]
fluctus: acc. pl.
euntes / feriunt ≠ ferunt

At Venus interea, exercita curis, adloquitur Neptunum atque effundit [e] pectore talis questus: "Gravis ira Iunonis neque exsaturabile pectus cogunt me, Neptune, descendere in omnis preces; quam nec longa dies nec pietas ulla mitigat, nec infracta quiescit imperio Iovis fatisque. Non satis est [ei] exedisse nefandis odiis urbem de media gente Phrygum nec traxe reliquias Troiae per omnem poenam: insequitur cineres atque ossa peremptae [urbis]. Sciat illa causas tanti furoris. Tu ipse nuper mihi [fuisti] testis quam molem subito excierit in Lybicis undis: miscuit omnia maria caelo, nequiquam freta Aeoliis procellis, ausa [facere] hoc in tuis regnis. Ecce, etiam Troianis matribus per scelus actis, foede exussit puppis et, classe amissa, subegit [nos] linquere socios ignotae terrae. Oro, liceat tibi quod superest dare tuta vela per undas, liceat [eos] attingere Laurentem Thybrim, si peto concessa [nobis], si Parcae dant [nobis] ea moenia."

exercita = sollicita, anxia
tales questus: acc. pl. / neque exsat. pectus = atque non exsat. pectus
omnes / quam: Iunonem
imperio = sub imperio
fatis = sub fatis / exedisse = delevisse
Phrygum: genit. pl.
traxe = traxisse / reliquias = superstites / insequitur = persequitur
peremptae = deletae
quam ... : obliqua quaestio
freta = confidens
actis = deceptis / puppes
subegit = coegit / ignotae terrae = in ignota terra / liceat tibi = sine
concessa = ea quae concessa sunt

Tum Saturnius, domitor alti maris, haec edidit: "Omne fas est, Cytherea, te fidere meis regnis, unde ducis genus.

domitor = dominus
fidere = credere
genus = tuam originem

Quoque [ego] merui [hoc]; saepe compressi furores et tantam rabiem caeli marisque, nec minor [est] mihi cura tui Aeneae in terris: testor Xanthum Simoentaque. Cum Achilles, sequens exanimata Troia agmina, impingeret [ea] muris, daret multa milia [virorum] leto atque amnes, repleti, gemerent nec Xanthus posset reperire viam atque evolvere se in mare, tunc ego rapui Aenean [in] cava nube, congressum forti Pelidae nec [aequis] dis nec aequis viribus, cum cuperem vertere ab imo moenia periurae Troiae, meis manibus structa. Quoque nunc eadem mens perstat mihi; pelle timores. Accedet tutus [ad] portus Averni quos optas; tantum unus erit quem quaeres, [in] gurgite amissum, unum caput dabitur pro multis."

Ubi permulsit laeta pectora deae his dictis, genitor iungit equos auro atque addit spumantia frena feris atque effundit omnis habenas [a] manibus; volat levis per summa aequora [in] caeruleo curru; undae subsidunt, atque sub tonanti axe tumidum aequor aquis sternitur, [atque] nimbi fugiunt [e] vasto aethere. Tum [apparent] variae facies comitum, immania cete, et senior chorus Glauci Inousque Palaemon Tritonesque citi atque omnis exercitus Phorci; Thetis et Melite Panopeaque virgo, Nisaee Spioque Thaliaque Cymodoceque tenet laeva [loca]. Hic blanda gaudia vicissim pertemptant suspensam mentem patris Aeneae;

hoc: te fidere meis regnis

testor (dep.) = capio ut testes

Troia = Toiana

impingeret = pelleret
muris = ad muros
reperire = invenire

evolvere se = iactare se

congressum = pugnantem
cum = quamvis, etiamsi
ab imo = inde a fundamentis

perstat = manet
pelle timores = noli timere
portus: acc. pl. / tantum = solum

quaeres = videbis evanuisse
unum caput = unus vir

effundit = laxavit / omnes

summa aequora = alta maria

subsidunt = quiescunt
aequor aquis (= aquarum) = mare
nimbi = nubes

cete: Graeca forma neutri pluralis

citi = veloces

tenet = tenunt (verbum habet septem subiecta) / hic = tunc
pertemptant = invadunt

ocius = citius / omnes / bracchia intendi velis = velas intendi bracchiis
fecere pedem = vinxerunt funes
sinus (velarum): acc. pl.
sua flamina = secundi venti

ocius iubet omnis malos attolli [et] bracchia intendi velis. Omnes una fecere pedem pariterque solvere sinistros sinus, nunc dextros; una torquent detorquentque ardua cornua; sua flamina ferunt classem.

omnes
contendere = aptare
quiete: ablat.
fusi (< fundo) = accubiti (< accumbo)
dimovit = divisit / aera: Graecus acc.
puppi: ablat.
has loquelas = haec verba
aequatae = secundae
furare: imperat. (< furor)
labori = e labore / inibo = faciam

Palinurus, primus ante omnis, agebat densum agmen; alii iussi [sunt] contendere cursum ad hunc; iamque umida Nox fere contigerat mediam metam caeli, nautae laxabant quiete placida membra, fusi sub remis per dura sedilia, cum levis Somnus, delapsus ab aetheriis astris, dimovit tenebrosum aera et dispulit umbras, petens te, Palinure, portans tibi tristia somnia; atque deus, similis Phorbanti, consedit in alta puppi funditque has loquelas [ex] ore: "Iaside Palinure, ipsa aequora ferunt classem, aurae spirant aequatae, hora datur quieti; pone caput atque furare [tuos] oculos labori, ego ipse paulisper inibo tua munera pro te."

lumina = oculos
salis = maris / fluctus: acc. pl.
credam = dem
nusquam = numquam
clavum = gubernaculum
rore (ablat.) = aqua / soporatus = qui efficit ut dormias / vi Stygia: ablat.

Cui vix attollens lumina Palinurus fatur: "Mene iubes ignorare vultum placidi salis quietosque fluctus? Mene [iubes] confidere huic monstro? [Imperas ut] credam Aenean (quid enim [putas]?) fallacibus auris et [fallaci] caelo, totiens deceptus fraude sereni [caeli]?" Talia dicta dabat, atque adfixus et haerens nusquam amittebat clavum, atque tenebat oculos sub astra. Ecce deus quassat ramum, Lethaeo rore madentem vique Stygia soporatum,

utraque tempora = caput / solvit = clausit / natantia = haesitantia
laxaverat primos artus (acc. pl.) = inceperat laxare artus
revulsa < revello
ales = avis: deus / tenues
aequore = per aequor
subibat = appropinquabat / difficiles
ossibus = propter ossa
adsiduo sale = quia mare ea continuo pulsabat
concussus = pulsus / animum: acc. respectus / casu = morte
confise: vocat.

super utraque tempora, atque solvit natantia lumina [ei] cunctanti. Vix inopina quies laxaverat primos artus, et incumbens super [eum] proiecit [eum] in liquidas undas, praecipitem ac nequiquam socios saepe vocantem, cum parte puppis revulsa cumque gubernaclo. Ipse ales volans sustulit se ad tenuis auras. Non setius classis currit tutum iter aequore atque, interrita, fertur promissis patris Neptuni. Iamque adeo advecta subibat scopulos Sirenum, difficilis quondam atque albos ossibus multorum (tum rauca saxa longe sonabant adsiduo sale), cum pater sensit [navem], amisso magistro, fluitantem errare, et ipse rexit ratem in nocturnis undis, multa gemens atque concussus animum casu amici: "O Palinure, nimium confise caelo et sereno pelago, nudus iacebis in ignota harena!"

LIBER VI

immittit habenas classi = laxat rudentes velorum
adlabitur (dep.) + dat. = pervenit ad + acc. / pelago = ad pelagus
naves
semina ... abstrusa
monstrat... = reversa, dicit quae flumina invenerint

Sic fatur lacrimans, atque immittit habenas classi et tandem adlabitur Euboicis oris Cumarum. Obvertunt proras pelago; tum ancora fundabat navis tenaci dente et curvae puppes praetexunt litora. Manus iuvenum, ardens, emicat in Hesperium litus; pars quaerit semina flammae in silicis venis abstrusa, pars rapit silvas, densa tecta ferarum, atque monstrat inventa flumina.

At pius Aeneas petit arces quibus altus Apollo praesidet atque procul secreta [loca], antrum immane horrendae Sibyllae, cui vates Delius inspirat mentem animumque aperitque futura. Iam subeunt lucos Triviae atque aurea tecta. Daedalus, ut fama est, fugiens Minoa regna, ausus credere se caelo praepetibus pennis, per insuetum iter enavit ad gelidas Arctos, atque tandem levis astitit super Chalcidica arce; redditus his terris, primum sacravit tibi, Phoebe, remigium alarum posuitque [tibi] immania templa. In foribus [sculpsit] letum Androgeo; tum [videri possunt] Cecropidae, iussi (miserum!) quotannis pendere poenas, septena corpora natorum; stat urna ductis sortibus. Contra, Cnosia tellus respondet, elata [e] mari: hic inest crudelis amor tauri atque Pasiphae, supposta furto, mixtumque genus prolesque biformis, Minotaurus, monimenta nefandae Veneris; hic [inest] ille labor domus et inextricabilis error; sed enim, miseratus magnum amorem reginae, Daedalus ipse resolvit dolos ambagesque [illius] tecti, regens caeca vestigia filo. Tu quoque, Icare, haberes magnam partem in tanto opere, [si] dolor [patris] sineret: bis conatus erat effingere [tuos] casus in auro, bis patriae manus cecidere.

Quin, protinus perlegerent [haec] omnia oculis, ni iam Achates, praemissus, adforet atque,

quibus = ubi

secreta < secerno

futura = futura eventa
subeunt = ineunt in

caelo: dat. / praereptibus pennis: ablat.
Arctos: fem. / astitit = se detinuit

his terris: dat.

(nunc incipit descriptio caelaturae)

Androgeo (dat.) = Androgei (gen.)

pendere = dare

ductis sortibus = ad sortiendum
respondet = sita est adversa / elata = praestans / hic = in hoc loco
inest = caelatum est

hic = in hoc loco / domus: genit.
error = difficilis via

caeca vestigia = inextricabilem viam
(hic finem habet descriptio caelaturae)

effingere = caelare / casus: acc. pl.
manus: acc. pl.
ceciderunt (= laborem reliquerunt)

perlegerent = observarent / ni = nisi

praemissus = quem praemiserant
adforet = adesset

una [cum eo], sacerdos Phoebi Triviaeque, Deiphobe [filia] Glauci, quae talia fatur regi: "Hoc tempus non poscit sibi ista spectacula; nunc praestiterit mactare septem iuvencos de intacto grege, [atque] totidem bidentis, ex more lectas." Talibus adfata Aenean (nec viri morantur iussa sacra), sacerdos vocat Teucros in alta templa. Ingens latus Euboicae rupis excisum [est] in antrum, quo centum lati aditus ducunt, centum ostia, unde totidem voces ruunt, responsa Sibyllae. Ventum erat ad limen, cum virgo "Tempus [est] poscere fata" ait; "Deus, ecce deus!" Cui, fanti talia ante fores, subito vultus non [mansit unus], color non [mansit] unus, comae non mansere comptae, sed anhelum pectus et fera corda tument rabie, maiorque videri nec sonans mortale, quando adflata est numine dei iam propiore. "Cessas in vota precesque," ait, "Tros Aenea? Cessas? Neque enim magna ora attonitae domus dehiscent ante."

Et, talia fata, conticuit. Gelidus tremor cucurrit per dura ossa Teucris, atque rex fundit preces ab imo pectore: "Phoebe, semper miserate gravis labores Troiae, qui direxti Dardana tela manusque Paridis in corpus Aeacidae, te duce intravi tot maria, magnas terras obeuntia, atque [intravi] penitus repostas gentis Massylum atque arva Syrtibus praetenta: iam tandem prendimus fugientis oras Italiae. Hac tenus secuta fuerit Troiana fortuna!

Hoc ... = Non est tempus admirandi ista spectacula

totidem = quoque septem
bidentes / ex more = ut fieri solet

Euboicae rupis: genit.
in antrum = in formam antri
lati aditus: nom. pl.
totidem = quoque centum

cui = sacerdoti

non mansit unus = mutatum est
mansere = manserunt
rabie: ablat.

videbatur / quando = quia

cessas in vota? = vota non das deo?

attonitae domus: genit. / antea (nisi dederis vota)

Teucris (dat.) = Teucrorum

miserate: vocat.

graves / direxisti / manus: acc. pl.

maria obeuntia

gentes / Massylum: gen. pl.

Syrtibus praetenta = quae ante Syrtes panduntur / fugientes
Troiana fortuna = mala fortuna (quia Troia deleta erat)

Iam fas est quoque vos parcere Pergameae genti, dique deaeque omnes, quibus Ilium et ingens gloria Dardaniae obstitit. Tuque, o sanctissima vates, praescia venturi, da Teucros errantisque deos agitataque numina Troiae considere [in] Latio (non posco regna meis fatis indebita); tum instituam Phoebo et Triviae templum de solido marmore festosque dies de nomine Phoebi. Magna penetralia [in] nostris regnis manent quoque te: namque ego hic ponam tuas sortis arcanaque fata meae genti dicta, atque, alma, sacrabo lectos viros; tantum ne manda carmina foliis, ne volent turbata [ut] ludibria rapidis ventis; oro [ut tu] ipsa canas."

obstitit: aliquo modo molestiam attulit
venturi: gen. sing. n. / errantes
meis ... = quae fata non dederunt mihi
penetralia = templum
te: nunc Aeneas loquitur sacerdoti
sortes / sacrabo l. v.: ut sacerdotes
tantum ne manda = solum noli mandare / foliis: quia sacerdos scribebat oracula in foliis

Dedit ore finem loquendi. At vates Phoebi, nondum patiens, immanis bacchatur in antro, si possit excussisse deum [e] pectore; ille tanto magis fatigat rabidum os, domans fera corda, fingitque [eam] premendo. Iamque centum ingentia ostia domus patuere sua sponte atque ferunt per auras responsa vatis: "O [tu], tandem defuncte periclis magni pelagi (sed graviora [pericula] terrae manent), Dardanidae venient in regna Lavini (mitte hanc curam de pectore), sed et volent non venisse. Cerno bella, horrida bella, et Thybrim multo sanguine spumantem. Tibi non defuerint Simois nec Xanthus nec Dorica castra; iam partus [est] alius Achilles [in] Latio, et ipse natus [e] dea;

patiens: patiens influxum dei
immanis: quia maior videbatur
si possit = conans / ille: deus
fingit = subiungit, submittit
domus: gen. / patuerunt
defuncte < defungor (dep.) (+ ablat.)
terrae: locat.
et = quoque
tibi ... : tibi omnia erunt idem ac circum Troiam
partus est = natus est

nec ... : et Iuno semper vobiscum manebit (ut inimica)
egenis = adversis / quas: interrogat.
gentes / Italum: genit. pl.
externi thalami: nom. pl.

ne cede = noli cedere / ito: imperat.
qua = per quem locum
reris < reor (dep.) / pandetur = perveniet

ex adyto = ex interiore loco

vera = ea quae vera erant

concutit = posuit

rabida ora: pl. pro sing.

mi = mihi

antea / quando = quoniam

hic = in hoc loco

palus [quoque dicitur esse hic]
contingat = fieri possit
pandas = aperias

sequentia tela = tela ab hostibus contra nos iacta
omnes

vires / senectae = senectutis

quin = contrarie

miserere: imperat.

lucis < lucus, -i

nec Iuno, Teucris addita, usquam aberit, cum tu, supplex in rebus egenis, quas gentis Italum aut quas urbes non oraveris! Causa tanti mali Teucris [erit] iterum coniunx hospita atque iterum externi thalami. Tu ne cede malis, sed, contra, audentior ito qua tua Fortuna sinet te. Prima via salutis (quod minime reris) pandetur a Graia urbe."

Talibus dictis Sibylla Cumaea canit ex adyto horrendas ambages atque remugit [in] antro, involvens vera obscuris [dictis]; Apollo concutit ea frena [ei] furenti et vertit stimulos sub pectore [eius]. Ut primum furor cessit et rabida ora quierunt, incipit Aeneas heros: "O virgo, non ulla nova inopinave facies laborum surgit mi; omnia praecepi atque ante peregi mecum [in] animo. Unum oro: quando ianua inferni regis dicitur [esse] hic et, refuso Acheronte, tenebrosa palus, [oro] contingat ire ad conspectum et ora cari genitoris; [oro] doceas iter et pandas sacra ostia. Ego his umeris eripui illum per flammas et mille sequentia tela atque recepi e medio hoste; ille, comitatus meum iter, ferebat mecum omnia maria atque omnis minas pelagique caelique, invalidus, ultra viris sortemque senectae. Quin, idem orans dabat mandata ut supplex peterem te et adirem tua limina. Precor, alma, miserere gnatique patrisque (namque potes omnia, nec nequiquam Hecate praefecit te Avernis lucis),

Threicia cithara: ablat.

Manes / alterna morte: alter in Averno manebat per alterum annum / Thesea: Graecus acc.

et mi = quoque mihi

tenebat = tangebat manu

divum = deorum

Averno = ad Avernum

revocare gradum = retro ire
opus = aliquid difficile
geniti = nati

aethera: Graecus acc. / potuerunt

atro sinu = atro curvamine

quod si = sed si

lacus: acc. pl. / iuvat = placet

quae ... = obliqua quaestio

lento = flexibile / dictus sacer = qui dicitur sacratum esse

datur = licet / subire = intrare in

(ali)quis / fetus: acc. pl.
auricomos fetus: pl. pro sing.
ferri = dari

avulso < avello / non deficit = est

simili metallo: auro

si Orpheus, fretus Threicia cithara fidibusque canoris, potuit arcessere Manis coniugis, si Pollux redemit fratrem alterna morte itque reditque viam totiens; quid memorem Thesea, quid magnum Alciden? Et mi genus [venit] ab Iove summo."

Talibus dictis orabat atque tenebat aras, cum vates orsa [est] sic loqui: "Sate [e] sanguine divum, Tros Anchisiade, facilis [est] descensus Averno: ianua atri Ditis patet noctes atque dies; sed revocare gradum atque evadere ad superas auras, hoc est opus, hic [est] labor; pauci, geniti [e] dis, quos aequus Iuppiter amavit aut ardens virtus evexit ad aethera, potuere [exire]. Silvae tenent omnia media [spatia], Cocytusque labens circumvenit [ea] atro sinu. Quod si tantus amor [est] menti [tuae], si tanta cupido est [tibi] innare bis lacus Stygios, videre bis nigra Tartara, et iuvat indulgere insano labori, accipe quae prius peragenda [sint]: latet [in] opaca arbore ramus, aureus et foliis et lento vimine, [ramus] dictus sacer infernae Iunoni. Omnis lucus tegit hunc [ramum] et umbrae claudunt [eum] [in] obscuris convallibus. Sed non datur subire operta [loca] telluris ante quam quis decerpserit auricomos fetus [ex] arbore. Pulchra Proserpina instituit hoc munus ferri sibi. Primo [ramo] avulso, non deficit alter [ramus] aureus, et virga frondescit simili metallo.

vestiga alte oculis = inveni ramum in alta parte arborum
aliter = alio modo
vincere = rapere

Ergo, vestiga alte oculis et, repertum, carpe [eum] manu rite; namque ipse volens facilisque sequetur [te], si fata vocant te; aliter non poteris vincere [eum] viribus ullis nec convellere [eum] duro ferro.

amici tibi = amici tui
incestat = profanat / funere = corpore / consulta = oraculum
pendes = manes / antea
conde = pone
sunto: imperat.
invia = difficilia ad ambulationem

Praeterea, corpus amici tibi iacet exanimum (heu, nescis!) atque incestat totam classem [suo] funere dum petis consulta atque pendes in nostro limine. Ante, refer hunc suis sedibus et conde [eum in] sepulcro. Duc nigras pecudes, ea sunto prima piacula. Sic demum aspicies lucos Stygis et regna invia vivis."

defixus lumina = humum aspiciens
eventus: acc. pl. / figit vestigia eius = sequitur (dep.) eum
paribus = aequalibus / quem ... : obliqua quaestio
quod ... : obliqua quaestio
venerunt
aere = tuba / quo: ablat. comparat.
accendere Martem = hortari ad pugnam
Hectora: Graec. acc. / lituo = tuba
secutus ... : quia nolebat inferiorem ducem sequi

Dixit, pressoque ore obmutuit. Aeneas maesto vultu, defixus lumina, linquens antrum ingreditur, atque volutat secum [in] animo caecos eventus. Cui fidus Achates it [ut] comes et figit vestigia [eius] paribus curis. Serebant multa inter sese vario sermone: quem socium exanimum vates diceret, quod corpus humandum [esset]. Atque, ut venere, illi in sicco litore vident Misenum, indigna morte peremptum, Misenum Aeoliden, quo non alter [fuit] praestantior ciere viros aere atque accendere Martem [suo] cantu. Hic fuerat comes magni Hectoris; circum Hectora, obibat pugnas, insignis et lituo et hasta. Postquam victor Achilles spoliavit illum [e] vita, fortissimus heros addiderat sese Dardanio Aeneae [ut] socium, secutus non inferiora.

Sed tum, dum forte personat aequora cava concha, demens, et cantu vocat divos in certamina, aemulus Triton, si dignum est credere, immerserat virum exceptum inter saxa spumosa unda. Ergo omnes circum fremebant magno clamore, praecipue pius Aeneas. Tum, flentes, festinant iussa Sibyllae, haud mora [est], atque certant congerere aram sepulcri arboribus atque educere [eam] caelo. Itur in antiquam silvam, alta stabula ferarum; piceae procumbunt; ilex, securibus icta, sonat, atque fraxineae trabes [scinduntur] et fissile robur scinditur cuneis; advolvunt ingentis ornos [e] montibus. Nec Aeneas, primus inter talia opera, non hortatur socios atque accingitur paribus armis. Atque ipse cum suo tristi corde volutat haec, aspectans immensam silvam, et forte sic precatur:

"Si nunc ille aureus ramus [ex] arbore ostendat se nobis in tanto nemore! Quando vates, heu, nimium vere locuta est omnia de te, Misene!" Vix fatus erat ea, cum forte geminae columbae venere volantes [e] caelo sub ipsa ora viri et sedere [in] viridi solo. Tum maximus heros agnovit maternas avis laetusque precatur: "Este duces, o, si qua via est, atque per auras derigite cursum in lucos ubi dives ramus opacat pinguem humum. Tuque, o diva parens, ne defice [me in] dubiis rebus." Sic effatus pressit vestigia, observans quae signa ferant, quo pergant tendere;

aequora: acc. pl. n. / cava concha: abl. sing.
certamina: plur. pro sing.
saxa: acc. pl. n. / spumosa unda: ablat. sing.
praecipue = in primis
festinant = cito perficiunt
educere ... = eam altissimam construere / itur = eunt
procumbunt = cadunt
advolvunt = volvunt / ingentes (acc. pl.) / nec ... non = et quoque
accingitur = utitur (dep.)
paribus = aequalibus
forte = casu, temere
ostendat: subiunct. desiderii
tanto = tam magno
quando = quoniam
venerunt
ipsa ora: pl. pro sing. / sederunt
aves / este: imperat.
(ali)qua
ne defice = noli deficere
pressit vestigia = finem ambulandi fecit / quae ... : quaestio obliqua
quo ... : quaestio obliqua

illae, pascentes, prodire volando tantum quantum oculi [eorum] sequentum possent acie servare. Inde, ubi venere ad fauces Averni, grave olentis, tollunt se celeres atque, lapsae per liquidum aera, sidunt gemina super arbore, optatis sedibus, unde aura auri, discolor, refulsit per ramos. Quale viscum, quod non sua arbos seminat, brumali frigore solet [in] silvis virere nova fronde et circumdare teretis truncos croceo fetu, talis erat species frondentis auri [in] opaca ilice, sic bractea crepitabat leni vento.

prodire = prodibant
sequentium / acie servare = videre venerunt
aera: Graec. acc. / gemina = ambae
non ... : quia non nascitur in uno arbore sed in multis
teretes (< teres, -etis)
frondentis auri = aureorum foliorum
bractea (= folium): sing. pro plur.

Aeneas extemplo corripit [ramum] avidusque refringit [eum] cunctantem, et portat [eum] sub tecta vatis Sibyllae. Nec minus interea Teucri flebant Misenum in litore et ferebant suprema ingrato cinere. Principio struxere ingentem pyram, pinguem taedis et secto robore, cui intexunt latera atris frondibus, et ante constituunt feralis cupressos, atque super decorant [eam] fulgentibus armis. Pars expediunt calidos latices et aena undantia flammis, atque lavant et unguunt corpus [eius] frigentis. Fit gemitus. Tum reponunt defleta membra [in] toro atque super coniciunt purpureas vestis, nota velamina; pars subiere ingenti feretro, triste ministerium, et, aversi more parentum, tenuere subiectam facem. Congesta cremantur turea dona, dapes [et] crateres, fuso olivo.

extemplo = statim / corripit = rapuit
refringit = e trunco frangit
cunctantem = paulum resistentem
suprema = ultimas exsequias
struxerunt
robore = ligno / antea / ferales
pars (sing.) expediunt (pl.): constructio ad sensum
calidos latices: plur. pro sing.
super = insuper / vestes
subierunt feretro = sustulerunt feretrum
aversi = conversi, retro inspicientes
tenuerunt / congesta = omnia simul
olivo = oleo

Postquam cineres conlapsi [sunt] et flamma quievit,

quievit = exstincta est

laverunt / bibulam = quae liquidum absorbet
idem: Aeneas / pura unda: ablat.
unda = aqua
rore (ablat.) = aqua

ingenti mole: ablat. descriptionis

sua: Miseni / aerio = alto (quia in aerem ascendit)

lavere reliquias et bibulam favillam vino, atque Corynaeus texit lecta ossa [in] aeno cado. Idem ter circumtulit socios pura unda, spargens [eos] levi rore et ramo felicis olivae, lustravitque viros dixitque novissima verba. At pius Aeneas imponit sepulcrum ingenti mole atque arma sua viro remumque tubamque sub aerio monte, qui nunc ab illo dicitur "[mons] Misenus" atque tenet aeternum nomen per saecula.

actis = confectis / fuit = erat

vasto hiatu = magno aditu
tuta ↔ indefensa, inermis
haud ullae = nullae

tendere iter pennis = volare

supera convexa = caelum

hic = in hoc loco

nigrantes / terga: acc. respectus

saetas ... cornua = capillos qui inter cornua crescebant
libamina = oblationes, donaria

supponunt = figunt
succipiunt = subter accipiunt
cruorem = sanguinem
ense = gladio

incohat = erigit

flammis = super flammas

His actis, [Aeneas] propere exsequitur praecepta Sibyllae. Fuit spelunca alta atque immanis vasto hiatu, scrupea [spelunca], tuta nigro lacu atque tenebris nemorum, super quam haud ullae volantes [aves] poterant impune tendere iter pennis: talis halitus, effundens [ex] atris faucibus, ferebat sese ad supera convexa (unde Grai dixerunt locum nomine "Aornon"). Hic primum sacerdos constituit quattuor iuvencos, nigrantis terga, atque invergit vina fronti [eorum], et carpens summas saetas inter media cornua imponit [eas] sacris ignibus, prima libamina, voce vocans Hecaten, potentem [in] caeloque Ereboque. Alii supponunt cultros [iuvencis] atque succipiunt tepidum cruorem pateris. Ipse Aeneas ferit ense agnam atri velleris matri Eumenidum magnaeque sorori, atque tibi, Proserpina, [ferit] sterilem vaccam. Tum incohat nocturnas aras Stygio regi et imponit solida viscera taurorum flammis, fundens pingue oleum super ardentibus extis.

Ecce autem, sub limina et ortus primi solis, solum [coeptum est] mugire sub pedibus et iuga silvarum coepta [sunt] moveri, atque canes visae [sunt] ululare per umbram, adventante dea. "Procul, o procul este, profani!" conclamat vates, "atque absistite [a] toto luco! Tuque, invade viam atque eripe ferrum [e] vagina; nunc opus [est] animis, Aenea, nunc [opus est] pectore firmo." Tantum [hoc] effata, immisit se furens aperto antro; ille haud timidis passibus aequat vadentem ducem. [O] di, quibus est imperium animarum, umbraeque silentes et Chaos et Phlegethon, loca nocte late tacentia: sit mihi fas loqui audita, sit [mihi fas] numine vestro pandere res [in] alta terra et [in] caligine mersas.

ortus: acc. pl.

iuga silvarum = cuspides montium

adventante dea = dum dea appropinquabat

este: imperat.

opus est animis = necesse est habeas animos

aperto antro = in apertum antrum

aequat ... : ambulat tam cito quam sacerdos

audita = ea quae auditurus sum

numine vestro = licentia vestra (ablat.) / res mersas

Ibant obscuri per umbram sub sola nocte perque vacuas domos et inania regna Ditis: quale est iter in silvis per incertam lunam sub maligna luce, ubi Iuppiter condidit caelum umbra et atra nox abstulit colorem [a] rebus. Luctus et ultrices Curae posuere cubilia ante ipsum vestibulum atque in primis faucibus Orci, atque [illic] habitant pallentes Morbi tristisque Senectus, et Metus et malesuada Fames ac turpis Egestas, formae terribiles visu, Letumque Labosque; tum [habitat quoque] Sopor, consanguineus Leti, et mala Gaudia mentis,

obscuri = non multum videntes

inania = deserta ↔ habitata

condidit = celavit / umbra: ablat.

posuerunt / cubilia = lectos

in primis faucibus = in primo aditu

pallentes = pallidi

malesuada = quae mala suadet

Fames = Fama / visu: supinum

tum = illic

atque in adverso limine [habitat] mortiferum Bellum, ferreique thalami Eumenidum et demens Discordia, innexa vipereum crinem cruentis vittis. In medio, opaca ulmus, ingens, pandit ramos annosaque bracchia, quam ferunt vana Somnia tenere [ut] sedem vulgo, atque [Somnia] haerent sub omnibus foliis. Atque praeterea multa monstra variarum ferarum: Centauri stabulant in foribus atque biformes Scyllae et centumgeminus Briareus ac belua Lernae, horrendum stridens, atque Chimaera, flammis armata, Gorgones Harpyaeque et forma tricorporis umbrae.

Hic Aeneas, subita formidine trepidus, offert ferrum strictamque aciem venientibus, et, ni docta comes admoneat tenuis vitas volitare sine corpore sub cava imagine formae, inruat et frustra diverberet umbras ferro. Hinc [incipit] via quae fert ad undas Tartarei Acherontis. Hic gurges, caeno vastaque voragine turbidus, aestuat atque eructat omnem harenam [in] Cocyto. Horrendus portitor servat has aquas et flumina, Charon, terribili squalore, cui plurima canities, inculta, iacet [in] mento, lumina stant [ut] flamma, sordidus amictus dependet ex umeris nodo. Ipse subigit ratem conto atque ministrat [eam] velis et subvectat corpora [in] ferruginea cumba, iam senior, sed cruda viridisque senectus deo. Omnis turba, effusa, ruebat huc ad ripas,

innexa (< innecto) habet hic potentiam mediae vocis Graecae
ulmus f.
ferunt = dicunt
vulgo = ubique
stabulant in foribus = habitant in stabulis iuxta fores
belua = bellua = monstrum
forma ... : Geriones, qui habebat tria corpora
trepidus = territus
strictam < stringo
aciem = mucronem gladii / ni = nisi
tenues vitas
cava = vacua / formae = corporis
ferro = gladio
hic = in hoc loco
squalor ↔ munditia
plurima = longa
lumina = oculi / sordidus ↔ mundus
nodo = nodo nexus (< necto)
subigit = ducit / conto: ablat. instr.
subvectat = transportat
deo (dat.) = dei (gen.)

matres atque viri atque corpora magnanimum heroum defuncta [e] vita, pueri innuptaeque puellae, iuvenes impositi [in] rogis ante ora parentum: quam multa folia, lapsa, cadunt in silvis primo frigore autumni, aut quam multae aves glomerantur ad terram ab alto gurgite, ubi frigidus annus fugat [eas] trans pontum et immittit [eas] terris apricis. Stabant orantes transmittere primi cursum tendebantque manus amore ripae ulterioris. Sed tristis navita accipit nunc hos, nunc illos, ast arcet alios longe [ab] harena submotos.

ante ora parentum = ante parentes
glomerantur = cumulantur
ubi = cum
terris apricis = in terras apricas
transmittere cursum = transire
amore ripae = desiderantes ripam
navita = nauta, navicularius
ast = at = sed / arcet = repellit

Aeneas enim miratus motusque tumultu "Dic," ait, "o virgo, quid vult concursus ad amnem? Quidve petunt animae? Vel quo discrimine hae linquunt ripas, illae verrunt livida vada remis?" Olli sic breviter longaeva sacerdos fata est: "Generate [ex] Anchisa, certissima proles deum, vides alta stagna Cocyti Stygiamque paludem, cuius numen di timent iurare et fallere. Haec omnis [turba] quam cernis est turba inops inhumataque; ille [est] portior Charon; hi quos unda vehit sepulti [sunt]. Nec datur transportare [eos ad] ripas horrendas et rauca fluenta prius quam ossa quierunt [in] sedibus. Errant centum annos volitantque circum haec litora; tunc, demum admissi, revisunt exoptata stagna."

quid ... ? = cur tot homines eunt ad amnem?
concursus = turba
relinquunt / olli (dat. sing.) = illi
generate = fili (vocat.)
deorum
iurare numen = iurare per numen
inops = pauper (igitur pecuniam ad humationem non habent)
portior = qui portat
prius quam = antequam
revisunt = iterum vident

Satus [ex] Anchisa constitit et pressit vestigia, putans multa atque miseratus [in] animo iniquam sortem.

satus = natus / premo vestigia = moror, facio finem ambulandi

Cernit ibi Leucaspim et Oronten, ductorem Lyciae classis, maestos et carentis honore mortis, quos simul, per ventosa aequora a Troia vectos, Auster obruit, involvens navemque virosque aqua. Ecce gubernator Palinurus sese agebat, qui nuper, [in] Libyco cursu, dum sidera servat, [e] puppi effusus exciderat in mediis undis. Ubi vix in multa umbra cognovit hunc, maestum, sic [Aeneas] prior adloquitur: "Quis deorum eripuit te, Palinure, [a] nobis atque mersit [te] sub medio aequore? Age, dic. Namque Apollo, haud ante repertus fallax, delusit animum mihi hoc uno responso, [quippe] qui canebat fore te [e] ponto venturum [esse] incolumem [ad] finis Ausonios. En, haec est promissa fides?"

carentes
obruit = operuit, texit / aqua: ablat.
in Libyco cursu = a Libya navigans
servat = observa(ba)t
effusus (< effundo) = iactatus
multa = densa
haud ... fallax = qui antea numquam fefellit nos
fore = futurum esse / fines

Ille autem [dixit]: " Neque cortina Phoebi fefellit te, dux Anchisiade, nec deus mersit me [in] aequore, namque praecipitans traxi mecum gubernaclum, forte multa vi revulsum, cui datus [ut] custos haerebam atque regebam cursus. Iuro maria aspera [me] non ullum tantum timorem cepisse pro me quam [timui ne] tua navis, spoliata armis, excussa [a] magistro, deficeret [in] tantis surgentibus undis. Notus vexit me tris hibernas noctes per immensa aequora, violentus aqua; vix quarto lumine [ego], sublimis ab unda summa, prospexi Italiam. Paulatim adnabam terrae; iam tenebam tuta [loca], ni gens crudelis ferro invasisset [me],

cortina, -ae = tripus, -odis (= oraculum)
praecipitans = cadens
revulsum < revello
cursus: ac. pl.
ullum ... cepisse = timuisse
spoliata armis = sine remo
excussa a magistro = sine gubernatore / tres
aqua: ablat.
sublimis ... : cum unda sustulit me
ni = nisi / invasisset = impetum fecisset contra

gravatum cum madida veste prensantemque [meis] uncis manibus aspera capita montis, atque, ignara, putasset [me esse] praedam. Nunc fluctus habet me atque venti versant [me] in litore. Quod te oro per iucundum lumen caeli et auras, per genitorem, per spes surgenti Iuli, eripe me [ex] his malis, [o] invicte: aut tu inice terram mihi, namque potes, atque require portus Velinos, aut tu, si qua via est, si quam [viam] diva creatrix ostendit tibi (neque enim, credo, paras innare tanta flumina Stygiamque paludem sine numine divum), da dextram [mihi] misero et tolle me tecum per undas, ut saltem quiescam in morte [in] placidis sedibus."

prensantem ... montis = conantem saxum manibus ascendere
quod = propter hoc
inice ... : sepeli me
portus: acc. pl.
(ali)qua / (ali)quam
sine numine = sine auxilio
divum = deorum / tolle = fer

Talia fatus erat, cum vates talia coepit: "O Palinure, unde [venit] tibi haec tam dira cupido? Tu, inhumatus, aspicies Stygias aquas amnemque severum Eumenidum, iniussusve adibis [ad] ripam? Desine sperare precando fata deum flecti, sed memor cape [mea] dicta, solacia duri casus [tui]; nam finitimi [populi], acti caelestibus prodigiis, longe lateque per urbes piabunt ossa tua et statuent tumulum et mittent sollemnia [sacrificia] tumulo, atque locus habebit aeternum nomen Palinuri." His dictis curae [Palinuri] emotae [sunt] atque parumper dolor pulsus [est] [e] tristi corde; [is] gaudet cognomine terrae.

coepit (dicere)
dira = terribilis
Eumenidum: genit. pl. / iniussus = nullo deo iubente
deorum / flecti: pass. infinit.
casus: genit. / acti = ducti
tumulo: dat.
emotae = remotae
parumper = per breve tempus
pulsus = expulsus

Ergo peragunt inceptum iter atque propinquant fluvio.

fluvio = ad fluvium

navita: Charon
ripae (dat.) = ad ripam
ultro = sua sponte / tendis = venis
fare: imperat. / comprime gressum: fac finem ambulandi
vectare = vehere, ferre
Alciden, Thesea: Graeci acc.
geniti = nati
petivit in vincla = vinxit (< vincio)
adorti sunt = conati sunt
Ditis = Plutonis

Quos ut navita iam prospexit inde ab unda Stygia ire per tacitum nemus atque advertere pedem ripae, sic prior adgreditur [his] dictis atque ultro increpat: "Quisquis es, qui armatus tendis ad nostra flumina, age, iam istinc fare quid venias et comprime gressum; hic est locus umbrarum, somni noctisque soporae: nefas [est] vectare viva corpora [in] Stygia carina. Nec vero laetatus sum me accepisse [in] lacu Alciden [huc] euntem, nec Thesea Pirithoumque, quamquam geniti essent [e] dis atque invicti viribus. Ille [sua] manu petivit Tartareum custodem in vincla traxitque [eum] trementem a solio ipsius regis; hi adorti [sunt] deducere dominam [a] thalamo Ditis."

hic = in hoc loco
licet ianitor terreat umbras = licet ianitorem terrere umbras
exsangues
licet Proserpina servet = licet Proserpinam servare
at agnoscas = agnosce
latebat = occultus erat
his = quam haec
longo ... = quod per longum tempus non viderat
ripae (dat.) = ad ripam
laxat = vacuat

Contra quae Amphrysia vates breviter fata est: "Hic nullae tales insidiae [sunt] (absiste moveri), nec tela ferunt vim; licet ingens ianitor [in] antro, aeternum latrans, terreat exsanguis umbras, licet casta Proserpina servet limen patrui. Troius Aeneas, insignis pietate et armis, descendit ad imas umbras Erebi ad genitorem; si nulla imago tantae pietatis movet te, at agnoscas" (aperit ramum qui latebat [in] veste) "hunc ramum." Tum corda residunt e tumida ira, nec [sacerdos dicit] plura his. Ille, admirans venerabile donum fatalis virgae longo tempore post visum, advertit caeruleam puppim atque propinquat ripae; inde deturbat alias animas quae sedebant per longa iuga laxatque foros;

simul accipit ingentem Aenean [in] alveo. Sutilis cumba gemuit sub pondere et, rimosa, accepit multam paludem. Tandem trans fluvium exponit incolumis vatemque virumque in informi limo glaucaque ulva.

Ingens Cerberus, recubans immanis in adverso antro, trifauci latratu personat haec regna. Cui vates, videns colla iam horrere colubris, obicit offam melle soporatam et medicatis frugibus; ille, pandens tria guttura rabida fame, corripit obiectam [offam] atque, fusus humi, resolvit immania terga atque, ingens, extenditur toto antro. Custode sepulto, Aeneas occupat aditum atque celer evadit ripam inremeabilis undae. Continuo auditae [sunt] voces et ingens vagitus atque animae infantum flentes, quos atra dies abstulit in primo limine [vitae], exsortis dulcis vitae et raptos ab ubere [matris], et mersit [eos] [in] acerbo funere; iuxta hos [apparent] damnati mortis falso crimine. Nec vero hae sedes datae [sunt] [eis] sine sorte, sine iudice: quaesitor Minos movet urnam; ille vocatque consilium silentum discitque vitas et crimina [eorum]. Deinde, maesti, tenent proxima loca [ei] qui, insontes, peperere letum sibi [sua] manu atque, perosi lucem, proiecere animas. Quam vellent nunc perferre et pauperiem et duros labores in alto aethere! Fas obstat, tristisque palus inamabilis undae alligat [eos]

alveo = rate, lintre, scapha
accepit ... = aqua intravit in cumbam
exponit = ponit / incolumes
ulva, -ae: genus plantae

immanis = immensus
personat = implet sonitu
cui obicit = contra quem iacit
pandens = aperiens
rabida: ablat. sing.
resolvit = laxavit
toto antro (dat.) = per totum antrum
evadit = relinquit
inremeabilis = unde nemo revenire potest
infantium
exsortes + gen. = orbatos ab + ablat.
acerbo funere = acerba morte
falso crimine = propter falsam accusationem
discit = audit
pepererunt letum sibi = necaverunt se ipsos
proiecerunt animas = necaverunt se ipsos / quam = quantum
inamabilis undae: genit. sing.

et Styx, novies interfusa, coercet [eos]. Nec procul hinc monstrantur lugentes campi, in omnem partem fusi; sic ["lugentes"] dicunt illos nomine. Hic secreti calles celant [eos] quos durus amor peredit crudeli tabe et myrtea silva circum tegit [eos]; curae non relinquunt [eos] in ipsa morte. [In] his locis cernit Phaedram Procinque maestamque Eriphylen, monstrantem vulnera crudelis nati, Evadnenque et Pasiphaen; Laodamia it [ut] comes his, et Caeneus, quondam iuvenis, nunc femina, et rursus in veterem figuram revoluta [a] fato.

novies < novem
interfusa = in medio posita
fusi = dispersi, positi
hic = in hoc loco / peredit = voravit
peredit = devoravit
crudeli tabe = crudeli morbo
cernit: Aeneas cernit
his (dat.) = harum
it ut comes his = comitatur (dep.) eos / revoluta = reposita

Inter quas Phoenissa Dido, recens a vulnere, errabat in magna silva. Quam Troius heros, ut primum stetit iuxta agnovitque [eam] obscuram per umbras, qualem [lunam videt] qui primo mense aut videt aut putat vidisse lunam surgere per nubila, demisit lacrimas dulcique amore adfatus est: "Infelix Dido, ergo verus nuntius mihi venerat [te] exstinctam [esse] ferroque secutam [esse] extrema? Heu, tibi fui causa funeris? Iuro per sidera, per superos et si qua fides est sub ima tellure: invitus de tuo litore cessi, regina. Sed iussa deum, quae nunc cogunt me ire per has umbras, per loca situ senta atque [per] noctem profundam, egere [me] suis imperiis; nec quivi credere me ferre tibi hunc tantum dolorem [meo] discessu. Siste gradum atque ne subtrahe te [a] nostro aspectu.

recens a vulnere = nuper vulnerata
iuxta = prope
demisit lacrimas = lacrimavit
adfatus est < adfor = loquor
exstinctam = mortuam
extrema = mortem
funeris = mortis / (ali)qua
invitus ↔ libens / cessi = abivi
deorum / loca senta
egere = coegerunt / quivi = potui
siste gradum = mane
ne subtrahe te = noli subtrahere te = noli abire

Quem fugis? Fato, hoc est extremum quod adloquor te." Talibus dictis Aeneas lenibat animum [eius], ardentem et torva tuentem, atque ciebat lacrimas. Illa, aversa, tenebat oculos fixos [in] solo nec movetur vultum incepto sermone magis quam si stet dura silex aut Marpesia cautes. Tandem sese corripuit atque, inimica, refugit in umbriferum nemus, ubi pristinus coniunx Sychaeus respondet illi curis aequatque amorem. Nec minus Aeneas, percussus iniquo casu, longe prosequitur [eam] lacrimis et miseratur [eam] euntem.

fato = propter fatum / hoc ... = haec sunt ultima quae tibi dicere possum / lenibat = conabatur (dep.) lenire
ciebat lacrimas = conabatur (dep.) efficere ut Dido lacrimaret
stet = esset
inimica = modo adverso
illi: dat.
aequat amorem = amat eam tantum quantum Dido eum amat
nec minus = et

Inde molitur datum iter, iamque tenebant arva ultima, quae, secreta, [ei qui fuerunt] clari [in] bello frequentant: hic occurrit illi Tydeus, hic Parthenopaeus, inclutus armis, et imago pallentis Adrasti; hic [apparent] Dardanidae, multum fleti ad superos atque caduci [in] bello, quos omnis [in] longo ordine cernens ille ingemuit: Glaucumque Medontaque Thersilochumque, tris Antenoridas, atque Polyboeten, Cereri sacrum, Idaeumque etiam currus, etiam arma tenentem.

molitur (dep.) = suscipit
tenebant = perveniebant ad
hic = in hoc loco / illi: dat.
inclutus = praeclarus
ad superos = inter vivos
omnes / ille = Aeneas
tres
Cereri: dat. / currus: acc. pl.

Animae circumstant frequentes dextra laevaque, nec satis est vidisse semel: iuvat usque morari et conferre gradum et discere causas veniendi. At proceres Danaum Agamemnoniaeque falanges, ut videre virum fulgentiaque arma per umbras, trepidare ingenti metu; pars vertere terga, ceu quondam petiere rates,

frequentes = multae
iuvat = placet / usque = saepe
conferre gradum = sequi [eum]
Danaum: gen. pl. / viderunt
trepidaverunt
verterunt / petiverunt

pars tollere vocem exiguam; inceptus clamor frustratur [eos] hiantis. Atque hic videt Priamiden Deiphobum, laniatum toto corpore et crudeliter lacerum ora, ora manusque ambas, atque tempora populata, raptis auribus, et naris truncas inhonesto vulnere. Vix adeo agnovit [eum], pavitantem ac dira supplicia tegentem, et ultro compellat notis vocibus:

"Deiphobe armipotens, genus ab alto sanguine Teucri, quis optavit sumere [a te] poenas tam crudelis? Cui licuit tantum [crimen] de te? Suprema nocte fama mihi tulit te, fessum vasta caede Pelasgum, procubuisse super acervum confusae stragis. Tunc egomet constitui inanem tumulum in Rhoeteo litore et ter vocavi magna voce Manes [tuos]. Nomen [tuum] et arma servant locum; [e] patria decedens, nequivi conspicere te, amice, et ponere [te] [in] terra." Ad quae Priamides [dixit]: "Nihil, o amice, relictum [est] tibi. Omnia solvisti Deiphobo et umbris funeris. Sed mea fata et exitiale scelus Lacaenae mersere [me] [in] his malis; illa reliquit [mihi] haec monimenta. Namque nosti ut egerimus supremam noctem inter falsa gaudia: et necesse est [nobis] meminisse nimium. Cum fatalis equus venit saltu super ardua Pergama et, gravidus, attulit armatum peditem [in] alvo, illa, simulans chorum, circum ducebat Phrygias evantis orgia; ipsa, media, tenebat flammam ingentem

sustulerunt / frustratur = relinquit hiantes
hic = in hoc loco

ora: acc. respectus / manus: acc. pl.
tempora = caput
nares

tegentem = occultantem

notis: notis Deiphobo

optavit = desideravit / crudeles

suprema = ultima

Pelasgum: genit. pl.

inanem = sine corpore tuo

decedens = exiens
nequivi conspicere = non potui invenire / omnia solvisti = omnia quae facienda erant fecisti
Deiphobo, umbris: dat. / funeris = corporis / exitiale = funestum
Lacaenae: Helenae / merserunt

nosti = novisti / ut = quo modo
supremam = ultimam

saltu = saliens
armatum peditem: sing. pro plur.

evantes / media = in medio stans

infelix ... : in lecto mansi
thalamus habuit me = mansi in lecto
confectum = fessum
subduxerat = removerat, abstulerat
meo capiti = a meo pulvino (nam dormiebam super ense)
amanti: Menelao
quid = cur / thalamo = in thalamum
additus ... = venit cum eis
fare: imperat.
casus: nom. pl.
divum = deorum
tristes

et vocabat Danaos e summa arce. Tum infelix thalamus habuit me, curis confectum somnoque gravatum, atque quies, dulcis et alta atque simillima placidae morti, pressit [me] iacentem. Interea coniunx emovet [e] tectis omnia arma et subduxerat [meum] fidum ensem [meo] capiti; vocat Menelaum intra tecta et pandit limina [ei], scilicet sperans id fore magnum munus amanti, et sic famam veterum malorum posse exstingui. Quid moror? Inrumpunt thalamo, [atque] Aeolides, hortator scelerum, additus [est] [eis] una [ut] comes. Di, instaurate talia Grais, si reposco poenas pio ore. Sed age, fare [mihi] vicissim, qui casus attulerint te [huc] vivum: venisne actus erroribus pelagi an monitu divum? An quae fortuna fatigat te, ut adires tristis domos sine sole, loca turbida?"

hac vice sermonum = dum loquebantur
per talia verba = sic loquentes
adfata est < adfor = loquor
flendo = lacrimando
findit = dividit / in ... = in duas partes
tendit = it
hac = per hanc viam
exercet poenas malorum = imponit poenas malis
ne saevi = noli saevire
reddar: fut. pass. (< reddo)

Hac vice sermonum Aurora iam traiecerat roseis quadrigis medium axem [in] aetherio cursu, et fors traherent per talia [verba] omne tempus datum, sed comes admonuit [eum] breviterque adfata est Sibylla: "Nox ruit, Aenea; nos ducimus horas flendo; hic est locus ubi via findit se in ambas partis: dextera [est via] quae tendit sub moenia magni Ditis, hac [est] nobis iter [ad] Elysium; at laeva [via] exercet poenas malorum et mittit [eos] ad impia Tartara." Deiphobus, contra, [dixit]: "Ne saevi, magna sacerdos; discedam, explebo numerum [umbrarum] reddarque tenebris.

utere: imperat.
in verbo = dum loquebatur
torsit vestigia = redivit [ad umbras]

I, decus nostrum, i; utere melioribus fatis." Tantum effatus [est], et in verbo torsit vestigia.

sub sinistra rupe = sub rupe ad sinistram
torquet: subiectum est "amnis"
virorum
stat ad auras = stat altissima
succinta: nom. / cruenta palla: ablat.
exsomnis = vigilans / exaudiebantur
gemitus: nom. pl. / sonabant
hausit = audivit
facies = genus, modus
effare: dep. imperat.
urgentur = puniuntur

Subito Aeneas respicit et sub sinistra rupe videt lata moenia triplici muro circumdata, quae rapidus amnis ambit torrentibus flammis, Tartareus Phlegethon, torquetque sonantia saxa; adversa erant ingens porta atque columnae [de] solido adamante, [tales] ut nulla vis virum, non ipsi caelicolae [in] bello, valeant exscindere; ferrea turris stat ad auras, Tisiphoneque sedens, succinta cruenta palla, exsomnis servat vestibulum noctesque diesque. Hinc exaudiri gemitus et sonare saeva verbera, tum [audiebantur] stridor ferri tractaeque catenae. Aeneas constitit atque exterritus hausit strepitum: "Quae [est] facies scelerum? O virgo, effare. Quibusve poenis urgentur? Quis tantus plangor [pervenit] ad [meas] aures?"

Teucrum: gen. pl.
insistere = manere
Avernis lucis: dat. / deorum
subigit = cogit
quis = quisque / inani furto = quia poenas non dederat
apud superos = inter vivos / sontes

Tum vates orsa [est] sic loqui: "Inclute dux Teucrum, nulli casto fas [est] insistere [ad] limen sceleratum, sed, cum Hecate praefecit me Avernis lucis, ipsa docuit [me] poenas deum atque duxit [me] per omnia. Cnosius Rhadamantus habet haec durissima regna castigatque auditque dolos subigitque fateri commissa piacula quae quis, laetatus inani furto, distulit apud superos in seram mortem. Continuo ultrix Tisiphone, accincta flagello, quatit sontis, insultans,

angues
stridentes ... : cardo portae modo horribili sonat
servet = custodiat
hiatus, -us = apertum os
suspectus = visio / ad ... = eis qui spectant ad a. O.
hic = in hoc loco
deiecti, volvuntur: plur. (constructio ad sensum)
adgressi sunt = conati sunt
detrudere = expellere

atque, intentans torvos anguis sinistra [manu], vocat saeva agmina sororum. Tum demum, stridentes horrisono cardine, sacrae portae panduntur. Cernis qualis custodia sedeat [in] vestibulo, quae facies servet limina? Immanis Hydra, quinquaginta atris hiatibus, saevior, intus habet sedem. Tum ipse Tartarus patet in praeceps tenditque sub umbras tantum quantus bis [est] suspectus caeli ad aetherium Olympum. Hic genus antiquum Terrae, Titania pubes, fulmine deiecti, volvuntur in imo fundo. Hic vidi et geminos Aloidas, immania corpora, qui adgressi [sunt] rescindere magnum caelum [suis] manibus atque detrudere Iovem [e] superis regnis.

Salmonea: Graec. acc./ crudeles
sonitus: acc. pl.
lampada: Graec. acc.
Graium = Graecorum
divum = deorum
cornipedum: gen. pl.
non imitabile = quod nemo imitari potest
taedis (dat.) = taedarum
adegit = iecit

Vidi et Salmonea, dantem crudelis poenas, dum imitatur flammas Iovis et sonitus Olympi; hic, invectus [a] quattuor equis et quassans lampada, ibat ovans per populos Graium atque per urbem mediae Elidis, atque poscebat sibi honorem divum, demens, qui aere et pulsu cornipedum equorum simularet nimbos et non imitabile fulmen. At pater omnipotens contorsit telum inter densa nubila, ille non [habet] faces nec fumea lumina taedis, atque adegit [eum] praecipitem [in] immani turbine.

nec non et erat cernere = et quoque poteramus cernere / cui = cuius
porrigitur = extenditur

Nec non et erat cernere Tityion, alumnum omniparentis Terrae, cui corpus per novem tota iugera porrigitur, atque immanis vultur, obunco rostro tondens immortale iecur atque viscera fecunda [in] poenis, rimaturque [in] epulis habitatque sub alto pectore, nec ulla requies datur renatis fibris. Quid memorem Lapithas, Ixiona Pirithoumque? Super quos atra silex, iam, iam lapsura, imminet, adsimilis cadenti [saxo]; aurea fulcra lucent [in] altis genialibus toris, atque [lucent] epulae, paratae ante ora regifico luxu; maxima Furiarum iuxta accubat et prohibet contingere mensas manibus, exsurgitque attollens facem atque intonat [suo] ore. Hic, [ei] quibus, dum manebant [in] vita, invisi [sunt] fratres, pulsatusve [est] parens et innexa [est] fraus clienti, aut qui, divitiis repertis, soli incubuere [eas] nec posuere partem suis (quae maxima turba est), quique ob adulterium caesi [sunt], quique, secuti arma impia, nec veriti [sunt] fallere dextras dominorum, inclusi exspectant poenas.

fecunda in poenis: quia renascitur ut novas poenas producat
in epulis = edendo / quid memorem Lapithas = quid de Lapithis dicam
Ixiona = Graecus acc.
adsimilis cadenti = et videtur casura
ante ora = ante oculos
accubat = iacet / contingere = tangere
facem < fax, facis / hic = in hoc loco
innexa = parata
incubuerunt = possederunt
posuerunt = dederunt
nec = non
fallere ... = prodere suos dominos

Ne quaere doceri quam poenam, aut quae forma fortunave mersit [hos] viros. Alii volvunt ingens saxum, districtive pendent [de] radiis rotarum; infelix Theseus sedet aeternumque sedebit, Phlegyasque miserrimus admonet omnis et magna voce testatur [eos] per umbras: "Moniti, discite iustitiam et [discite] non temnere divos." Hic vendidit patriam auro atque imposuit potentem dominum; [hic] fixit atque refixit leges pretio; hic invasit thalamum natae vetitosque hymenaeos:

ne quaere = noli quaerere
districti < distringo
omnes / testatur (dep.) eos = ponit eos ut testes
divos = deorum
potentem dominum = tyrannum
refixit = abrigavit

omnes ausi [sunt] immane nefas atque potiti [sunt] auso. Si mihi centum linguae sint centumque ora [et] ferrea vox, non possim comprendere omnis formas scelerum, [non possim] percurrere omnia nomina poenarum. "

nefas = crimen / potiti sunt auso = crimen perfecerunt
comprendere = enarrare / omnes
omnia nomina = omnia genera

Ubi longaeva sacerdos Phoebi dedit haec dicta, "Sed iam age, carpe viam et perfice susceptum munus: acceleremus" ait. "Conspicio moenia [in] caminis Cyclopum educta atque portas [in] adverso fornice, ubi haec praecepta iubent nos deponere dona." Dixerat, et, pariter gressi per opaca viarum, corripiunt spatium medium atque propinquant foribus. Aeneas occupat aditum atque spargit corpus recenti aqua atque figit ramum in adverso limine. Demum, his exactis, munere divae perfecto, devenere [ad] locos laetos et amoena virecta fortunatorum nemorum sedesque beatas. Hic largior aether et purpureo lumine vestit campos, atque norunt suum solem, sua sidera. Pars exercent membra in gramineis palaestris, contendunt ludo et luctantur [in] fulva harena; pars plaudunt choreas pedibus et dicunt carmina.

longaeva = senex
munus = officium, consilium
educta = facta
per opaca viarum = per opacas vias
corripiunt = transeunt
propinquo + dat. = appropinquo + acc.
his exactis = his rebus factis
devenerunt
et ... atque ... = et ... et ...
norunt (= noverunt) = habent
plaudunt pedibus = saltant
dicunt = canunt

Nec non Threicius sacerdos cum longa veste obloquitur numeris septem discrimina vocum, atque pulsat eadem iam digitis iam eburno pectine. Hic [adest] antiquum genus Teucri, pulcherrima proles, magnanimi heroes nati melioribus annis,

nec non = et quoque
obloquitur (dep.) ... vocum = pulsat septem sonus lyrae
hic = in hoc loco

auctor = conditor
currus inanes: acc. pl. / virorum
passim = ubicumque, late
curruum (gen. pl.)
nitentes
repostos = nunc positos
vescentes
canentes / paeana: Graecus acc.
superne: adv. / plurimus = plenus
hic = in hoc loco
manus (nom. pl.) passi = viri qui passi sunt
excoluerunt (= meliorem fecerunt)
per inventas artes = novas artes instituendo / fecerunt
tempora = caput
nivea vitta: ablat.

Ilusque Assaracusque et Dardanus, auctor Troiae. Procul, miratur arma currusque inanis virum; hastae stant defixae [in] terra, passimque equi, soluti, pascuntur per campum. Gratia currum armorumque quae fuit [eis] vivis, cura quae [fuit eis] pascere nitentis equos, eadem [cura] sequitur [eos] [sub] tellure repostos. Ecce, conspicit alios [in] dextra laevaque, vescentis per herbam atque canentis laetum paeana choro inter nemus odoratum lauris, unde superne plurimus amnis Eridani volvitur per silvam. Hic [adsunt] manus passi vulnera pugnando ob patriam, quique casti sacerdotes [fuerunt] dum vita manebat, quique [fuerunt] pii vates et locuti [sunt] digna Phoebo, aut qui excoluere vitam per inventas artis, quique, merendo, fecere aliquos memores sui: his omnibus tempora cinguntur nivea vitta.

omnes
medium = in medio / suspicit = vidit
Anchisen: acc.
illius ergo = propter illum / amnes
nulli: dat.
toros riparum = partes altas riparum
rivis recentia = viridia quia rivi ea irrigant

Quos, circumfusos, sic adfata est Sibylla, Musaeum ante omnis (nam plurima turba habet hunc medium atque [Sybilla] suspicit [eum] exstantem altis umeris): "Dicite, felices animae tuque, optime vates: quae regio habet Anchisen, quis locus habet [eum]? Venimus illius ergo et tranavimus magnos amnis Erebi." Atque heros reddidit responsum huic ita paucis [verbis]: "Nulli [est] certa domus; habitamus [in] lucis opacis, atque incolimus toros riparum et prata, rivis recentia.

iugum [montium] / sistam = ponam

tramite = via / tulit gressum = ivit

nitentes / dehinc = abhinc
(re)linquunt
cacumina = cuspides
penitus = occulte
lustrabat = inspiciebat
ad superum lumen = ad mundum vivorum

virorum / manus (acc. pl.) = res gestas
tendentem = venientem

alacris = alacer

genis < genae, -arum

parenti (dat.): agens passivae vocis

reddere = respondere
notas voces = tuam vocem mihi notam / rebar < reor
dinumerans = numerans, recensens
vectum ... te

quam = quantum

(ali)quid / regna: subiectum

adegit = coegit

tendere = venire ad
classes: plur. pro sing.
ne subtrahe = noli subtrahere

ora: plur. pro sing.

Sed vos, si voluntas ita fert [in] corde, superate hoc iugum et sistam [vos] iam [in] facili tramite." Dixit, et ante [eos] tulit gressum, atque desuper ostentat [eis] nitentis campos; dehinc linquunt summa cacumina. At pater Anchises, penitus [in] virenti convalle, recolens [eas] studio, lustrabat animas inclusas atque ad superum lumen ituras, atque forte recensebat omnem numerum suorum, carosque nepotes fataque fortunasque virum, moresque manusque [eorum]. Isque, ubi vidit Aenean tendentem adversum per gramina, alacris tetendit utrasque palmas, atque lacrimae effusae [sunt] [in] genis et vox excidit [ex] ore: "Venisti tandem, tuaque pietas, exspectata parenti, vicit durum iter? Datur [mihi] tueri tua ora, nate, et audire et reddere notas voces? Sic equidem ducebam [in] animo rebarque [hoc] futurum [esse], dinumerans tempora, nec mea cura fefellit me. [Per] quas terras et per quanta aequora vectum ego accipio te! Quantis periclis iactatum [accipio te], nate! Quam metui ne quid nocerent tibi regna Libyae!"

Ille autem: "Tua, genitor, tua tristis imago, saepius occurrens, adegit me tendere haec limina; classes stant [in] sale Tyrrheno. Da [mihi] iungere dextram, da, genitor, atque ne subtrahe te [a] nostro amplexu." Sic memorans simul rigabat ora largo fletu. Ter conatus [est] ibi circum dare bracchia collo:

ter imago, frustra comprensa, effugit manus, par levibus ventis atque simillima volucri somno. Interea Aeneas videt in reducta valle seclusum nemus et sonantia virgulta silvae, Lethaeumque amnem qui praenatat placidas domos. Circum hunc innumerae gentes populique volabant: ac velut ubi in pratis apes, in serena aestate, insidunt [in] floribus variis et funduntur circum candida lilia, [atque] omnis campus strepit murmure. Aeneas, inscius, horrescit subito visu atque requirit causas, porro [requirit] quae sint ea flumina, quive viri complerint ripas tanto agmine. Tum pater Anchises: "Animae quibus fato altera corpora debentur potant securos latices et longa oblivia ad undam fluminis Lethaei. Iampridem equidem cupio memorare atque coram ostendere tibi [has], enumerare hanc prolem meorum, quo magis laetere mecum Italia reperta."

"O pater, anne putandum est aliquas sublimis animas hinc ire ad caelum iterumque reverti ad tarda corpora? Quae tam dira cupido lucis [est] [his] miseris?"

"Dicam equidem nec tenebo te, nate, suspensum," suscipit Anchises, atque pandit [omnia] singula ordine. "Principio intus spiritus alit caelum ac terras camposque liquentis lucentemque globum lunae Titaniaque astra, atque mens infusa per artus agitat totam molem [mundi] et miscet se magno corpore.

manus: acc. pl. / par = similis
volucri = volanti
praenatat domos = fluit ante domos
ac velut = idem ac velut
lilium: genus floris
strepit = sonat
inscius = quoniam causam nescit
porro = et quoque
tanto agmine = tanta multitudine
fato = propter fatum / potant oblivia: postquam potant, omnium rerum obliviscuntur (dep.)
securos latices = quietam aquam
ut + comparat. > quo + comparat. laeteris / Italia reperta: ablat.
anne = num / sublimes
ad caelum = ad vitam
cupido lucis = cupido vitae
suspensum = inscium
suscipit = loqui incepit
pandit = narrat, monstrat
campos liquentes = mare
artus: acc. pl.

vitae: nom. pl. / volantium

aequore = superficie / Illis

quantum = quia

tardant eos = faciunt eos lentos
artus: nom. pl.
hinc = postea

neque dispiciunt = atque non discernunt bene

supremo lumine = ultima die

excedunt = exeunt

necesse est = inevitabile est
concreta < concresco
inolescere = manere
exercentur = puniuntur
expendunt = patiuntur (dep.)

eluditur = removetur

quisque patitur (dep.) / Manes
exinde = postea

exemit = removet

aurai simplicis: genit. sing.

volverunt rotam = perfecerunt circuitum / omnes
magno agmine = magna caterva

revisant convexa supera = iterum videant lucem solis

Inde [veniunt] genus hominum pecudumque vitaeque volantum et monstra quae pontus fert sub marmoreo aequore. Ollis [primis] seminibus vigor est igneus et origo [est] caelestis, quantum noxia corpora non tardant [eos] terrenique artus moribundaque membra [non] hebetant [eos]. Hinc metuunt cupiuntque, dolent gaudentque, neque [hae animae] dispiciunt auras, clausae [in] tenebris et [in] caeco carcere.

Quin, et cum vita reliquit [eos] supremo lumine, non tamen omne malum nec funditus omnes corporeae pestes excedunt [ex eis] miseris, atque necesse est multa [mala], penitus diu concreta, inolescere [in eis] miris modis; ergo exercentur poenis atque expendunt supplicia veterum malorum: aliae, suspensae, panduntur ad inanes ventos; [ex] aliis, infectum scelus eluditur sub vasto gurgite aut exuritur igni; quisque patimur suos Manis, exinde mittimur per amplum Elysium, et pauci tenemus laeta arva, donec longa dies, perfecto orbe temporis, exemit [ex eis] concretam labem, atque relinquit purum aetherium sensum atque ignem aurai simplicis. Ubi per mille annos volvere rotam, deus evocat has omnis ad fluvium Lethaeum magno agmine, ut, scilicet, immemores rursus revisant convexa supera et incipiant velle reverti in corpora."

Dixerat Anchises, atque trahit natum unaque Sibyllam

in medios conventus turbamque sonantem, et capit tumulum unde posset legere omnis, [in] longo ordine adversos, et discere vultus venientum. "Nunc age, expediam [tibi] dictis quae gloria sequatur deinde Dardaniam prolem, qui nepotes de Itala gente maneant [te], [expediam] animas inlustris atque in nostrum nomen ituras, et docebo te tua fata. Ille, vides, iuvenis qui nititur pura hasta tenet sorte loca proxima lucis, [atque] primus surget ad auras aetherias commixtus Italo sanguine, Silvius, Albanum nomen, tua postuma proles, quem Lavinia coniunx tibi, longaevo, serum educet [in] silvis, regem regumque parentem, unde nostrum genus dominabitur Alba Longa. Ille proximus [est] Procas, gloria gentis Troianae, et Capys et Numitor et qui reddet te [suo] nomine, Silvius Aeneas, egregius pariter pietate vel armis, si umquam acceperit Albam regnandam. Qui iuvenes! Aspice, quantas viris ostentant, atque gerunt tempora umbrata civili quercu! Hi tibi imponent Nomentum et Gabios urbemque Fidenam, hi [tibi imponent] Collatinas arces [super] montibus, Pometios castrumque Invi Bolamque Coramque; haec tum erunt nomina, nunc sunt terrae sine nomine. Quin, et Mavortius Romulus addet sese avo [ut] comitem, quem Ilia mater, sanguinis Assaraci, educet. Viden, ut geminae cristae stant [in] vertice [eius] et ipse pater iam signat [eum] suo honore superum?

conventus: acc. pl.

legere omnis = videre omnes
adversos = positos pro se venientium

inlustres / in nostrum ... = quae habebunt nostrum nomen
pura hasta (ablat.) = hasta sine ferro

sorte = propter sortem

longaevo = iam seni
serum = sero natum
Alba Longa: ablat.

reddet te = faciet ut homines meminerint te

vires

tempora umbrata = caput tectum
imponent = colent

haec = haec loca, hae urbes

erunt nomina = exsistent
Mavortius = filius Martis

viden = videsne / vertice = capite

signat ... = dat ei suum honorem, qui est honos deorum

huius: Romuli
virorum / turrita = turribus coronata
partu deorum = quia deos peperit
complexa = amplexa
omnes / tenentes

En, nate, illa incluta Roma auspiciis huius aequabit imperium terris, [aequabit] animos Olympo, atque muro circumdabit sibi septem arces una, felix prole virum: qualis mater Berecyntia, turrita, invehitur curru per Phrygias urbes, laeta partu deum, complexa centum nepotes, omnis caelicolas, omnis tenentis alta supera.

geminas acies = oculos
hic = in hoc loco
promitti: pass. infinit.
quondam ... = ubi quondam Saturnus regnavit
iacet extra sidera = panditur ultra sidera
caelifer = qui fert caelum
aptum = ornatum

Nunc flecte geminas acies huc, aspice hanc gentem Romanosque tuos. Hic [est] Caesar et omnis progenies Iuli ventura sub magnum axem caeli. Hic [est] vir, hic est quem saepius audis promitti tibi, Augustus Caesar, genus divi, qui rursus condet aurea saecula [in] Latio per arva quondam [a] Saturno regnata, et proferet imperium super Garamantas et Indos; [ibi] tellus iacet extra sidera, extra vias anni solisque, ubi caelifer Atlas torquet [in] umero axem ardentibus stellis aptum.

in adventum = propter adventum
responsis divum = oraculis deorum
licet = quamvis / fixerit cervam = fixerit sagittam in cerva = necavit cervam / pacaverit
tremefecerit = terruerit
flectit iuga = ducit currum
tigres / vertice = cuspide
dubitamus: nunc Anchises loquitur de Aenea et comitibus eius ("nos, Troiani, dubitamus")

In adventum huius iam nunc et Caspia regna et Maeotia tellus horrent responsis divum, et trepida ostia septemgemini Nili turbant. Nec vero Alcides obivit tantum telluris, licet fixerit aeripedem cervam, aut pacarit nemora Erymanthi et tremefecerit Lernam arcu; nec Liber, qui victor flectit iuga pampineis habenis, agens tigris de celso vertice Nysae. Et adhuc dubitamus extendere [nostram] virtutem factis, aut metus prohibet [nos] consistere [in] terra Ausonia?

insignis: nom. sing. / ramis: abl. pl.
crines / menta: plur. pro sing.
legibus = sub auctoritate legum
subibit = succedet
rumpet otia = imponet finem paci
desuetus ↔ assuetus
popularibus auris = quia populus eum laudat

Quis autem [est] ille, insignis ramis olivae, procul ferens sacra? Nosco crinis incanaque menta regis Romani qui, missus [e] parvis Curibus et paupere terra in magnum imperium, fundabit primam urbem legibus. Cui deinde subibit Tullus, qui rumpet otia patriae atque movebit in arma resides viros et agmina iam triumphis desueta. Quem iuxta sequitur Ancus, iactantior, nunc quoque iam nimium gaudens popularibus auris.

et = quoque
fasces
secures / vocabit ad poenam = puniet
moventes / minores ... = posteri loquentur de his factis
vincet ... : amor patriae fortior erit quam amor filiorum
securi: ablat.
referentem = iterum ferentem
cernis = vides
dum ... = dum nox continet eas
si ... vitae = si vixerint
ciebunt = inferent
aggeribus = montibus
adversis = hostibus
ne adsuescite = nolite adsuescere
vires / in viscera patriae = contra patriam / ducis = geris, habes
meus: nominat. pro vocat.

Vis et videre Tarquinios reges animamque superbam ultoris Bruti fascisque receptos? Hic primus accipiet imperium consulis saevasque securis, atque, pater, pro pulchra libertate vocabit ad poenam [suos] natos nova bella moventis, infelix, utcumque minores ferent ea facta: vincet amor patriae atque immensa cupido laudum. Quin, procul aspice Decios Drusosque atque Torquatum, saevum securi, et Camillum, referentem signa. Illae autem quas cernis fulgere in paribus armis, animae nunc concordes et dum prementur nocte, heu, quantum bellum inter se, si attigerint lumina vitae, quantas acies stragemque ciebunt, socer descendens [de] Alpinis aggeribus atque [de] arce Monoeci, gener instructus [cum] adversis Eois! Ne, pueri, ne adsuescite tanta bella animis neu vertite validas viris in viscera patriae; tuque prior parce, tu, qui ducis genus [ex] Olympo, proice tela [a] manu, sanguis meus!

Ille, victor, insignis caesis Achivis, aget currum triumphata Corintho ad alta Capitolia; ille eruet Argos Agamemnoniasque Mycenas ipsumque Aeaciden, genus armipotentis Achillis, ultus avos Troiae et temerata templa Minervae.

insignis: nom. sing. / caesis: abl. pl.
(e) triumphata (= victa) Corintho

ultus < ulciscor

temerata = profanata, maculata

Quis relinquat te tacitum, magne Cato, aut te, Cosse? Quis [relinquat tacitum] genus Gracchi aut geminos Scipiadas, duo fulmina belli, cladem Libyae, atque Fabricium, potentem parvo, vel te, Serrane, serentem [in] sulco? Quo rapitis [me] fessum, Fabii? Tu es ille Maximus, unus qui, cunctando, restituis rem [Romanam] nobis. Alii excudent mollius spirantia aera (credo equidem), ducent vivos vultus de marmore, orabunt causas melius, describent meatus caeli radio et dicent surgentia sidera. Tu, Romane, memento regere populos imperio [tuo] (hae erunt artes tibi) atque imponere morem pacis, parcere subiectis et debellare superbos."

quis ... = quis non locuturus est de te

potentem parvo = potentem quamquam multum non habet

restituis ... = servas Romam

excudent ... = optimas aereas statuas facient / ducent ... = marmoreas statuas facient quae videbuntur vivae esse / meatus: acc. pl.
dicent sidera = locuturi sunt de sideris

subiectis = victis

Sic [ait] pater Anchises, atque addit haec [eis] mirantibus: "Aspice ut Marcellus, insignis opimis spoliis, ingreditur, victorque supereminet omnis viros. Magno tumultu turbante, hic, eques, sistet rem Romanam, sternet Poenos Gallumque rebellem, atque suspendet patri Quirino tertia arma capta."

ut = quo modo

insignis: nom. sing. / opimis spoliis: ablat. pl.
omnes / tumultu = bello
sistet ... = servabit Romam

patri Quirino = in templo patris Quirini

Atque hic Aeneas (namque videbat iuvenem, egregium forma et fulgentibus armis, una ire,

hic = tunc / forma: ablat. sing.

una = una cum aliis

sed [ei] frons parum laeta [erat] et lumina [in] deiecto vultu [erant]) "Quis, pater, [est] ille qui sic comitatur [illum] virum euntem? Filius, anne aliquis de magna stirpe nepotum? Qui strepitus comitum [auditur] circa! Quantum instar [est] in ipso! Sed atra nox circumvolat caput [eius] tristi umbra." Tum pater Anchises, lacrimis obortis, ingressus [est]: "O gnate, ne quaere ingentem luctum tuorum; fata tantum ostendent hunc terris nec sinent [eum] ultra esse. Romana propago visa [esset] vobis nimium potens, superi, si haec dona fuissent propria. Quantos gemitus virum ille campus aget ad magnam urbem Mavortis! Vel quae funera videbis, Tiberine, cum praeterlabere recentem tumulum! Nec puer quisquam de Iliaca gente tollet Latinos avos tantum in spe, nec quondam Romula tellus iactabit se tantum ullo alumno. Heu, pietas, heu, prisca fides atque dextera invicta [in] bello! Non quisquam obvius tulisset se impune illi armato, seu cum iret [ut] pedes in hostem seu foderet calcaribus armos spumantis equi. Heu, miserande puer, si qua rumpas aspera fata! Tu eris Marcellus. Date lilia manibus plenis, spargam [ego] purpureos flores atque accumulem saltem his donis animam nepotis, et fungar inani munere."

Sic passim vagantur tota regione in latis campis aeris atque lustrant omnia.

parum laeta = tristis / lumina ... = oculi deiecti manebant
anne = an / qui: exclamat.
instar = nobilitas, audacia
ingressus est = dixit
ne quaere = noli quaerere
esse = vivere
(nunc Anchises deis loquitur)
si haec ... = si hic vir vixisset
gemitus: acc. pl. / virorum
praeterlaberis
tollet ... = tollet spes avorum tantum
uno alumno (abl.) = uno ibi nato
non quisquam = nemo
tulisset se = ivisset
foderet ... equi = iret ut eques
si qua rumpas = si aliquo modo possis rumpere
spargam = sinite me spargere
accumulem animam = sinite me colere animam / fungar ... = sinite me facere inanem honorem
tota regione = per totam regionem

Quae per singula postquam Anchises duxit natum incenditque animum amore famae venientis, exin memorat viro bella quae deinde gerenda [sunt] atque docet Laurentis populos urbemque Latini, et quo modo atque quem laborem fugiatque feratque. Sunt geminae portae Somni, quarum altera fertur [esse] cornea, qua facilis exitus datur veris umbris; altera, nitens, perfecta [est] candenti elephanto, sed [hac] Manes mittunt falsa insomnia ad caelum. Tum ibi Anchises his dictis prosequitur natum unaque Sibyllam atque emittit [eos] eburna porta; ille secat viam ad navis atque revisit socios. Tum recto litore fert se ad portum Caietae; ancora iacitur de prora; puppes stant [in] litore.

quae ... = Postquam Anchises duxit filium per quemquam locorum
exin = exinde

Laurentes

fugiat = debeat fugere
ferat = debeat ferre (= pati)
fertur = dicitur / qua = per quem locum

ad caelum = ad lucem

eburna porta = per eburnam portam
ad naves
recto litore = prope litus navigans
fert se = it

LIBER VII

Tu quoque, Caieta, Aeneia nutrix, moriens dedisti aeternam famam litoribus nostris; et nunc tuus honos servat sedem, atque [tuum] nomen signat [tua] ossa in magna Hesperia, si qua gloria est ea. At pius Aeneas, exsequiis rite solutis, aggere tumuli composito, postquam alta aequora quierunt, tendit iter velis atque relinquit portum. Aurae adspirant in noctem nec candida luna negat cursus, [atque] pontus splendet sub tremulo lumine.

sedem = locum

signat tua ossa = indicat ubi tua ossa iaceant / (ali)qua
solutis = factis

postquam ... = postquam mare quievit
in noctem = nocte appropinquante
nec ... = et candida luna monstrat cursum

Proxima litora terrae Circaeae raduntur, ubi dives filia Solis resonat inaccessos lucos adsiduo cantu atque [in] tectis superbis urit odoratam cedrum in nocturna lumina, percurrens tenuis telas arguto pectine. Hinc exaudiri gemitus iraeque leonum, vincla recusantum et sub sera nocte rudentum, saetigerique sues atque ursi in praesepibus saevire, ac formae magnorum luporum ululare, quos dea saeva, Circe, potentibus herbis induerat ex facie hominum in voltus ac terga ferarum. Quae talia monstra ne pii Troes, delati in portus, paterentur neu subirent litora dira, Neptunus inplevit vela ventis secundis atque dedit [eis] fugam et vexit [eos] praeter vada fervida.

Iamque mare rubescebat radiis et lutea Aurora in roseis bigis fulgebat ab alto aethere, cum venti posuere omnisque flatus repente resedit et tonsae luctantur in lento marmore. Atque hic Aeneas ex aequore prospicit ingentem lucum. Inter hunc [lucum], Tiberinus, amoeno fluvio [in] rapidis verticibus et flavus multa arena, prorumpit in mare. Circumque supraque variae volucres, adsuetae ripis et alveo fluminis, mulcebant aethera cantu atque volabant luco. [Aeneas] imperat sociis flectere iter atque advertere proras terrae et, laetus, succedit opaco fluvio. Nunc age, Erato, expediam qui [fuerint] reges, quae tempora, quis fuerit status rerum [in] antiquo Latio, cum primum advena exercitus appulit classem Ausoniis oris,

proxima litora raduntur = navigant iuxta litora

cedrum f. / tenues

exaudiri = exaudiebantur
recunsantium
rudentium

saeviebant / ululabant

terga = corpora

monstra = (mala) prodigia
delati < defero / portus: acc. pl.
subirent = appropinquarent

praeter vada = e vadis

luteus = qui colorem luti habet

posuere = cessaverunt

tonsae = remi / marmore = mari
hic = tunc
amoeno fluvio = monstrans amoenum fluvium
multa arena (abl.) = quia multam arenam fert
adsuetae ripis = quae ripas bene agnoscunt
aethera: Graecus acc.
luco = per lucum
terrae = ad terram
succedit fluvio = intrat in fluvium
expediam = dicam

Ausoniis oris = ad Ausonias oras

et revocabo exordia primae pugnae. Tu, diva, tu mone [tuum] vatem. Dicam horrida bella, dicam acies atque reges, actos in funera animis [ipsorum], atque [dicam] Tyrrhenam manum totamque Hesperiam sub arma coactam. Maior ordo rerum nascitur mihi, moveo maius opus.

Rex Latinus iam senior regebat longa arva et urbes placidas in pace. Accipimus hunc genitum [esse] [e] Fauno et [e] nympha Laurente Marica; pater Fauno [fuit] Picus isque refert te, Saturne, [ut] parentem: tu [es] ultimus auctor [huius] sanguinis. Fato divum, filius prolesque virilis nulla fuit huic, primaque iuventa erepta est oriens. Sola filia, iam matura viro, iam nubilis plenis annis, servabat domum et tantas sedes. Multi e magno Latio totaque Ausonia petebant illam. Petit Turnus, pulcherrimus ante alios omnis, potens avis atavisque, quem regia coniunx miro amore properabat adiungi [ut] generum; sed portenta deum obstant variis terroribus. Laurus erat [in] medio tecti, in penetralibus altis, sacra comam atque per multos annos servata metu, quam, inventam, pater Latinus ipse ferebatur sacrasse Phoebo cum conderet primas arces atque ab ea posuisse nomen "Laurentis" colonis. Densae apes, mirabile dictu, vectae trans liquidum aethera ingenti stridore, obsedere summum apicem huius [arboris] et,

exordia = initium

dicam bella = loquar de bellis

animis ipsorum = propter suos animos / manum = exercitum

nascitur mihi = apparet ante me

moveo = incipio

accipimus = audimus

refert te = indicit te

ultimus = primus / divum = deorum

prima ... = filius ei natus mortuus est iuvenis

nubilis: nom. sing.

tantas = tam magnas

omnes / potens avis atavisque = habens praeclaros maiores

adiungi: pass. infinit.

deorum

comam: acc. respectus

inventam = postquam invenit eam

ferebatur = dicebatur

Laurentes

vectae = postquam volaverunt

aethera: Graecus acc. / obsederunt

pedibus subitum per mutua nexis, examen pependit [e] frondente ramo. Continuo, vates "Cernimus" inquit " externum virum adventare et agmen petere easdem partis ex isdem partibus et dominarier [in] summa arce."

per mutua = inter se ipsas
adventare = venire, pervenire
partes / dominarier = dominari

Praeterea, dum Lavinia virgo adolet altaria castis taedis et adstat iuxta genitorem, visa [est] - nefas - comprendere ignem [in] longis crinibus, atque omnem ornatum cremari crepitante flamma, atque accensa [esse] regalis comas, accensa [esse] coronam insignem gemmis; tum, fumida, [visa est] involvi fulvo lumine ac spargere Volcanum totis tectis. Id vero ferri horrendum ac mirabile visu: namque canebant ipsam fore inlustrem fama fatisque, sed portendere magnum bellum populo. At rex, sollicitus monstris, adit oracula Fauni, fatidici genitoris, atque consulit lucos sub alta Albunea, maxima nemorum quae sonat sacro fonte atque, opaca, exhalat saevam mephitim. Hinc Italae gentes omnisque Oenotria tellus petunt responsa in dubiis; cum sacerdos tulit dona huc et sub silenti nocte incubuit stratis pellibus caesarum ovium atque petivit somnos, videt multa simulacra miris modis volitantia et audit varias voces, fruiturque conloquio deorum atque adfatur Acheronta [in] imis Avernis. Et hic tum pater ipse Latinus, responsa petens, mactabat rite centum lanigeras bidentis,

adolet altaria = urit tus in altaribus
comprendere = accipere
omnem ornatum = omnes vestes
regales comas: acc. respectus
coronam: acc. respectus
Volcanum = incendium
ferri = dicebatur esse
[augures, sacerdotes] canebant
portendere = nuntiare
mostris = prodigiis
consulit lucos: ivit ad lucum ad oraculum obtinendum (ille lucus erat locus ubi oracula dabantur)
mephitim = vaporem
in dubiis = utcumque dubitant
stratis pellibus = super stratas pelles
caesarum = necatarum
adfatur (dep.) Acheronta = loquitur Acheronti
hic = in hoc loco
bidentes

stratis < sterno

atque iacebat effultus [super suo] tergo atque [in] stratis velleribus harum [bidentium].

reddita est (< reddo, -ere) = pervenit
ne pete = noli petere
Latinis connubiis = cum Latino genero (< gener, -eri)
verti: pass. infinit.
regi: pass. infinit. / aspicit = vidit

Subita vox reddita est ex alto luco: "Ne pete sociare natam Latinis connubiis, o mea progenies, neu crede paratis thalamis; venient externi generi, qui [suo] sanguine ferant nostrum nomen in astra, atque a stirpe quorum nepotes videbunt vertique sub pedibus regique omnia quae sol, recurrens utrumque Oceanum, aspicit."

premit = retinuit
monitus: acc. pl.
a = in
instituunt dapes = parant cibum
subiciunt = ponunt
(adorea liba funguntur (dep.) munere mensarum)
Cereale solum = adorea liba

Ipse Latinus non premit [in] suo ore haec responsa patris Fauni monitusque silenti nocte datos, sed iam Fama circum volitans late per urbes Ausonias tulerat [ea], cum Laomedontia pubes religavit classem a gramineo aggere ripae. Aeneas primique duces et pulcher Iulus deponunt corpora sub ramis altae arboris instituuntque dapes et per herbam subiciunt adorea liba [sub] epulis (sic Iuppiter ipse monebat) et augent Cereale solum pomis agrestibus.

hic = in hoc loco
vertere morsus (acc. pl.) in = edere
malis < mala, -ae
orbem fatalis crusti = adorea liba (rite, adorea liba non edenda erant)
eripuit = cepit, audivit
pressit = tenuit, servavit

Consumptis hic forte aliis [cibis], ut penuria edendi adegit [eos] vertere morsus in exiguam Cererem et violare manu malisque audacibus orbem fatalis crusti nec parcere patulis quadris, "Heus, etiam consumimus mensas?" inquit Iulus, nec plura [dixit], adludens. Ea vox audita prima tulit finem laborum, atque pater eripuit [eam] primam ab ore [filii] loquentis ac, stupefactus numine, pressit [eam in pectore].

Continuo "Salve, tellus mihi fatis debita, vosque" ait "salvete, o fidi Penates Troiae: Hic [est] domus, haec est patria. Namque genitor Anchises reliquit mihi talia arcana fatorum (nunc [ea] repeto): 'Cum fames, accisis dapibus, coget te, nate, ad ignota litora vectum, consumere mensas, tum defessus memento sperare domos ibique manu [tua] locare prima tecta molirique aggere.'

hic = in hoc loco
reliquit = dixit, monstravit
accisis dapibus = consumptis cibis
te ... vectum
memento sperare domos = ibi spera tuam domum
moliri = munire

Haec erat illa fames, haec manebat nos suprema, positura modum [nostris] exitiis. Quare, agite et laeti cum primo lumine solis vestigemus quae [sint haec] loca, quive homines habeant [ea], ubi [sint] moenia gentis, et a portu petamus diversa [loca]. Nunc libate pateras Iovi precibusque vocate Anchisem genitorem et reponite vina mensis."

modum = finem
exitiis = calamitatibus
quare = propter hoc
vestigemus = videamus
moenia gentis = urbes
vina: plur. pro sing.
mensis (dat.) = in mensis (ablat.)

Deinde, sic effatus, implicat tempora frondenti ramo et precatur geniumque loci primamque deorum, Tellurem, Nymphasque et flumina adhuc ignota; tum ex ordine invocat Noctem atque signa orientia Noctis Idaeumque Iovem Phrygiamque matrem et duplicis parentis [in] caeloque Ereboque. Hic pater omnipotens, clarus, ter intonuit ab alto caelo, atque, ipse ab aethere quatiens manu, ostendit nubem, radiis lucis et auro ardentem. Hic subito per Troiana agmina rumor diditur diem advenisse quo condant debita moenia. Certatim instaurant epulas atque,

tempora = (suum) caput
Tellus, -uris f.
signa orientia Noctis = astra quae noctu surgunt
duplices parentes
hic = tunc
quatiens (nubem) manu
nubem ardentem / hic = tunc
subito = repente
diditur = currit / debita = promissa
certatim = celeriter

vina = pocula vini

prima lampade = prima luce
diversi = euntes in diversa loca
fines

hic = in hoc loco / fortes
satus = natus

omnis velatos = omnes opertos
Palladis = olivae (nam oliva erat arbor Palladi sacrata)

designat moenia = designat locum ad moenia aedificanda
molitur (dep.) = parat, munit
in morem castrorum = tamquamsi locus castra esset

turris: acc. pl.

subibant muro = intrabant per murum
currus: acc. pl.

acres arcus: acc. pl. / contorquent = iaciunt / lenta = flexibilia

aures / ingentes / ignota veste: sing. pro pl.

avito solio = solio maiorum
fuit = erat

hic = in hoc loco

fasces / (loquitur de caerimonia in hoc loco habita)

laeti magno omine, statuunt crateras et coronant vina. Cum postera dies, orta, lustrabat terras prima lampade, diversi explorant urbem et finis et litora gentis: haec [esse] stagna fontis Numici, hunc [esse] Thybrim fluvium, hic habitare fortis Latinos. Tum satus [ex] Anchisa iubet centum oratores, delectos ab omni ordine, ire ad augusta moenia regis, omnis velatos ramis Palladis, atque ferre dona viro atque exposcere pacem Teucris. Haud mora [est]: iussi, festinant atque feruntur rapidis passibus. Ipse designat moenia humili fossa moliturque locum, atque cingit primas sedes in litore in morem castrorum pinnis atque aggere.

Iamque, emensi iter, iuvenes cernebant turris ac ardua tecta Latinorum atque subibant muro. Ante urbem, pueri et iuventus [in] primaevo flore exercentur equis domitantque currus in pulvere, aut tendunt acris arcus aut contorquent lenta spicula lacertis, cursuque ictuque lacessunt [alii alios], cum nuntius, equo praevectus, reportat ad auris longaevi regis viros ingentis advenisse in ignota veste [indutos]. Ille imperat [eos] vocari intra tecta et consedit medius [in] avito solio. [In] summa urbe fuit tectum augustum, ingens, sublime centum columnis, regia Laurentis Pici, horrendum silvis et religione parentum. Omen regibus erat hic accipere sceptra et attollere primos fascis;

hoc templum [erat] illis curia, hae [erant] sedes sacris epulis; hic, ariete caeso, patres soliti [erant] considere [in] perpetuis mensis. Quin etiam ex ordine astabant [in] vestibulo effigies veterum avorum, ex antiqua cedro [caelatae]: Italusque paterque Sabinus vitisator, servans curvam falcem sub imagine, Saturnusque senex atque imago Iani bifrontis, aliique reges ab origine atque passi Martia vulnera pugnando ob patriam.

caeso = necato, mactato
perpetuis = longis
ex ordine = in ordine
avorum = maiorum
vitisator = qui vites serebat
servans = habens, monstrans
Martia vulnera = vulnera in bello accepta
ob patriam = pro patria

Atque praeterea multa arma pendent in sacris postibus: captivi currus curvaeque secures et cristae capitum et ingentia claustra portarum spiculaque clipeique atque rostra [e] carinis erepta. Ipse Picus, domitor equum, sedebat Quirinali lituo atque succintus parva trabea, atque gerebat ancile laeva [manu], [Picus] quem coniunx Circe, cupidine capta, percussum aurea virga versumque venenis, fecit avem sparsitque alas coloribus. Intus tali templo divum atque sedens [in] patria sede, Latinus vocavit Teucros ad sese in tecta, atque prior edidit placido ore haec [eis] ingressis: "Dicite, Dardanidae, neque enim nescimus et urbem [vestram] et genus [vestrum], auditique advertitis cursum aequore: quid petitis? Quae causa vexit rates ad Ausonium litus per tot caerulea vada, aut cuius egentis? Sive errore viae seu acti tempestatibus, qualia multa nautae patiuntur in alto mari,

currus: nom. pl. / capitum = galearum
equorum / lituo = baculo
parva trabea: ablat.
ancile = parvum scutum
versum = mutatum
sparsit = depinxit / divum = deorum
edidit = dixit
neque nescimus = scimus
auditi = cum iam de vobis audivissemus / aequore = per aequor
egentes [venitis] / qualia: viam errare et tempestate agi

intrastis ripas fluminis atque sedetis [in] portu, ne fugite hospitium neve ignorate Latinos, gentem Saturni, aequam [esse] haud vinclo nec legibus, [sed] sponte sua atque tenentem se [in] more veteris dei. Atque equidem memini (fama est obscurior annis) Auruncos senes ita ferre, ut Dardanus, ortus [in] his agris, penetrarit ad Idaeas urbes Phrygiae Threiciamque Samum, quae nunc fertur "Samotracia." Nunc aurea regia stellantis caeli accipit illum, profectum hinc, a Tyrrena sede Corythi, [in] solio, et auget numerum divorum altaribus."

ne fugite = nolite fugere (= vitare)

neve ignorate = et nolite ignorare Latinos esse aequam gentem
tenentem se in more = exemplum sequentem

ferre = dicere, narrare

fertur = dicitur

accipit illum = habet illum / profectum hinc = qui hinc profectus est
in solio [sedentem]

altaribus = addens sua altaria

Dixerat, et Ilioneus sic secutus [est] dicta [hac] voce: "Rex, egregium genus Fauni, nec atra hiems subegit [nos], fluctibus actos, succedere vestris terris, nec sidus litusve fefellit [nos] regione viae. Consilio animisque volentibus, [nos], pulsi [e] regnis quae maxima quondam sol, veniens [ab] extremo Olympo, aspiciebat, omnes adferimur [ad] hanc urbem. Principium generis [nostri] [venit] ab Iove; Dardana pubes gaudet Iove avo; rex ipse, de suprema gente Iovis, Troius Aeneas, misit nos ad tua limina. Quanta tempestas, effusa [in] saevis Mycenis, ierit per Idaeos campos, quibus fatis actus uterque orbis Europae atque Asiae concurrerit, audiit et [ille], si extrema tellus summovet quem, refuso Oceano, et [ille], si plaga solis iniqui, extenta in medio [aliarum] quattuor plagarum, dirimit quem.

subegit = coegit / succedere terris = intrare in terras
regione viae = ostendens viam
consilio = libentes
pulsi = expulsi

adferimur = venimus

principium = origo

gaudet Iove avo = gaudet quia Iovis avus generis est
quanta: exclamat.

quibus: exclamat.

concurrerit = pugnaverunt inter se
si ... quem = quemcumque extrema tellus procul a nobis tenet (= quicumque procul habitat)
si plaga solis dirimit quem = quemcumque torridus sol procul a nobis tenet (= quicumque procul habitat)

Vecti ex illo diluvio, per tot vasta aequora rogamus exiguam sedem dis patriis litusque innocuum et undamque auramque cunctis patentem. Non erimus indecores [tuo] regno, nec vestra fama feretur levis atque gratia tanti facti abolescet, nec pigebit Ausonios excepisse Troiam [in] gremio. Iuro per fata Aeneae dextramque potentem [eius], sive quis expertus est [eam] fide seu bello et armis: multi populi, multae gentes (ne temne [nos] quod ultro praeferimus vittas manibus ac precantia verba) et petiere nos et voluere adiungere [nostras] gentes sibi; sed fata deum egere nos suis imperiis exquirere vestras terras. Dardanus, hinc ortus, repetit [nos] huc atque Apollo urget [nos] ingentibus iussis ad Tyrrhenum Thybrim et sacra vada fontis Numici. Praeterea [Aeneas] dat tibi parva munera prioris fortunae, reliquias ex ardente Troia receptas. Pater Anchises libabat ad aras hoc auro, hoc erat gestamen Priami cum, more, daret iura vocatis populis: sceptrumque sacerque tiaras atque vestes, labor Iliadum."

Talibus dictis Ilionei Latinus tenet ora defixa atque immobilis haeret obtutu [in] solo, volvens intentos oculos, nec picta purpura movet regem nec Priameia sceptra movent [eum] tantum quantum moratur in conubio thalamoque natae, et volvit sub pectore sortem veteris Fauni: hunc [esse] illum generum portendi fatis,

exiguam = parvam

dis patriis: dat. / undam = aquam
cunctis = omnibus
patentem = apertam

feretur = fiet

in gremio = inter se

(ali)quis / fide ... = domi militiaeque

ne temne = noli temnere
quod = quia
petiverunt / voluerunt

deorum / egerunt

repetit nos = revocat nos, iubet nos venire
urget = pellit

Numicus: parvum flumen quod per Latium fluit
receptas = servatas

hoc auro = hoc aureo poculo
gestamen = ornamentum
vocatis = convocatis / tiaras: nom. s.

Iliadum = feminarum Troiae

haeret = fixus manet

obtutu (< obtutus, -us) = conspectu
solo < solum, -i (≠ solus, -a, -um)

moratur (dep.) in = moratur meditans de / sortem = oraculum
portendi fatis = a fatis nuntiatum

profectum ab externa sede, atque vocari in regna paribus auspiciis, huic progeniem futuram [esse] egregiam virtute et [illam] quae occupet totum orbem viribus.

paribus auspiciis = ut aequali auctoritate regnaret
virtute = propter virtutem
viribus = potentia (ablat.)

Tandem laetus ait: "Secundent di nostra incepta auguriumque suum! Dabitur, Troiane, quod optas, nec sperno munera [tua]. Latino rege, uber divitis agri opulentiave Troiae non deerit vobis. Modo ipse Aeneas veniat, si tanta cupido nostri est [ei], si properat iungi hospitio atque vocari socius, neve exhorrescat amicos vultus; tetigisse dextram tyranni erit mihi pars pacis. Vos, contra, referte nunc regi mea mandata: est mihi nata quam sortes e patrio adyto non sinunt iungere viro nostrae gentis, plurima monstra [in] caelo non [sinunt hoc]; canunt generos adfore ab externis oris, – [canunt] hoc restare Latio– qui [suo] sanguine ferant nostrum nomen in astra; et reor fata poscere hunc [ut] illum et, si [mea] mens augurat quid veri, [hoc] opto."

secundent: subiunct. desiderii
incepta = consilia
Latino rege (ablat. absol.) = dum Latinus rex sit
divitis agri: genit. / modo = utinam
modo = sed, solum
iungi: pass. infinit.
exhorrescat = vitet, timeat
vultus: acc. pl.
tetigisse < tango, -ere
mandata = verba / sortes = oracula
adyto = templo
monstra = prodigia
generos: plur. pro sing.
hoc restare Latio = hoc esse fatum Latii
poscere = designare
(ali)quid

Haec effatus, pater eligit equos [ex] omni numero (stabant, nitidi, ter centum in altis praesepibus); extemplo iubet alipedes, instratos ostro pictisque tapetis, duci omnibus Teucris ordine; aurea monilia demissa pendent [e] pectoribus [equorum]; tecti auro, mandunt fulvum aurum sub dentibus; [mittit] absenti Aeneae currum geminosque iugalis ab aetherio semine, spirantis ignem [e] naribus,

ex omni numero = e magna copia
extemplo = statim
instratos = ornatos
duci: pass. infinit.
tecti (< tego, -ere) = operti
mandunt = mordent
iugales / semine = origine / spirantes

de gente illorum quos daedala Circe, furata [eos] patri, creavit nothos de supposita matre. Aeneadae talibus donis dictisque Latini redeunt sublimes in equis atque reportant pacem.

Ecce autem saeva coniunx Iovis referebat sese ab Inachiis Argis atque, invecta, tenebat auras, et ex aethere usque ab Siculo Pachyno prospexit longe laetum Aenean classemque Dardaniam. Iam videt tecta moliri, iam [videt eos] fidere [se] terrae, deseruisse rates; stetit fixa acri dolore. Tum, quassans caput, effundit haec dicta [e] pectore: "Heu, stirpem invisam et fata Phrygum, contraria nostris fatis! Num [potuere] occumbere [in] campis Sigeis? Num, capti, potuere capi? Num incensa Troia cremavit viros? Per medias acies mediosque ignis invenere viam. At, credo, mea numina tandem iacent fessa, aut [ego], exsaturata odiis, quievi. Quin, etiam ausa [sum] infesta sequi [eos], [e] patria excussos, per undas et opponere me [eis] profugis toto ponto. Vires caelique marisque absumptae [sunt] in Teucros. Quid profuit mihi Syrtes aut Scylla, quid [profuit mihi] vasta Charybdis? Conduntur [in] optato alveo Thybridis, securi pelagi atque mei. Mars valuit perdere immanem gentem Lapithum, ipse genitor deum concessit antiquam Calydona in iras Dianae. Aut Lapithas [merentes] aut Calydona merentem quod tantum scelus [Iuppiter concessit eos]?

daedala = habilis, ingeniosa
furata < furor (dep.) (= rapio)

sublimes in equis = equitantes

referebat sese = redibat

tenebat = transibat per

longe = a longinquo

moliri = parari / terrae: dat.
rates = naves

stirpem: acc. exclamationis
Phrygum: genit. pl.
potuerunt / occumbere = mori

capi: pass. infinit.

ignes / invenerunt

quievi = nihil facere possum

infesta = inimica
excussos = expulsos
toto ponto = per totum pontus

in = contra / profuit mihi = beneficium dedit mihi
securi: nom. pl.

pelagi: gen. sing. / valuit = potuit
Lapithum: gen. pl.
deorum / concessit = dedit
Aut ... ? = quod magnum scelus commiserunt aut Lapithae aut Calydon ut Iuppiter sineret eos deleri?

Ast ego, magna coniunx Iovis, quae, infelix, potui linquere nil inausum, quae verti memet in omnia, vincor ab Aenea. Quod si mea numina non sunt satis magna, haud equidem dubitem implorare quod usquam est: si nequeo flectere superos, movebo Acheronta. Non dabitur [mihi] prohibere [eos] [a] Latinis regnis, esto, atque Lavinia manet immota fatis [ut] coniunx [Aeneae]; at licet trahere atque addere moras tantis rebus, at licet exscindere populos amborum regum. Coeant gener atque socer hac mercede suorum: dotabere, virgo, Troiano et Rutulo sanguine, et Bellona manet te [ut] pronuba. Nec tantum Cisseis, face praegnas, enixa [erit] iugalis ignis; quin, idem partus suus [erit] Veneri et alter Paris [erit], atque iterum funestae taedae [erunt] in recidiva Pergama."

Ubi dedit haec dicta, horrenda petivit terras; a sede dirarum dearum infernisque tenebris ciet luctificam Allecto, cui tristia bella iraeque insidiaeque et noxia crimina [sunt] cordi. Et ipse pater Pluton odit [eam], Tartareae sorores odere [hoc] monstrum: sese vertit in tot ora, facies tam saevae [sunt], atra pullulat tot colubris. Quam Iuno acuit his verbis ac talia fatur: "Virgo sata [e] nocte, da mihi hunc proprium laborem [tuum], hanc operam, ne noster honos infractave fama cedat [a] [suo] loco, neu Aeneadae possint ambire Latinum conubiis obsidereve Italos finis.

ast = at = sed

inausum = sine conatu / verti memet in omnia = omnia conata sum
quod si = sed si / haud dubitem = non debeo dubitare
quod usquam est = qodcumque possim / nequeo = non possum
esto: imperat.

trahere = retardare

exscindere = delere

dotaberis < doto, -are

tantum = solum / Cisseis = Hecuba
praegnas = gravida / enixa ... = pepererit (< pario) iugales ignes
idem ... = Venus habebit alterum partum

dirus, -a, -um = terribilis, -e

ciet = vocat / luctificam = quae luctum fert / Allecto: acc. sing.
sunt cordi = placent / et = quoque

oderunt

ora = facies (nom. pl.)
pullulat = propagat se
sata = creata / da mihi = fac mihi

noster = meus / infracta = fracta

cedat = cedant
ambire = persuadere
fines

unanimos = qui eandem animam habent / in proelia [inter se]
tectis: dat.
concute = agita
dissice = rumpe / velit iuventus arma = effice ut iuventus velit arma

Tu potes armare unanimos fratres in proelia atque versare domos odiis, tu [potes] inferre verbera funereasque faces tectis, tibi [sunt] mille nomina, mille artes nocendi. Concute [tuum] fecundum pectus, dissice compositam pacem, sere crimina belli. Velit iuventus arma poscatque [ea] simul rapiatque [ea]."

exim = exinde / petit = it ad
obsedit = occupat / tacitum = silens
quam curae coquebant / Teucrorum
conquebant = opprimebant
conicit = iecit
subdit = posuit
quo = ut
ille: anguis / vestes
nullo attactu = invisa, tacite
coluber = anguis
tortile = torquis, monile
innectit = ligat
membris = per membra
sublapsa = intrans / sensus: acc. pl.
percepit = sentit
[Amata] locuta est
mollius = molliore modo
super = de
natae: genit.
exsul, -ulis = qui in exsilium missus est

Exim Allecto, infecta venenis Gorgoneis, principio petit Latium et celsa tecta Laurentis tyranni, atque obsedit tacitum limen Amatae, quam, ardentem super adventu Teucrum atque hymenaeis Turni, coquebant curaeque iraeque femineae. Dea conicit huic unum anguem de [suis] caeruleis crinibus atque subdit [eum] in sinum [Amatae] ad intima praecordia, quo, furibunda monstro, permisceat omnem domum. Ille, lapsus inter vestis et levia pectora, volvitur nullo attactu, fallitque [eam] furentem, inspirans vipeream animam; ingens coluber fit aurum tortile [in] collo, fit taenia longae vittae innectitque comas et, lubricus, errat membris. Ac dum prima lues, sublapsa udo veneno, pertemptat sensus atque implicat ignem ossibus necdum animus percepit flammam [in] toto pectore, locuta est mollius et de more solito matrum, lacrimans multa super hymenaeis Phrygiis atque [hymenaeis] natae: "O genitor, Laviniane datur exsulibus Teucris ducenda [in matrimonium], nec te miseret nataeque tuique [ipsius]?

Nec miseret matris, quam perfidus praedo, petens alta [maria] primo Aquilone, relinquet, abducta virgine? At non sic Phrygius pastor penetrat Lacedaemona, atque vexit Ledaeam Helenam ad Troianas urbes? Quid [facta est] tua sancta fides? Quid [facta est] antiqua cura tuorum et dextra totiens data consanguineo Turno? Si petitur gener de gente externa Latinis idque sedet atque iussa parentis Fauni premunt te, reor equidem omnem terrram quae, libera, dissidet [a] nostris sceptris [esse] externam et sic divos dicere, et, si prima origo domus repetatur, Inachus Acrisiusque [sunt] patres Turno mediaeque Mycenae [sunt patria]."

Ubi, experta nequiquam his dictis, videt Latinum stare contra atque furiale malum serpentis penitus lapsum [est] in viscera atque pererrat [eam] totam, tum vero infelix, ingentibus monstris excita, sine more furit lymphata per immensam urbem. Ceu quondam, volitans sub torto verbere, turbo quem pueri, intenti ludo, in magno gyro circum vacua atria exercent; ille, actus habena, fertur curvatis spatiis, impubesque manus supra stupet inscia, mirata volubile buxum; plagae dant animos [turbini]: non segnior illo [regina] agitur cursu per medias urbes populosque ferocis. Quin etiam, simulato numine Bacchi evolat in silvas, adorta maius nefas atque orsa maiorem furorem,

Phrygius pastor = Paris

Lacedaemona: acc. sing.
Troianas urbes: plur. pro sing.
quid facta est = ubi est

id sedet = hoc a deis decretum est

reor (dep.) = puto

nostris sceptris = nostro imperio

domus: gen. / patres = maiores
Turno = Turni / mediae = quae in media Graecia iacent

stare contra = non flecti (pass. inf.)

furialis, -e = e Furiis natus
lapsum est = intravit

lymphata = demens

turbo: nom. sing.

ille: turbo / habena: ablat.

impubes manus = pueri

dant animos turbini = efficiunt ut turbo volvatur / illo = turbine
cursu = currens / feroces

adorta = conans, audens

orsa < ordior (dep.) (≠ orior) = paro, incipio

et abdit natam [in] frondosis montibus, quo eripiat thalamum [a] Teucris atque moretur taedas, fremens "Evohe, Bacche," vociferans te solum [esse] dignum virgine, etenim [illam] sumere mollis thyrsos tibi, lustrare te [in] choro, pascere tibi sacrum crinem.

quo =ut
taedas = taedas nuptiales, nuptias
te: Bacchum / etenim ... = etenim vociferans illius (virginis) esse sumere molles ...

Fama volat, atque idem ardor agit omnis matres, accensas furiis [in] pectore, simul quaerere nova tecta. Deseruere domos, dant colla comasque ventis; ast aliae complent aethera tremulis ululatibus atque, pellibus incinctae, gerunt pampineas hastas. Ipsa, inter medias, fervida sustinet flagrantem pinum ac canit hymenaeos natae Turnique, torquens sanguineam aciem, atque repente clamat torvum [clamorem]: "Io, matres Latinae, audite, ubi quaeque [sit]: si qua gratia infelicis Amatae manet [in vestris] piis animis, si cura materni iuris remordet [vos], solvite crinalis vittas, capite orgia mecum."

agit = cogit / omnes
deseruerunt
aethera: Graecus acc.
incinctae = indutae / ipsa: Amata
flagrantem pinum = ardentem ramum pini
sanguineam aciem = sanguineos oculos
(ali)qua
gratia = gratus animus
crinales

Talem inter silvas, inter deserta ferarum, Allecto agit reginam undique stimulis Bacchi. Postquam visa [est] satis acuisse primos furores atque vertisse consilium atque omnem domum Latini, protinus tristis dea hinc tollitur fuscis alis ad muros audacis Rutuli, urbem quam Danae, delata praecipiti Noto, dicitur fundasse Acrisioneis colonis. Locus quondam dictus [est] "Ardea" [ab] avis, et nunc magnum nomen "Ardea" manet, sed fortuna fuit.

talem ... reginam
acuisse = instigavisse
vertisse consilium = effecisse ut mutarent consilium
muros ... urbem
avis = maioribus
fortuna fuit = fortuna huius urbis iam evanuit

hic = in hoc loco
quietem = somnum
exuo ↔ induo
vultus aniles: acc. pl.
crines / anus (≠ annus) = senex mulier
offert = monstrat

Hic, in altis tectis Turnus iam carpebat mediam quietem [in] nigra nocte. Allecto exuit torvam faciem et furalia membra, sese transformat in vultus anilis et arat obscenam frontem rugis, induit albos crinis cum vitta, tum innectit ramum olivae; fit Calybe, anus sacerdos Iunonis templique, et offert se iuveni ante oculos cum his vocibus:

patieris / incassum = frustra
transcribi = dari
in regnum = regno (dat.)
sterne = dele
fari = dicere
portis = per portas
exure = duc ignem / consederunt
caelestium
ni = nisi
dicto = pacto, foederi

"Turne, patiere tot labores fusos [esse] incassum et tua sceptra transcribi Dardaniis colonis? Rex abnegat tibi coniugium et dotes sanguine quaesitas, externusque heres quaeritur in regnum. I nunc, offer te, inrise, ingratis periclis; i, sterne Tyrrhenas acies, tege Latinos pace. Adeo ipsa omnipotens Saturnia iussit me fari tibi haec palam, cum iaceres placida nocte. Quare, age, et laetus para pubem armari atque moveri portis in arva, et exure Phrygios duces, qui consedere [in] pulchro flumine, et pictas carinas. Magna vis caelestum iubet [hoc]. Ipse rex Latinus, ni fatetur dare coniugium [tibi] et parere dicto, sentiat et tandem experiatur Turnum in armis."

hic = tunc / orsa ore: ablat.
classes
aures / reris / ne finge = noli fingere
situ < situs, -us / effetus veri = qui veritatem accipere non potest
exercet = cruciat

Hic iuvenis, inridens vatem, sic vicissim refert orsa ore: "Nuntius [dicens] classis invectas [esse] [in] undam Thybridis non effugit meas auris, ut rere; ne finge tantos metus mihi; nec regia Iuno est immemor nostri. Sed senectus, victa situ atque effeta veri, exercet te nequiquam curis, o mater,

divum = deorum / quis = quibus

et inter arma regum ludit [te], vatem, falsa formidine. Cura tibi [est] tueri effigies divum et templa; viri, quis bella gerenda [sunt], gerant bella pacemque."

artus: acc. pl.
deriguerunt = sine motu manserunt
tanta = tam terribilis
aperit = monstrat
geminos = duos
angues / verbera = flagella
en = ecce / situ < situs, -us / quam senectus ludit = quam senectus irridet / effetus veri = qui veritatem accipere non potest

Allecto exarsit in iras talibus dictis. At subitus tremor occupat artus iuveni oranti, [atque] oculi [eius] deriguere: tot hydris sibilat Erinys tantaque aperit se facies; tum, torquens flammea lumina, reppulit [eum] cunctantem et quaerentem plura dicere, et erexit geminos anguis [e suis] crinibus, atque insonuit verbera atque addidit haec rabido ore: "En ego, victa situ, quam senectus, veri effeta, inter arma regum ludit falsa formidine. Respice ad haec: adsum a sede dirarum sororum, gero bella letumque [in] manu."

effata = locuta / coniecit = iacit
fumantes / olli = illi
proruptus = germinans
artus: acc. pl.
ferri = gladii / saevit = saevus fit
undantis aeni = aeni aquam continentis
aquai = aquae / amnis = aqua
unda capit se = aqua potest intus manere
indicit primis iter = iubet primos ire

Sic effata, coniecit facem iuveni et fixit sub pectore [eius] taedas atro lumine fumantis. Ingens pavor rumpit somnum olli, atque sudor, [e] toto corpore proruptus, perfundit ossa et artus. Amens fremit arma, requirit arma [in] toro tectisque; amor ferri saevit, et insania scelerata belli [saevit], ira super [saevit], veluti virgea flamma suggeritur cum magno sonore [in] costis undantis aeni atque latices exsultant aestu, intus furit fumidus aquai atque amnis exuberat alte spumis, nec iam unda capit se, [atque] ater vapor volat ad auras. Ergo, indicit primis iuvenum iter ad regem Latinum, polluta pace, et iubet arma parari,

detrudere = expellere
venire = obire, pugnare
decus = pulchritudo
iuventae = iuventutis
claris factis = quae clara facta commisit

tutari Italiam, detrudere hostem [e] finibus; [dicit] se satis [esse] venire ambobus, Teucrisque Latinisque. Ubi dedit haec dicta atque vocavit divos in vota, Rutuli certatim exhortantur sese in arma. Egregium decus formae atque iuventae [Turni] movet hunc, atavi reges [Turni] [movent] hunc, dextera [manus] [Turni] claris factis [movet] hunc.

nova arte = novis dolis
concitat se = it
hic = in hoc loco
nares
agerent = persequerentur (dep.)
quae = haec
agrestes
cui ... = qui curabat regia armenta
eum: cervum / adsuetum imperiis = adsuetum accipere imperia Silviae
erili mensae = mensae domini
silvis = per silvas
venantes
commovere hunc = impetum fecerunt in hunc
aestus: acc. pl.

Dum Turnus implet Rutulos audacibus animis, Allecto, nova arte, concitat se in Teucros Stygiis alis, speculata locum, [in] quo litore pulcher Iulus agitabat feras insidiis cursuque. Hic Cocytia virgo obicit subitam rabiem canibus et contingit naris noto odore, ut ardentes agerent cervum; quae fuit prima causa laborum atque accendit agrestis animos bello. Cervus erat praestanti forma et ingens cornibus, quem, raptum ab ubere matris, nutribant Tyrrhidae pueri Tyrrhusque pater, cui regia armenta parent et late custodia campi credita [erat]. Soror Silvia ornabat [eum], adsuetum imperiis, omni cura, intexens cornua mollibus sertis, pectebatque ferum atque lavabat in puro fonte. Ille, patiens manum atque adsuetus erili mensae, errabat silvis rursusque ipse ferebat se domum ad nota limina, quamvis sera nocte [esset]. Rabidae canes Iuli venantis commovere hunc procul errantem, cum forte deflueret [in] secundo fluvio atque levaret aestus [in] viridante ripa.

Etiam ipse Ascanius, succensus amore eximiae laudis, derexit spicula [e] curvo cornu; nec deus afuit erranti dextrae, atque harundo, multo sonitu acta, venit perque uterum perque ilia [cervi].

succensus = accensus / spicula: pl. pro sing.
cornu = arcu / nec ... = et deus iuvavit eum sagittam iacientem

At quadripes, saucius, refugit intra nota tecta atque gemens successit stabulis, atque, cruentus atque similis [alicui] imploranti, replebat omne tectum questu. Silvia soror prima, percussa [suos] lacertos palmis, vocat auxilium et conclamat duros agrestis. Olli (aspera pestis enim latet [in] tacitis silvis) improvisi adsunt, hic armatus obusto torre, hic [armatus] nodis gravidi stipitis; quod cuique rimanti repertum [est], ira facit [id] telum. Tyrrhus, rapta securi, immane spirans, vocat agmina, ut forte scindebat quercum quadrificam coactis cuneis.

quadripes = cervus
successit stabulis = intrat in stabula
percussa = postquam percussit
palmis = manibus / agrestes (= incolas) / olli = illi
nodis ... = stipite nodos habenti
quod ... = quod quisque invenit
rimanti < rimor, -ari
ut = dum, cum
scindebat ... = utens cuneis, scindebat quercum in quattuor partes

At saeva dea, e speculis nacta tempus nocendi, petit ardua tecta stabuli et de summo culmine canit pastorale signum cornuque recurvo intendit Tartaream vocem, qua protinus omne nemus contremuit et profundae silvae insonuere. Audiit et longe lacus Triviae, audiit albus amnis Nar sulpurea aqua fontesque Vellini, et matres, trepidae, pressere natos ad pectora. Tum vero, celeres, indomiti agricolae concurrunt undique ad vocem qua dira bucina dedit signum, telis raptis, nec non et Troia pubes, castris apertis, effundit auxilium Ascanio. Derexere acies.

nacta < nanciscor (dep.) (= invenio)
ardua = alta
canit pastorale signum = vocat pastores
insonuerunt / longe = e longinquo
sulpurea aqua: ablat.
presserunt
qua: ablat. sing.
nec non et = et quoque
auxilium = ad auxiliandum
derexerunt = instruxerunt

agitur = pugnatur
decernunt = pugnant
atra ... : tot sublati gladii videntur campus segetis esse
uti = ut
aethera: Graecus acc.

Non iam agitur [in] agresti certamine duris spitibus sudibusve praeustis, sed decernunt ancipiti ferro atque, late, atra seges horrescit strictis ensibus, aeraque, lacessita sole, fulgent et iactant lucem sub nubila: uti cum fluctus coepit albescere primo vento, paulatim mare tollit sese et erigit undas altius, [atque] inde consurgit ab imo fundo ad aethera.

sternitur = depellitur, necatur
vulnus = sagitta / haesit = mansit
inclusit vitam = necavit eum
virorum
medium paci = ad pacem faciendam
balantium
redibant [ad stabula] = erant illi

Hic iuvenis Almo, qui fuerat maximus natorum Tyrrhi, sternitur ante primam aciem stridente sagitta, vulnus enim haesit sub gutture et inclusit sanguine iter udae vocis tenuemque vitam. Multa corpora virum [cadunt] circa, seniorque Galaesus, dum offert se medium paci, qui fuit iustissimus unus atque olim ditissimus [in] Ausoniis arvis: quinque greges balantum [erant] illi, quina armenta redibant, et vertebat terram centum aratris.

potens facta promissi = postquam obtinuit quod promiserat
funera primae pugnae = prima funera pugnae
deserit = reliquit
en = ecce, vide
dic = impera [ut]
quandoquidem = quoniam
si ... = si hoc est quod vis

Atque dum ea geruntur per campos aequo Marte, dea, potens facta promissi, ubi imbuit bellum sanguine et commisit funera primae pugnae, deserit Hesperiam et, conversa per auras caeli, victrix adfatur Iunonem superba voce: "En, perfecta [est] tibi discordia tristi bello; dic [eis] coeant in amicitiam et iungant foedera. Quandoquidem respersi Teucros Ausonio sanguine, etiam addam hoc his [rebus], si tua voluntas mihi certa [est]: [meis] rumoribus feram finitimas urbes in bella, accendamque animos amore insani Martis ut undique veniant auxilio; spargam arma per agros." Tum Iuno contra: "Abunde est terrorum et fraudis; stant causae belli, pugnatur armis comminus, novus sanguis imbuit arma quae fors dedit prima. Celebrent egregium genus Veneris et rex ipse Latinus talia coniugia et talis hymenaeos. Ille pater, regnator summi Olympi, haud velit te errare licentius super aetherias auras. Cede [e] locis. Si qua fortuna laborum super est, ipsa regam [eam]." Talis voces dederat Saturnia; illa autem attollit alas, stridentis anguibus, atque petit sedem Cocyti, linquens ardua supera.

abunde est = satis est
comminus ↔ eminus
imbuit = rigat, umectat
celebrent: subiunt. iussivum
tales hymenaeos
licentius = nimis licenter / (ali)qua
super est = manet facienda / tales
stridentes
ardua supera = alta loca

Est locus [in] medio Italiae sub altis montibus, nobilis et memoratus fama in multis oris, valles Amsancti; utrimque atrum latus nemoris urget hunc densis frondibus, atque [in] medio torrens, fragosus et torto vertice, dat sonitum saxis. Hic monstrantur horrendum specus et spiracula saevi Ditis, ruptoque Acheronte ingens vorago aperit pestiferas fauces, [in] quis condita Erinys, invisum numen, levabat caelum terrasque. Nec interea Saturnia regina minus imponit extremam manum bello: omnis numerus pastorum ruit ex acie in urbem, atque reportant caesos puerum Almonem atque ora foedati Galaesi, implorantque deos obtestanturque Latinum.

fama: ablat.
urget = circumdat
vertex = cursus aquae
specus = antrum
quis = quibus
levabat ... = faciebat caelum terrasque iucundiores quia aberat
nec minus = et
extremam = ultimam
caesos = mortuos, necatos
ora foedati Galaesi = Galaesum, cuius ora foedata erat

Turnus adest atque in medio crimine caedis

crimine = accusatione

et [in medio] igni ingeminat terrorem: [dicit] Teucros vocari in regna, Phrygiam stirpem admisceri, se pelli [e] limine. Tum [ei] quorum matres, attonitae Baccho, insultant avia nemora thiasis (neque enim leve [est] nomen Amatae) coeunt, undique collecti, atque fatigant Martem. Ilicet cuncti, contra omina, contra fata deum, poscunt infandum bellum perverso numine. Certatim circumstant tecta regis Latini; ille resistit velut rupes immota [in] pelago, ut rupes pelagi magno fragore veniente, quae sese tenet [sua] mole, multis undis latrantibus circum; scopuli et spumea saxa fremunt circum nequiquam, atque alga, inlisa lateri, refunditur.

pelli = pass. infinit.

insultant = saltant per
neque ... = omnes enim Amatam magni faciunt

fatigant Martem = poscunt bellum
ilicet = statim / deorum
certatim = modo certaminis

magno fragore veniente: ablat. abs.
sua mole = ingens
latrantibus = strepentibus

alga: sing. pro plur.

Verum ubi nulla potestas datur exsuperare caecum consilium et res eunt nutu saevae Iunonis, pater, multa testatus deos aurasque inanis, "Heu, frangimus fatis" inquit "ferimurque procella! [Vos] ipsi pendetis has poenas sacrilego sanguine, o miseri. Triste supplicium manebit te, Turne, te, nefas, atque venerabere deos seris votis. Nam mihi parta [est] quies, atque [ego] omnis in limine portus spolior felici funere." Nec plura locutus saepsit se tectis atque reliquit habenas rerum.

nutu Iunonis = ad voluntatem Iunonis / inanes
pendetis (fut.) < pendo, -ere (≠ pendeo, -ere)

veneraberis / seris votis = votis quae nimis sero dabis / mihi ... = ego iam ad finem vitae pervenio
spolior ... = felix funus non habebo
saepsit se = celavit se

Mos erat in Hesperio Latio quem protinus urbes Albanae coluere [ut] sacrum; nunc Roma, maxima rerum, colit [eum], cum movent Martem in prima proelia, sive parant inferre manu lacrimabile bellum Getis Hyrcanisve Arabisve

coluerunt

maxima rerum = maxima urbium
movent ... = parant initium belli
in prima proelia = ad bellum incipiendum / manu = vi

tendere = ire / reposcere signa: signa quae antea Parthi, Romanis victis, ceperant

sacrae = sacratae / religione et formidine: abl. agentes participii passivi "sacrae"

absistis = abest / sedet = fit

reserat = aperit

conspirant = una sonant
et = quoque
more = secundum more
recludere = aperire / tristes
abstinuit ... = noluit tangere portas

condidit = celavit

deorum / morantes

postes

inexcita ↔ incitata
campis = per campos
pars (fem.) arduus (masc.): constructio ad sensum
leves / pingui arvina: ablat.

secures / cote < cos, cotis
iuvat = placet eis / sonitus: acc. pl.
novant tela = faciunt nova tela

turrigerae = turribus coronatae

cavant tegmina = parant galeas
capitum (gen.) = capitibus / crates
umbonum = scutorum

seu [parant] tendere ad Indos atque sequi Auroram atque reposcere Parthos [Romana] signa: sunt geminae portae Belli, (sic nomine dicunt) sacrae religione et formidine saevi Martis; centum aerei vectes aeternaque robora ferri claudunt [eas], nec custos Ianus absistit [a] limine. Ubi sententia pugnae sedet certa patribus, ipse consul, insignis Quirinali trabea cinctuque Gabino, reserat stridentia limina, ipse vocat pugnas; tum cetera pubes sequitur, atque aerea cornua conspirant rauco adsensu. Hoc tum et Latinus iubebatur indicere bella Aeneadis more atque recludere tristis portas. Pater abstinuit [a] tactu [portarum] aversusque refugit foeda ministeria, et condidit se [in] caecis umbris.

Tum regina deum, [e] caelo delapsa, ipsa impulit manu morantis portas et, cardine verso, Saturnia rumpit ferratos postis Belli. Ausonia ardet, inexcita atque immovilis ante; pars parat ire pedes campis, pars arduus furit altis equis pulverulentus; omnes requirunt arma. Pars tergent levis clipeos et lucida spicula pingui arvina subiguntque securis in cote; iuvat ferreque signa audireque sonitus tubarum. Adeo quinque magnae urbes novant tela [in] positis incudibus: potens Atina Tiburque superbum, Ardea Crustumerique et turrigerae Antemnae. Cavant tegmina, tuta capitum, flectuntque salignas cratis umbonum;

leves / lento = flexibili
honor = usus, cultus
cessit = evanuit

enses / classicum = signum tuba datum
rapit = effert / trementes
cogit ad iuga = ponit sub iugum

Helicona: Graecus acc.

cantus: acc. pl. / qui, quae, quibus: interrogativa / quem secutae = quem ducem sequentes

[Itala terra] arserit

perlabitur (dep.) = pervenit

divum = deorum

huic (dat.) = huius (gen.)

equorum / nequiquam = frustra

qui ... : melius fuisset ei habere alium patrem qui recta iussa praescripsisset

satus = natus

palma: ablat.

insigne = signum / angues

quem: Aventimum / furtivum in partu = natum occulte
sub oras luminis = ad vitam

alii ducunt aenos thoracas aut levis ocreas lento argento; huc honor vomeris et falcis [cessit], huc omnis amor aratri cessit; recoquunt patrios ensis [in] fornacibus. Iamque classica sonant; it tessera, signum bello; hic trepidus rapit galeam [e] tectis, ille cogit trementis equos ad iuga, induitur clipeumque trilicemque auro loricam atque accingitur fido ense. Pandite nunc Helicona, deae, atque movete cantus: qui reges exciti [sint] [in] bello, quae acies quemque secutae complerint campos, quibus viris alma Itala terra iam tum floruerit, quibus armis arserit. Et enim meministis, divae, et potestis memorare; ad nos vix tenuis aura famae perlabitur.

Asper Mezentius ab Tyrrhenis oris, contemptor divum, primus init bellum atque armat agmina. Iuxta, filius huic, Lausus, quo pulchrior non fuit alter, corpore Laurentis Turni excepto; Lausus, domitor equum debellatorque ferarum, ducit mille viros, nequiquam ex urbe Agyllina secutos, [Lausus] qui, dignus, esset laetior [sub] patriis imperiis et cui pater esset haud Mezentius. Post hos, pulcher Aventinus, satus [e] pulchro Hercule, ostentat per gramina currum, insignem palma, atque victores equos, atque [in] clipeo gerit paternum insigne, centum anguis atque Hydram [his] serpentibus cinctam; quem, furtivum [in] partu, sacerdos Rhea edidit [in] silva collis Aventini sub oras luminis, mulier mixta [cum] deo, postquam Tirynthius victor, Gerione exstincto, attigit Laurentia arva atque lavit Hiberas boves in Tyrrheno flumine. Gerunt pila [in] manu saevosque dolones in bella, et pugnant tereti mucrone veruque Sabello. Ipse pedes, torquens immane tegimen leonis, impexum terribili saeta, indutus capiti cum albis dentibus, sic subibat [in] regia tecta, horridus atque innexus umeros Herculeo amictu.

exstincto = mortuo
dolo, -onis = culter, -tri
tereti mucrone = rotundo gladio
torquens = indutus, gerens
indutus ... = gerens dentes leonis ut galeam
subibat = intrabat
innexus < innecto
umeros: acc. respectus

Tum gemini fratres linquunt Tiburtia moenia, gentem dictam cognomine fratris Tiburti, Catillusque acerque Coras, Argiva iuventus, et feruntur ante primam aciem inter densa tela: ceu cum duo nubigenae centauri ab alto vertice montis descendunt rapido cursu linquentes Homolen Othrymque nivalem; ingens silva dat locum [eis] euntibus et virgulta cedunt magno fragore. Nec defuit fundator Praenestinae urbis, Caeculus, quem omnis aetas credidit genitum [esse] regem [e] Volcano inter agrestia pecora inventumque [esse] [in] focis. Agrestis legio late comitatur hunc: quique viri [colunt] altum Praeneste quique colunt arva Gabinae Iunonis gelidumque Anienem et Hernica saxa, rivis roscida, [et ei] quos pascis [tu], dives Anagnia, [et ei] quos [pascis tu], Amasene pater. Non illis omnibus arma nec clipei currusve sonant; maxima pars spargit glandes liventis plumbi,

fratres: Catillus atque Coras
(re)linquunt / dictam = vocatam
feruntur = progrediuntur (dep.)
nubigena, -ae = in nubibus natus
dat locum = cedit
nec defuit = et aderat
omnis aetas = homines cuiusque aetatis
agrestis legio = legio agricolarum
quique viri = et viri qui
quique = et (ei) qui
pascis = alis
non illis ... = illi habent neque arma neque currus
spargit = iactat

pars gestat bina spicula [in] manu, atque habent fulvos galeros de pelle lupi [ut] tegmen capiti; instituere nuda vestigia sinistri pedis, crudus pero tegit altera [vestigia]. At Messapus, domitor equum, Neptunia proles, quem fas [est] cuiquam neque igni nec ferro sternere, subito vocat populos, iam pridem in arma resides, atque agmina, bello desueta, atque retractat ferrum. Hi [habent] Fescenninas acies Aequosque Faliscos, hi habent arces Soractis Flaviniaque arva et lacum Cimini cum monte lucosque Capenos. Ibant aequati numero regemque canebant: ceu cum quondam nivei cycni inter liquida nubila sese referunt e pastu et per longa colla dant canoros modos, amnis sonat et Asia palus longe pulsa [est]. Nec quisquam putet [e] tanto examine aeratas acies misceri, sed aeriam nubem raucarum volucrum urgeri ab alto gurgite ad litora.

Ecce Clausus, de prisco sanguine Sabinorum, agens magnum agmen, atque ipse magni agminis instar, a quo nunc diffunditur per Latium et tribus et gens Claudia, postquam Roma data [est] Sabinis in partem. Una [cum eo] [veniunt] ingens Amiterna cohors priscique Quirites, omnis manus Ereti oliviferaeque Mutuscae; qui [colunt] urbem Nomentum, qui [colunt] Rosea rura Velini, qui colunt horrentis rupes Tetricae montemque Severum Casperiamque Forulosque et flumen Himellae, qui bibunt Tiberim Fabarimque,

gestat = gerit

instituerunt / nuda vestigia pedis = vestigia nudi pedis

pero, -onis = calceum / equorum

quem ... = quem nemo poterat necare

in arma resides (< reses, -idis) = desuetos armis

desuetus ↔ assuetus / retractat = iterum capit

aequati numero = aequali ordine

e pasto = e cibo

pulsa est = resonat

nec quisquam = et nemo

examine = multitudine

misceri = fieri

urgeri = impelli, incitari

magni agminis instar = similis magno agmini / diffunditur = expanditur

omnis manus = totus exercitus

horrentes rupes = horrentes saxeos montes

qui bibunt Tiberim = qui iuxta Tiberim habitant

[ei] quos frigida Nursia misit, et Ortinae classes populique Latini, atque [ei] quos, secans, interluit Allia, infaustum nomen: quam multi fluctus volvuntur [in] Libyco marmore ubi saevus Orion conditur [in] hibernis undis, vel cum densae aristae torrentur sole novo aut [in] campo Hermi aut [in] flaventibus arvis Lyciae. Scuta sonant atque tellus conterrita [est] pulsu pedum.

classes = copiae
secans = dividens / quam multi fluctus = quot fluctus (nom. pl.)
marmore = mari / conditur = celatur
aristae [frumenti]
Hermus: flumen in Asia
arvis = campis

Hinc Agamemnonius Halaesus, hostis nominis Troiani, iungit equos curru atque rapit Turno mille ferocis populos: [eos] qui vertunt rastris Massica [arva], felicia Baccho, et quos Aurunci patres de altis collibus Sidicinaque iuxta aequora misere, quique linquunt Cales atque accola vadosi amnis Volturni, pariterque asper Saticulus atque manus Oscorum. Illis tela sunt aclydes teretes, sed mos est [eis] aptare haec [tela] lento flagello. Caetra tegit laevas [manus], falcati enses [sunt eis] comminus [pugnantibus].

feroces / vertunt = arant
felicia Baccho = copiosa vini
aequora misere = planities miserunt
accola = incola
pariterque = et quoque
aptare = vincire
lento flagello = flexibili taenia
caetra = parvum scutum
falcati ... = utuntur falcatis ensibus utcumque comminus pugnant

Nec tu abibis [a] carminibus nostris indictus, Oebale, quem Telon fertur generasse [e] Sebethide nympha, cum teneret regna Capreas Teleboum, iam senior; sed filius, non contentus patriis arvis, et iam tum late premebat [sub] dicione Sarrastis populos et aequora quae Sarnus rigat, atque [eos] qui tenent Rufras Batulumque atque arva Celemnae, et [eos] quos moenia maliferae Abellae despectant, soliti torquere cateias Teutonico ritu;

fertur = dicitur
Teleboum: genit. pl. / et = quoque
premebat sub dicione = habebat subiectos / aequora = planities
despectant = spectant desuper
ritu = modo

quis = quibus / tegmina capitum = galeae / raptus = captus
miserunt
fama: ablat.
adsueta duris glaebis = adsueta colere duros campos
convectare = ferre / recentes
rapto = e rebus quas rapiunt
comptus = ornatus
missu < missus, -us
missu Archippi regis = missus ab Archippo rege
levabat = sanabat / morsus: acc. pl.
evaluit medicari = potuit sanare
cuspidis = iaculi
cantus: nom. pl. / quaesitae = collectae / iuverunt
in vulnera = ad vulnera sananda

quis tegmina capitum [est] cortex de subere raptus, aerataeque peltae micant, aereus ensis micat. Et montosae Nersae misere te in proelia, Ufens, insignem fama et felicibus armis, cui praecipue [paret] Aequicula gens, horrida adsuetaque multo venatu nemorum [et] duris glaebis. Exercent terram armati, semperque iuvat [eos] convectare recentis praedas et vivere rapto. Quin, et venit de Marruvia gente sacerdos, comptus super galeam fronde et felici oliva, missu Archippi regis, fortissimus Umbro, qui solebat cantuque manuque spargere somnos vipereo generi et hydris graviter spirantibus, mulcebatque iras et levabat morsus [harum ferarum] [sua] arte. Sed non evaluit medicari ictum Dardaniae cuspidis neque somniferi cantus et herbae [in] Marsis montibus quaesitae iuvere eum in vulnera.

lacus: nom. pl.
fleverunt / et = quoque / bello = ad bellum
eductum = altum (< alo, -ere), educatum
namque = nam
ferunt fama = dicunt / Hippolytum venisse / occiderit = mortuus fuerit
arte = dolo / distractus = in varias partes tractus
sub = ad

Nemus Angitiae [flevit] te, Fucinus vitrea unda [flevit] te, liquidi lacus flevere te. Ibat et pulcherrima proles Hippolyti bello, Virbius, quem insignem mater Aricia misit, eductum [in] lucis Egeriae circum umentia litora, ubi [est] pinguis et placabilis ara Dianae. Namque ferunt fama Hippolytum, postquam occiderit arte novercae atque, distractus turbatis equis, explerit patrias poenas [suo] sanguine, venisse rursus ad aetheria sidera et sub superas auras caeli, revocatum Paeoniis herbis et amore Dianae.

ad lumina vitae = ad vivos
repertorem ... = qui tales medicinas et artes invenit
recondit = occultat / secretis < secerno / relegat = dat
ignobilis = sine fama
verso = mutato
unde = ex illo tempore
quod = quia / effuderunt
ardentes
aequore campi = per campum

Tum pater omnipotens, indignatus aliquem mortalem ab infernis umbris surgere ad lumina vitae, ipse detrusit fulmine Phoebigenam repertorem talis medicinae et artis ad undas Stygias. At alma Trivia recondit Hippolytum [in] secretis sedibus et relegat [eum] nymphae Egeriae nemorique, ubi solus in Italis silvis, ignobilis, exigeret aevum atque ubi, nomine verso, esset Virbius. Unde etiam cornipedes equi arcentur [a] templo Triviae atque [a] sacratis lucis, quod, pavidi monstris marinis, effudere currum et iuvenem [in] litore. Filius exercebat ardentis equos haud setius aequore campi atque ruebat in bella curru.

vertitur = progreditur (dep.)
supra est = eminet / vertice = capite
triplici crinita iuba: ablat.
ignes
pugnae: nom. pl.
insignibat = ornabat (quia caelata in clipeo erat)
obsita saetis = villo tecta
urna = cubo aquae

Ipse Turnus inter primos vertitur praestanti corpore, tenens arma, et supra est [suo] toto vertice. Cui alta galea triplici crinita iuba sustinet Chimaeram, efflantem Aetnaeos ignis [e] faucibus; tam magis illa [apparet] fremens et effera tristibus flammis quam magis pugnae crudescunt effuso sanguine. At Io insignibat levem clipeum auro, sublatis cornibus, iam obsita saetis, iam bos, ingens argumentum, et Argus, custos virginis, atque pater Inachus, fundens amnem [e] caelata urna.

nimbus = caterva
totis campis = per totos campos
manus: nom. pl.

Nimbus peditum insequitur clipeataque agmina densentur totis campis: Argivaque pubes Auruncaeque manus, Rutuli veteresque Sicani, et Sacranae acies et Labici, picti scuta; qui arant tuos saltus, Tiberine, sacrumque litus Numici atque exercent Rutulos collis Circaeumque iugum vomere, quis arvis praesidet Anxurus Iuppiter et Feronia, gaudens viridi luco. Qua iacet atra palus Saturae gelidusque Ufens quaerit iter per imas vallis atque conditur in mare.

picti scuta = qui picta scuta habent
saltus: acc. pl.
exercent = arant / colles

quis (= quibus) arvis = arva quibus

qua = illic

valles / conditur = celat se

Super hos advenit Camilla, de Volsca gente, agens agmen equitum et catervas florentis aere, bellatrix, illa non adsueta femineas manus colo calathisve Minervae, sed virgo [adsueta] pati dura proelia atque praevertere ventos cursu pedum. Illa vel volaret per summa gramina intactae segestis nec laesisset [suo] cursu teneras aristas, vel per medium mare, suspensa [super] tumenti fluctu, ferret iter nec tingeret celeris plantas aequore. Omnis iuventus, effusa [e] tectis agrisque, turbaque matrum miratur illam et prospectat [eam] euntem, inhians attonitis animis ut regius honos ostro velet levis umeros, ut fibula internectat crinem auro, ut ipsa gerat Lyciam pharetram et pastoralem myrtum [cum] praefixa cuspide.

florentes / adsuetus + dat.
femineas manus (acc. pl.): acc. respectus / colo, calathis: dat.

praevertere = superare
cursu pedum = currens

ferret iter = iret

celeres / aequore = aqua

prospectat = spectat

inhians = mirans / ut = quo modo (exclamat.) / regius honos = regium velum / leves

cuspide = cuspide iaculi

LIBER VIII

Ut Turnus extulit ab arce Laurenti signum belli et cornua strepuerunt rauco cantu, utque concussit acris equos utque impulit arma, extemplo animi turbati [sunt], simul omne Latium trepido tumultu coniurat atque iuventus saevit effera. Primi ductores Messapus et Ufens contemptorque deum Mezencius undique cogunt auxilia et vastant latos agros [a] cultoribus. Et mittitur Venulus ad urbem magni Diomedis qui petat auxilium et edoceat Teucros consistere [in] Latio, Aenean advectum [esse] classi atque inferre victos Penatis et dicere se posci [a] fatis [ut] regem, multasque gentes adiungere se viro Dardanio et nomen late increbrescere [in] Latio. Quid struat [Aeneas] his coeptis, quem eventum pugnae cupiat, si fortuna sequatur, apparere manifestius ipsi quam regi Turno aut regi Latino.

Talia [fiunt] per Latium. Quae cuncta videns Laomedontius heros fluctuat magno aestu curarum, atque dividit celerem animum nunc huc nunc illuc atque in partis varias rapit [eum] perque omnia versat, sicut ubi tremulum lumen aquae [in] aenis labris, repercussum sole aut imagine radiantis lunae, pervolitat late [per] omnia loca, iamque erigitur sub auras atque ferit laquearia summi tecti.

concussit = hortatus est / acres
impulit arma = impulit viros ad arma

coniurat [pugnare] / effera =ferox

deorum

vastant = vacuant, vacuefaciunt

edoceat = dicat, monstret

Penates

se = Aenean / posci: pass. infinit.

nomen: nomen Aeneae
increbrescere = crescere, fortior fieri
struat = desideret / coeptis = propositis
sequatur (dep.) = faveat / ipsi = Diomedei

quae = haec

aestu = motu / dividit celerem animum = celeriter dividit animum partes

aenis labris = aeno receptaculo
repercussum = reflexum (< reflecto)

ferit = tangit

omnes
genus ... : appositio ad "animalia"
pectora: acc. respectus
procubuit = cubitum ivit
per membra = membris (dat.)
amoeno fluvio: ablat. descriptionis
carbasus: genus vestis
crines / demere = amovere
sate = nate
deorum / revehis = servas
Pergama: plur. pro sing.
ne absiste = noli absistere
minis < mina, -ae / deorum
concesserunt = evanuerunt
iamque = et nunc / haec vana = has imagines vanas / enixa ... = quae peperit triginta fetus (acc. pl.)
requies = finis / [locus] ex quo
ter denis = XXX / haud incerta cano = quod cano verum est
adverte animum = attente audi
qua ratione = quo modo
expedias = exeas = exire possis
instat = minatur (dep.) tibi
profectum a Pallante = quod originem habet e Pallante
delegerunt / posuerunt

Nox erat et per omnis terras altus sopor habebat fessa animalia, genus alituum pecudumque, cum pater Aeneas, in ripa atque sub axe gelidi aetheris, turbatus pectora tristi bello, procubuit atque dedit seram quietem per membra. Huic visus [est] ipse deus loci, Tiberinus amoeno fluvio, senior attollere se inter populeas frondes (tenuis carbasus glauco amictu velabat eum, et umbrosa harundo tegebat crinis), tum sic adfari et demere curas his dictis: "O sate [e] gente deum, qui ex hostibus revehis Troianam urbem atque servas aeterna Pergama nobis, [o tu] expectate [in] solo Laurenti arvisque Latinis, hic tibi [erit] certa domus, [hic tibi erunt] certi Penates, ne absiste, neu terrere minis belli; omnis tumor et irae deum concessere. Iamque, ne putes somnum fingere haec vana, tibi iacebit, sub litoreis ilicibus inventa, ingens alba sus enixa fetus triginta capitum, recubans [in] solo, [atque] albi nati [iacebunt] circum ubera. Hic erit locus urbis, ea [erit] certa requies laborum, ex quo Ascanius, ter denis annis redeuntibus, condet Albam clari cognominis. Haud incerta cano. Nunc adverte [animum], paucis [verbis] docebo qua ratione expedias victor [ex hoc] quod instat. Arcades, genus profectum a Pallante, qui [ut] comites [secuti sunt] regem Evandrum, qui secuti [sunt] signa [eius], [in] his oris delegere locum et posuere urbem in montibus, Pallanteum, de nomine proavi Pallantis.

adsidue = saepe / ducunt = gerunt
adhibe = accipe

ripis = inter ripas / subvectus = ab inferiore loco pulsus / adversum amnem: Aeneas navigabit sursum
rite = ut ritus iubet

persolves = dabis

stringentem = amplectentem
pinguia culta = fertiles campos

caput: origo fluminis, prima fons
celsis = altis

condidit = occultavit

orientia lumina solis = lumen orientis solis
undam = aquam

tales / aethera: Graecus acc.

amnibus (dat.) = amnium

eum = me

lacus: nom. pl. / incommoda = difficultates
celebrabere = celebraberis

Hesperidum: genit. pl.

tantum = solum / firmes ... = monstres te deum propius

legit = eligit / biremes

remigio = remis

Hi adsidue ducunt bellum cum gente Latina; adhibe hos [in tuis] castris [ut] socios et iunge foedera [cum eis]. Ego ipse ducam te [meis] ripis et recto flumine, ut subvectus superes adversum amnem remis. Age, surge, nate [e] dea, primisque cadentibus astris fer rite preces Iunoni, atque supera iram minasque [deae] supplicibus votis. Victor, persolves honorem mihi. Ego sum quem cernis pleno flumine stringentem ripas et secantem pinguia culta, caeruleus Thybris, amnis gratissimus caelo. Hic mihi [est] magna domus, [meum] caput exit [e] celsis urbibus."

Dixit; deinde fluvius condidit se [in] alto lacu, petens ima. Nox somnusque reliquit Aenean; surgit et spectans orientia lumina aetherii solis sustinet rite undam de flumine [in] cavis palmis ac effundit talis voces ad aethera: "Nymphae, Laurentes Nymphae, unde est genus amnibus, tuque, genitor Thybri cum tuo sancto flumine, accipite Aenean et tandem arcete [eum] [a] periclis. [In] quocumque fonte lacus tenent te, miserantem incommoda nostra, [e] quocumque solo exis pulcherrimus, semper celebrabere honore meo, semper donis [meis], corniger fluvius regnator Hesperidum aquarum. O, tantum adsis et firmes tua numina propius."

Sic memorat, atque de classe legit geminas biremis atque aptat [eas] remigio; simul instruit socios armis.

Ecce autem, subitum monstrum atque mirabile oculis [apparuit]: candida sus, concolor cum albo fetu, procubuit per silvam atque conspicitur in viridi litore; quam pius Aeneas enim tibi, maxima Iuno, ferens [ut] sacra ad aram, cum grege sistit et mactat. Ea nocte, quam longa est, Thybris leniit tumentem fluvium, et, refluens, ita unda substitit tacita, ut aequor aquis sterneret in morem mitis stagni placidaeque paludis, ut luctamen abesset remo. Ergo celerant inceptum iter secundo rumore; uncta abies labitur [in] vadis et undae mirantur, nemus miratur, longe insuetum [videre] fulgentia scuta virum atque pictas carinas innare [in] fluvio. Olli fatigant noctemque diemque remigio et superant longos flexus, atque teguntur variis arboribus atque secant viridis silvas placido aequore.

Igneus sol conscenderat medium orbem caeli, cum procul vident muros arcemque ac rara tecta domorum, quae nunc Romana potentia aequavit caelo; tum Evandrus habebat [ea], res inopes. Ocius advertunt proras atque propinquant urbi. Forte illo die rex Arcas ferebat honorem solemnem magno Amphitryoniadae divisque in luco ante urbem. Filius Pallas una, omnes primi iuvenum pauperque senatus una huic dabant tura, tepidusque cruor fumabat ad aras. Ut videre celsas rates atque [videre rates] adlabi inter opacum nemus

monstrum = prodigium

concolor ... = eundem album colorem habens ac fetus (nom. pl.)
conspicitur = apparet / (nunc poeta deae Iunoni loquitur)
sistit = ponit / mactat = sacrificat

leniit = placavit / refluens = sursum fluens
substitit = mansit
aequor aquis = flumen, aqua
ut ... = ut facile esset remigare

uncta abies: naves

insuetus ↔ assuetus

virorum / olli = illi

flexus: acc. pl.

secant virides ... : flumen habet silvas in utroque latere

conscenderat ... = fecerat medium iter diei
rara = pauca

potentia = potestas, vis / inopes = pauperes
ocius = cito, celeriter

divis = deis

Pallas = nominat. / una: adverbium

pauper = parvus

viderunt
adlabi = venire, appropinquare

incumbere remis = fortiter remigare
rumpere sacra = interrumpere sacrificia / obvius = ad pervenientes
subegit = coegit
genus: acc. respectus
unde domo? = unde venitis et a qua domo?

et [videre eos] tacitos incumbere remis, terrentur subito visu atque, cunctis mensis relictis, consurgunt. Quos audax Pallas vetat rumpere sacra atque, telo rapto, ipse volat obvius, et procul e tumulo "Iuvenes, quae causa subegit [vos] temptare ignotas vias? Quo tenditis?" inquit. "Qui [estis] genus? Unde domo? Fertisne huc pacem an arma?"

praetendit = monstrat ante se
egerunt profugos = persecuti sunt
rogantes
obstipuit = stupefactus mansit
egredere: pass. infinit.
adloquere: pass. infinit.
succede = veni, appropinqua
inhaesit = iunxit
subeunt luco = intrant in lucum

Tum pater Aeneas sic fatur ab alta puppi atque manu praetendit ramum paciferae olivae: "Vides Troiugenas ac tela inimica Latinis, quos illi egere profugos superbo bello. Petimus Evandrum. Ferte haec et dicite [ei] lectos duces Dardaniae venisse rogantis socia arma." Pallas obstipuit, percussus tanto nomine: "Egredere, o quicumque es" ait "atque coram adloquere [meum] parentem ac succede nostris Penatibus [ut] hospes." Excepitque [eum] manu atque amplexus inhaesit dextram; progressi, subeunt luco atque relinquunt fluvium.

Graiugenum: genit. pl.
vitta: ablat. sing.
extimui = timui
quod = factum quod
divum = deorum / terris = per terras
coniunxerunt / egerunt
fatis = propter fata

Tum Aeneas adfatur regem amicis dictis: "Optime Graiugenum, cui Fortuna voluit me precari et praetendere ramos vitta comptos, non equidem extimui quod [fores] ductor Danaum et Arcas quodque a stirpe fores coniunctus geminis Atridis; sed mea virtus et sancta oracula divum cognatique patres, tua fama didita terris, coniunxere me tibi et egere [me] volentem fatis.

Dardanus, primus pater urbis et auctor, cretus [ex] Atlantide Electra, ut Grai perhibent, advehitur [ad] Teucros; maximus Atlas, qui sustinet aetherios orbis umero, edidit Electram. Vobis Mercurius est pater, quem, conceptum [in] gelido vertice Cyllenae, candida Maia fudit; at, si quicquam credimus auditis [verbis], Atlas, idem Atlas qui tollit sidera caeli, generat Maiam. Sic genus amborum scindit se ab uno sanguine. His fretus, non [misi] legatos neque per artem pepigi prima temptamenta tui; ipse obieci me, me meumque caput, et [ut] supplex veni ad [tua] limina. Eadem gens, [gens] Daunia, quae insequitur te crudeli bello, [insequitur quoque me]; credunt, si pellant nos, nihil afore quin mittant omnem Hesperiam penitus sub sua iuga et teneant mare quod supra quodque infra adluit [eam]. Accipe daque fidem. Sunt nobis pectora fortia bello, sunt [nobis] animi et iuventus spectata [in] [quibuscumque] rebus."

Dixerat Aeneas. Ille iamdudum lustrabat os oculosque et totum corpus loquentis lumine [suo]. Tum sic pauca refert: "Ut accipio te, fortissime Teucrum, atque libens agnosco [te]! Ut recordor verba parentis et vocem vultumque magni Anchisae! Nam memini Priamum Laomedontiaden, Salamina petentem, visentem regna sororis Hesionae, protinus invisere gelidos fines Arcadiae. Tum prima iuventas vestibat mihi genas flore,

cretus (< cresco) = natus

perhibent = dicunt, monstrant

orbes / edidit Electram = habuit Electram filiam

fudit = peperit

quicquam = aliquo modo

scindit se = dividit se = venit

fretus = fidens / pepigi (< pango) = paravi

tui = ad te / obieci me = veni

insequitur = persequitur

credunt = putant

afore (fut. infinit.) = afuturum esse < absum / quin: ut

bello = ad bellum

spectata = perita

lumine suo = oculis suis

ut = quo modo (exclamatio)

Teucrorum / agnosco te = scio quis sis

memini Priamum invisere

Salamina: Graecus acc.

invisere = venire ad

iuventas = iuventus

mirabarque duces Teucros, mirabar et ipsum Laomedontiaden. Sed Anchises ibat altior cunctis; mens ardebat mihi iuvenali amore compellare virum et coniungere dextram dextrae; accessi et cupidus duxi [eum] sub moenia Phenei. Ille, discedens, dedit mihi insignem pharetram Lyciasque sagittas chlamydemque auro intertextam, atque bina aurea frena quae nunc meus [filius] Pallas habet. Ergo et dextra quam petitis iuncta est mihi foedere et cum crastina lux primum reddet se terris dimittam [vos] laetos [meo] auxilio atque iuvabo [vos] opibus. Interea, quando venistis huc [ut] amici, celebrate faventes nobiscum haec annua sacra quae nefas [est] differe, et iam nunc adsuescite [vos] mensis sociorum."

Ubi haec dicta [sunt], iubet dapes et sublata pocula reponi atque ipse locat viros [in] gramineo sedili, atque accipit praecipuum Aenean [in] toro et villosi pelle leonis atque invitat [eum] acerno solio. Tum lecti iuvenes atque sacerdos arae certatim ferunt tosta viscera taurorum onerantque [in] canistris dona laboratae Cereris atque ministrant Bacchum. Aeneas, simul et Troiana iuventus, vescitur tergo perpetui bovis et lustralibus extis. Postquam fames exempta [est] et amor edendi compressus [est], rex Evandrus ait: "Non superstitio vana atque ignara veterum deorum imposuit nobis haec sollemnia, has dapes ex more,

et = quoque
cunctis = omnibus (ablat. comparationis)
compellare virum = loqui viro
discedens = antequam abiret
frena [equorum]
foedere = propter foedus
crastinus, -a, -um < cras
reddet se terris (dat.) = apparebit in terris
quando = quoniam
annuus, -a, -um = qui quotannis fit
mensis: dat.
sublata: quae nuper, Troianis pervenientibus, sustulerant
locat = ponit
acerno solio = ad acernum solium
certatim = tamquamsi certarent
dona laboratae Cereris = laborata dona Cereris
Bacchum = vinum Bacchi
vescitur (dep.) tergo = edit tergum
perpetuus = totus
exempta = remota
amor = desiderium
compressus est = repressus est
haec sollemnia = haec sacrificia quae nunc facimus
ex more = ut fieri solet

hanc aram tanti Numinis; servati [a] saevis periclis, hospes Troiane, facimus [hoc] et novamus [hos] meritos honores. Aspice primum hanc rupem suspensam [e] saxis, ut procul [stant] disiectae moles atque stat deserta domus montis et [ut] scopuli traxere ingentem ruinam. Hic fuit spelunca, summota [in] vasto recessu, inaccessa radiis solis, quam dira facies semihominis Caci tenebat; atque humus semper tepebat recenti caede, atque ora virum pendebant, superbis foribus adfixa, pallida tristi tabo.

tanti Numinis = tam magni Numinis
novamus = condidimus
ut = quo modo (exclamatio)
disiectae = ruptae
montis = in monte / traxerunt
hic = in hoc loco / summota = occulta / recessus = locus secretus (< secerno)
tepebat = calida erat / caede = sanguine / ora = capita / virorum

Huic monstro Volcanus erat pater: ille ferebat se magna mole, vomens atros ignis illius [ex] ore. Et aliquando aetas attulit nobis optantibus auxilium adventumque dei. Nam Alcides, maximus ultor, superbus nece tergemini Geryonae spoliisque [eius], aderat, atque victor agebat hac ingentis tauros; boves tenebant vallemque amnemque. At effera mens furis Caci, ne quid scelerisve dolive fuisset inausum aut intractatum, avertit a stabulis quattuor tauros praestanti corpore [atque] totidem iuvencas superante forma. Atque, ne qua vestigia forent pedibus rectis, raptor occultabat hos, cauda tractos in speluncam indiciisque viarum versis, [in] opaco saxo; quaerenti nulla signa ferebant ad speluncam. Interea, cum Amphitryoniades iam moveret saturata armenta [e] stabulis atque pararet abitum,

ferebat ... = ambulabat movens suum magnum corpus
ignes / illius: patris / aliquando = quondam / aetas = tempus
nece = morte / aderat = pervenit
ingentes
effera = ferox / (ali)quid sceleris = aliquod scelus
totidem = quoque quattuor
(ali)qua
pedibus rectis = pedibus ad speluncam viam monstrantibus
causa: ablat.
saturata = quae iam ederant
abitum = discessum

boves mugire discessu atque omne nemus impleri querelis et colles relinqui clamore. Una boum reddidit vocem atque mugiit sub vasto antro et, custodita, fefellit spem Caci.

discessu = propter discessum
querelis [armentorum]
boum: genit. pl.

custodita = clausa

Hic vero dolor Alcidae exarserat furiis atro felle: manu rapit arma atque robur nodis gravatum, et cursu petit ardua aerii montis. Tum primum nostri videre Cacum timentem turbatumque oculis; ilicet fugit ocior Euro atque petit speluncam; timor addidit alas pedibus. Ut inclusit sese atque, ruptis catenis, deiecit immane saxum quod pendebat [de] ferro et arte paterna atque emuniit fultos postis obice, ecce aderat Tirynthius, furens animis, atque, lustrans omnem accessum, ferebat ora huc et illuc, infrendens dentibus. Fervidus ira, lustrat ter totum montem Aventini, ter temptat saxea limina nequiquam, ter fessus resedit [in] valle.

hic = tunc / furiis = furens

cursu = currens / petit ardua = it ad altas partes montis / aerii = alti
viderunt

ilicet = statim / ocior = celerior

ruptis ... paterna: saxum ianuam claudens de ferreis catenis a patre factis pendebat / postes
emuniit = protexit
obex, -icis = obstaculum
aderat = pervenit
ora = oculos

temptat ... = temptat intrare

Acuta silex stabat undique [in] praecisis saxis, insurgens [e] dorso speluncae, altissima visu, opportuna domus nidis dirarum volucrum. Ut [silex] incumbebat prona [a] iugo ad laevum amnem, [Alcides], dexter nitens in adversum, concussit hanc et solvit [eam], avulsam [ex] imis radicibus, [atque] inde repente impulit [eam]; quo impulsu maximus aether intonat, ripae dissultant atque amnis refluit exterritus. At specus apparuit, et ingens detecta regia Caci, et umbrosae cavernae penitus patuere,

silex = scopulus / praecisis < praecido
opportuna = idonea / nidis: dat.

(silex inclinabatur ad laevam, et Alcides pellit eam in contrarium, ad sinistram, ut eam e solo removeat)

dissultant = agitantur
refluit = retro fluit
specus = interior specus (genit.)
detecta = sine tecto
patuerunt

(ali)qua vi = propter aliquam vim
reseret = aperiat, monstret
deis / super = de superiore loco
cernatur = videatur

non secus ac si terra, penitus dehiscens qua vi, reseret infernas sedes et recludat pallida regna, invisa dis, superque immane barathrum cernatur [atque] Manes trepident immisso lumine.

premit = impetum facit contra
rudentem insueta = iactans insuetos sonus (acc. pl.)
advocat omnia arma = utitur omnibus rebus ut armis
iam ... erat = fugere poterat
involvit = implevit
caeca caligine = caligine quae videre impediebat / glomerat = accumulat

Ergo Alcides, desuper, premit [eum] telis, deprensum repente inesperata luce inclusumque [in] cavo saxo atque rudentem insueta, atque advocat omnia arma et instat ramis vastisque molaribus. Ille autem, neque enim iam ulla fuga pericli super [erat], evomit ingentem fumum [e] faucibus, mirabile dictu, involvitque domum caeca caligine, eripiens prospectum [ab] oculis, glomeratque sub antro fumiferam noctem, tenebris igne commixtis.

tulit = passus est, sivit
qua = per locum ubi
aestuat = fervet / atra nebula: ablat.
inhaerens = amplectens
angit = magna vi premit
siccum sanguine = sine sanguine (quia multum premebat)
abstractae = surreptae
cadaver [Caci]
expleri = satis habere / terribiles pectora villosa
ignes
minores = prognati, posteri servaverunt
auctor = qui servavit diem

Alcides non tulit [hoc] [in] animis atque ipse iecit se praecipiti saltu per ignem, qua plurimus fumus agit undam atque ingens specus aestuat atra nebula. Hic, complexus Cacum in nodum, corripit [eum], vomentem vana incendia in tenebris, et, inhaerens [eum], angit elisos oculos et guttur siccum sanguine. Extemplo atra domus, foribus revulsis, panditur, abstractaeque boves abiurataeque rapinae ostenduntur caelo, atque informe cadaver protrahitur. Corda nequeunt expleri tuendo terribilis oculos, vultum atque pectora [illius] semiferi, villosa saetis, atque exstinctos ignis [in] faucibus. Ex illo [die] honos celebratus [est] laetique minores servavere diem, primusque auctor [fuit] Potitius, et domus Pinaria, custos Herculei sacri, statuit [in] luco hanc aram, quae semper dicetur "Maxima" [a] nobis et quae semper erit maxima. Quare, agite, o iuvenes, in munere tantarum laudum cingite comas fronde et porgite pocula dextris, atque vocate communem deum et date vina volentes."

dicetur = vocabitur
in munere = in occasione
porgite = tendite

Dixerat, cum bicolor populus velavitque comas Herculea umbra atque, innexa, pependit foliis, et sacer scyphus implevit dextram. Ocius omnes, laeti, libant in mensam atque precantur divos. Interea Vesper fit propior devexo Olympo, iamque sacerdotes primusque Potitius ibant cincti pellibus in morem, atque ferebant flammas. Instaurant epulas et secundae mensae ferunt grata dona cumulantque aras oneratis lancibus. Tum Salii adsunt ad cantus circum incensa altaria, evincti tempora populeis ramis, hic chorus iuvenum, ille senum, qui carmine ferunt Herculeas laudes et facta: ut prima monstra geminosque anguis novercae eliserit premens manu, ut idem disiecerit bello egregias urbes, Troiamque Oechaliamque, ut pertulerit mille duros labores sub rege Eurystheo fatis iniquae Iunonis. "Tu, invicte, manu [mactas] nubigenas bimembris Hylaeumque Pholumque, tu mactas Cresia prodigia et vastum leonem Nemeae sub rupe; Lacus Stygii tremuere te; ianitor Orci, recubans super semesa ossa [in] cruento antro, [tremuit te];

populus, -i f.: genus arboris
Herculea umbra: ablat.
sacer ... = cepit sacrum scyphum dextra manu
ocius = cito

propior + dat.
devexo (dat.) = inclinato
in morem = sic ut mos erat

cantus: acc. pl.

tempora = caput

carmine = canentes
ut = quo modo (exclamatio)
angues / novercae = a noverca missos
disiecerit = delevit

fatis = propter fata

bimembres = centauros
Cresia prodigia = monstrum Cretae
Lacus: nom. pl. / tremuerunt

nec ullae facies [terruerunt] te, non ipse Typhoeus, arduus tenens arma, terruit [te]; Lernaeus anguis non circumstetit te, rationis egentem, turba capitum. Salve, vera proles Iovis, addite divis [ut] decus, secundo pede adi dexter et [ad] nos et [ad] tua sacra."

nec ullae = et nullae
circumstetit = circumdedit
rationis egentem = nescientem quid faciendum esset
turba: ablat. / addite: vocat. sing.
adi: imperat.

Talia celebrant carminibus. Super omnia adiciunt speluncam Caci atque [eum] ipsum spirantem ignibus. Omne nemus consonat strepitu collesque resultant. Exim, divinis rebus perfectis, cuncti referunt se ad urbem. Ibat rex, obsitus aevo, et ingrediens tenebat Aenean [ut] comitem atque [suum] natum iuxta, atque levabat viam vario sermone. Aeneas miratur atque fert facilis oculos circum omnia, capiturque locis et, laetus, exquiritque singula auditque monimenta priorum virum. Tum rex Evandrus, conditor arcis Romanae:

adiciunt = honorant, colunt
specuncam C. = famam specuncae C.
resultant = iterum mittunt receptum sonitum / exim = exinde = postea
aevo = propter aetatem
faciles oculos = amicos oculos
locis = pulchritudine loci
monimenta = res gestas / virorum

"Indigenae Fauni Nymphaeque tenebant haec nemora, gensque virum nata [e] truncis et [e] duro robore, quis neque mos neque cultus erat, nec norant iungere tauros aut componere opes aut parcere parto, sed rami atque asper venatus alebat [eos] victu. Primus venit Saturnus ab aetherio Olympo, fugiens arma Iovis et exsul [ab] ademptis regnis. Is composuit genus indocile ac dispersum altis montibus atque dedit leges [eis], atque maluit [hunc locum] vocari "Latium,"

virorum / quis = quibus
norant = sciebant
parcere parto = conservare quod acceperant / victu < victus, -us m.
exsul = in exsilium missus
altis montibus = per altos montes

latuisset = occultus esset / fuerunt

perhibent = dicunt, narrant
aetas, rabies, amor: subiecta verbi "successit" / rabies = ira / amor habendi: avaritia
venerunt

posuit = mutavit

immani corpore: ablat. descriptionis
post = postea

posuerunt / pulsum = expulsum

extrema = extremas partes, extrema loca
auctor = hortans eam
egerunt = pepulerunt

dehinc = ab hoc loco

priscum = antiquum

cecinit = canens praedixit

hinc = postea

rettulit = signavit

Lupercal erat antrum
Panos Lycaei: genit. sing.
nec non et = et quoque
testatur (dep.) locum = vocat locum ut testem / docet eum = narrat ei

dumus, -i: genus plantae

agrestes

tremebant = timebant

quoniam latuisset tutus in his oris. Sub illo rege fuere aurea saecula quae perhibent: sic regebat populos in placida pace, donec aetas paulatim deterior et decolor et rabies belli et amor habendi successit. Tunc venere Ausonia manus et gentes Sicanae, et Saturnia tellus saepius posuit [suum] nomen; tum [venerunt] reges asperque Thybris, immani corpore, a quo Itali post diximus fluvium "Thybrim" cognomine: vetus Albula amisit verum nomen. Fortuna omnipotens et ineluctabile fatum posuere me, pulsum [e] patria atque sequentem extrema pelagi, [in] his locis; tremenda monita matris, nymphae Carmentis, et deus Apollo auctor egere [me]."

Vix ea dicta [sunt], dehinc progressus monstrat [ei] et aram et portam quam Romani memorant nomine "Carmentalem," priscum honorem nymphae Carmentis, vatis fatidicae, quae prima cecinit futuros magnos Aeneadas et nobile Pallanteum. Hinc monstrat [ei] ingentem lucum quem acer Romulus rettulit [ut] asylum, et sub gelida rupe [monstrat] Lupercal, dictum "Panos Lycaei" de Parrhasio more. Nec non et monstrat nemus sacri Argileti testaturque locum et docet [eum] letum [sui] hospitis Argi. Hinc ducit [eum] ad Tarpeiam sedem et Capitolia, nunc aurea, olim horrida silvestribus dumis. Iam tum dira religio loci terrebat pavidos agrestis, iam tum [agrestes] tremebant silvam saxumque.

collem frondose vertice = collem qui habet frondosum verticem
aegida: Graecus acc.
cieret = vocaret, cumularet
nimbos = nubes / disiectis = deletis
hanc ... hanc = hanc ... illam
huic [arci] / illi [arci]

Deus habitat hoc nemus," inquit, "hunc collem frondoso vertice (quis deus, incertum est); Arcades credunt se vidisse ipsum Iovem, cum saepe concuteret nigrantem aegida dextra [manu] atque cieret nimbos. Praeterea vides haec duo oppida disiectis muris, reliquias atque monimenta veterum virorum. Ianus pater condidit hanc arcem, Saturnus [condidit] hanc; nomen fuerat huic "Ianiculum," illi "Saturnia."

subibant = appropinquabant
ventum est = venerunt
subiit limina = intravit in limina
veni ... = accipe ut amicos hos qui pauperes sunt
fastigia = tecta / tecti = domus (gen.)
effultum = iacentem
tellurem = terram
minis < mina / Laurentum: genit. pl.
aspirat = infundit

Talibus dictis inter se subibant ad tecta pauperis Evandri, passimque videbant armenta mugire atque [in] Romano foro et [in] lautis Carinis. Ut ventum [est] ad sedes, "Victor Alcides" inquit "subiit haec limina, haec regia cepit illum. Aude, hospes, contemnere opes et finge te quoque dignum deo, atque veni non asper egenis rebus." Dixit, et duxit ingentem Aenean subter fastigia angusti tecti atque locavit [eum] effultum [in] stratis foliis et pelle Libystidis ursae. Nox ruit et amplectitur tellurem fuscis alis. At Venus, mater haud nequiquam exterrita [in] animo atque mota minis Laurentum et duro tumultu, adloquitur Volcanum, atque incipit [dicens] haec [in] aureo thalamo coniugis et aspirat divinum amorem [suis] dictis:

Pergama: plur. pro sing.

"Dum Argolici reges bello vastabant debita Pergama atque arces casuras inimicis ignibus, non [rogavi] ullum auxilium [eis] miseris,

arma tuae artis = arma a te facta
incassum = frustra
exercere tuos labores = arma facere
imperiis = propter imperia
constitit = manet / eadem = ego ipsa
flectere te / persuadere tibi
qui: interrogat.
coeant < coeo, -ire / acuant f. = faciunt f. acutum (= parant arma)
excidum = exitium

non rogavi arma tuae artis opisque, nec volui te, carissime coniunx, incassumve exercere tuos labores, quamvis et deberem plurima natis Priami et saepe flevissem durum laborem Aeneae. Nunc imperiis Iovis constitit [in] oris Rutulorum; ergo eadem venio supplex et [ut] genetrix rogo [te], numen mihi sanctum, arma [meo] nato. Filia Nerei, Tithonia coniunx, potuit flectere te, te, lacrimis. Aspice qui populi coeant, quae moenia, clausis portis, acuant ferrum in me atque [in] excidum meorum."

lacertis = brachiis / fovet = hortatur (dep.)
accepit = sensit
solitam = quam iam noverat
secus = alio modo
ignea rima = fulmen
formae = pulchritudinis

Dixerat, et hinc atque hinc diva niveis lacertis fovet [eum] cunctantem molli amplexu. Ille repente accepit solitam flammam, notusque calor intravit medullas et cucurrit per labefacta ossa, non secus atque cum olim ignea rima, rupta cum corusco tonitru, micans percurrit limbos lumine. Coniunx sensit [hoc], laeta dolis et conscia [suae] formae.

devinctus < devincio / quid = cur
ex alto: utens praetextibus
quo = ad quem locum / fiducia mei = fiducia quam de me sentis
fas fuisset nobis = potuissemus
stare = manere / superesse = vivere
bellare = pugnare
mens = consilium
quidquid curae = quamcumque curam

Tum pater, devinctus aeterno amore, fatur: "Quid petis causas ex alto? Quo tibi cessit fiducia mei, diva? Si cura similis fuisset, quoque tum fas fuisset nobis armare Teucros; nec pater omnipotens nec fata vetabant Troiam stare atque Priamum superesse per alios decem annos. Et nunc, si paras bellare atque haec mens tibi est, quidquid curae possum promittere in arte mea, quod potest fieri [e] ferro liquidove electro,

valent = possunt facere
indubitare viribus = dubitare de viribus

quantum ignes animaeque valent, absiste indubitare tuis viribus precando [ad ea obtinenda]."

amplexus: acc. pl.
infusus = dispersus, iacens
abactae (< abigo) = progressae
tolerare = agere
colo (ablat.) < colus, -i f. / ignes
addens ... = laborans per totam noctem / exercet = fatigat
pensum, -i = lana voluta
segnior = lentior / e mollibus stratis = e molli lecto

Locutus ea verba, dedit [ei] optatos amplexus atque infusus [in] gremio coniugis petivit placidum soporem per membra. Inde ubi prima quies, iam [in] medio curriculo abactae noctis, expulerat somnum, cum primum femina, cui impositum [est] tolerare vitam colo tenuique Minerva, suscitat cinerem et sopitos ignis, addens noctem operi, atque exercet famulas ad lumina longo penso ut possit servare castum cubile coniugis et educere parvos natos: haud secus nec segnior ignipotens surgit illo tempore e mollibus stratis ad fabrilia opera.

iuxta latus = iuxta oram
specus = speclunca, caverna
exesa (< exedo) = consumpta
ictus: nom. pl. / gemitus: acc. pl.
strictura, -ae = candens metallum
Chalibum: genit. pl.
hoc = huc, ad hunc locum
nudus (sing. pro pl.) = nudi
membra: acc. respectus
informatum = non confectum

Iuxta Sicanium latus Aeoliamque Liparen erigitur insula, ardua fumantibus saxis, subter quam tonant specus et antra Aetnaea, exesa caminis Cyclopum, validique ictus, auditi, referunt gemitus [ex] incudibus, atque stricturae Chalybum stridunt [in] cavernis et ignis anhelat [in] fornacibus: [haec est] domus Volcani, et tellus [vocatur] "Volcania" nomine. Tunc ignipotens descendit hoc ab alto caelo. Cyclopes exercebant ferrum in vasto antro, Brontesque Steropesque et Pyragmon nudus membra. His erat [in] manibus informatum fulmen, parte iam polita, [eorum fulminum] quae genitor deicit plurima [e] toto caelo in terras, pars manebat imperfecta. Addiderant tris radios torti imbris, tris aquosae nubis, tris rutili ignis et [tris] alitis Austri. Nunc miscebant operi terrificos fulgores sonitumque metumque, atque [miscebant] iras sequacibus flammis. [In] alia parte instabant currumque rotasque volucris Marti, quibus ille [excitat] viros, quibus excitat urbes; atque certatim polibant horriferam aegida, arma turbatae Palladis, squamis serpentum auroque, atque [polibant] conexos anguis atque ipsam Gorgona, lumina vertentem, desecto collo, in pectore divae.

"Tollite cuncta" inquit "atque auferte coeptos labores, Aetnaei Cyclopes, et advertite mentem huc: arma facienda [sunt] acri viro. Nunc [est] usus viribus, nunc [est usus] manibus rapidis, nunc [est usus] omni magistra arte. Praecipitate moras." Nec plura effatus [est], at illi omnes ocius incubuere pariterque sortiti [sunt] laborem. Aes fluit [in] rivis, atque metallum auri [fluit], atque vulnificus chalybs liquescit [in] vasta fornace. Informant ingentem clipeum, unum contra omnia tela Latinorum, atque impediunt septenos orbis orbibus. Alii accipiunt redduntque auras [in] ventosis follibus, alii tingunt stridentia aera [in] lacu; antrum gemit impositis incudibus; illi, inter sese, multa vi tollunt bracchia in numerum, versantque massam forcipe tenaci.

imperfecta = non confecta / tres
torti imbris = imbris quae modo obliquo cadit / rutili = rubri / alitis (< ales) = alati
operi (dat.) = opere (ablat.)

instabant = faciebant, parabant

volucres

certatim = tamquam si inter se pugnarent / aegida: Graecus acc.
turbatae = iratae

angues / Gorgona: Graecus acc.
lumina = oculos / desecto = secato

tollite = educite / auferte = relinquite

nunc ... = nunc oportet nostris viribus uti (usus < usus, -us)
praecipitate = vitate

ocius = cito, celeriter / incubuerunt (ad laborem)
vulnificus = qui vulnera producit

informant = formant, faciunt

septenos orbes orbibus: septem orbes alium super alium

stridentia: quia ferventia in aquam ponuntur
in numerum = rhythmo

Dum Lemnius pater properat haec [in] Aeoliis oris, alma lux ex humili tecto et matutini cantus volucrum sub culmine suscitat Evandrum. Consurgit senior atque inducitur artus tunica et circumdat Tyrrhena vincula plantis pedum. Tum subligat Tegeaeum ensem lateri atque humeris, retorquens terga pantherae demissa ab laeva [manu]. Nec non et gemini canes custodes ab alto limine praecedunt atque comitantur gressum erilem. Heros petebat sedem et secreta [loca] hospitis Aeneae, memor sermonum et promissi muneris. Nec minus matutinus se agebat Aeneas; Pallas filius ibat [ut] comes huic, Achates [ut comes] illi. Congressi, iungunt dextras atque residunt [in] mediis aedibus et tandem fruuntur licito sermone.

properat = cito facit
cantus: nom. sing. / suscitant
inducitur = induit / artus: acc. pl.
tunica: ablat.
plantis: dat.
terga = pellem
nec non et = et quoque
gressum erilem = passum domini
secreta (< secerno) loca: cellam non prope sitam
huic = Evandro
illi = Aeneae / residunt = considunt
fruuntur (dep.) = gaudent

Rex prior haec [dicit]: "Maxime ductor Teucrorum, quo sospite numquam equidem fatebor res Troiae victas [esse], aut regna [victa esse]: pro tanto nomine, nobis sunt exiguae vires ad auxilium belli; hinc claudimur Tusco amni, hinc Rutulus premit et circumsonat murum armis; sed ego paro iungere tibi ingentis populos atque castra opulenta regnis, salutem quam inopina fors ostentat. Huc adfers te fatis poscentibus. Haud procul hinc, fundata [super] vetusto saxu, incolitur sedes urbis Agyllinae, ubi quondam Lydia gens, bello praeclara, insedit [in] Etruscis iugis. Deinde rex Mezentius superbo imperio et saevis armis tenuit hanc,

quo sospite: ablat. absol.
pro tanto nomine = quamquam nostra fama tanta est
amne / circumsonat ... = efficit ut sua arma sonent circum muros
ingentes / castra opulenta regnis = exercitum multis regnis compositum / salutem = auxilium
adfers te = pervenis
fatis poscentibus = tamquam si fata poscerent hoc
incolitur sedes = [homines] incolunt sedem
insedit = sedem posuit

quid = cur / caedes = neces
effera = saeva / capiti [Mezentii]
componens = iuxta ponens
manus: acc. pl.
fluentes
furentem infanda = furentem crimina quae dici non possunt
defendier = defendi (pass. infinit.)
praesenti Marte: bello iam incipiente
ferre signa = signa belli incipiendi dari
longaevus = senex
virorum
nulli Italo: dat.
subiungere gentem = praeesse genti
externos = adventicios
resedit = mansit / divum = deorum
succedam castris = eam ad castra
saeclis = tempore
invidet imperium = negat imperium

multos annos florentem. Quid memorem infandas caedes, quid [memorem] effera facta tyranni? Di reservent [ea] capiti generique ipsius! Quin, etiam iungebat [mortua] corpora [cum] vivis, componens atque manus manibus atque ora oribus, [novum] genus tormenti, et sic, longa morte in misero complexu, necabat [eos] fluentis sanie taboque. At tandem cives, fessi, armati circumsistunt [eum] furentem infanda, ipsumque domumque, obtruncant socios, iactant ignem ad fastigia. Ille, elapsus inter caedem, confugere in agros Rutulorum et defendier armis hospitis Turni. Ergo omnis Etruria surrexit iustis furiis; reposcunt regem ad supplicium, praesenti Marte. Ego addam te, Aenea, [ut] ductorem his milibus, namque condensae puppes fremunt toto litore atque iubent ferre signa, [sed] retinet [eos] longaevus haruspex canens [haec] fata: 'O delecta iuventus Maeoniae, flos virtusque veterum virum, quos iustus dolor fert in hostem et Mezentius accendit merita ira, nulli Italo fas [est] subiungere tantam gentem: optate externos duces.'

Tum Etrusca acies resedit [in] hoc campo, exterrita monitis divum. Ipse Tarchon misit ad me oratores atque coronam regni cum sceptro mandatque insignia, [ut] succedam castris atque capessam Tyrrhena regna. Sed tarda senectus, effeta gelu saeclisque, invidet imperium mihi, atque vires, serae ad fortia [facta], [invident].

Exhortarer natum, ni, mixtus [cum] matre Sabella, traheret hinc partem patriae [suae]. Tu, cuius et annis et generi fatum indulget, [tu] quem numina poscunt, ingredere, o fortissime ductor Teucrum atque Italum. Praeterea tibi adiungam hunc, Pallanta, spes et solacia nostri, [ut] adsuescat sub te magistro tolerare militiam et grave opus Martis, cernere tua facta, et miretur te a primis annis. Dabo huic bis centum Arcadas equites, lecta robora pubis, atque Pallas tibi [dabit] totidem suo nomine."

ni = nisi
: fatum indulget annis tuis
Teucrorum
Italorum / Pallanta: Graecus acc.
spes, solacia: acc. pl.
bis centum = ducentos
pubis = iuventutis
totidem = alios ducentos

Vix fatus erat ea, atque Aeneas Anchisiades et fidus Achates defixi tenebant ora, atque putabant multa dura cum suo tristi corde, ni Cytherea dedisset signum [e] caelo aperto, namque improviso fulgor ab aethere vibratus venit cum sonitu et repente omnia visa [est] ruere, Tyrrhenus clangor tubae [auditus est] mugire per aethera. Suscipiunt; ingens fragor increpat [eos] iterum atque iterum. Vident arma rutilare inter nubem in regione serena caeli, per sudum [caelum], et, pulsa, tonare. Alii obstipuere animis, sed Troius heros agnovit sonitum et promissa divae parentis. Tum memorat: "Hospes, ne vero, ne quaere profecto quem casum portenta ferant. Ego poscor [ab] Olympo. Diva creatrix cecinit [se] missuram [esse] hoc signum si bellum ingrueret atque [se] laturam [esse] per auras Volcania arma auxilio.

defixi tenebant ora (oculos) = tenebant oculos defixos
ni = nisi
improviso = repente
vibratus = iactus
clangor = magnus strepitus
aethera: Graecus acc.
suscipiunt = spectant sursum
sudus = sine nubibus
pulsa: pulsa alia contra alia
obstipuerunt
ne quaere = noli quaerere
creatrix = quae creavit me
cecinit = dixit
auxilio: dat.

instant eis = exspectant eos
virorum
acies = bellum, exercitus (acc. pl.)

Heu, quantae caedes instant miseris Laurentibus! Quas poenas mihi dabis, Turne! Quam multa scuta virum galeasque et fortia corpora volves sub undas, pater Thybri! Poscant acies et rumpant foedera."

tollit se = surgit
sopitas = durmientes
Penates / bidentes
de more = ut solent
naves
praestantes
prona aqua: ablat.
secundo amni = secundo amne
Ascanio = ad Ascanium
Aeneae: dat. / exsortem = sine sorte electum
obit = tegit
ocius = celeriter, cito
periclo = propter periculum
haeret = tenet / inexpletus = insatiabilis
referat = reddat (< reddo, -ere)
stravi primam aciem = primum superavi exercitum

Ubi dedit haec dicta, tollit se ab alto solio et primum excitat Herculeis ignibus sopitas aras, atque laetus adit hesternum larem parvosque Penatis; mactat lectas bidentis de more, Evandrus pariter [facit], Troiana iuventus pariter [facit]. Post, graditur hinc ad navis atque revisit socios, de numero quorum legit praestantis virtute qui sequantur sese in bella; cetera pars fertur prona aqua atque defluit segnis secundo amni, ventura Ascanio [ut] nuntia rerumque patrisque. Equi dantur Teucris petentibus Tyrrhena arva; ducunt Aeneae exsortem [equum] quem fulva pellis leonis, praefulgens aureis unguibus, totum obit. Volat Fama, subito per parvam urbem vulgata, equites ocius ire ad limina regis Tyrrheni. Matres duplicant vota metu, atque timor it propius periclo, et imago Martis iam apparet maior. Tum pater Evandrus, complexus dextram [eius] euntis, haeret [eum], inexpletus lacrimans, ac fatur talia: "O, si Iuppiter referat mihi praeteritos annos, qualis eram cum sub ipsa Praeneste stravi primam aciem atque, victor, incendi acervos scutorum

tres
terna ... : necesse erat ab eo arma ter auferre (quia tres loricas habebat)
omnes / totidem = quoque tres
exuit eum armis = abstulit arma ab eo
huic finitimo capiti = suo propinquo, homini qui prope habitat
divum = deorum
patrias preces = preces patris
visurus eum = et eum iterum video
in unum = una cum eo
patior (dep.) durare = admitto ferre
sin = sed si / minaris = paras
abrumpere = relinquere
mea sera voluptas = mea voluptas in sera aetate
neu nuntius vulneret = et nuntius ne vulneret / aures
fundebat = dicebat / famuli = servi
in tecta = domum
inde = postea / proceres = duces, praefecti
conspectus = visus / diligit = amat
ignes
perfusus = submersus

et hac dextra [mea] misi sub Tartara regem Erulum, cui nascenti Feronia mater dederat tris animas (horrendum dictu): terna arma movenda [erant], ter sternendus erat leto; cui tunc tamen haec dextra [mea] abstulit omnis animas et totidem exuit [eum] armis; ego nunc non divellerer usquam [a] dulci amplexu tuo, nate, neque Mezencius umquam, insultans [mihi], huic finitimo capiti, dedisset tot saeva funera ferro [suo], [neque] viduasset urbem [a] tam multis civibus. At vos, o superi, et tu, Iuppiter, maxime rector divum, quaeso, miserescite Arcadii regis et audite patrias preces. Si numina vestra, si fata reservant Pallanta incolumem mihi, si vivo visurus eum et venturus in unum, oro vitam, patior durare quemvis laborem; sin, Fortuna, minaris [mihi] aliquem infandum casum, nunc, o nunc liceat abrumpere crudelem vitam, dum curae ambiguae [sunt], dum spes futuri incerta [est], dum [in] complexu teneo te, care puer, mea sola et sera voluptas, neu gravior nuntius vulneret auris [meas]."

Genitor fundebat haec dicta [in] supremo digressu; famuli ferebant [eum] conlapsum in tecta. Iamque, portis apertis, equitatus adeo exierat, Aeneas inter primos et fidus Achates, inde alii proceres Troiae; ipse Pallas in medio agmine, in chlamyde et pictis armis conspectus, qualis ubi Lucifer, quem Venus diligit ante alios ignis astrorum, perfusus [in] unda Oceani, extulit sacrum os [e] caelo atque resolvit tenebras. Matres stant pavidae in muris atque sequuntur oculis pulveream nubem et catervas fulgentis aere. Olli, armati, tendunt per dumos, qua meta viarum [est] proxima; it clamor et, agmine facto, quadripedante ungula quatit putrem campum sonitu. Est prope gelidum amnem Caeritis ingens lucus, late sacer religione patrum; undique cavi colles inclusere [eum] et nemus nigra abiete cingunt [eum]. Fama est veteres Pelasgos, qui aliquando primi habuere Latinos finis, sacrasse Silvano, deo arvorum pecorisque, lucumque diemque.

os = caput / resolvit = disolvit, diluit
fulgentes / qua = per quem locum
meta = finis
it = fit
ungula: ablat.
late sacer = sacratissimus
inclusere = includunt
nigra abiete: sing. pro pl.
habuerunt / fines
sacravisse lucum atque diem

Haud procul hinc Tarcho et Tyrrheni tenebant castra, tuta locis, atque iam omnis legio poterat videri de celso colle et tendebat in latis arvis. Huc pater Aeneas et iuventus lecta bello succedunt, fessique curant et equos et corpora; at Venus, dea candida, aderat, ferens dona inter aetherios nimbos, atque ut procul vidit natum in reducta valle, secretum egelido flumine, ultro obtulit se atque adfata est talibus dictis: "En promissa munera, perfecta arte mei coniugis. Ne mox dubites, nate, poscere in proelia aut superbos Laurentis aut acrem Turnum." Dixit, et Cytherea petivit amplexus nati, [atque] posuit radiantia arma sub adversa quercu.

tuta locis = tuta (nom. pl.) natura (ablat. sing.) locis
bello = ad bellum
succedunt = appropinquant
reducta = remota
secretum = procul ab aliis tentum
egelido flumine: ablat. agentis
ne dubites = noli dubitare
poscere in proelia = provocare ad duellum / Laurentes
amplexus: acc. pl.
quercus, -us f.

Ille, laetus donis deae et tanto honore, nequit expleri oculos atque volvit [eos] per singula,

nequit = non potest
expleri = satiare

miraturque interque manus et bracchia versat galeam, cristis terribilem flammasque vomentem, fatiferumque ensem, rigentem loricam ex aere [factam], sanguineam, ingentem, qualis cum caerulea nubes inardescit radiis solis longeque refulget; tum [miratur] levis ocreas, electro auroque recocto [factas], hastamque et non enarrabile textum clipei: illic ignipotens, haud ignarus vatum atque [haud] inscius venturi aevi, fecerat res Italas Romanorumque triumphos, illic [fecerat] omne genus futurae stirpis ab Ascanio atque pugnata bella in ordine.

cristis: ablat. pl.
fatiferum = qui fatum (= mortem) mortem fert
sanguineam = quae colorem sanguinis habet
leves / recocto = bis cocto (ut melius fiat)
non enarrabile textum = ornamenta quae difficilia sunt descriptu
fecerat = caelaverat / res [gestas]
pugnata ... : bella apparebant in eodem ordine quo facta sunt

Et fecerat fetam lupam procubuisse in viridi antro Mavortis; geminos pueros ludere, pendentis circum ubera huic, et impavidos lambere matrem; illam, tereti cervice reflexa, mulcere [eos] alternos et fingere corpora lingua. Nec procul hinc addiderat Romam et Sabinas, sine more raptas [e] consessu caveae, magnis circensibus actis, atque [fecerat] subito novum bellum consurgere Romulidis senique Tatio atque severis Curibus. Post, idem reges, certamine inter se posito, stabant armati ante aram Iovis atque tenentes pateras et, caesa porca, iungebant foedera.

fecerat lupam procubuisse = caelaverat lupam procumbentem
pendentes / huic: huius
reflexa = inclinata
alternos: nunc hunc, nunc illum
consessus caveae: locus in circo ubi spectatores sedebant
post = postea
certamine inter se posito = pace facta
caesa = mactata

Haud procul inde, citae quadrigae distulerant Mettum in diversa (at tu, Albane, maneres [in] dictis!), atque Tullus raptabat per silvam viscera mendacis viri, et sparsi vepres rorabant sanguine.

in diversa = in diversas partes (corpus Metti divisum est)
in dictis = fidus tuis dictis
vepres, -ium: genus plantae

Nec non Porsenna iubebat accipere eiectum Tarquinium atque premebat urbem ingenti obsidione; Aeneadae ruebant in ferrum pro libertate. Aspiceres illum similem indignanti similemque minanti, quia Cocles auderet vellere pontem et Cloelia, vinclis ruptis, innaret fluvium. In summo [clipei] stabat Manlius, custos arcis Tarpeiae, pro templo, et tenebat Capitolia celsa, atque recens regia horrebat Romuleo culmo. Atque hic argenteus anser volitans auratis porticibus canebat Gallos adesse in limine; Galli aderant per dumos atque tenebant arcem, defensi tenebris et dono noctis opacae. Ollis [sunt] aurea caesaries atque aurea vestis, lucent virgatis sagulis, tum lactea colla innectuntur auro; quisque coruscant duo Alpina gaesa [in] manu, protecti corpora longis scutis. Hic [Vulcanus] extuderat exsultantis Salios nudosque Lupercos lanigerosque apices et ancilia [e] caelo lapsa; castae matres ducebant sacra per urbem in mollibus pilentis. Procul hinc addit etiam Tartareas sedes, alta ostia Ditis, et poenas scelerum, et te, Catilina, pendentem [a] minaci scopulo atque trementem ora Furiarum, atque [addit] pios, secretos, [et] Catonem dantem iura his.

nec non = et quoque

aspiceres = poteras aspicere
similem indignanti = indignantem
similem minanti = minantem

regens ... culmo: Romulea regia horrebat recente culmo
hic = in hoc loco
porticibus = per porticos

defensi = protecti / ollis = illis

aurea caesaries = aurei capilli
lactea = alba idem ac lac

corpora: Graecus acc.

exsultantes / apices = parvos petasos / ancilia = scutos
mollibus pilentis = decoris curribus

Ditis = Plutonis

scelerum: genit. pl.

secretos = procul ab aliis

Inter haec ibat late aurea imago tumidi maris, sed caerula [aequora] spumabant cano fluctu, et delphines, clari argento, circum verrebant aequora in orbem atque secabant aestum [suis] caudis.

ibat = apparebat
caerulea aequora = caeruleum mare
cano = albo
argento = de argento facti
in orbem = circulos ducentes
aestum = superficiem maris

erat: poteras / classes
Leucaten: Graecus acc.
fluctus: acc. pl.
patribus: senatoribus
tempora = caput / patrium sidus = sidus patris
vertice = capite
navali rostrata corona: ablat. sing.
variis armis = armis multarum nationum
vires / ultima = longinqua
Bactra: neut. pl.

In medio erat cernere aeratas classis, Actia bella, atque videres totum Leucaten fervere, instructo Marte, atque fluctus effulgere auro. Hinc, agens Italos in proelia cum patribus populoque, Penatibus et magnis dis, stans [in] celsa puppi, [videtur] Caesar Augustus, cui laeta tempora vomunt geminas flammas patriumque sidus aperitur [in] vertice. [In] alia parte agens agmen, arduus, ventis et dis secundis, [videtur] Agrippa, cui tempora fulgent navali rostrata corona, superbum insigne belli. Hinc Antonius, ope barbarica variisque armis, victor [veniens] ab Aurorae populis et rubro litore, vehit secum Aegyptum virisque Orientis et ultima Bactra, sequiturque (nefas!) Aegyptia coniunx.

ruebant / spumabat
reductis remis = remis qui porro et retro movebantur
pelago = per pelagus / montes
viri instant puppibus = viri faciunt impetum contra turris (acc. pl.)
turritis: naves Agrippae habebant turris
sistrum, -i = instrumentum musicum
respicit = retro videt / angues
(nunc poeta loquitur de bello inter Romam et Aegyptum) / deorum
tenent tela = pugnant
caelatus [in scuto] ferro

Omnes una ruere ac totum aequor spumare, convulsum reductis remis rostrisque tridentibus. Petunt alta [maria]; credas Cycladas, revulsas, innare pelago, aut altos montis concurrere montibus: tanta mole viri [Antonii] instant turritis puppibus. Stuppea flamma spargitur manu atque volatile ferrum [spargitur] telis; arva Neptunia rubescunt nova caede. Regina in mediis vocat agmina patrio sistro, necdum etiam respicit a tergo geminos anguis. Atque monstra omnigenum deum et latrator Anubis tenent tela contra Neptunum et Venerem contraque Minervam; in medio certamine Mavors, caelatus ferro, saevit, tristesque Dirae [vadunt] ex aethere et Discordia, gaudens, vadit scissa palla, quam sequitur Bellona cum sanguineo flagello.

Actius Apollo, cernens haec, desuper intendebat arcum; eo terrore omnis Aegyptus et Indi, omnis Arabs, omnes Sabaei vertebant terga. Ipsa regina videbatur, ventis vocatis, vela dare et iam iamque immittere laxos funis. Ignipotens [deus] fecerat illam, pallentem inter caedes futura morte, ferri undis et Iapyge; contra, autem, [fecerat] Nilum magno corpore, maerentem pandentemque sinus et tota veste vocantem victos in caeruleum gremium latebrosaque flumina.

At Caesar, invectus triplici triumpho [ad] Romana moenia, sacrabat immortale votum dis Italis, ter centum maxima delubra per totam urbem. Viae fremebant laetitia ludisque plausuque; in omnibus templis [aderat] chorus matrum, [in] omnibus [aderant] arae; ante aras caesi iuvenci stravere terram. Ipse, sedens [in] niveo limine candentis Phoebi, recognoscit dona populorum aptatque [ea] superbis postibus; victae gentes incedunt longo ordine, quam variae linguis, tam [variae] habitu vestis et armis. Hic Mulciber finxerat genus Nomadum et discinctos Afros, hic Lelegas Carasque sagittiferosque Gelonos; Euphrates ibat iam mollior undis, atque Morini, extremi hominum,

scissa (< scindo) palla: ablat. sing.

intendebat = tendebat / eo terrore = propter eum terrorem

regina: Cleopatra, quae proelium reliquit

immitere funes = navem solvere

funes / fecerat = scalpserat

futura morte = propter futuram mortem / sinus: acc. pl.

in gremium = in interiorem partem fluminis = in aquam

delubra = templa

fremebant = vibrabant

laetitia: ablat.

caesi = mactati / straverunt (< sterno, -ere) = operuerunt

aptat ea postibus = suspendit ea e postibus

incedunt = procedunt, progrediuntur (dep.)

hic = in hac parte scuti / finxerat = caelaverat

Nomadum: genit. pl.

mollior undis = monstrans molliores undas

extremi hominum = homines qui longissime habitant

indignatus pontem: flumen Araxes pontem delevit quem Alexander construxerat

attollens umero: quia clipeum super umerum ponit

Rhenusque bicornis, indomitique Dahae, et Araxes, indignatus pontem. Talia [Aeneas] miratur per clipeum Volcani, dona parentis, rerumque ignarus gaudet imagine, attollens umero famamque et fata nepotum.

LIBER IX

penitus (adv.) diversa = omnino remota
forte = casu

quem = Turnum, non Pilumnun

divum = deorum

en = inspice
volvenda dies = progrediens tempus
relicta = relictis
sceptra = regnum

manum = parvum globum militum
agrestes = agricolas
currus: acc. pl.

rumpe omnes moras = noli exspectare
secuit (< seco, -are) = descripsit

duplices / palmas = manus (acc. pl.)

Atque dum ea [in] penitus diversa parte geruntur, Saturnia Iuno misit de caelo Irim ad audacem Turnum. Tum forte Turnus sedebat [in] sacrata valle [in] luco parentis Pilumni. Ad quem sic locuta est Thaumantias roseo ore: "Turne, quod nemo divum auderet promittere [tibi] optanti, en, volvenda dies attulit [tibi] ultro. Aeneas, urbe et sociis et classe relicta, petit sceptra Palatini sedemque Evandri. Nec satis: penetravit ad extremas urbes Corythi atque armat manum Lydorum, collectos agrestis. Quid dubitas? Nunc tempus [est] poscere equos, nunc [tempus est poscere] currus. Rumpe omnis moras et arripe turbata castra." Dixit, et paribus alis sustulit se in caelum atque [in] fuga secuit ingentem arcum sub nubibus. Iuvenis agnovit [eam] atque sustulit duplicis palmas ad sidera ac secutus est [eam] fugientem tali voce:

decus = honor
tempestas = status caeli
palantes
tanta = tam magna
quisquis vocas = quisquis sis tu qui vocas
de summo gurgite = de superficie aquae / hausit = bibit
aethera: Graecus acc.

"Iri, decus caeli, quis detulit te, actam [e] nubibus, mihi in terras? Unde repente [venit] haec tam clara tempestas? Video caelum discedere medium atque stellas palantis [in] polo. Sequor tanta omina, quisquis vocas [me] in arma." Et sic effatus processit ad undam atque de summo gurgite hausit lymphas, orans multa deo, oneravitque aethera votis.

apertis campis = per apertos campos
pictai vestis: genit. sing.
postrema = ultimam partem exercitus, novissimum agmen
vertitur = progreditur (dep.)
supra = altissimus inter omnes
vertice = capite
condidit se = celat se, redit
hic = tunc
mole = colle / volvitur = progreditur (dep.)
date [vobis ipsis] = capite

Iamque omnis exercitus ibat apertis campis, dives equum, dives pictai vestis et auri; Messapus [coercet] primas acies, Tyrrhidae iuvenes coercent postrema; Turnus [erat] dux [in] medio agmine, vertitur tenens arma et supra est toto [suo] vertice, ceu altus Ganges surgens [e] septem sedatis amnibus per tacitum [locum], aut Nilus, pingui flumine, cum refluit [in] campis et iam condidit se [in] alveo. Hic Teucri prospiciunt subitam nubem glomerari nigro pulvere ac tenebras insurgere [in] campis. Caicus primus conclamat ab adversa mole: "Quis globus, o cives, volvitur atra caligine? Citi, ferte ferrum, date tela, ascendite muros, hostis adest, heia!"

condunt se = dispertiunt se
omnes portas
praeceperat = iusserat; (ali)qua
neu auderent = nollent audere
credere se campo = exire e castris ad pugnandum in campo
aggere < agger, -eris

Teucri condunt se per omnis portas ingenti clamore et complent moenia, namque ita Aeneas, optimus armis, discedens praeceperat: si qua fortuna fuisset interea, neu auderent struere aciem neu [auderent] credere [se] campo; servarent modo castra et tutos muros aggere.

monstrat ... = hortatur (dep.) ad proelium
facessunt = faciunt

tardus = lentus

lectis equitum (partit. genit.) = delectis equitibus
adest urbi = advenit ad urbem
aurea galea: nomin. sing.
rubra crista: ablat. sing.

attorquens = agitans

infert se ... = irruit se ad campum
excipiunt = iaciunt

Teucrorum
dare ... = irruere se ad campum
fovere = servare
huc atque huc = huc et illuc
lustrat muro = currit praeter murum
equo = equitans

insidior (dep.) tibi = paro insidias contra te
imbres

in absentes = contra eos quos, absentes, capere non potest
ex longo = per longum tempus
siccae sanguine = sine sanguine (= sine cibo)

tueor (dep.) = observo / qua ratione = quo modo
aditus: acc. pl.

in aequum = ad campum [ut pugnent]

Ergo, etsi pudor iraque monstrat conferre manum, tamen obiciunt portas et facessunt praecepta, atque armati exspectant hostem [in] cavis turribus. Turnus, ut volans, ante praecesserat tardum agmen, comitatus [a] viginti lectis equitum, et improvisus adest urbi, [Turnus] quem Thracius albis maculis equus portat, atque aurea galea rubra crista tegit [eum]. "Ecquis erit, iuvenes, qui mecum primus in hostem [ibit]? En," ait, et attorquens iaculum emittit [id] in auras, principium pugnae, et arduus infert se campo. Socii excipiunt clamorem atque sequuntur horrisono fremitu; mirantur inertia corda Teucrum: [hos] non dare se aequo campo, viros non ferre arma obvia, sed fovere castra. Turbidus, huc atque huc lustrat muro equo atque quaerit aditum per avia [loca].

Ac veluti lupus, insidiatus pleno ovili, cum fremit ad caulas, perpessus ventos et imbris, super media nocte; agni, tuti sub matribus, exercent balatum; ille, asper et improbus ira, saevit in absentis; rabies edendi, collecta ex longo, fatigat [eum], et fauces siccae sanguine [fatigant eum]: haud aliter ignescunt irae Rutulo, muros et castra tuenti; dolor ardet [in] duris ossibus. Qua ratione temptet aditus, et qua via excutiat clausos Teucros atque effundat [eos] [e] vallo in aequum? Invadit classem, quae latebat adiuncta lateri castrorum, circum saeptam aggeribus et fluvialibus undis, atque poscit ovantis socios incendia atque, fervidus, implet manum flagranti pinu.

saeptam = tectam, clausam
poscit incendia = iubet facere incen.
ovantes
implet ... = capit flagrantem pinum

Tum vero incumbunt (praesentia Turni urget [eos]), atque omnis pubes accingitur atris facibus. Diripuere focos: fumida taeda fert piceum lumen et Volcanus [fert] commixtam favillam ad astra. Quis deus, o Musae, avertit [a] Teucris tam saeva incendia? Quis depulit tantos ignis [a] ratibus? Dicite: fides facto [est] prisca, sed fama [est] perennis. Tempore quo primum Aeneas formabat classem in Phrygia Ida et parabat petere alta [loca] pelagi, Berecyntia, ipsa genetrix deum, fertur adfata [esse] Iovem his vocibus:

incumbunt = impetum faciunt
accingitur atris facibus = capit atras faces / diripuerunt
quis deus = qui deus
depulit = excepit
ignes / fides facto = fides facti
prisca = antiqua
alta loca pelagi = longinqua loca
deorum / fertur = dicitur
adfata esse Iovem = dixisse Iovi

"Nate, da [mihi] petenti quod tua cara parens poscit te, domito Olympo. Fuit mihi pinea silva, dilecta per multos annos, lucus in summa arce, quo ferebant sacra, obscurus nigranti picea trabibusque acernis. Ego laeta dedi has [arbores] iuveni Dardanio, cum egeret classis; nunc anxius timor angit [me] sollicitam. Solve metus atque sine parentem posse [obtinere] hoc [suis] precibus: ne quassatae vincantur cursu ullo neu turbine venti; prosit ortas [esse] in nostris montibus." Filius, qui torquet sidera mundi, contra [dixit] huic: "O genetrix, quo vocas fata? Aut quid petis istis [navibus]? Carinaene mortali manu factae habeant immortale fas atque Aeneas lustret certus incerta pericula?

domito Olympo = postquam Olympum domuisti
quo = ad quem / [lucus] obscurus
acernus = de acere factus
acer, -eris: genus arboris
classis: genit. (egeo + genit.)
angit = opprimit
prosit ortas esse = desidero eis prodesse ortas esse
Carinae ... habeant = Vis carinas mortali manu factas habere
Aeneas lustret certus = vis Aenean lustrare certum

Cui deo tanta potestas permissa [est]? Immo, ubi defunctae olim tenebunt finem atque portus Ausonios, quaecumque evaserit [ex] undis atque vexerit Dardanium ducem [ad] Laurentia arva, eripiam mortalem formam [ab illis navibus] atque iubebo [eas] esse deas magni aequoris, qualis Nereia Doto et Galatea secant spumantem pontum pectore."

defunctae < defungor (dep.) = facere quod faciendum sit
tenebunt = pervenient ad
portus: acc. pl.
eripiam ... = efficiam ut immortales sint
[tales] quales

Dixerat, atque adnuit [se habere] id ratum per flumina fratris Stygii, per ripas torrentis pice atraque voragine, et tremefecit totum Olympum [suo] nutu. Ergo, promissa dies aderat et Parcae complerant debita tempora, cum iniuria Turni admonuit Matrem depellere taedas [a] sacris ratibus. Hic primum nova lux offulsit oculis et ingens nimbus visus [est] transcurrere caelum ab Aurora, Idaeique chori [visi sunt]; tum horrenda vox excidit per auras et complet agmina Troum Rutulorumque: "Teucri, ne trepidate defendere meas navis neve armate manus; Turno dabitur exurere maria ante quam [exurere] sacras pinus. Vos ite solutae, ite, deae pelagi; genetrix iubet."

adnuit = iuravit / ratum (< reor) = decretum (< decerno, -ere)
torrentes
nutus, -us = motus capitis
compleverant
hic = tunc / offulsit oculis = nituit ante oculos
excidit = cadit
Troum = Troianorum
ne trepidate = nolite trepidare
naves / neve ... = et nolite armare manus (acc. pl.) / Turno dabitur = Turnus poterit / pinus: acc. pl.
solutae = liberatae

Et continuo quaeque puppes abrumpunt sua vincula [a] ripis atque modo delphinum, demersis rostris, petunt ima aequora. Hinc, quot prius aeratae prorae steterant ad litora, totidem virgineae facies reddunt se (mirabile monstrum),

continuo = statim
quaeque puppes = omnes naves
demersis [in aquam]
totidem = tot
reddunt se = apparent

ponto = per pontus / obstipuerunt
rauca (acc. pl. n.) = modo rauco
revocat pedem = efficit ut aqua retro eat / non cessit Turno = non reliquit Turnum
ultro = sua sponte

atque feruntur ponto. Rutuli obstipuere [in] animis; ipse Messapus, turbatis equis, conterritus [est], et Tiberinus amnis, rauca sonans, cunctatur revocatque pedem ab alto [mari]. At fiducia non cessit audaci Turno; tollit animos ultro [suis] dictis atque increpat [Rutulos] ultro:

solitum auxilium = auxilium quod antea eis dabat
ignes
pars altera rerum: mare
adempta est = erepta est
milia Italae gentes = milia Italarum gentium
(ali)qua
tetigerunt / quod ... Ausoniae: hoc est quod datum est
et = quoque
praerepta = rapta
antea / perosos esse = odisse
penitus = omnino
quibus = eis
morae = praesidium, defensio
parva discrimina leti = parva distantia a leto (= morte)
considere = cadere / ignes
qui = quis / apparat = parat, vult
trepidantia = trementia

"Haec monstra petunt Troianos, Iuppiter ipse his [monstris] eripuit [ab eis] solitum auxilium, [Troiani] non exspectant tela neque Rutulos ignis; ergo maria [sunt] invia Teucris, nec spes ulla fugae [manet]: pars altera rerum adempta est [eis], terra autem in nostris manibus [est], tot milia Italae gentes ferunt arma! Fatalia responsa deorum nil terrent me, si Phryges iactant qua [responsa] prae se; sat datum [est] fatis Venerique, quod Troes tetigere arva fertilis Ausoniae. Et mihi, contra, sunt mea fata: exscindere ferro sceleratam gentem, coniuge praerepta; nec iste dolor tangit solos Atridas atque solis Mycenis licet capere arma. Sed satis est periise semel. Satis fuisset [eos] peccare ante, modo non penitus perosos [esse] omne genus femineum. Quibus haec fiducia medii valli atque morae fossarum, parva discrimina leti, dant animos; at non viderunt moenia Troiae, fabricata manu Neptuni, considere in ignis? Sed vos, o lecti, qui apparat scindere vallum ferro et invadit mecum trepidantia castra?

opus est mihi + ablat.
[ut eam] in = ut eam contra
protinus = statim
late = ubicumque
condemur = celabimus nos
certum est mihi = habeo in mente
igni = igne / palam luce = interdiu
faxo ferant sibi = faciam ut sciant
in annum d. = per decem annos
quod superest = partem diei quae restat
procurate = curate

Mihi non opus est armis Volcani in Teucros, non [opus est mihi] mille carinis. Addant se protinus omnes Etrusci [ut] socios [eorum]. Ne timeant tenebras et inertia furta Palladii, caesis late custodibus arcis, nec condemur in caeca alvo equi: certum est [mihi] circumdare muros igni palam luce. Faxo ferant sibi rem haud esse cum Danais et Pelasga pube, quos Hector distulit in annum decimum. Adeo nunc, quoniam melior pars diei acta [est], quod superest, laeti rebus bene gestis, procurate corpora, viri, et sperate pugnam parari."

cura datur = commendatur
bis septem = quattuordecim
milite = militibus
iuvenes purpureis cristis
variant = parant
indulgent vino = multum vini bibent
crater, -eris m.
custodia ducit = custodiae ducunt
ludo = ludentes
armis = armati / nec non = et
formidine = propter formidinem
pontes
(ali)quando / dedit [Troianis]
instat = instant

Interea cura datur Messapo obsidere portas excubiis vigilum et cingere moenia flammis. Bis septem Rutuli delecti sunt qui servent muros milite, ast centeni iuvenes purpurei cristis atque corusci auro sequuntur illos quemque. Discurrunt variantque vices, fusique per herbam indulgent vino et vertunt aenos crateras. Ignes conlucent, custodia ducit noctem insomnem ludo. Super, e vallo Troes prospectant haec et tenent alta [loca] armis, nec non trepidi formidine explorant portas atque iungunt pontis et propugnacula, [et] gerunt tela. Mnestheus acerque Serestus, quos pater Aeneas, si quando adversa vocarent, dedit esse rectores iuvenum et magistros rerum, instat [eos].

sortita periclum = postquam vigiliae assignatae sunt sorte
excubat = iacet extra

Omnis legio, sortita periclum, excubat per muros exercetque vices, quod cuique tuendum est.

venatrix = optimus ad venandum
quo: ablat. comparationis
Aeneadum: genit. pl.
intonsa ora: acc. pl.
prima iuventa: ablat.
statione = vigilia / dine = dei-ne
sua dira cupido: subiectum
pugnam = ad pugnam
invadere = temptare, conari
fiducia rerum = fiducia status (gen.)
soluti = victi / procubuerunt
late = ubicumque / percipe porro = audi praeterea / dubitem = putem
sententia = consilium
acciri = vocari ut veniat
certa = certos nuntios
reperire = invenire

Nisus Hyrtacides erat custos portae, acerrimus armis, quem venatrix Ida miserat [ut] comitem Aeneae, celerem iaculo levibusque sagittis, et, iuxta, comes Euryalus, quo pulchrior alter Aeneadum non fuit neque induit Troiana arma, puer signans intonsa ora prima iuventa. His amor erat unus pariterque ruebant in bella. Tum quoque tenebant portam communi statione. Nisus ait: "Euryale, dine addunt hunc ardorem mentibus, an cuique sua dira cupido fit deus? Mens iamdudum agitat mihi aut pugnam aut invadere aliquid magnum, nec contenta est placida quiete. Cernis quae fiducia rerum habeat Rutulos: rara lumina micant, soluti somno vinoque procubuere, loca late silent. Percipe porro quid dubitem et quae sententia nunc surgat [in meo] animo. Omnes, populus patresque, exposcunt Aenean acciri atque viros mitti qui reportent certa. Si promittunt quae posco tibi (nam mihi fama facti sat est), videor posse reperire sub illo tumulo viam ad muros et moenia Pallantea."

magno ... = magno desiderio gloriae obtinendae
fugis = vitas
summis rebus = ad summas res temptandas
erudiit = educavit / sublatum < tollo
labores = bellum
talia gessi = tali modo me gessi

Euryalus obstipuit, percussus magno amore laudum; simul his [verbis] adfatur ardentem amicum: "Fugisne igitur, Nise, adiungere me [ut] socium summis rebus? Mittam te solum in tanta pericula? Non ita genitor Opheltes, adsuetus bellis, erudiit me, sublatum inter terrorem Argolicum atque labores Troiae, nec talia gessi tecum, secutus magnanimum Aenean et extrema fata.

Est hic [mihi], est [mihi] animus contemptor lucis et qui credat istum honorem quo tendis bene emi vita." Nisus ad haec [dicit]: "Equidem de te nil tale verebar, nec fas [esset], non: ita magnus Iuppiter aut quicumque aspicit haec aequis oculis referat me ovantem tibi. Sed si quis [casus] (quae multa vides [in] tali discrimine), si quis casusve deusve rapiat [me] in adversum, velim te superesse, aetas tua dignior [est] vita. Sit qui me, raptum [e] pugna redemptumve pretio, mandet humo, aut, si qua solita Fortuna vetabit [hoc], ferat inferias [mihi] absenti decoretque [me] sepulcro; neu sim miserae matri [tuae] causa tanti doloris, quae persequitur te, puer, sola ausa e multis matribus, nec curat moenia magni Acestae."

Ille autem: "Nequiquam nectis inanis causas, nec iam mea sententia, mutata [e] loco, cedit; acceleremus" ait; simul excitat vigiles. Illi succedunt [eos] servantque vices; statione relicta, ipse graditur [ut] comes Niso atque requirunt regem. Per omnis terras cetera animalia laxabant somno curas et corda, laborum oblita; primi ductores Teucrum, delecta iuventus, habebant consilium de summis rebus regni: quid facerent quisve iam esset nuntius Aeneae. Stant adnixi longis hastis et tenentes scuta [in] medio castrorum et campi. Tum Nisus et una Euryalus alacres orant confestim admittier: [dicunt] rem magnam [esse] atque fore pretium morae.

animus contemptor lucis = animus ad mortem libenter paratus
quo = ad quem / emi = potest emi
vita: ablat.
nihil

referat: subiunct. desiderii
ovantem = victorem
(ali)quis
quae multa vides = res quarum multas vides
in adversum = in ruinam
vita: ablat. comparationis
mandet humo = sepeliat
(ali)qua / inferias = exsequias

neu sim = atque desidero non esse

sola ausa = quae sola ausa est sequi te huc
nec curat moenia = et recusavit manere tuta intra moenia

nectis = dicis, paras / inanes

succedunt = substituunt
servant vices = vigilias curant
omnes

Teucrum: genit. pl.

quis iam ... = quis iret ad Aenean ut nuntius / adnixi < adnitor

admittier = admitti (pass. infinit.)

fore pretium morae = necesse esse cito consilium capere

neve ... = et nolite spernere quae ferimus propter nostram aetatem
spectentur = iudicentur
ferimus < fero (≠ ferimus < ferio)
conticuerunt
insidiis (dat.) = ad insidias parandas
portae: genit.

fortuna: ablat. (utor + ablat.)

quaesitum (supinum)

euntes / venatu adsiduo = quia saepe in hoc loco venamur
primam urbem = primas domos urbis

Primus Iulus accepit [eos] trepidos ac iussit Nisum dicere. Tum sic [locutus est] Hyrtacides: "Audite aequis mentibus, o Aeneadae, neve spectentur ab annis nostris haec quae ferimus. Rutuli, somno vinoque soluti, conticuere. Ipsi conspeximus locum insidiis qui patet in bivio portae quae [est] proxima ponto. Ignes interrupti [sunt] et ater fumus erigitur ad sidera. Si permittitis [nobis] uti fortuna quaesitum Aenean et Pallantea moenia, mox cernetis [nos] adfore hic cum spoliis, ingenti caede peracta. Nec via fallit nos euntis: venatu adsiduo, vidimus primam urbem sub obscuris vallibus et cognovimus totum amnem."

hic = tunc / numine = potestate

paratis = vultis, desideratis

cum = quoniam / tales

memorans = loquens

rear = existimem

solvi (pass. infinit.) = dari
laudibus = magnis factis
integer aevi = iuvenis

non umquam = numquam
actutum = statim

Hic Aletes, gravis annis atque maturus animi: "Di patrii, sub numine quorum Troia semper est, non tamen paratis delere Teucros omnino, cum tulistis [nobis] talis animos et pectora tam certa iuvenum." Sic memorans tenebat umeros dextrasque amborum et rigabat lacrimis vultum atque ora. "Quae, quae digna praemia, viri, rear posse solvi vobis pro istis laudibus? Primum, di moresque vestri dabunt [vobis] pulcherrima [praemia], tum pius Aeneas atque integer aevi Ascanius, non umquam immemor tanti meriti, actutum reddet cetera."

genitore reducto = si meus genitor revenit
Penates

"Immo ego, cui genitore reducto sola salus [est]," excipit Ascanius "obtestor vos, Nise, per magnos Penatis atque larem Assaraci et penetralia canae Vestae: quaecumque fortuna fidesque mihi est, pono [eam] in vestris gremiis. Revocate parentem [meum], reddite [mihi] conspectum [eius]; illo recepto, nihil [erit] triste. Dabo [vobis] bina pocula, perfecta argento atque aspera signis, quae genitor cepit Arisba devicta, et geminos tripodas, [et] duo magna talenta auri, [et] antiquum cratera quem Sidonia Dido dat [mihi]. Si vero contigerit [mihi] victori capere Italiam et dicere sortem praedae, vidisti quo equo, in quibus armis ibat Turnus, aureus; excipiam [e] sorti ipsum illum [equum], clipeum cristasque rubentis; iam [sunt] nunc tua praemia, Nise. Praeterea genitor [meus] dabit [tibi] bis sex lectissima corpora matrum captivosque atque sua arma omnibus; insuper his, [dabit tibi] quod campi ipse rex Latinus habet. Te vero, venerande puer, quem mea aetas insequitur propioribus spatiis, iam accipio toto pectore et complector [ut] comitem in omnis casus. Nulla gloria quaeretur sine te [in] meis rebus: seu geram pacem seu bella, maxima [mea] fides rerum verborumque [erit] tibi."

Contra quem Euryalus talia fatur: "Nulla dies arguerit me [esse] dissimilem tam fortibus ausis; tantum fortuna cadat secunda, haud adversa. Sed super omnia dona oro te unum: est mihi vetusta genetrix de gente Priami,

- penetralia = templum
- in vestris gremiis = in vestris manibus
- conspectum = visum
- Arisba devicta: ablat. absol.
- cratera: Graecus acc.
- dat = dedit
- dicere sortem praedae = praedam distribuere
- rubentes
- bis sex = duodecim
- sua arma omnibus = quemque sua arma habentem
- quod campi = campum quem
- quem ... = qui paene eiusdem aetatis es ac ego ipse
- omnes casus: acc. pl.
- seu ... = domi militiaeque
- arguerit = accusaverit
- dissimilem = indignum
- ausis = rebus quas facere audemur
- tantum = solum
- genetrix = mater

quam, miseram, Ilia tellus non tenuit excedentem mecum, moenia regis Acestae non [tenuerunt] [eam]. Ego nunc linquo hanc ignaram huius pericli, quodcumque [sit], atque insalutatam (testis [est] nox et tua dextera), quod nequeam perferre lacrimas parentis. At tu, oro, solare [eam] inopem et succurrere [ei] relictae. Sine me ferre hanc spem tui, audentior ibo in omnis casus."

tenuit = retinuit / excedentem = cum consilium cepit exeundi
linquo = relinquo
quod = quia
solare (imperat.) < solor, -ari
succurrere: infinit. pro imperat.
omnes casus: accusat. pl.

Percussa mente, Dardanidae dedere lacrimas, ante omnis pulcher Iulus, atque imago patriae pietatis strinxit animum. Tum sic effatur: "Sponde omnia digna tuis ingentibus coeptis, namque ista erit mihi genetrix atque solum nomen Creusae defuerit, nec parva gratia manet talem partum. Quicumque casus sequentur factum, iuro per hoc caput, per quod pater ante solebat [iurare]: [omnia] quae polliceor tibi reduci, rebusque secundis, haec eadem manebunt matrique tuae generique." Sic ait inlacrimans; simul [ab] umero exuit auratum ensem quem Cnosius Lycaon fecerat mira arte atque aptarat habilem [in] eburna vagina. Mnestheus dat Niso pellem atque exuvias horrentis leonis; fidus Aletes permutat galeam. Protinus incedunt armati; quos euntis omnis manus primorum, iuvenumque senumque, prosequitur votis ad portas. Nec non et pulcher Iulus, gerens animumque curamque virilem ante annos, dabat multa mandata portanda patri,

dederunt / omnes
patriae < patrius, -a, -um (≠ patriae < patria, -ae)
sponde = posce tibi
nec ... = gratia debita feminae quae talem filium peperit non erit parva
quicumque casus: nom. pl.
reduci (dat.) < redux, -ucis
generi < genus (≠ generi < gener, -i)
exuit = excipit
habilem = utilem
incedunt = progrediuntur (dep.)
quos euntis = eos euntes
votis = vota deis faciens
nec non et = et quoque
ante annos = tamquam si maior esset

sed aurae discerpunt omnia et donant [ea] inrita nubibus.

aurae ... nubibus: numquam ad Aenean pervenient

Egressi, superant fossas atque per umbram noctis petunt castra inimica, futuri tamen exitio multis ante. Vident corpora passim per herbam fusa somno vinoque, currus arrectos [in] litore, viros inter lora rotasque, simul arma iacere, simul vina. Prior Hyrtacides sic locutus [est] ore: "Euryale, audendum [est] dextra [manu]: nunc ipsa res vocat. Hac est iter. Tu, ne qua manus possit attollere se nobis a tergo, custodi et consule longe; ego dabo haec vasta et ducam te lato limine."

futuri exitio = laturi mortem | currus: acc. pl. | vina = pocula vini | dextra manu: quia gladium dextra manu capiebant | (ali)qua / nobis = contra nos | custodi, consule: imperat. | dabo h. v. = vastabo hunc locum | ducam ... = aperiam tibi latam viam

Sic memorat atque premit vocem; simul adgreditur ense superbum Rhamnetem, qui forte, altis tapetibus exstructus, proflabat somnum toto pectore, rex idem et gratissimus augur regi Turno, sed non potuit depellere pestem augurio [suo]. Iuxta, premit tris famulos temere inter tela iacentis armigerumque Remi atque aurigam, nactus [eum] sub ipsis equis, atque secat pendentia colla ferro. Tum aufert caput ipsi domino atque relinquit truncum sanguine singultantem; tepefacta terra torique madent atro cruore. Nec non [necat] Lamyrumque Lamumque et iuvenem Serranum, qui, insignis facie, illa nocte luserat plurima, atque iacebat victus membra [a] multo deo [vini]: felix [fuisset], si protinus aequasset illum ludum nocti atque tulisset [eum] in lucem;

premit vocem = tacet | forte = casu / exstructus = iacens | pestem = mortem / tres | iacentes / nactus (< nanciscor): postquam invenit | ipsi domino = ab ipso domino | nec non = et quoque | plurima = per multas horas | membra: acc. respectus | aequasset ... nocti = ludisset per totam noctem (= vigilavisset)

ceu = idem ac

: pecus est mutum propter metum

et = quoque

subit = impetum facit contra
sine n. = nesciebat eos quos necabat
ignaros: quia non viderant eum appropinquantem

cratera: Graecus acc.
condidit = affixit
multa morte = sanguine opertam

instat furto (dat.) = pergit occulte necans

extremum = ultimum

rite = ut solebant / carpere = edere

se ferri ... = se nimis desiderare caedem
absistamus = relinquamus, abeamus

exhaustum est = sustentum est [ab hostibus] / per hostes
virorum (= militum)

Rhamnetis: genit.

mittit = miserat

dat = dederat

habere = ut haberet, ut servaret

nequiquam: quia moriturus est

ceu impastus leo, turbans per plena ovilia (vesana enim fames suadet [ei]) manditque trahitque pecus molle mutumque metu, [atque] fremit ore cruento. Nec minor [fuit] caedes Euryali; incensus et ipse, perfurit ac subit multam plebem in medio sine nomine, Fadumque Herbesumque Rhoetumque Abarimque, ignaros; [subit] Rhoetum vigilantem et videntem cuncta, sed metuens tegebat se post magnum cratera. Cui adsurgenti comminus condidit totum ensem in adverso pectore, et recepit [ensem] multa morte. Ille vomit purpuream animam et moriens refert vina mixta cum sanguine; hic, [Euryalus,] fervidus, instat furto.

Iamque tendebat ad socios Messapi; ibi videbat extremum ignem deficere et equos, religatos rite, carpere gramen, cum Nisus, sensit enim [se] ferri nimia caede atque cupidine, breviter talia "Absistamus" ait, "nam lux inimica propinquat; satis poenarum exhaustum est, via per hostis facta [est]." Relinquunt multa, solido argento perfecta, armaque craterasque virum atque simul pulchros tapetas. Euryalus [capit] phaleras Rhamnetis et aurea cingula bullis, dona quae olim ditissimus Caedicus mittit Tiburti Remulo, cum iungeret [eum] [in] hospitio absens; ille, moriens, dat [ea] suo nepoti habere; post mortem, Rutuli potiti [sunt] [eis] [in] bello: rapit haec atque nequiquam aptat [haec] fortibus umeris.

Tum induit galeam Messapi, habilem cristisque decoram. Excedunt [e] castris et capessunt tuta [loca]. Interea equites ex urbe Latina praemissi ibant, dum cetera legio moratur instructa [in] campis, et ferebant responsa regi Turno, ter centum, omnes scutati, Volcente magistro. Iamque [equites] propinquabant castris atque subibant muros cum procul cernunt hos flectentis laevo limite, et galea, in umbra sublustri noctis, prodidit Euryalum, immemorem [galeae], atque refulsit adversa radiis.

Haud temere visum est; Volcens conclamat ab agmine: "State, viri. Quae [est] causa viae? Quive estis in armis? Quove tenetis iter?" Illi tendere nihil contra, sed celerare fugam in silvas et fidere [se] nocti. Equites obiciunt sese ad nota divortia hinc atque hinc, atque coronant omnem aditum custode. Silva fuit late horrida dumis atque nigra ilice, quam densi sentes complerant undique; rara semita lucebat per occultos callis; tenebrae ramorum onerosaque praeda impediunt Euryalum, atque timor fallit [eum] regione viarum. Nisus abit, iamque imprudens evaserat hostis atque locos qui post dicti [sunt] "Albani" de nomine Albae (tum rex Latinus habebat [illic] alta stabula), ut stetit et frustra respexit absentem amicum: "Euryale infelix, [in] qua regione te reliqui? Quave sequar, rursus revolvens omne perplexum iter fallacis silvae?"

habilem = utilem, idoneam
excedunt = exeunt
capessunt = eunt ad, petunt
cetera legio = reliqua pars exercitus (gen.)
magistro = duce / castris = ad castra
subibant = intrabant in / flectentes
laevo limite = ad laevam
radiis: radiis lucis lunae
haud temere = haud nequiquam
in armis = vos qui armati estis
tendere = respondere / fidere = dare
nota divortia = vias quas bene noverant
coronant ... = claudunt omnes vias custodibus
rara semita = parvae partes viae
calles
timor ... = timor efficit ut erret viam
hostes / post = postea
ut = cum
qua sequar = per quem locum sequar
perplexum = difficile

Simul et retro legit vestigia observata atque errat silentibus dumis. Audit equos, audit strepitus et signa sequentum; nec longum [fuit] tempus in medio, cum clamor pervenit ad auris ac videt Euryalum, quem iam omnis manus, fraude loci et noctis, subito turbante tumulto, rapit oppressum et frustra plurima conantem. Quid faciat? Qua vi, quibus armis audeat eripere iuvenem? An inferat sese in medios enses moriturus et properet pulchram mortem per vulnera?

legit = ambulat per, sequitur (dep.)
sequentium
nec ... = nec longum tempus transcurrit / aures
manus: parvus grex militum
plurima conantem = multum se defendere conantem
eripere = e periculo servare
properet = requirat

Ocius, adducto lacerto, torquet hastile, suspiciens altam Lunam, et sic precatur voce: "Tu, dea, tu, Latonia, decus astrorum et custos nemorum: praesens succurrere nostro labori. Si umquam pater Hyrtacus pro me tulit qua dona tuis aris, si [ego] ipse auxi qua [dona] meis venatibus suspendive [e] tholo aut fixi ad sacra fastigia, sine me turbare hunc globum et rege [mea] tela per auras." Dixerat, et conixus toto corpore conicit ferrum. Hasta volans diverberat umbras noctis et venit in tergum Sulmonis aversi ibique frangitur ac, fisso ligno, transit praecordia.

adducto lacerto = postquam lacertum retro adduxit
succurrere: infinit. pro imperativo
(ali)qua
sine: imperat. / fastigia = superae partes ianuae
rege (imperat.) = duc
conixus = utens
aversi (genit) = qui aversus erat
fisso (< findo) ligno = postquam lignum pectus fidit

Ille volvitur, frigidus, vomens calidum flumen de pectore, et pulsat ilia longis singultibus. Diversi circumspiciunt. Idem, [Nisus,] acrior hoc, ecce: librabat aliud telum a summa aure. Dum [alii] trepidant, hasta it, stridens, per utrumque tempus Tago

ilia: acc. pl. n.
diversi = huc et illuc
hoc (ablat.) = propter hoc (acc.)
tempus: pars capitis

atque tepefacta haesit [in] traiecto cerebro. Atrox Volcens saevit, nec conspicit usquam auctorem teli nec quo possit immittere se ardens. "Tu tamen interea persolves mihi [tuo] calido sanguine poenas amborum" inquit; simul, ense recluso, ibat in Euryalum. Tum vero, exterritus, amens, Nisus conclamat nec potuit celare se amplius [in] tenebris aut perferre tantum dolorem: "Me, me, adsum qui feci, convertite ferrum in me, o Rutuli! Omnis fraus mea [est], iste nec ausus [est] nec potuit nihil; testor hoc caelum et conscia sidera; tantum nimium dilexit infelicem amicum."

auctorem teli = illum qui telum iecerat
persolves = dabis
recluso = ostento
amplius = per longius tempus
adsum qui feci = ego sum qui hoc fecit et hic adsum
tantum = solum / dilexit = amavit

Talia dicta dabat, sed ensis, viribus adactus, transadigit costas et rumpit candida pectora. Euryalus volvitur leto, atque cruor it per pulchros artus, atque cervix, conlapsa, recumbit in umeros: veluti cum flos, succisus aratro, moriens languescit, papaverave lasso collo demisere caput cum gravantur forte pluvia. At Nisus ruit in medios atque per omnis petit solum Volcentem, moratur in Volcente solo. Quem hostes, circum glomerati, comminus hinc atque hinc proturbant. [Nisus] non setius instat ac rotat fulmineum ensem, donec condidit [eum] in adverso ore clamantis Rutuli et, moriens, abstulit animam hosti. Tum, confossus, proiecit sese super exanimum amicum ibique demum quievit morte. Fortunati ambo! Si mea carmina possunt quid,

viribus adactus = fortiter affixus
volvitur leto = moriens cadit
artus: acc. pl.
succisus = sectus
lasso collo: ablat. descriptionis
demiserunt
omnes
quem: Nisum / glomerati = cumulati
comminus ↔ eminus
setius = minus
condidit = affixit
hosti = ab hoste / confossus = per totum corpus vulneratus
(ali)quid

nulla dies umquam eximet vos memori aevo, dum domus Aeneae accolet immobile saxum Capitoli atque pater Romanus habebit imperium.

nulla ... aevo = in aeternum homines meminerint vestri facti
accolet = habitabit

Victores Rutuli, potiti praeda spoliisque, flentes ferebant exanimum Volcentem in castra; nec minor [fuit] luctus in castris, Rhamnete exsangui reperto et tot primis una caede peremptis, Serranoque Numaque. Ingens concursus [fit] ad ipsa corpora seminecisque viros atque locum recentem tepida caede et rivos spumantis pleno sanguine. Inter se agnoscunt spolia galeamque nitentem Messapi et phaleras multo sudore receptas.

praeda: ablat. sing.
exanimum = sine anima, mortuum
exsangui = sine sanguine, mortuo
primis: primis civium / peremptis < perimo = neco
semineces
recentem ... = nuper umidum tepida sanguine / spumantes
nitentem = refulgentem

Et iam prima Aurora spargebat terras novo lumine, linquens croceum cubile Tithoni. Iam sole infuso, iam rebus luce retectis, Turnus suscitat viros in arma, circumdatus ipse armis; cogunt aeratas acies in proelia, quisque [dux] [cogit] suos, atque acuunt iras variis rumoribus. Quin, praefigunt ipsa capita Euryali et Nisi in arrectis hastis (miserabile visu) et sequuntur [eas] multo clamore. Duri Aeneadae opposuere aciem in parte sinistra murorum (nam dextera cingitur amni), atque tenent ingentis fossas et, maesti, stant [in] altis turribus; simul praefixa ora virum, nimis nota [eis] miseris atque fluentia atro tabo, movebant [eos]. Interea nuntia Fama, volitans pennata,

relinquens
infuso = sparso
luce retectis = luce detectis, iterum visis / cogunt = instruunt
proelia: plur. pro sing.
rumoribus = hortantibus verbis
opposuerunt = contra posuerunt
ingentes / maesti: quia videbant capita mortuorum amicorum
ora virum = capita virorum
pennata = cum pennis (= cum alis)

ruit per pavidam urbem atque adlabitur auris matris Euryali, at subitus calor reliquit ossa [eius] miserae, radii excussi [sunt] [e] manibus atque pensa revoluta [sunt]. Infelix, evolat et femineo ululatu, scissa comam, amens petit cursu muros atque prima agmina, illa non [memor] virum, illa non memor pericli telorumque; dehinc implet caelum questibus:

adlabitur (dep.) aures = pervenit ad aures
pensum, -i = lana voluta
scissa < scindo, -ere
cursu = currens
non memor virorum = inscia hostium
questibus < questus, -us

"Hunc ego aspicio te, Euryale? Tune ille, sera requies meae senectae, potuisti linquere [me] solam, crudelis? Nec copia data [est] miserae matri adfari te extremum, missum sub tanta pericula? Heu, iaces [in] terra ignota [ut] praeda data Latinis canibus alitibusque! [Ego], [tua] mater, nec produxi te, tua funera, pressive oculos aut lavi vulnera, tegens [te] veste quam, festina, tibi urgebam noctes diesque, et solabar anilis curas tela. Quo sequar? Aut quae tellus habet nunc artus [tuos] avulsaque membra et lacerum funus? Mihi refers hoc de te, nate? Hoc secuta sum [te] terraque marique? Figite me, si qua pietas est, conicite in me omnia tela, o Rutuli, absumite me primam ferro; aut tu, magne pater divum, miserere, atque detrude hoc invisum caput sub Tartara tuo telo, quando nequeo aliter abrumpere crudelem vitam."

hunc = talem
senectae = senectutis
adfari te extremum = dicere tibi ultima verba
produxi = sepelivi
urgebam = cito texebam
aniles / tela: ablat.
artus: acc. pl.
hoc = ad hunc finem
(ali)qua
divum = deorum
miserere: imperat.
quando = quoniam
aliter = alio modo

Animi concussi [sunt] hoc fletu, atque maestus gemitus it per omnis, [atque] infractae vires torpent ad proelia.

omnes
torpent = debiles fiunt

Monitu Ilionei et Iuli multum lacrimantis, Idaeus et Actor corripiunt illam, incendentem luctus, interque manus reponunt [eam] sub tecta. At tuba procul increpuit terribilem sonitum canoro aere, sequitur clamor caelumque remugit. Volsci, testudine facta, accelerant et parant implere fossas ac vellere vallum; pars quaerunt aditum et ascendere muros scalis qua acies est rara atque corona, non tam spissa viris, interlucet. Contra, Teucri, adsueti defendere muros [in] longo bello, effundere omne genus telorum ac detrudere duris contis. Quoque volvebant saxa infesto pondere, si qua possent perrumpere tectam aciem, cum tamen ferre omnis casus subter densa testudine iuvat.

luctus, manus: acc. pl.
sub tecta = domum
pars (sing.) quaerunt (pl.): constructio ad sensum
acies est rara = pauci milites adsunt
corona interlucet: corona non multos milites habet, ut lux videatur inter eos
(ali)qua
cum ... = quamquam hostibus facile erat se defendere sub densa testudine

Nec iam sufficiunt, nam qua ingens globus imminet, Teucri volvuntque ruuntque immanem molem quae late stravit Rutulos atque resolvit tegmina armorum. Nec amplius curant audaces Rutuli contendere caeco Marte, sed missilibus certant pellere [eos] [a] vallo. [In] alia parte Mezentius, horrendus visu, quassabat Etruscam pinum et infert fumiferos ignis; at Messapus, domitor equum, Neptunia proles, rescindit vallum et poscit scalas in moenia. O Calliope, precor vos, aspirate [mihi] canenti quas strages Turnus tum ibi ferro ediderit, quae funera, quem virum quisque demiserit Orco, et evolvite mecum ingentis oras belli.

sufficiunt = resistere possunt
qua = per quem locum
resolvit = delet
amplius = plus temporis
certant pellere = inter se certant ad pellendum
ignes / equorum
rescindit = aperit, rumpit
vos: poeta loquitur non solum Calliopi sed omnibus Musis
ediderit = fecit
ingentes oras = ingentem imaginem

Et meministis enim, divae, et potestis memorare.

vasto suspectu: ablat. descriptionis
opportuna loco = in optimo loco sita
summa vi opum = omnibus modis
intorquere = intorquebant
lampada: Graecus acc.
plurima vento = aucta (< augeo) vento
trepidare = trepidabant
velle = conabantur (dep.)

Erat turris vasto suspectu et altis pontibus, opportuna loco, quam omnes Itali certabant expugnare summis viribus atque evertere summa vi opum; Troes, contra, [certabant] defendere [eam] saxis atque, densi, intorquere tela per cavas fenestras. Turnus princeps coniecit ardentem lampada et adfixit flammam lateri, quae, plurima vento, corripuit tabulas et haesit adesis postibus. [Teucri,] turbati, trepidare intus frustraque velle fugam malorum.

peste = impetu hostium
pondere = propter pondus
semineces = semimortui
immani mole secuta: ablat. absol.
confixi = transacti
pectora: acc. respectus
sustulerat = curaverat, aluerat
vetitis armis: quamquam interdictum erat eum ad bellum mittere
levis erat: quia levia arma habebat
hinc atque hinc = hinc atque illinc
saepta: nom. / densa corona: ablat.
venantium
morti = ad mortem
hostes / qua = per quem locum

Dum glomerant se atque residunt retro in partem quae caret peste, tum turris subito procubuit pondere et omne caelum tonat fragore. Semineces veniunt ad terram, immani mole secuta, confixique [sunt] suis telis et transfossi [sunt] pectora duro ligno. Vix unus Helenor et Lycus elapsi [sunt] [e periculo]. Quorum primaevus Helenor, quem serva Licymnia furtim sustulerat Maeonio regi atque miserat Troiam vetitis armis, levis [erat] nudo ense atque alba parma, inglorius. Isque, ubi vidit se inter media milia [militum] Turni [atque] hinc acies Latinas astare atque hinc [alias] acies, ut fera quae, saepta densa corona venantum, furit contra tela atque inicit sese morti, haud nescia, et fertur supra venabula saltu, haud aliter iuvenis inruit in medios hostis moriturus et, qua videt tela [esse] densissima, [illuc] tendit.

At Lycus, longe melior pedibus, et inter hostis et inter arma tenet muros [in] fuga, atque certat prendere manu alta tecta atque attingere dextras socium. Quem Turnus, victor, pariter cursu atque secutus [eum] telo, increpat his [verbis]: "Demens, sperastine te posse evadere nostras manus?" Simul arripit ipsum pendentem et revellit [eum] cum magna parte muri. Qualis ubi armiger Iovis, alta petens, sustulit uncis pedibus aut leporem aut cycnum candenti corpore, aut Martius lupus rapuit a stabulis agnum, quaesitum matri multis balatibus.

hostes / pedibus = currens
tenet muros = conatur (dep.) ad muros advenire

sociorum

secutus = persecutus

manus: acc. pl.

cum ... : quoque pars muri, manu Lyci cadentis capta, cadit
candenti corpore: ablat. descript.

matri (dat.) = a matre

balatus, -us = sonus ab ovibus factus

Clamor tollitur undique: invadunt et complent fossas aggere, alii iactant ardentis taedas ad fastigia. Ilioneus sternit saxo atque ingenti fragmine montis Lucetium, portae subeuntem atque ferentem ignis; Liger [sternit] Emathiona, Asilas [sternit] Corynaeum, hic bonus iaculo, hic [bonus] sagitta longe fallente; Caeneus Ortygium, Turnus victorem Caenea, Turnus Ityn Cloniumque, Dioxippum Promolumque et Sagarim et Idan, stantem pro summis turribus; Capys Privernum; primo, levis hasta Themillae strinxerat hunc; ille, demens, proiecto tegmine, tulit manum ad vulnus; ergo, sagitta adlapsa [est] alis et infixa est alte laevo lateri, atque, abdita intus, rupit spiramenta animae letali vulnere. Filius Arcentis stabat in egregiis armis, pictus chlamydem acu et clarus Hibera ferrugine,

aggere = terra (ablat.)

ardentes / sternit Lucetium
saxo ... montis = saxo quod ingens fragmen montis erat
portae subeuntem = ad portam appropinquantem / ignes

sagitta: ablat.
longe fallente: quae e longinquo veniens non facile videtur

strinxerat = vulneraverat
proiecto tegmine = relicto scuto

abdita = occulta
spiramenta animae = pulmones
pictus = et pinxerat

acu: ablat.

insignis facie, quem genitor Arcens miserat, eductum [in] luco Martis circum Symaethis flumina, ubi [stat] pinguis et placabilis ara Palici. Mezentius, hastis positis, ipse ter circum caput egit stridentem fundam adducta habena et diffidit media tempora [eius] adversi liquefacto plumbo ac extendit [eum] porrectum [in] multa harena. Ascanius, ante solitus terrere fugacis feras, dicitur tum primum intendisse [in] bello celerem sagittam, atque fudisse fortem Numanum, cui cognomen erat Remulo, atque nuper, thalamo sociatus, habebat germanam minorem Turni. Is ibat ante primam aciem, vociferans digna et indigna relatu atque tumidus praecordia novo regno, et sese ferebat ingentem clamore:

"Non pudet iterum teneri obsidione valloque, bis capti Phryges, et praetendere muros morti? En, [ei] qui poscunt sibi conubia nostra bello! Quis deus, quae dementia adegit vos [ad] Italiam? Atridae non [sunt] hic nec Ulixes, fictor fandi. Genus durum a stirpe, primum deferimus natos ad flumina atque duramus [eos] saevo gelu et undis; pueri invigilant venatu atque fatigant silvas, ludus [eorum] [est] flectere equos et tendere spicula cornu, at iuventus, patiens operum atque adsueta parvo, aut domat terram rastris aut quatit oppida bello. Omne aevum [nostrum] teritur ferro, atque fatigamus terga iuvencum versa hasta,

insignis facie = pulcherrimus
eductum = educatum

positis = relictis

adducta habena: ablat.
tempora = caput

ante = antea / fugaces

fudisse = necavisse

Remulo (dat.): congruitur cum "cui," quod mirandum est
thalamo ... Turni = sociatus erat Turno quia tulit in matrimonium germanam Turni
relatu: supinum
novo regno: quia habebat novum regnum

praetendere = opponere
conubia nostra = conubia cum nostris mulieribus

fictor fandi = mendax

venatu = venantes / fatigant silvas: continuo venantes, non sinunt silvas requiescere / cornu: arcu

adsueta parvo = adsueta vivere sine commodis
aevum = vita / teritur = geritur
fatigamus = pulsamus
versa hasta: ablat.

nec tarda senectus debilitat viris animi mutatque vigorem: premimus canitiem galea, semperque iuvat comportare recentis praedas et vivere rapto. Vobis [est] vestis picta croco et fulgenti murice, desidiae cordi, iuvat indulgere choreis, et tunicae habent manicas et mitrae [habent] redimicula. O vere Phrygiae, neque enim Phryges, ite per alta Dindyma, ubi tibia dat biforem cantum [vobis] adsuetis; tympana atque Berecyntia buxus Idaeae Matris vocat vos; sinite arma viris et cedite ferro."

Ascanius non tulit [eum] talia iactantem [in] dictis ac dira canentem, atque obversus contendit telum nervo equino atque, ducens bracchia diversa, constitit, ante precatus Iovem per vota [ut] supplex: "Iuppiter omnipotens, adnue [his] audacibus coeptis. Ipse feram tibi ad tua templa sollemnia dona, et statuam ante aras iuvencum aurata fronte, candentem pariterque caput cum matre ferentem, qui iam petat cornu et spargat harenam pedibus."

Genitor audiit et intonuit de parte serena caeli [ad] laevum [latus]. Fatifer arcus sonat una; adducta sagitta effugit, horrendum stridens, atque venit per caput Remuli et traicit cava tempora ferro: "I, inlude virtutem superbis verbis! Phryges, bis capti, remittunt haec responsa Rutulis." Hoc tantum [dixit] Ascanius. Teucri sequuntur clamore

vires
galea: ablat. / recentes
vivere rapto = vivere rebus quas rapimus
desidiae cordi = pigritia
iuvat = placet / indulgere = interesse
tibia dat biforem cantum = biforis tibia dat cantum
buxus, -i f.: genus arboris
cedite ferro = relinquite gladios
dictis = verbis
nervo equino: arcus Ascanii habebat nervum equinum
ducens diversa = separans / antea
adnue coeptis = proba coepta
statuam < statuo, -ere
pariter ... = caput ferentem tam altum quam caput matris
petat cornu = minetur (dep.) cornibus
fatifer = qui fatum fert
una = eodem tempore
tempora = caput
i: sententia qua brevior nulla esse potest in lingua Latina
tantum = solum

laetitia: ablat.

crinitus = qui longos capillos habet
aetheria plaga = caelo

genite, geniture: vocat.

iure = recte, iuste
resident = cessabunt
nec ... : Troia non satis magna est tibi

spirantes

antiquum = senem

custos ad limina = custos liminis

Ascanio: dat.

omnia: acc. respectus / crines

saeva sonoribus = saevos sonus sonantia

non invidet ... = non invidet tibi utenti eisdem armis ac ipse
parce bello = siste pugnans, noli amplius pugnare
mortales aspectus

agnoverunt / senserunt

(proceres) prohibent
succedunt = eunt
totis muris = per totos muros

atque fremunt laetitia atque tollunt animos ad sidera. Tum forte crinitus Apollo, [in] aetheria plaga, desuper videbat Ausonias acies urbemque, sedens [in] nube, atque adfatur victorem Iulum his [verbis]: "Macte nova virtute, puer, sic itur ad astra, [tu] genite [e] dis et geniture deos! Iure omnia bella fato ventura resident sub gente Assaraci, nec Troia capit te."

Simul effatus haec, mittit se ab alto aethere, dimovet spirantis auras atque petit Ascanium; tum forma oris vertitur in antiquum Buten. Hic ante fuit armiger Dardanio Anchisae fidusque custos ad limina; tum pater addidit [eum] Ascanio [ut] comitem. Apollo ibat similis longaevo omnia, vocemque coloremque et albos crinis et arma saeva sonoribus, atque adfatur ardentem Iulum his dictis: "Sit satis, Aenide, oppetiisse Numanum impune tuis telis. Magnus Apollo concedit tibi hanc primam laudem et non invidet paribus armis; cetera, parce bello, puer." Sic orsus, Apollo reliquit mortalis aspectus [in] medio sermone et evanuit in tenuem auram, procul ex oculis. Dardanidae proceres agnovere deum divinaque tela atque sensere pharetram sonantem [in] fuga. Ergo dictis ac numine Phoebi prohibent Ascanium, avidum pugnae; ipsi rursus succedunt in certamina atque mittunt animas in aperta pericula. Clamor it totis muris per propugnacula, intendunt acris arcus atque torquent armenta. Omne solum sternitur telis, tum scuta atque cavae galeae dant sonitum flictu, pugna aspera surgit: quantus, veniens ab occasu [cum] pluvialibus Haedis, imber verberat humum, quam nimbi praecipitant in vada multa grandine, cum Iuppiter horridus torquet aquosam hiemem Austris et rumpit cava nubila [in] caelo.

acres arcus: acc. pl.
sternitur = operitur
flictu: sing. pro pl.
(tam) quam / praecipitant = cadunt
torquet = iacit / hiemem = procellam
cava nubila = cavas nubes

Pandarus et Bitias, creti [ex] Idaeo Alcanore, quos silvestris Iaera eduxit [in] luco Iovis, iuvenes aequos abietibus et patriis montibus, freti armis recludunt portam quae commissa [erat] [eis] imperio ducis, ultroque invitant hostem moenibus. Ipsi astant intus dextra ac laeva pro turribus, armati ferro et corusci alta capita cristis: quales geminae aeriae quercus consurgunt circum liquentia flumina sive [in] ripis Padi seu propter amoenum Athesim atque attollunt intonsa capita caelo et nutant sublimi vertice. Rutuli, ut videre aditus patentis, inrumpunt; continuo Quercens et Aquiculus, pulcher armis, et Tmarus, praeceps animi, et Mavortius Haemon, aut versi dedere terga totis agminibus aut posuere vitam in ipso limine portae. Tum irae magis increscunt [in] animis discordibus et Troes, iam collecti, glomerantur [in] eodem [loco] et audent conferre manum et procurrere longius. Nuntius perfertur ductori Turno, furenti in diversa parte turbantique viros,

creti = nati, filii / Iaera: nomen feminae
recludunt = aperiunt
ultro = sua sponte
invitant ... = hortantur (dep.) hostes ut intrent in moenia
alta capita: acc. respectus
quercus: nom. pl.
caelo = ad caelum / viderunt aditus (acc. pl.) patentes
praeceps animi = animosus
dederunt
posuerunt vitam = mortui sunt
conferre manum = pugnare
"nuntius" significat et eum qui nuntiat et id quod nuntiatur
longius = ulterius

nuntius est "hostem ... patentes"

hostem fervere nova caede et praebere portas patentis.

deserit inceptum = relinquit quod faciebat
coniecto = iacto / sternit = caedit (≠ cedit)
cornus, -us f.
aera: Graecus acc.
undam [sanguinis]
Erymanta: Graecus acc.
magnum = magnopere, multum
modo fulminis = idem ac fulmen
duo taurea terga = scutum duplicis taureae pellis / squama: ablat.
immania membra = magnum corpus
super = insuper
saxea pila = rotundum saxum
[incolae] iaciunt
ponto = in pontus
inlisa vadis = postquam cecidit in vada / recumbit = iacet
Prochyta, Inarime: insulae
durum ... : Typhoeus, a Iove victo, iacebat sub insula Inarime

[Turnus] deserit inceptum atque, concitus immani ira, ruit ad portam Dardaniam fratresque superbos. Et primum, coniecto iaculo, sternit Antiphaten (is enim se agebat primus), nothum alti Sarpedonis de Thebana matre: Itala cornus volat per tenerum aera atque, infixa [in] stomacho, abit sub altum pectus; specus atri vulneris reddit spumantem undam, et ferrum tepescit in fixo pulmone. Tum sternit Meropem atque Erymanta manu, tum Aphidnum, tum Bitian ardentem oculis atque frementem animis, non iaculo (neque ille dedisset vitam iaculo), sed contorta phalarica venit, magnum stridens, acta modo fulminis, quam nec duo taurea terga nec fidelis lorica duplici squama et auro sustinuit; immania membra ruunt conlapsa, tellus dat gemitum et ingens clipeum intonat super. Talis quondam in Euboico litore Baiarum saxea pila cadit quam, magnis molibus ante constructam, iaciunt ponto; sic illa, prona, trahit ruinam atque, inlisa vadis, recumbit penitus; maria miscent se et nigrae harenae attolluntur; tum alta Prochyta atque Inarime, durum cubile, imposta Typhoeo imperiis Iovis, tremit sonitu.

hic = tunc / vires / acres
Teucris = ad Teucros

Hic Mars armipotens addidit animum virisque Latinis et vertit acris stimulos sub pectore [eorum], immisitque Fugam atrumque Timorem Teucris.

Undique conveniunt, quoniam copia pugnae data [est], bellatorque deus incidit animo [eorum]. Pandarus, ut cernit germanum fuso corpore et [in] quo loco sit fortuna, qui casus agat res, obnixus latis umeris torquet portam multa vi, converso cardine, atque linquit multos suorum exclusos [e] moenibus in duro certamine; ast includit alios secum recipitque [eos] ruentis, demens!, qui non viderit regem Rutulum in medio agmine inrumpentem, ultroque incluserit [eum] urbi, veluti immanem tigrim inter inertia pecora.

copia pugnae = facultas pugnandi
incidit animo = intrat in animum
fuso corpore = humi iacentem
qui casus agat res (acc. pl.) = quo modo omnia se habeant
torquet = claudit
alios: hostes / ruentes
qui non viderit = quia non vidit
ultro = sua sponte / urbi = in urbe

Continuo nova lux effulsit [ex] oculis et arma sonuere horrendum, sanguineae cristae tremunt in vertice atque mittit micantia fulmina [e] clipeo. Aeneadae, subito turbati, agnoscunt invisam faciem atque immania membra. Tum Pandarus, ingens, emicat et, fervidus ira fraternae mortis, effatur: "Haec non [est] dotalis regia Amatae, nec media Ardea cohibet Turnum [in] patriis muris. Vides castra inimica, nulla potestas [est tibi] exire hinc." Turnus subridens [dicit] olli sedato pectore: "Incipe, si qua virtus [est in] animo [tuo], et consere dextram: narrabis Priamo etiam Achillem inventum [esse] hic." Dixerat. Ille, adnixus summis viribus, intorquet hastam rudem nodis et crudo cortice; aurae excepere [eam], Saturnia Iuno detorsit veniens vulnus, atque hasta infigitur portae.

sonuerunt
horrendum = horrendo modo
[Turnus] mittit
invisam = odiosam
immania = immensa / ira: ablat.
dotalis regia = regia quam ut dos datur
cohibet = tenet
olli = illi
(ali)qua / consere = iunge
consere dextram = pugna mecum
Achillem ... : Turnus comparat se Achilli
adnixus (< adnitor) = utens
exceperunt
vulnus = hastam / portae = in porta

"At non effugies hoc telum quod mea dextera versat vi, neque enim is [est] auctor teli nec vulneris." Sic ait, et consurgit alte in sublatum ensem, et ferro inter gemina tempora dividit mediam frontem impubisque malas immani vulnere. Fit sonus, tellus concussa est ingenti pondere; moriens, sternit humi conlapsos artus atque arma, cruenta cerebro, atque caput pependit illi aequis partibus huc atque illuc ex utroque umero. Troes, versi, diffugiunt trepida formidine, et si continuo ea cura subisset victorem, rumpere claustra manu atque immittere socios portis, ille dies fuisset ultimus bello gentique.

Sed furor atque insana cupido caedis egit [eum] ardentem in adversos. [In] principio excipit Phalerim et, succiso poplite, Gygen; ingerit hastas hinc raptas in tergus fugientibus; Iuno ministrat viris animumque; addit [eis] Halyn [ut] comitem et, confixa parma, Phegea; deinde Alcandrumque Haliumque Noemonaque Prytanimque, ignaros in muris atque cientis Martem. Conixus, dexter ab aggere occupat Lyncea vibranti gladio, tendentem contra atque vocantem socios; caput, comminus deiectum uno ictu, cum galea longe iacuit huic; inde, [necat] Amycum, vastatorem ferarum, quo felicior unguere tela manu atque armare ferrum veneno non [erat] alter, et Clytium Aeoliden et Crethea, amicum Musis, Crethea comitem Musarum,

is = talis, tam debilis
in sublatum ensem = ensem tollens
tempora = latera capitis
impubes
artus: acc. pl.
cruenta cerebro = cruenta sanguine cerebri
si ea cura subisset victorem = si victor cepisset id consilium
portis = per portas
genti [Troianae]
adversos = hostes / poplite = genu
ingerit = iacit
tergus, -oris n. = tergum, -i
parma, -ae = scutum, -i
Phegea: Graecus acc.
cientes Martem = hortantes ad pugnam / dexter = a dextro latere
occupat = necat
comminus ↔ eminus
deiectum = disiunctum [e corpore]
felicior = melior / unguere, armare = ad unguendum, ad armandum

intendere numeros nervis = cithara uti, cithara canere
virorum

cui carmina et citharae atque intendere numeros nervis semper [erant] cordi; semper canebat equos atque arma virum pugnasque.

palantes = dispersos
[intra muros] receptum
tenditis fugam = fugitis
saeptus = circumdatus
edo stragem = sum causa ruinae
Orco = ad Orcum (= ad Avernum)
primos = optimos
segnes = ignavi, timidi

Tandem Teucri ductores, caede suorum audita, conveniunt, Mnestheus acerque Serestus, atque vident socios palantis hostemque receptum. Et Mnestheus "Quo deinde tenditis fugam, quo?" inquit. "Quos alios muros, quaeve moenia ultra habetis? Unus homo et undique saeptus vestris aggeribus ediderit impune tantas strages per urbem, o cives? Miserit Orco tot primos iuvenum? Non miseretque pudetque infelicis patriae veterumque deorum et magni Aeneae, [o] segnes?"

consistunt = manent ubi sunt
excedebat, petebat
hoc (ablat.) = propter hoc (acc.)
incumbebant = veniebant
glomerabant manum = premebant circulum
patitur (dep.) = sinit eum
potis est = potest
tendere contra = repugnare
improperata = lenta (lente recedit)
ira: ablat. / etiam = adhuc
hostes
confusa fuga: ablat.
sufficere vires = dare satis virium ut possit se defendere

Accensi talibus [verbis] firmantur et consistunt agmine denso. Turnus paulatim excedere [e] pugna et petere fluvium ac partem quae cingitur unda. Acrius hoc, Teucri incumbere magno clamore et glomerare manum, ceu cum turba premit saevum leonem telis infensis, at ille, territus, asper, acerba tuens, redit retro et neque ira aut virtus patitur dare terga nec ille quidem, hoc cupiens, potis est tendere contra per tela virosque. Haud aliter Turnus, dubius, retro refert improperata vestigia et mens exaestuat ira. Quin, etiam bis tum invaserat medios hostis, bis vertit agmina per muros confusa fuga; sed propere omnis manus coit e castris in [eum] unum nec Saturnia Iuno contra audet sufficere viris, nam Iuppiter demisit aeriam Irim [e] caelo ferentem germanae haud mollia iussa, ni Turnus cedat [ab] altis moenibus Teucrorum. Ergo iuvenis nec clipeo nec dextra [manu] valet tantum subsistere, sic obruitur undique iniectis telis. Galea strepit adsiduo tinnitu circum cava tempora et solida aera fatiscunt saxis, atque iubae discussae [sunt] capiti, nec umbo sufficit ictibus; et Troes et ipse fulmineus Mnestheus ingeminant hastis. Tum sudor liquitur toto corpore et agit piceum flumen (nec potestas [est] respirare), [atque] aeger anhelitus quatit fessos artus. Tum demum saltu sese dedit praeceps omnibus armis in fluvium; ille cum suo flavo gurgite accepit [eum] venientem ac extulit [eum] mollibus undis et remisit [eum] laetum sociis, abluta caede.

ni = nisi
valet = potest / tantum = satis
tempora = caput
aera < aes, aeris n.
sufficit = potest resistere
ingeminant hastis = iactant duplicem numerum hastarum / liquitur (dep.) toto corpore = fluit per totum corpus / nec ... = et non potest respirare / artus: acc. pl.
omnibus armis = omnia arma gerens
ille = fluvius
sociis = ad socios
abluta caede = sanguine a corpore remoto

LIBER X

Panditur interea domus omnipotentis Olympi atque pater divum atque rex hominum vocat concilium in sideream sedem, unde arduus aspectat omnis terras castraque Dardanidum populosque Latinos. Considunt [in] tectis bipatentibus; ipse incipit: "Magni caelicolae, quianam sententia vobis versa [est] retro tantumque certatis animis iniquis?

divum = deorum
arduus = ex alto loco inspiciens
omnes / Dardanidum: genit. pl.
bipatentibus = quae duas portas habent
quianam = cur

abnuo = prohibeo
vetitum = quod vetitum est
ne arcessite = noli arcessere
immittet Alpes apertas = transibit per Alpes
Romanis arcibus = contra Romanas arces
rapuisse res = praedam capere (= pugnare)

Abnueram Italiam concurrere Teucris [in] bello. Quae [est haec] discordia contra vetitum? Quis metus suasit aut hos aut hos sequi arma atque lacessere ferrum? Tempus iustum pugnae adveniet (ne arcessite), cum fera Karthago olim immittet magnum exitium atque Alpis apertas Romanis arcibus; tum licebit certare odiis, tum [licebit] rapuisse res. Nunc sinite et laeti componite placitum foedus."

queo = possum
insignis: nom. sing.
equis: ablat. pl.
miscent intra portas = fiunt intra muros
inundant = plenae sunt
levari = liberari
nec non = et quoque
imminet muris = impetum facit contra muros
mea vulnera restant = iterum vulnerabor
demoror (dep.) = exspecto
petiverunt / pace = venia
luant peccata = dent poenas
sin = sed si / responsa = auguria
vertere = mutare, non parere

Iuppiter haec [dixit] paucis [verbis]; at aurea Venus, contra, refert non pauca: "O pater, o aeterna potestas hominum rerumque (namque quid aliud sit quod iam queamus implorare?), cernis ut Rutuli insultent Turnusque, insignis equis, feratur per medios tumidusque ruat secundo Marte? Clausa moenia iam non tegunt Teucros; quin, proelia miscent intra portas atque [in] ipsis aggeribus murorum et fossae inundant sanguine. Aeneas, ignarus, abest. Numquamne sines [eos] levari [ab] obsidione? Iterum hostis nec non alter exercitus imminet muris nascentis Troiae, atque iterum Tydides ab Aetolis Arpis surgit in Teucros. Mea vulnera restant, credo equidem, et [ego], progenies tua, demoror mortalia arma. Si Troes petivere Italiam sine pace tua atque invito numine, luant peccata neque iuveris illos auxilio; sin secuti [sunt] tot responsa quae superi Manesque dabant, cur nunc quisquam potest vertere tua iussa aut cur [potest] condere nova fata?

Quid repetam exustas classis in Erycino litore, quid [repetam] regem tempestatum ventosque furentis [ex] Aeolia excitos aut Irim nubibus actam? Nunc Allecto, repente [a] superis immissa, movet etiam Manis (haec sors rerum manebat intemptata) et [it] bacchata per medias urbes Italum. Super, nil moveor imperio; speravimus ista, dum fortuna fuit [secunda]. Vincant [ei] quos mavis vincere. Si Teucris nulla regio est quam tua dura coniunx det, obtestor per fumantia excidia eversae Troiae, genitor: liceat dimittere Ascanium incolumem ab armis, liceat nepotem superesse. Aeneas sane iactetur in ignotis undis et sequatur quacumque Fortuna dederit viam; valeam [ego] tegere hunc et subducere [eum] dirae pugnae. Mihi est Amathus, celsa Paphus atque Cythera Idaliaeque domus: positis armis, inglorius exigat aevum hic. Iubeto [ut] Karthago premat Ausoniam magna dicione; nihil inde obstabit Tyriis urbibus. Quid iuvit [eos] evadere pestem belli et fugisse medium per Argolicos ignis atque tot pericula maris vastaeque terrae exhausta [esse], dum Teucri quaerunt Latium recidivaque Pergama? Non satius [fuisset] insedisse supremos cineres patriae atque solum [in] quo Troia fuit? Redde, oro, Xanthum et Simoenta [eis] miseris atque da Teucris, pater, iterum revolvere Iliacos casus."

Tum regia Iuno, acta gravi furore:

quid repetam classes = cur mentionem faciam de classibus
furentes

Manes / bacchata = ut Baccha

Italum: genit. pl. / nil ... = nullum imperium desidero / ista (plur pro sing.): imperium habere

excidia = ruinas / eversae = deletae
dimittere = extrahere

quacumque = per quemcumque locum
valeam = liceat me, possim

Paphus, -i f.

exigat aevum = gerat vitam
hic = in hoc loco
iubeto: fut. imperat.

medium = per medium / ignes

tot pericula exhausta esse

recidiva = renata, iterum nata
Pergama: plur. pro sing.
insedisse ... fuit = manere ubi Troia fuit

revolvere Iliacos casus = iterum experiri fatum Troiae

acta = mota

quid = cur / obductum = tectum

divum = deorum / subegit = coegit

inferre se ut hostem = fieri hostem
fatis auctoribus = quia dei volunt
esto: imperat. / relinquere

committere = mandare

credere = mandare
summam belli = imperium belli
gentes

in fraudem = in caedem, in ruinam

Indignum ... terra: nunc Iuno ironia utitur

quid = quid si hoc accidit

premere ... iugo = capere arva aliena
avertere = ferre secum
legere = deligere

praefigere arma = parare bellum [dum pacem orant]
subducere = servare
Graium = Graecorum
ventos inanes pro viro = vanam imaginem pro viro ipso [occultans Aenean]

quid = cur / [temptas] aspera corda

fundo = omnino / fluxas res = debiles res, debilem imperium
Achivis = contra Achivos

"Quid cogis me rumpere alta silentia et vulgare verbis obductum dolorem? Quisquam hominum divumque subegit Aenean sequi bella aut inferre se [ut] hostem regi Latino? Petiit Italiam fatis auctoribus, esto, impulsus furiis Cassandrae. Num hortati sumus [eum] linquere castra aut committere vitam ventis? Num [hortati sumus eum credere] summam belli puero, credere muros [puero], atque agitare Tyrrhenam fidem aut quietas gentis? Quis deus, quae dura potentia nostra egit [eum] in fraudem? Ubi [est] hic Iuno, Irisve demissa nubibus? Indignum est Italos circumdare nascentem Troiam flammis et Turnum, cui Pilumnus [est] avus, cui diva Venilia [est] mater, consistere [in] patria terra; quid, Troianos ferre vim Latinis atra face, premere arva aliena iugo atque avertere praedas? Quid, [Troianos] legere soceros et abducere pactas [sponsas] [e] gremiis, orare pacem manu, praefigere arma [in] puppibus? Tu potes subducere Aenean [e] manibus Graium atque obtendere nebulam et ventos inanis pro viro, et potes convertere classem in totidem nymphas: nefandum est nos, contra, iuvisse aliquid Rutulos? Aeneas ignarus abest: et ignarus absit. Tibi est Paphus Idaliumque, [tibi] sunt alta Cythera: quid temptas urbem, gravidam bellis, et aspera corda? Nosne conamur vertere fundo fluxas res Phrygiae tibi? Nos? An qui obiecit miseros Troas Achivis?

Quae fuit causa Europam Asiamque consurgere in arma et solvere foeda furto? Me duce adulter Dardanius expugnavit Spartam, aut ego dedi tela fovive bella Cupidine? Tum decuit [te] metuisse tuis; nunc [tu] sera adsurgis querelis haud iustis et iactas inrita iurgia."

furto: rapto Helenae

Cupidine = auxilio Cupidinis
metuisse tuis = metuere ne quid malum tuis accideret

Talibus [dictis] orabat Iuno, cunctique caelicolae fremebant vario adsensu, ceu cum prima flamina, [in] silvis deprensa, fremunt et volutant caeca murmura prodentia venturos ventos nautis. Tum pater omnipotens, cui [est] prima potestas rerum, infit (eo dicente, alta domus deum silescit et tellus tremefacta [est] [a] solo, arduus aether silet, tum Zephyri posuere, pontus premit placida aequora): "Accipite ergo atque figite [in] animis haec mea dicta. Quandoquidem haud licitum [est] Ausonios coniungi Teucris foedere nec vestra discordia capit finem, quae fortuna est hodie cuique, quam spem quisque secat, habebo nullo discrimine, fuat Tros Rutulusne, seu castra tenentur obsidione fatis Italum sive malo errore Troiae monitisque sinistris. Nec solvo Rutulos. Sua exorsa ferent cuique laborem fortunamque. Iuppiter [erit] idem rex omnibus. Fata invenient viam."

vario adsensu: alii alia opinabantur (dep.)
prima flamina = primi venti
deprensa = clausa
caeca = quae nemo vidit
prodo, -ere = praenuntio, -are

deorum / silescit = tacet

posuerunt = morati sunt
placida aequora = placidas undas

quandoquidem = quoniam

habebo nullo discrimine fortunam quae ... , spem quam ...
fuat = sit

fatis Italum = propter fata Italorum

monitum, -i = monitus, -us
solvo = excludo / exorsa = facta
ferent = dabunt

Adnuit per flumina Stygii fratris, per torrentis pice atque ripas atra voragine, et nutu tremefecit totum Olympum. Hic [fuit] finis fandi.

torrentes pice = torrentes qui picem ferunt
fandi = loquendi

medium = inter se

omnibus portis = per omnes portas
sternere = caedere, necare
caede = morte

vallis < vallum, -i (≠ valles, -is)

cinxerunt / rara corona (ablat.) = cum paucis militibus

prima acies = hi fingunt primam aciem

conixus = utens

exiguam = parvam

moliri = parare / aptare ... = ponere sagittas in arcu

iustissima ... = quem Venus amat

detectus = non tectus
honestum caput: acc. respectus
decus = ornamentum

artem [aurificis] / lactea = iuvenis, alba
fusos crines = cadentes crines

pinguia culta = pingues campos

Pactolus: nomen fluminis
auro = aureis aquis
et M. = quoque M. / quem gloria tollit sublimem (quia expulsit Turnum a muris) / Turni pulsi

ducitur hinc = originem habet ab eo

Tum surgit [ab] aureo solio Iuppiter, quem caelicolae ducunt medium ad limina. Interea Rutuli instant omnibus portis circum, sternere viros caede et cingere moenia flammis. At legio Aeneadum tenetur obsessa vallis nec spes ulla fugae [est]; miseri, stant nequiquam [in] altis turribus et cinxere muros rara corona: Asius Imbrasides Hicetaoniusque Thymoetes Assaracique duo et senior Thymbris cum Castore, prima acies; ambo germani Sarpedonis, et Clarus et Thaemon ab alta Lycia, comitantur hos. Lyrnesius Acmon, minor nec genitore Clytio nec fratre Menestheo, conixus toto corpore fert ingens saxum, haud partem exiguam montis. Hi certant defendere iaculis, hi saxis, molirique ignem atque aptare sagittas nervo.

Inter medios, ecce, ipse Dardanius puer, iustissima cura Veneris, detectus honestum caput, micat qualis gemma quae dividit fulvum aurum, decus aut collo aut capiti, vel quale lucet ebur inclusum per artem [in] buxo aut [in] Oricia terebintho; cui lactea cervix accipit fusos crinis et circulus subnectit [eos] molli auro. Te quoque, Ismare, generose [e] domo Maeonia, ubi virique exercent pinguia culta Pactolusque inrigat auro, viderunt magnanimae gentes derigere vulnera et armare calamos veneno. Et Mnestheus adfuit, quem pristina gloria Turni [ab] aggere murorum pulsi tollit sublimem, et Capys: nomen Campanae urbi ducitur hinc.

Illi inter sese contulerant certamina duri belli; Aeneas media nocte secabat freta, namque ut, ab Evandro [profectus], ingressus castris Etruscis adit regem et memorat regi nomenque genusque, quidve petat quidve ipse ferat, quae arma Mezentius sibi conciliet, atque edocet violenta pectora Turni, admonet quae fiducia sit [in] rebus humanis immiscetque preces, haud fit mora: Tarchon iungit opes atque ferit foedus; tum gens Lydia, libera fati, iussis divum conscendit classem, commissa externo duci. Aeneia puppis tenet prima [loca], subiuncta Phrygios leones [in] rostro; super, Ida imminet, gratissima profugis Teucris. Hic sedet magnus Aeneas secumque volutat varios eventus belli, Pallasque, sinistro lateri adfixus, quaerit iam sidera, iter opacae noctis, iam quae passus [sit] terra marique. Pandite nunc Helicona, deae, atque movete cantus: [dicite mihi] quae manus interea comitetur Aenean ab oris Tuscis armetque rates atque vehatur pelago.

secabat freta = navigabat
memorat = dicit
ferat = offerat / sibi conciliet = paret
violenta pectora = violentus animus
immiscet = addit
divum = deorum
commissa externo duci = fidens adventicio duci
subiuncta = monstrans, exhibens
hic = in hoc loco
eventus: acc. pl.
sidera: nomina siderum
Helicona: Graecus acc.
cantus: acc. pl.
quae manus = qui exercitus
pelago = per pelagus

Massicus princeps secat aequora aerata Tigri, sub quo [sequitur] manus mille iuvenum qui liquere moenia Clusi quique [liquere] urbem Cosas, quis tela [sunt] sagittae, atque leves goryti et letifer arcus [super] umeris. Una [cum eis ibat] torvus Abas: huic totum agmen [fulgebat] insignibus armis et puppis fulgebat aurato Apolline;

aequora: acc. pl. / aerata Tigri: ablat.
sub quo = sub cuius imperio
liquerunt
quis = quibus /goryti = pharetrae
letifer = qui letum (mortem) fert
aurato Apolline = aurata statua Apollinis

Populonia, [terra] mater, dederat illi sescentos iuvenes expertos belli, ast Ilva insula, generosa inexhaustis metallis Chalybum, trecentos. Tertius, ille interpres hominum divumque, Asilas, cui fibrae pecudum [parent], cui sidera caeli et linguae volucrum et praesagi ignes fulminis parent, rapit mille [viros], densos acie atque horrentibus astis; urbs Pisae, Alpheae ab origine, Etrusca [a] solo, iubent hos parere [ei].

inexhaustus = qui exhauri non potest / Chalybum: genit. pl.
divum = deorum

parent = nihil celant, omnia monstrant
densos acie = instructos in densa acie
Etrusca a solo = Etrusca propter locum ubi iacebat

Sequitur pulcherrimus Astyr, Astyr fidens [suo] equo et versicoloribus armis. Qui [veniunt] Caerete domo, qui sunt in Minionis arvis, et veteres Pyrgi intempestaeque Graviscae adiciunt ter centum; omnibus una mens [est]: [mens] sequendi.

(fido / confido + dat.)

(a) Caerete domo

intempestae = insanae

ter centum = CCC

Ego non transierim te, Cinyre, fortissime [in] bello, ductor Ligurum, et Cupavo, comitate [a] paucis [hominibus], de vertice cuius surgunt olorinae pennae (vestrum crimen, Amor) atque insigne formae paternae; namque ferunt Cycnum, luctu amati Phaetontis, inter populeas frondes umbramque sororum, dum canit et solatur maestum amorem Musa, canentem duxisse senectam molli pluma, linquentem terras et sequentem sidera [sua] voce. Filius, comitatus aequalis catervas [in] classe, promovet remis ingentem Centaurum; ille instat aquae atque, arduus, minatur immane saxum undis, et sulcat alta maria longa carina.

transierim (< transeo) te = oblitus sim tui
comitate: vocat.

Amor: vocat.
insigne = signum
ferunt (= dicunt) Cycnum canentem duxisse
populeas < populus (genus arboris)

Musa (ablat.) = cantu
duxisse senectam pluma = texisse longaevum corpus plumis

aequales catervas = coaevos milites
Centaurum: nomen navis
instat aquae = pugnat cum aqua
minatur (dep.) ... : simulat se iacturum esse saxum in undas
alta maria: acc. pl. / longa carina: abl. sing.

Etiam ille Ocnus ciet agmen ab patriis oris, filius fatidicae Mantus et amnis Tusci, qui tibi, Mantua, dedit muros atque nomen matris, Mantua dives avis, sed non unum genus [est] omnibus: illi [urbi] [est] triplex gens, quaterni populi sub [quaque] gente, ipsa [urbs] [est] caput populis, vires [sunt] de Tusco sanguine. Quoque hinc Mezentius armat in se quingentos, quos Mincius, [e] patre Benaco, velatus glauca harundine, ducebat infesta pinu in aequora. It gravis Aulestes, atque adsurgens verberat fluctum centena arbore; marmore verso, vada spumant. Vehit hunc, et exterrens caerulea freta concha, immanis Triton, cui hispida frons praefert [ei] nanti hominem laterum tenus, alvus desinit in pristim; spumea unda murmurat sub semifero pectore. Tot lecti proceres [in] ter denis navibus ibant subsidio Troiae et secabant campos salis aere.

Iamque dies concesserat [a] caelo almaque Phoebe pulsabat medium Olympum noctivago curru. Aeneas (neque enim cura dat quietem membris [eius]) ipse sedens regitque clavum ministratque velis. Atque ecce, in medio spatio occurrit chorus suarum comitum: nymphae, quas alma Cybebe iusserat habere numen maris atque e navibus esse nymphas, innabant pariter atque secabant fluctus, [tot] quot aeratae prorae prius steterant ad litora. Longe agnoscunt regem lustrantque [eum] choreis;

ciet = agit
Mantus: genit. sing.
Mantua: vocat.
avis = propter avos (= maiores)
(tres gentes, et quaeque gens habet quattuor populos)
vires < vis (≠ vir)
armat in se = cogit bellum gerere contra se
pinu = nave
centena arbore = centum remis
marmore verso = aqua remis pulsata
caerulea freta: acc. pl.
concha: ablat. sing.
Triton: statua Tritonis in prora
cui ... = qui habet formam hominis usque ad latus, sed inde ab alvo habet formam pristis
ter denis = triginta
subsidio = ad auxilium / salis = maris
aere: naves habebant aes in prora
pulsabat = transibat
noctivago = qui per noctem vagatur (dep.)
ministrat velis = curat velas
in medio spatio = in medio itinere
habere numen maris = fieri deas maris
fluctus: acc. pl.
prius = antea / longe = e longinquo
lustrant = circumdant
choreis < chorea, -ae

quarum quae doctissima fandi [erat], Cymodocea, pone sequens tenet puppim dextra [manu] ipsaque eminet dorso [suo] ac subremigat laeva [manu] [in] tacitis undis. Tum sic adloquitur [eum] ignarum:

pone = a tergo
ipsa eminet dorso = dorsum e mari eminet
subremigat laeva manu = utitur laeva manu ut remo

"Vigilasne, gens deum, Aenea? Vigila et immitte rudentis velis; nos, Idaeae pinus de sacro vertice, nunc nymphae pelagi, sumus classis tua. Ut perfidus Rutulus premebat nos praecipitis ferro flammaque, invitae rupimus tua vincula atque quaerimus te per aequor. Genetrix, miserata, refecit hanc faciem et dedit [nobis] esse deas atque agitare aevum sub undis. At puer Ascanius tenetur muro fossisque inter media tela atque Latinos, horrentis [cum] Marte. Arcas eques iam tenet iussa loca, permixtus forti Etrusco; sententia Turno est certa: opponere medias turmas illis, ne iungant [se] castris. Age, surge et, Aurora veniente, primus iube socios vocari in arma, et cape invictum clipeum quem ipse ignipotens dedit [tibi] atque [cuius] oras ambiit auro. Crastina lux, si non putaris mea dicta inrita, spectabit ingentis acervos Rutulae caedis." Dixerat, et discedens impulit altam puppim dextra [manu], haud ignara modi: illa fugit per undas, ocior et iaculo et sagitta aequante ventos.

deorum / rudentes
pinus (nom. pl.) < pinus, -us f. = pinus, -i / vertice = culmine montis
praecipites = paratas [ad navigandum]
vincula = rudentes
refecit hanc faciem = dedit nobis hanc novam faciem
agitare aevum = agere vitam
horrentes
forti Etrusco = fortibus Etruscis
sententia = consilium
opponere medias turmas = opponere turmas in medio
ignipotens = Vulcanus
cuius: clipei / ambiit = circumdavit
inrita = falsa / ingentes
haud ignara modi = sciens modum faciendi
ocior = celerior

Inde aliae celerant cursus. Ipse Anchisiades Tros, inscius, stupet, tamen tollit animos omine.

cursus: acc. pl.
omine = praesagio

convexa supera = caelum

deorum
cui Dindyma (nom. pl. n.) est cordi = quae amas Dindyma (acc. pl. n.)
princeps = dux
propinques augurium = effice ut augurium bene eveniat

fugarat = fugaverat
edicit = imperavit
armis, pugnae: dat.

habet in conspectu = potest videre

extulit (< effero) = sustulit

addita: quia vident Aeneam pervenientem

tranant = volant per / aethera: Graecus acc.
ea: nom. pl. n. / videri = videntur

puppes / adlabi = plenum esse

capiti = in capite [Aeneae]

ignes / non secus = non aliter
(ali)quando / liquida = clara
cometa, -ae m.

contristat = facit triste

cessit Turno = reliquit Turnum
praecipere = antea capere
venientes / ultro = sua sponte

Tum, aspectans convexa supera, breviter precatur: "Alma Idaea, parens deum, cui Dindyma [est] cordi turrigeraeque urbes atque leones biiugi ad frena [vincti], tu [sis] mihi nunc princeps pugnae, tu propinques rite augurium atque adsis Phrygibus pede secundo, diva." Tantum effatus [est], et interea dies, revoluta, iam ruebat matura luce atque fugarat noctem; principio edicit sociis [ut] sequantur signa atque aptent animos armis atque parent se pugnae. Iamque, stans in celsa puppi, habet Teucros et sua castra in conspectu, cum deinde extulit ardentem clipeum sinistra [manu]. Dardanidae e muris tollunt clamorem ad sidera, addita spes suscitat iras, iaciunt tela manu, quales sub atris nubibus Strymoniae grues dant signa atque tranant aethera cum sonitu, fugiuntque Notos clamore secundo. At ea videri mira Rutulo regi ducibusque Ausoniis, donec respiciunt puppis versas ad litora totumque aequor adlabi classibus. Apex ardet capiti atque flamma funditur [e] cristis a vertice et aureus umbo vomit vastos ignis, non secus ac si quando, liquida nocte, sanguinei cometae rubrent, aut ille Sirius ardor nascitur, ferens sitim morbosque aegris mortalibus, et contristat caelum laevo lumine.

Tamen fiducia haud cessit audaci Turno praecipere litora et pellere [e] terra [illos] venientis. Ultro tollit animos [suis] dictis atque ultro increpat [milites]:

"Quod optastis votis, adest: perfringere [eos] [vestra] dextra [manu]. Ipse Mars [iacet] in manibus viris. Nunc esto quisque memor suae coniugis tectique, nunc referto magna facta, laudes patrum. Ultro occurramus ad undam dum trepidi [sunt] atque prima vestigia labant [eis] egressis. Fortuna iuvat audentis."

optastis = optavistis

viris (dat.) = virorum (gen.)
esto, referto: fut. imperat.

vestigia labant eis = vestigia instabilia sunt eis
audentes

Haec ait, et versat secum quos [possit] ducere contra vel quibus possit concredere obsessos muros. Interea Aeneas pontibus exponit socios de altis puppibus. Multi servare recursus languentis pelagi et credere se brevibus [locis] saltu, alii [descendere] per remos. Tarchon, speculatus litora, advertit subito proras [illuc] qua vada non spirant nec fracta unda remurmurat, sed mare adlabitur inoffensum crescenti aestu, atque precatur socios: "Nunc, o lecta manus, incumbite validis remis; tollite, ferte rates, findite hanc inimicam terram rostris, atque ipsa carina premat sulcum sibi. Nec recuso frangere puppim tali statione, arrepta tellure semel."

versat secum = cogitat
quos, quibus: interrogat.
concredere = commendare
exponit socios = iubet socios egredi
recursus: acc. pl.

credere se = commendare se

speculatus = postquam circumspexit
qua: per quem locum
spirant = apparent
adlabitur (dep.) = pervenit
crescenti aestu = undis pellentibus

incumbite = ponite vires
findite = scindite (figentes carinam in eam) / carina premat = efficite ut carina premat
tali statione = navem in harenam hoc modo ducens / arrepta tellure = si hoc modo arripio tellurem

Quae talia postquam Tarchon effatus [est], socii consurgere tonsis atque inferre spumantis rates Latinis arvis, donec rostra tenent siccum [locum] et omnes carinae sedere innocuae. Sed non tua puppis, Tarchon: namque, inflicta [in] vadis, dum anceps diu sustentata pendet [ab] iniquo dorso atque fatigat fluctus, solvitur atque exponit viros in mediis undis,

tonsa = remus

spumantes / arvis = in arva

sedere = sedent

inflicta = pulsata (undis)

dorso: latere saxi emergentis
fluctus: acc. pl. / solvitur = deletur

quos fragmina remorum et fluitantia transtra impediunt atque simul unda relabens retrahit pedes [eorum]. Nec segnis mora retinet Turnum, sed acer rapit totam aciem in Teucros et sistit contra in litore. Canunt signa. Aeneas primus invasit agrestis turmas, omen pugnae, stravitque Latinos occiso Therone, qui, maximus virum, ultro petit Aenean. Latus, apertum gladio, haurit huic perque aerea suta per[que] tunicam auro squalentem. Inde ferit Lichan, exsectum [e] matre iam perempta et sacrum tibi, Phoebe, quod licuit [ei] parvo evadere casus ferri. Nec longe deiecit leto durum Cissea immanemque Gyan, sternentis agmina clava; nihil illos iuvere arma Herculis nec validae manus genitorque Melampus, comes Alcidae usque [eo] dum terra praebuit [ei] gravis labores. Ecce, dum Pharo iactat inertis voces, [Aeneas], intorquens iaculum, sistit [id] in ore [ei] clamanti.

Tu quoque, Cydon, dum infelix sequeris Clytium, [tua] nova gaudia, flaventem malas prima lanugine, miserande iaceres stratus Dardania dextra [manu], securus amorum iuvenum qui tibi semper erant, ni stipata cohors fratrum, progenies Phorci, septem numero, obvia foret [Aeneae], atque coniciunt septena tela; partim resultant inrita [a] galea clipeoque; alma Venus deflexit partim, stringentia corpus [Aeneae].

relabens = porro et retro fluens
segnis = piger, tarda
sistit contra = ponit aciem contra eos
agrestes

omen = praesagium
stravit = incepit superare
virorum / ultro = sua sponte
latus apertum haurit huic = sanguis eruit per latus apertum

perempta = mortua / quod = quia

casus: acc. pl. / deiecit leto = necavit

sternentes / agmina: acc. pl. / clava: abl. sing. / iuverunt
manus: nomin. pl.

usque eo dum = dum / graves

inertes

ei clamanti = eius clamantis

nova gaudia: plur. pro sing.

malas < mala, -ae
miserande: vocat.
securus = oblitus / ni = nisi

septem numero = septem fratres

resultant = resiliunt / inrita = effectu carentia
stringentia = paene tangentia

non ullum = nullum
Graium = Graecorum
aera < aes, aeris n.
thoraca: Graecus acc.
subit huic = venit ad hunc adiuvandum
hasta: alia hasta, non eadem
traiecto lacerto = postquam lacertum transit
servat tenorem = servat cursum, permanet volans
figere [Aenean] = transfigere
et contra = alterna vice (cum ipse impetum facit)

Aeneas adfatur fidum Achaten: "Suggere tela mihi, [mea] dextera [manus] torserit non ullum frustra in Rutulos, [tela] quae steterunt in corpore Graium [in] Iliacis campis." Tum corripit magnam hastam et iacit; illa volans transverberat aera clipei Maeonis et rumpit thoraca simul cum pectore; frater Alcanor subit huic atque sustentat ruentem fratrem dextra [manu]; hasta [ab Aenea] missa, traiecto lacerto, fugit protinus atque, cruenta, servat tenorem, dexteraque [manus] pependit moribunda ex umero [a] nervis. Tum Numitor, iaculo de corpore fratris rapto, petiit Aenean, sed non est licitum [ei] figere et contra, atque [telum] perstrinxit femur magni Achatae.

hic = huc / (e) Curibus
fido + dat. / ablat.
graviter = fortiter
pariter = eodem tempore
ferit terram fronte = cadit
sternit = caedit (≠ cadit)
casus: acc. pl. / tres
manus: nom. pl. / subit et = venit quoque
tendunt = conantur (dep.)
ceu = eodem modo ac / tollunt proelia = pugnant
non ipsi ... = nullus cedit

Hic Curibus advenit Clausus, fidens primaevo corpore, et eminus ferit Dryopem sub mentum rigida hasta graviter pressa, atque, traiecto gutture, rapit pariter vocem animamque [eius] loquentis; at ille ferit terram fronte et vomit crassum cruorem [ex] ore. Quoque sternit per varios casus tris Threicios de suprema gente Boreae et tris quos pater Idas et patria Ismara mittit. Halaesus accurrit, atque Auruncae manus, subit et Neptunia proles, Messapus, insignis equis. Nunc hi, nunc illi tendunt expellere [alii alios], certatur in ipso limine Ausoniae. Ceu discordes venti [in] magno aethere tollunt proelia aequis animis et viribus; non ipsi [cedunt] inter se, non nubila [cedunt], non mare cedit;

pugna diu [manet] anceps, omnia stant obnixa contra; haud aliter Troianae acies aciesque Latinae concurrunt, pes haeret pede densusque vir [haeret] viro.

anceps = ambiguus
densus vir: viri denso globo structi

At Pallas, ex alia parte qua torrens intulerat late rotantia saxa arbustaque [e] ripis diruta, ut vidit Arcadas, quis aspera natura loci suasit quando dimittere equos, insuetos inferre pedestris acies, dare terga sequaci Latio, [fecit] unum quod restat egenis rebus: accendit virtutem nunc prece, nunc amaris dictis: "Quo fugitis, socii? Per vos et fortia facta, per nomen ducis Evandri devictaque bella spemque meam, quae nunc, aemula, subit patriae laudi: ne fidite pedibus. Via rumpenda est ferro per hostis. Qua ille globus virum urget densissimus, hac alta patria reposcit vos et Pallanta ducem. Nulla numina premunt, urgemur mortales ab hoste mortali; nobis [sunt] totidem animaeque manusque. Ecce, pontus claudit nos magna obice maris, iam deest terra fugae. Petamus pelagus Troiamne?"

qua: per quem locum
quis = quibus
ut vidit Arcadas dare terga
quando = per breve tempus
pedestres
sequaci Latio = sequentibus Latinis
egenis rebus = in rebus adversis
amarus ↔ dulcis
devicta bella = bella in quibus vicimus
subit patriae laudi = conatur (dep.) imitari gloriam patris
ne fidite = noli fidere / hostes
virorum
hac = in hoc loco / alta = nobilis
urgemur ... = pugnamus mortales contra mortales
manus: nom. pl.
magna obice = magno obstaculo
iam deest ... = non habemus terram ad fugiendum

Haec ait, et prorumpit medius in densos hostis. Lagus, adductus fatis iniquis, primum fit obvius huic. [Pallas] figit hunc intorto telo, dum vellit saxum magno pondere, per medium qua spina dabat discrimina costis, atque receptat hastam ossibus haerentem. Quem super [Lagum inclinantem se] Hisbo non occupat,

hostes / adductus = incitatus
fit = it / figit = transfigit
qua = per quem locum
dabat discrimina costis = separabat costas
receptat = iterum capit, rapit
non occupat = non potest ferire

ille quidem sperans hoc, nam Pallas ante excipit [eum] ruentem incautum, dum furit crudeli morte sodalis, atque recondit ensem in tumido pulmone [eius]. Hinc petit Sthenium et Anchemolum, de vetusta gente Rhoeti, ausum incestare thalamos novercae. Vos etiam, gemini, cecidistis in Rutulis arvis, Laride Thymberque, simillima proles Daucia, indiscreta suis gratusque error parentibus; at nunc Pallas dedit vobis dura discrimina; nam tibi, Thymbre, Evandrius ensis abstulit caput; [tua] decissa dextera [manus] quaerit te, suum [erum], Laride, semianimesque digiti micant atque retractant ferrum.

ille: Hisbo / excipit = capit, necat
recondit = figit
incestare = profanare incesto
indiscreta suis: nemo poterat alterum ab altero distinguere
gratus ... = similitudo grata erat parentibus
: tua manus, a corpore secta, adhuc movetur, venit ad te et conatur (dep.) gladium capere

Mixtus dolor et pudor armat Arcadas, accensos monitu et tuentis praeclara facta viri, in hostis. Tum Pallas traicit Rhoetea, praeter fugientem biiugis. Hoc spatium [temporis] tantumque morae fuit Ilo; namque [Pallas] procul derexerat Ilo validam hastam quam Rhoeteus medius intercepit fugiens te, optime Teuthra, fratremque Tyren, atque, volutus [e] curru, semianimis caedit arva Rutulorum calcibus. Ac velut aestate, optato, coortis ventis, pastor immittit dispersa incendia [in] silvis; subito, correptis mediis, horrida Volcania acies extenditur una per latos campos; ille, sedens victor, despectat ovantis flammas: non aliter virtus coit omnis in unum socium atque iuvat te, Palla. Sed Halaesus, acer [in] bellis, tendit in adversos atque colligit se in sua arma.

Arcadas: acc. pl. / tuentes
hostes / traicit = necat
biiugis = curru
derexerat Ilo = iecerat ad Ilum
medius = se ferens inter ambos
caedit = pulsat
optato: ablat. absol. unius verbi, significans "optato modo"
correptis mediis = mediis locis igne captis, mediis locis ardentibus
ille: pastor
ovantes = vincentes, victoriam celebrantes
adversos = hostes
colligit ... = tegit se sub suis armis

Hic mactat Ladona Pheretaque Demodocumque, deripit fulgenti ense dextram [a] Strymonio, elatam in iugulum [suum], ferit saxo ora Thoantis atque dispersit ossa permixta cruento cerebro. Genitor, fata canens, celarat Halaesum [in] silvis; ut senior solvit canentia lumina leto, Parcae iniecere manum atque sacrarunt [Halaesum] telis Evandri. Quem sic Pallas petit, ante precatus:

"Da nunc, pater Thybri, fortunam atque viam per pectus duri Halaesi ferro quod libro missile; tua quercus habebit haec arma exuviasque [huius] viri." Deus audiit illa; dum Halaesus texit Imaona, infelix dat inermum pectus Arcadio telo. At Lausus, ingens pars [huius] belli, non sinit agmina [esse] perterrita tanta caede viri: primus interimit Abantem oppositum, nodumque moramque pugnae. Proles Arcadiae sternitur, Etrusci sternuntur et vos, o Teucri, corpora imperdita Grais, [sternimini]. Agmina concurrunt ducibusque et viribus aequis; extremi [milites] addensent acies, nec turba sinit tela manusque moveri. Hinc Pallas instat et urget; hinc, contra, Lausus, nec multum discrepat aetas, [ambo] egregii forma, sed quis Fortuna negarat reditus in patriam. Regnator magni Olympi tamen haud passus [est] ipsos concurrere inter se; sua fata manent illos mox sub maiore hoste. Interea alma soror monet Turnum, qui secat medium agmen volucri curru, succedere Lauso.

Ladona, Phereta: Graeci acc.
elatam in: quae temptabat capere
celaverat
ut senior ... = ut senior mortuus est
iniecerunt / sacraverunt
antea
da fortunam ferro quod libro (= iacio)
quercus -us f.
texit = protegebat / dat = offert
inermum = sine lorica
tanta caede viri = caede tanti viri
moram = obicem
imperdita Grais = quae Graeci non potuerunt necare
extremi = ultimi / addensent = premunt / manus: acc. pl.
forma: ablat. / quis = quibus
reditus: acc. pl. / passus est = sivit
manent ... = parant eis mortem sub maiore hoste
secat = dividit, currit per
succedere Lauso = capere locum Lausi

Ut vidit socios [dixit]: "Tempus [est] desistere pugnae; ego solus feror in Pallanta, Pallas debetur mihi soli; cuperem ipse parens [eius] adesset [ut] spectator."

feror = eo [ad pugnandum]

Haec ait, et socii, aequore iusso, cesserunt. At abscessu Rutulum tum iuvenis, miratus superba iussa, stupet in Turno atque volvit lumina per ingens corpus [eius] atque procul obit omnia truci visu, et talibus dictis it contra dicta tyranni: "Ego laudabor iam aut spoliis opimis raptis aut insigni leto: [meus] pater aequus est utrique sorti [meae], tolle minas." Fatus, procedit in medium aequor; sanguis coit frigidus in praecordia Arcadibus. Turnus desiluit [a] biiugis, apparat ire pedes comminus; atque ut leo, cum ab alta specula vidit procul [in] campis taurum stare meditantem in proelia, advolat, haud alia est imago Turni venientis. Pallas, ubi credidit hunc fore contiguum missae hastae, ire prior, si qua fors adiuvet ausum imparibus viribus, atque ita fatur ad magnum aethera: "Per hospitium et mensas patris [ad] quas [ut] advena adisti, precor te, Alcide, adsis ingentibus coeptis: cernat [Turnus] me rapere arma cruenta sibi semineci atque lumina Turni, morientia, ferant [me] victorem."

aequore iusso = aequore (= spatio) propter iussum facto
Rutulum: genit. pl.
abscessu = propter abscessum
obit ... = inspicit omnia terribilibus oculis
in contra = respondet ad

pater ... = pater utramque sortem desiderat
tolle minas = noli minari
fatus = postquam hoc fatus est
aequor = campum / coit = ruit
apparat ire pedes = parat pugnare ut pedes (non ut eques)

meditantem in proelia = qui parat in proelium ire
contiguum m. h. : satis prope ut possit eum ferire hasta (abl.)
ire = progreditur (dep.) / (ali)qua
ausum = virum qui audet
imparibus viribus: debiliorem
aethera: Graecus acc.
adisti < adeo

sibi = e suo corpore

ferant ... = ferant secum imaginem mei victoris

Alcides audiit iuvenem atque premit magnum gemitum sub imo corde atque effundit inanis lacrimas. Tum genitor adfatur natum amicis dictis:

premit = continuit

inanes

dictis = verbis

"Sua dies stat cuique, tempus vitae est breve et inreparabile omnibus; sed extendere famam factis, hoc [est] opus virtutis. Tot gnati deum cecidere sub altis moenibus Troiae! Quin, Sarpedon, mea progenies, occidit una [cum eis]; etiam sua fata vocant Turnum et pervenit ad metas dati aevi."

opus = munus

gnati deum = filii deorum ceciderunt

occidit = mortuus est (occido, -di, occisum ≠ occido, -di, occasum)

dati aevi = datae vitae

Sic ait, atque reicit oculos [ab] arvis Rutulorum. At Pallas emittit hastam magnis viribus atque deripit fulgentem ensem [e] cava vagina. Illa volans incidit qua summa tegmina umeri surgunt, atque, molita viam per oras clipei, tandem etiam strinxit de magno corpore Turni. Hic Turnus, librans diu robur praefixum acuto ferro, iacit [id] atque ita fatur: "Aspice num nostrum telum sit mage penetrabile!" Dixerat; at cuspis transverberat vibranti ictu medium clipeum quem pellis tauri, circumdata, totiens obeat, [quem] tot terga ferri, tot [terga] aeris [obeant], atque perforat moras loricae et ingens pectus. Ille frustra rapit calidum telum de vulnere: sanguis animusque sequuntur una eademque via.

reicit = removet / emittit = iacit

deripit = eripit

qua ... surgunt = ubi tegmen tegit umeros

molita (< molior) viam = inveniens viam / strinxit de corpore = tetigit corpus / hic = tunc

mage = magis

cuspis [hastae]

obeat < obire (= circumdare)

moras = impedimenta, obices

rapit = extrahit / calidum: calidum quia sanguine opertum est

una: adverbium / eademque via (ablat.) = per eandem viam

Corruit in [suum] vulnus, super [eo] arma dedere sonitum, et moriens petit hostilem terram cruento ore. Super quem adsistens, Turnus "Arcades," inquit, "memores referte haec mea dicta Evandro: remitto [ad eum] Pallanta [talem] qualem [ipse] meruit. Quisquis [est] honos tumuli, quidquid est solamen humandi, [hoc] largior.

corruit in = cadit super /dederunt

petit = tangit / adsistens = stans

memores referte = mementote et referte

largior (dep.) = concedo, do

Aeneia hospitia haud stabunt parvo [pretio] illi." Et talia fatus pressit laevo pede [eum] exanimem, rapiens immania pondera baltei impressumque nefas: manus iuvenum foede caesa sub una iugali nocte thalamique cruenti, [ea] quae Eurytides Clonus caelaverat multo auro; quo spolio nunc Turnus ovat atque, potitus, gaudet. Mens hominum, nescia fati sortisque futurae et [nescia] servare modum, sublata rebus secundis! Erit tempus magno Turno cum optaverit intactum Pallanta emptum [esse] et cum oderit ista spolia atque [istam] diem. At socii, multo gemitu lacrimisque, frequentes referunt Pallanta impositum [super] scuto. O [tu], rediture parenti [ut] dolor atque magnum decus! Haec prima dies dedit te bello, haec eadem aufert [te] [a bello], cum tamen linquis ingentis acervos Rutulorum.

stabunt magno pretio = magni pretii erunt
immania ... : balteus ponderosus erat
impressum nefas: crimen in balteo caelatum erat ut ornamentum
manus = parva grex / caesa = necata

ovat = iactat se
potitus gaudet = gaudet quia potitus est balteo

modum = moderationem

intactum ... esse = pecuniam dare ut Pallas vivus sit
frequentes = multi

decus = gloria, honos / bello: dat.

cum ... = quamquam necavisti multos Rutulos

Nec iam fama tanti mali advolat Aeneae, sed certior auctor [nuntians] suos esse tenui discrimine leti, tempus [esse] succurrere versis Teucris. Metit gladio quaeque proxima [est] atque, ardens, agit limitem per latum agmen ferro, quaerens te, Turne, superbum nova caede. Omnia sunt in ipsis oculis [Aeneae]: Pallas, Evander, mensae quas primas [ut] advena tunc adiit, dextraeque datae. Hic rapit viventis quattuor iuvenes [a] Sulmone creatos, totidem quos Ufens educat,

nec = et non solum
Aeneae = ad Aenean
tenui ... leti = prope mortem

versis Teucris = Teucris qui fugiunt
metit = necat
agit limitem = aperit viam

mensae ... = mensae ad quas, cum primum venit, invitatus est ad edendum

viventes
totidem = atque alios quattuor
educat = educavit

quos immolet = ut immolet eos

subit = vitat
astu (ablat.) = astute, astuto modo
Manes

surgentis = crescentis / gnato = filio

defossa = sub terra posita
facti infectique = caelati atque non caelati / Teucrorum / hic = nunc
una .. : eventus proelii non mutabitur quamvis sinas me vivere

perempto = necato

ista commercia = istas conventiones

capulo tenus = usque ad imum

infula: nom. sing.

tempora (= caput): acc. pl.
sacra vitta: ablat. sing.
agit campo = persequitur (dep.) per campum
lapsum = postquam cadit

lecta = delecta = optima

creatus = natus

instaurant acies (acc. pl.) = instruunt novam aciem / deiecerat = secaverat / Anxuris: genit.

quos immolet umbris [ut] inferias atque [ut] perfundat flammas rogi captivo sanguine. Inde procul contenderat infensam hastam Mago: ille subit [eam] astu, at tremibunda hasta supervolat, et amplectens genua [Magus] talia effatur supplex: "Per patrios Manis et spes surgentis Iuli, precor te serves hanc animam gnatoque patrique. Est [mihi] domus alta, talenta caelati argenti iacent [illic], penitus defossa; sunt mihi pondera auri facti infectique. Victoria Teucrum non vertitur hic aut una anima dabit tanta discrimina."

Cui Aeneas, contra, talia reddit: "Parce tuis gnatis multa talenta argenti atque auri quae memoras; Pallante perempto, Turnus iam prior sustulit tum ista commercia belli. Hoc [sentiunt] Manes patris Anchisae, hoc sentit Iulus." Sic fatus, tenet galeam laeva [manu] atque, reflexa cervice orantis, applicat ensem capulo tenus. Nec procul [apparet] Haemonides, sacerdos Phoebi Triviaeque, cui infula redimibat tempora sacra vitta, totus conlucens veste atque albis insignibus. Quem congressus agit campo, atque superstans immolat [eum] lapsum atque tegit ingenti umbra; Serestus refert [super suis] umeris lecta arma, tropaeum tibi, rex Gradive. Caeculus, creatus [a] stirpe Volcani, et Umbro veniens [a] montibus Marsorum, instaurant acies. Contra, Dardanides furit: deiecerat ense sinistram [manum] Anxuris et totum orbem clipei ferro (ille dixerat aliquid magnum atque crediderat vim adfore [suo] verbo, atque fortasse ferebat [suum] animum caelo atque promiserat sibi canitiem et longos annos). Tarquitus, quem nympha Dryope crearat silvicolae Fauno, exsultans fulgentibus armis contra, obvius obtulit sese [illi] ardenti. Ille, reducta hasta, impedit loricam atque ingens onus clipei, tum deturbat terrae caput [eius] nequiquam orantis et parantis multa dicere, atque, provolvens tepentem truncum, super fatur haec [ex] inimico pectore: "Nunc iace istic, metuende; optima mater non condet te humi atque [non] onerabit membra patrio sepulcro: linquere alitibus feris, aut unda feret [te] mersum [in] gurgite atque impasti pisces lambent [tua] vulnera."

orbem ferro = orbem ferreum
adfore verbo = adiuturam esse verba [quae dixerat]
caelo = ad caelum
canitiem = albos capillos
crearat = pepererat (< pario)
reducta hasta = postquam retro duxit hastam / impedit = pulsat
ingens onus clipei = clipeum onerossisimum / terrae = ad terram
tepentem (= calidum) [sanguine]
super = insuper
condet = sepeliet / humi: locat.
onerabit = teget, operiet
linquere = linqueris (pass. fut.)
impasti = esurientes

Protinus persequitur Antaeum et Lucam, prima agmina Turni, fortemque Numam fulvumque Camertem, satum [e] magnanimo Volcente, qui fuit ditissimus Ausonidum agri et regnavit [in] tacitis Amyclis. Qualis Aegaeon, cui dicunt [fuisse] centum bracchia centenasque manus [atque] ignem arsisse [e] quinquaginta oribus pectoribusque, cum contra fulmina Iovis streperet tot paribus clipeis [atque] stringeret tot ensis: sic Aeneas victor desaevit in toto aequore ut semel mucro intepuit. Quin, ecce, tendit in quadriiugis equos Niphaei adversaque pectora [eorum].

protinus = statim, postea
prima agmina: hi duo pugnabant in prima acie / satum = natum
qui ... agri = qui plurimos agros habebat
manus: nom. pl.
streperet = strepitum faceret [pugnando]
enses / in toto aequore = per totam planitiem
intepuit (< intepesco): propter calidum sanguinem / quadriiuges

viderunt / gradientem = venientem
dira: acc. pl. n.
effundunt = deiciunt / rapiunt currus (acc. pl.) = ducunt currum
infert = inferunt
albis biiugis [equis]: duo fratres in uno curru / rotat = agitat
tulit = passus est / furentes
adversa hasta: ablat.
Diomedis: genit.
vesano Ligeri (dat.) = a vesano Ligere (ablat.)

Atque illi, ut longe videre [eum] gradientem et frementem dira, versi metu atque ruentes retro effunduntque ducem rapiuntque currus ad litora. Interea Lucagus fraterque Liger infert se albis biiugis in medios; sed frater flectit equos habenis, acer Lucagus rotat strictum ensem. Aeneas haud tulit [eos] furentis tanto fervore: inruit atque apparuit ingens adversa hasta. Cui Liger [dicit]: "Non cernis equos Diomedis nec currum Achilli aut campos Phrygiae: nunc finis belli et [tui] aevi dabitur [in] his terris." Talia, vesano Ligeri dicta, volant late.

sed et = sed in vicem
hostes / ut = cum / in verbera: ut verberaret equos / admonuit = hortatus est / aptat = parat
subit = intrat
inguen: acc. / excussus = eiectus
arvis = per arva
segnis = turpis, ignominiosus
currus: acc. pl.
verterunt
iuga = currum

Sed et Troius heros non parat dicta contra, nam torquet iaculum in hostis. Ut Lucagus, pendens pronus in verbera, admonuit biiugos telo, dum, pede laevo proiecto, aptat se pugnae, hasta subit per imas oras fulgentis clipei, tum perforat laevum inguen; excussus [e] curru, moribundus, volvitur arvis. Quem pius Aeneas adfatur amaris dictis: "Lucage, nulla segnis fuga equorum prodidit tuos currus aut vanae umbrae ex hostibus [venientes] vertere [currum]: [tu] ipse, saliens [a] rotis, deseris iuga."

biiugos = duos equos
inertes / genuerunt
talem [ut es] / sine < sino, -ere
dudum = nuper
morere: pass. imperat.
frater: quia frater alterius es

Haec ita fatus, arripuit biiugos; infelix frater, delapsus [ex] eodem curru, tendebat inertis palmas: "Per te, per parentes qui genuere te talem, vir Troiane, sine hanc animam et miserere [mei] precantis." Aeneas [dicit] [ei] pluribus [verbis] oranti: "Dudum haud dabas talia dicta; morere et [tu], frater, ne desere fratrem." Tum mucrone recludit pectus, latebras animae. Talia funera edebat Dardanius ductor per campos, furens more torrentis aquae vel [more] atri turbinis.

ne desere = noli deserere
recludit ... = aperit pectus, quod est latebrae animae
talia funera edebat = tot hostes necabat
more torrentis = idem ac torrens

Tandem puer Ascanius et iuventus nequiquam obsessa erumpunt et relinquunt castra. Interea Iuppiter ultro compellat Iunonem: "O germana atque eadem mihi gratissima coniunx; ut rebare, Venus sustentat Troianas opes (nec sententia fallit te); viris non est dextra vivida bello animusque ferox patiensque pericli." Cui Iuno summissa [dicit]: "Quid, o pulcherrime coniunx, sollicitas [me] aegram et timentem tua tristia dicta? Namque si vis foret mihi in amore [ea] quae fuerat quondam quamque decebat esse, non negares mihi hoc, omnipotens, quin et possem subducere Turnum pugnae et servare [eum] incolumem parenti Dauno; nunc pereat atque det poenas Teucris pio sanguine. Ille tamen deducit nomen [e] nostra origine Pilumnusque [est] illi quartus pater, et saepe oneravit tua limina larga manu multisque donis."

nequiquam = frustra
erumpunt = vi exeunt
ultro = sua sponte
rebare = rebaris (< reor)
sustentat = adiuvat / fallit = decipit
vivida bello = parata ad bellum
quid = cur / sollicitas = turbas
aegram = maestam / foret = esset
decebat = deceret nunc
non negares quin possem = mihi sineres
pugnae (dat.) = e pugna
pereat, det: iussivum subiunct.
deducit = accepit, habet
origine = stirpe
limina [templorum] / larga: ablat.

Cui rex aetherii Olympi sic breviter fatur: "Si oratur mora praesentis leti tempusque caduco iuveni atque sentis me ita ponere hoc, tolle Turnum fuga atque eripe [eum] [ab] instantibus fatis: hactenus vacat indulsisse. Sin sub istis precibus latet ulla altior venia atque putas totum bellum moveri mutarive, pascis inanis spes."

si oratur mora = si postulas moram
ponere hoc: iubere Turnum necari
fuga: ablat.
vacat indulsisse = possum indulgere
sin = sed si
inanes

Et Iuno adlacrimans: "Quid si dares mente quae gravaris voce atque haec vita maneret rata Turno? Nunc gravis exitus manet [eum] insontem aut ego feror vana veri. O, quod ut [ego] potius ludar falsa formidine, et [tu] reflectas tua orsa in melius, [tu] qui potes!"

gravaris voce = aperte dicere nonvis
rata = data, concessa
feror vana veri = fallor (dep.)
quod ut = quod si = sed si
ludar < ludo, -ere (= decipio, -ere)
orsa = consilia

Ubi dedit haec dicta, protinus, succinta nimbo, misit se [ab] alto caelo agens hiemem per auras, atque petivit Iliacam aciem et Laurentia castra. Tum dea ornat nube cava tenuem umbram sine viribus in faciem Aeneae (monstrum mirabile visu) Dardaniis telis, atque adsimulat clipeum iubasque divini capitis, dat [ei] inania verba, dat sonum sine mente atque effingit gressus [Aeneae] euntis, qualis fama est figuras, morte obita, volitare, aut somnia quae deludunt sopitos sensus. At imago, laeta, exsultat ante primas acies inritatque virum telis et lacessit voce. Cui Turnus instat atque eminus conicit stridentem hastam; illa, tergo dato, vertit vestigia. Tum vero, ut Turnus credidit Aenean aversum cedere atque, turbidus, hausit inanem spem [in] animo, [dixit]: "Quo fugis, Aenea? Ne desere pactos thalamos; hac dextra dabitur tellus quaesita per undas." Talia vociferans sequitur [eum] atque coruscat strictum mucronem, nec videt ventos ferre sua gaudia. Forte [illic] stabat ratis coniuncta crepidine celsi saxi, scalis expositis et ponte parato, qua advectus [erat] rex Osinius [ab] oris Clusinis.

succinta = circumdata
nube cava: ablat.
in faciem Aeneae = imitantem Aenean
gressus (acc. pl.) euntis = modum eundi
qualis fama est = sic ut dicunt
sopitos sensus (acc. pl.) durmientes sensus
virum: Turnum
illa: imago / vertit vestigia = retro it
ut = cum
aversum cedere = fugere
hausit = accepit
ne desere = noli deserere
hac ... = mea dextra manus dabit tibi tellus quam per undas quaerebas [ponet te sub terram]
sua gaudia: plur. pro sing.
crepidine = prominenti parte
qua: ablat. fem. sing.

Huc trepida imago Aeneae fugientis conicit sese in latebras, nec segnior Turnus instat [eam] exsuperatque moras et transilit altos pontis. Vix [Turnus] attigerat proram: Saturnia rumpit funem atque rapit avulsam navem per revoluta aequora. Aeneas autem poscit in proelia illum absentem; demittit morti multa corpora obvia virum. Tum levis imago haud ultra quaerit iam latebras, sed sublime volans immiscuit se atrae nubi, cum interea turbo fert Turnum medio aequore. Respicit, ignarus rerum atque ingratus salutis, et cum voce tendit duplicis manus ad sidera:

conicit se = venit, intravit
moras = obstacula
pontes / rumpit = secat
avulsam < avello
illum: Turnum / virorum
quaerit latebras = manet in latebris
immiscuit ... = occultavit se in atra nube
medio aequore = per medium aequor
duplices / manus: acc. pl.

"Omnipotens genitor, duxistine me dignum tanto crimine et voluisti [me] expendere talis poenas? Quo feror? Unde abii? Quae fuga [ducit] me quemve reducit [me]? Iterum videbo Laurentis muros aut castra? Quid [fiet] illa manus virum qui secuti [sunt] me meaque arma quosque (nefas!) omnis reliqui in infanda morte et nunc video palantis, atque accipio gemitum cadentum? Quid ago? Aut quae terra iam dehiscat [sua] ima satis mihi? O potius vos, venti, miserescite: ferte ratem in rupes, in saxa ([ego], Turnus, volens adoro vos), atque immittite [eam] saevis vadis syrtis, quo nec Rutuli nec conscia fama sequatur me."

duxisti = putavisti / dignum + ablat.
expendere = dare / tales
quem = qualem / Laurentes
manus = parva grex / virorum
quosque = atque quos (≠ quosque < quisque, quaeque, quodque)
omnes / palantes / cadentium
ima: acc. pl. n.
adoro = oro
saevis vadis: dat. pl.
syrtis: genit. sing.
conscia fama = fama quae scit quid fecerim

Memorans haec, fluctuat animo nunc huc, nunc illuc, amens ob tantum dedecus,

dedecus = opprobrium, ignominia

an induat sese mucrone et exigat crudum ensem per [suas] costas, an iaciat [se] mediis fluctibus et nando petat curva litora atque iterum reddat se in arma Teucrum. Ter conatus [est] utramque viam, ter maxima Iuno, miserata animi, continuit atque repressit iuvenem. Labitur, secans alta fluctuque aestuque secundo, et defertur ad antiquam urbem patris Dauni.

induat sese mucrone = necet sese
in arma = in pugnam / Teucrorum
continuit = tenuit, impedivit
labitur (dep.) = iter facit natans
alta = altas undas

At interea Mezentius, ardens monitis Iovis, succedit pugnae atque invadit Teucros ovantis. Thyrrenae acies concurrunt atque instant uni, uni viro, odiisque omnibus telisque frequentibus. Ille, velut rupes quae prodit in vastum aequor, obvia furiis ventorum expostaque ponto, perfert cunctam vim atque minas caelique marisque, ipsa manens immota, sternit humi Hebrum, prolem Dolichaonis, cum quo [sternit quoque] Latagum Palmumque fugacem; sed occupat Latagum saxo atque ingenti fragmine montis, [occupat] os [eius] faciemque adversam; sinit segnem Palmum volvi, succiso poplite, atque donat arma Lauso habere [in] umeris et figere cristas [in] vertice.

succedit pugnae = intrat in pugnam
ovantes
instant uni = impetum faciunt in unum
velut = idem ac / prodit < prodeo
ponto: dat. / perfert = patitur (dep.)
sternit humi = iacit ad solum, caedit
occupat = pulsat
sinit Palmum volvi (pass. infinit.) = efficit ut Palmus volvat
succiso poplite = secto genu
habere = ut habeat
figere = ut figeat

Nec non [sternit] Phrygium Evanthem atque Mimanta, aequalem comitemque Paridis, quem Theano dedit in lucem, Amyco genitore, una nocte et Cisseis regina, praegnans face, [dedit in lucem] Parim; Paris occubat [in] urbe paterna,

nec non = et quoque
Theano f.: nomin. sing.
una nocte et = eadem nocte qua
praegnans face: Hecuba putabat se parturam esse facem
occubat = iacet [mortuus]

Laurens ora habet ignarum Mimanta. Ac velut ille aper, actus de altis montibus morsu canum, quem pinifer Vesulus defendit multos annos, atque [alius aper quem] Laurentia palus multos [annos] pascit harundinea silva, postquam ventum est inter retia, substitit infremuitque ferox et inhorruit armos, nec cuiquam [est] virtus irasci accedereve propius, sed procul instant iaculis tutisque clamoribus: haud aliter non ulli [eorum] quibus Mezentius est iustae irae est animus concurrere stricto ferro; lacessunt [eum] longe missilibus et vasto clamore. Ille autem impavidus cunctatur in omnis partis, infrendens dentibus, et decutit hastas [a] tergo.

ora = litus

morsu canum = quia canes mordebant eum / defendit = protexit

harundinea silva: ablat. sing.
ventum est: locutio sine subiecto significans "aper venit"
irasci: pass. infinit.

non ulli (dat. sing.) = nemini
non ulli est animus = nemo audet
quibus ... irae = qui iuste oderunt Mezentium
in omnes partes

decutit = aufert, detrahit

Acron venerat de antiquis finibus Corythi, Graius homo, linquens profugus infectos hymenaeos. Ubi [Mezentius] longe vidit hunc media agmina miscentem, purpureum pennis et ostro pactae coniugis, ceu leo impastus peragrans saepe alta stabula (vesana enim fames suadet), si forte conspexit fugacem capream aut cervum in cornua surgentem, gaudet hians immane atque arrexit comas et haeret visceribus [caprae], incumbens super; taeter cruor lavit improba ora: sic Mezentius, alacer, ruit in densos hostis. Acron infelix sternitur et exspirans tundit atram humum calcibus atque cruentat infracta tela. Atque idem [Mezentius] haud dignatus est sternere fugientem Orodem nec dare caecum vulnus iacta cuspide;

Graius = Graecus / (re)linquens

infectos = non factos, non confectos

pactae coniugis = quae futura coniunx ei dederat
impastus = esuriens

in cornua surgentem = qui cornua tollit
hians = aperiens os
immane: adverbium
haeret visceribus = mordet visceras

hostes

sternitur = necatur

cruentat = maculat sanguine
infracta = fracta, rupta
caecum vulnus = vulnus in tergo

occurrit obvius atque [ei] adverso, atque contulit se vir viro, melior [vir] haud furto sed fortibus armis. Tum, posito pede super [eum] abiectum et nixus hasta, [dicit]: "Viri, iacet altus Orodes, pars belli haud temnenda." Socii conclamant, secuti laetum paeana; ille autem exspirans [dicit]: "Quicumque es, victor, non [hoc sic manebit] me inulto, nec laetabere longum [tempus]; paria fata quoque prospectant te atque mox tenebis eadem arva." Ad quae Mezentius subridens mixta ira [dicit]: "Nunc morere. Ast pater rex divum atque hominum viderit de me."

ei adverso = ad eum adversum
abiectum = deturbatum
hasta: ablat. / viri: vocat. pl.
paeana: Graecus acc. sing.
laetabere = laetaberis
tenebis eadem arva = sepultus erit in eisdem arvis
morere = moreris / divum = deorum
viderit = consilium capiet

Hoc dicens eduxit telum [e] corpore. Dura quies et ferreus somnus urget oculos olli, lumina clauduntur in aeternam noctem. Caedicus obtruncat Alcathoum, Sacrator [obtruncat] Hydaspen atque Rapo [obtruncat] Parthenium et Orsen, praedurum viribus; Messapus [obtruncat] Cloniumque Lycaoniumque Erichaeten, illum iacentem [in] tellure lapsu infrenis equi, hunc peditem. Et Lycius Agis processerat pedes, quem tamen deicit Valerus, haud expers avitae virtutis; at Salius [deicit] Thronium atque Nealces [deicit] Salium insidiis, iaculo et sagitta longe fallente. Iam gravis Mavors aequabat luctus et mutua funera; pariter caedebant pariterque ruebant victores victique, neque his fuga nota [erat] neque illis. Di in tectis Iovis miserantur inanem iram amborum

quies = tranquillitas
olli = illi
obtruncat = necat
praedurum = fortissimum
lapsu equi: quia equus lapsus erat
processerat = progressus erat
deicit = sternit / expers (≠ expertus) + genit. = carens + ablat.
longe fallente = quae longe non videtur
luctus: acc. pl.
neque ... illis = et nemo fugiebat

et tantos labores esse mortalibus; hinc Venus spectat; hinc, contra, Saturnia Iuno. Pallida Tisiphone saevit media inter milia.

et [miserantur]
media (nominat.) = in medio stans

At vero Mezentius, quatiens ingentem hastam, turbidus ingreditur campo. Quam magnus Orion, cum incedit pedes scindens viam per maxima stagna medii Nerei, supereminet undas umero, aut referens annosam ornum [de] summis montibus ingrediturque solo et condit caput inter nubila, talis Mezentius infert se vastis armis. Contra, Aeneas, speculatus in longo agmine, parat ire obvius huic. Ille manet imperterritus, opperiens magnanimum hostem, et stat mole sua; atque, emensus oculis quantum spatium satis [esset] hastae, [dicit]: "Dextra [manus], [quae est] deus mihi, et telum quod libro [ut] missile adsint [mihi] nunc! Voveo te ipsum, Lause, indutum spoliis raptis [a] corpore praedonis, [futurum esse] tropaeum Aeneae." Dixit, atque eminus iecit stridentem hastam. At illa volans excussa est [a] clipeo [Aeneae] proculque figit egregium Antoren inter latus et ilia, Antoren comitem Herculis, qui missus ab Argis haeserat Evandro atque consederat [in] Itala urbe. Infelix, sternitur alieno vulnere, atque moriens aspicit caelum et reminiscitur dulcis Argos.

turbidus = tamquam si turbo esset
campo = per campum
incedit pedes = ambulat
ornus, -i f. / solo = per solum
vastis armis = per vasta arma
speculatus (< speculor) = postquam vidit [hunc]
opperior,-iri (≠ operio, -ire) = exspecto, -are
emensus < emetior
libro = iacio
adsint: iussivum subiunct.
tropaeum Aeneae: tropaeum meae victoriae contra Aenean
excussa (< excutio) = repulsa
haeserat = consociaverat se
alieno: quia hasta non in eum iacta erat, sed in Aenean
dulces

Tum pius Aeneas iacit hastam; illa transiit per cavum orbem triplici aere, per linea terga atque opus intextum tribus tauris, atque ima sedit [in] inguine, sed haud pertulit viris [secum].

orbem = circulum
aere < aes, aeris (≠ aer, aeris)
tribus tauris = tribus pellibus tauri
haud ... : hasta pervenit ad inguen iam sine viribus

Aeneas, laetus, sanguine Tyrrheni viso, ocius eripit ensem a femine et, fervidus, instat [ei] trepidanti. Lausus, ut vidit, ingemuit graviter amore cari genitoris, lacrimaeque volutae [sunt] per ora.

- femine < femen, -minis n. = femur, -oris n.
- instat ei = impetum facit contra eum
- amore = propter amorem

Hic non equidem [silebo] casum [tuae] durae mortis tuaque optima facta, si qua vetustas latura est fidem tanto operi, nec silebo te, memorande iuvenis; ille, pedem referens et inutilis atque inligatus, cedebat atque trahebat inimicum hastile clipeo; iuvenis proripuit atque sese immiscuit armis [hostium], atque subiit mucronem Aeneae iam dextra [manu] adsurgentis plagamque ferentis atque, morando, sustinuit [eum] ipsum. Socii sequuntur magno clamore, dum genitor abiret, protectus parma nati, atque coniciunt tela perturbantque hostem missilibus eminus. Aeneas furit atque tectus tenet se.

- (ali)qua / vetustas = posteritas
- fero fidem = monstro ut verum
- clipeo: hastile erat in clipeo fixum
- subiit mucronem = se contulit contra gladium
- morando = compellens eum morari
- sustinuit = detinuit
- parma = scuto
- tectus tenet se = tegit se

Ac velut si quando nimbi praecipitant effusa grandine, omnis arator et omnis agricola diffugit campis, et viator latet [in] tuta arce aut [in] ripis amnis aut [sub] fornice alti saxi, dum pluit in terris, ut sole reducto possint exercere diem: sic Aeneas, obrutus undique telis, sustinet nubem belli, dum omnis [nubes] detonet, et increpitat Lausum atque minatur Lauso:

- (ali)quando
- campis = per campos
- ripis amnis: aliquando ripae formam arcus habent / fornice = arcu
- exercere diem = laborare per tempus quod restat diei / obrutus = circumdatus / nubem belli = nubem telorum / dum detonet = donec cesset

"Quo ruis, moriture, atque audes maiora [tuis] viribus? Pietas tua fallit te incautum."

- maiora tuis viribus = res quae nimis magnae sunt tibi

Nec minus ille demens exsultat, iamque saevae irae surgunt Dardanio ductori, atque Parcae legunt extrema fila Lauso, namque Aeneas exigit validum ensem per medium iuvenem atque recondit totum; mucro transiit et parmam, levia arma minacis [viri], et tunicam quam mater neverat molli auro, atque sanguis implevit sinum; tum vita concessit maesta per auras ad Manis atque reliquit corpus. At vero, ut vidit vultum et ora [eius] morientis, ora miris modis pallentia, miserans ingemuit graviter atque tetendit dextram, et imago patriae pietatis subiit mentem. "Quid, miserande puer, pius Aeneas dabit tibi nunc pro laudibus istis, quid [dabit tibi] dignum tanta indole? Habe tua arma, quibus laetatus [eras]; atque remitto te Manibus et cineri parentum, si qua cura est ea [tibi]; tamen solabere miseram mortem hoc, infelix: cadis dextra [manu] magni Aeneae."

saevae ... = Dardanius ductor monstrat suas saevas iras
extrema = ultima / Lauso (dat.) = vitae Lausi
recondit = figit
parmam = scutum
sinum [tunicae]
concedo = cedo / Manes
ut = cum
miris modis: plur. pro sing.
imago patriae pietatis = imago pii patris
subiit = intravit
habe = conserva
cineri < cinis, -eris m.
(ali)qua / solabere = solaberis
hoc: ablat.

Increpat ultro cunctantis socios et [a] terra sublevat ipsum, turpantem sanguine capillos comptos de more. Interea genitor ad undam fluminis Tiberini siccabat vulnera lymphis atque, adclinis trunco arboris, levabat corpus. Procul, aerea galea dependet [e] ramis et gravia arma quiescunt [in] prato. Lecti iuvenes stant circum; ipse, aeger, anhelans, fovet colla, fusus barbam propexam in pectore; rogitat multa super Lauso, atque remittit multum qui revocent [eum] atque ferant [ei] mandata maesti parentis.

cunctantes
de more = ut solebant
ad undam = iuxta ripam
adclinis = pronus
levabat = allevabat
aereus < aes, aeris (≠ aerius < aer, aeris)
fovet colla = lenit collum (fortasse sustentans caput manu)
barbam: acc. respectus
multum = multos

At socii, flentes, ferebant Lausum exanimem super arma, ingentem atque ingenti vulnere victum. Longe, mens praesaga mali agnovit gemitum. Deformat canitiem multo pulvere et tendit ambas palmas ad caelum et inhaeret corpore [filii]:

mens praesaga mali = mens quae e longinquo videt malum
agnovit gemitum = sensit quid acciderit
inhaeret corpore = amplectitur (dep.) corpus

"Tanta voluptas vivendi tenuit me, nate, ut paterer [illum] quem genui succedere hostili dextrae pro me? Genitorne [ego] servor per haec vulnera tua, vivens morte tua? Heu, nunc demum infelix exitium [apparet] mihi misero, nunc [apparet mihi] vulnus alte adactum! Ego idem, nate, pulsus [ex] solio sceptrisque paternis ob invidiam, maculavi tuum nomen crimine. Debueram [dare] poenas patriae odiisque meorum. Ipse dedissem animam sontem per omnis mortis! Nunc vivo neque adhuc relinquo homines lucemque. Sed linquam." Simul hoc dicens attollit se in aegrum femur et, quamquam vis tardat alto vulnere, haud deiectus iubet equum duci [ad se]. Illi hoc [erat] decus, hoc erat solamen, hoc abibat victor [ex] omnibus bellis. Adloquitur maerentem [equum] et infit talibus [dictis]: "Rhaebe, viximus diu, si qua ulla res diu est mortalibus. Aut hodie victor referes illa spolia et caput cruenti Aeneae atque eris mecum ultor dolorum Lausi, aut, si nulla vis aperit viam, pariter occumbes; neque enim, fortissime, dignabere pati aliena iussa et Teucros [ut] dominos, credo."

succedere hostili dextrae = pugnare contra hostes
per vulnera tua = vulneribus tuis
alte adactum = in imo pectore iacens
patriae: dat.
omnes mortes
in aegrum femur = utens femore quod vulnus habet
alto vulnere = propter altum vulnus
haud deiectus = animosus
hoc: equus ("hoc" neutrum est quia congruit "decus" et "solamen")
(ali)qua / est = manet
cruenti Aeneae (dat.) = cruentis Aeneae (genit.)
dignaberis

exceptus t. = in equum ascendens
consueta: quia equus saepe ferebat filium / manus: acc. pl.
equina crista: ablat. sing.
aestuat = fervet
conscia virtus = conscientia virtutis
deorum
tantum = solum
subit = it / quid = cur
qua: ablat. sing.
nec parcimus ulli divum = atque parcimus nulli deo

Dixit et, exceptus tergo, locavit consueta membra atque oneravit ambas manus acutis iaculis, fulgens caput aere atque hirsutus equina crista. Sic rapidus dedit cursum in medios. In uno corde aestuat ingens pudor atque insania mixto luctu et amor agitatus furiis et conscia virtus. Atque hic vocavit Aenean ter magna voce. Aeneas enim agnovit laetusque precatur: "Sic ille pater deum faciat, sic altus Apollo [faciat], [ut] incipias conferre manum [mecum]." Tantum [hoc] effatus [est], et subit obvius [ei] infesta hasta. Ille autem: "Quid terres me, saevissime, nato erepto? Haec fuit sola via qua posses perdere [me]: nec horremus mortem nec parcimus ulli divum. Desine, nam venio moriturus et prius porto tibi haec dona."

super = insuper
gyrus, -i = circulus, -i
sustinet = resistit
in laevos orbes: quia Aeneas sustinet scutum dextera manu
silvam: silvam hastarum quae in scuto fixae manent
traxisse tot moras = exspectavisse tantum temporis
iniqua: quia Mezentius equum habet
tempora = latera capitis
effusum = casum
incumbit = cadit
armo < armus, -i m.

Dixit, atque intorsit telum in hostem; inde, super, figitque aliud atque aliud [telum] volatque [telum] ingenti gyro, sed aureus umbo sustinet. Ter equitavit in laevos orbis circum [eum] astantem, iaciens tela manu, ter Troius heros circumfert secum immanem silvam [in] aerato tegmine. Inde, ubi [eum] taedet traxisse tot moras, vellere tot spicula, et congressus [in] iniqua pugna urgetur, movens multa [in] animo iam tandem erumpit et conicit hastam inter cava tempora bellatoris equi. Quadripes tollit se arrectum et verberat auras calcibus, atque, ipse super secutus effusum equitem, incumbit cernuus, eiecto armo, atque implicat [eum].

super: adverbium

effera = maxime fera

hausit caelum = accepit aera (Graecus acc.)

quid = cur

pepigit = fecit / (ali)qua

patiare: imperat. / tegi: pass. infinit.

defende hunc furorem = defende me ab hoc furore

consortem = comitem

undanti cruore: tamquam si anima in cruore esset

Troes Latinique incendunt caelum clamore. Aeneas advolat atque eripit ensem [e] vagina et super [dicit] haec: "Ubi [est] nunc acer Mezentius et illa effera vis animi?" Contra, Tyrrhenus, ut suspiciens auras hausit caelum atque recepit [suam] mentem, [dicit]:

"Amare hostis, quid increpitas atque minaris <900> mortem [mihi]? Nullum nefas [est] in caede, nec sic veni ad proelia, nec meus Lausus pepigit haec foedera tecum mihi. Hoc unum oro, per [veniam], si qua venia est victis hostibus: patiare corpus tegi humo. Scio acerba odia meorum circumstare [me]; defende hunc furorem, oro, et concede me [esse] consortem nati [in] sepulcro." Haec loquitur, atque haud inscius accipit ensem [in] iugulo atque diffundit animam in arma undanti cruore.

LIBER XI

et ... atque ... = et ... et ...

praecipitant = monent

solvevat = perficiebat / deorum

decisis = secatis, ablatis (quercum sine ramis)

Interea, Aurora surgens reliquit Oceanum. Aeneas, quamquam et curae praecipitant dare tempus sociis humandis atque mens est turbata funere, victor solvebat vota deum primo Eoo. Constituit [in] tumulo ingentem quercum, decisis undique ramis, atque induit fulgentia arma, exuvias ducis Mezenti, tropaeum tibi, magne bellipotens; aptat cristas rorantis sanguine telaque trunca viri, et thoraca petitum atque bis sex locis perfossum, atque sinistrae [parti] subligat clipeum ex aere [factum] atque suspendit eburnum ensem [a] collo. Tum sic incipiens hortatur ovantis socios (namque omnis turba ducum tegebat eum stipata):

"Maxima res effecta [est], viri; abesto omnis timor quod superest; haec sunt spolia et primitiae de rege superbo atque hic est Mezentius manibus meis. Nunc nobis [manet] iter ad regem murosque Latinos. Parate arma, praesumite bellum animis et spe, ne qua mora impediat [nos] ignaros segnisve sententia tardet [nos] metu, ubi primum superi adnuerint vellere signa atque educere pubem [e] castris. Interea mandemus socios inhumataque corpora terrae, solus honos qui est sub imo Acheronte. Ite," ait, "decorate supremis muneribus egregias animas quae peperere nobis hanc patriam suo sanguine, atque primus ad maestam urbem Evandri mittatur Pallas, quem non egentem virtutis atra dies abstulit et mersit [in] acerbo funere."

Sic ait inlacrimans, recipitque gressum ad limina ubi servabat positum corpus exanimi Pallantis senior Acoetes, qui ante fuit armiger Parrhasio Evandro, sed tum ibat datus [ut] comes caro alumno auspiciis non aeque felicibus.

rorantes

trunca viri = erepta a viro
thoraca: Graecus acc. / petitum = percussum / bis sex = XII

incipiens hortatur (dep.) = incipit hortari
ovantes / stipata = cumulata, compressa

abesto omnis timor = relinquite omnem timorem
superest = adhuc manet

manibus meis = qualem ego eum reliqui
praesumite = exspectate / (ali)qua

sententia = cogitatio

vellere = rapere, tollere
pubem = iuvenes
terrae (dat.) = in terram

muneribus = donis

pepererunt = praebuerunt, paraverunt

egentem virtutis = carentem virtute
acerbo = acri

recipit gressum = ivit

ante = antea

caro alumno: dat.

famulum = famulorum
sese ... = intravit in altas fores
tunsis = pulsis
patens = apertum
Ausoniae cuspidis = (ab) Ausonia hasta factum

Circum, [stabat] omnisque manus famulum Troianaque turba et Iliades, solutae maestum crinem de more. Ut vero Aeneas sese intulit altis foribus, tollunt ad sidera ingentem gemitum, tunsis pectoribus, atque regia immugit maesto luctu. Ipse, ut vidit caput fultum et ora nivei Pallantis et patens vulnus Ausoniae cuspidis in levi pectore, ita fatur obortis lacrimis:

mihi = laedens me
vehereris
discedens = cum abirem
in = contra
[cum] moneret / acres
multum = omnino
fors et = fortasse quoque
cumulat altaria donis = cumulat dona super altaribus
exanimum = sine anima, mortuum
reditus: nom. pl.
pudendis vulneribus = vulneribus in tergo acceptis, fugientem
sospes, -itis = qui suam vitam servat
praesidium = defensio, auxilium

"Miserande puer," inquit, "inviditne te Fortuna mihi, cum veniret laeta [ad me], ne videres regna nostra neque veherere ad paternas sedes? Discedens, non haec promissa de te dederam [tuo] parenti Evandro, cum, complexus me, mitteret [me] euntem in magnum imperium metuensque moneret [eos] esse acris viros, proelia [futura esse] cum dura gente. Et nunc ille quidem, multum captus inani spe, fors et facit vota cumulatque altaria donis. Nos, maesti, comitamur vano honore iuvenem exanimum et iam nil debentem caelestibus ullis. Infelix, videbis crudele funus [tui] nati! Hi [sunt] nostri reditus exspectatique triumphi? Haec [est] mea magna fides? At non aspicies, Evandre, [eum] pulsum pudendis vulneribus, nec [ut] pater optabis dirum funus sospite nato. Ei mihi, quantum praesidium perdis, Ausonia, et quantum tu [perdis], Iule!"

haec deflevit = haec flens dixit
lectos = delectos

Ubi haec deflevit, imperat miserabile corpus tolli, et mittit mille viros ex agmine toto lectos qui comitentur supremum honorem intersintque lacrimis patris, exigua solacia ingentis luctus, sed debita misero patri. Alii, haud segnes, texunt cratis et molle feretrum arbuteis virgis et querno vimine, atque inumbrant exstructos toros obtentu frondis. Hic ponunt iuvenem sublimem [in] agresti stramine, qualem florem demessum virgineo pollice, seu mollis violae, seu languentis hyacinthi, cui neque fulgor adhuc nec dum sua forma recessit, [sed] mater tellus iam non alit [eum] atque ministrat viris [ei].

luctus: genit.

crates

obtentus, -us m. = actio tegendi

obtentu frondis = frondes super tumulum ponentes

hic = in hoc loco

dum: adverbium, nulla coniunctio

atque = neque / vires

Tum Aeneas extulit geminas vestis auroque ostroque rigentis, quas ipsa Sidonia Dido, laeta laborum, quondam fecerat suis manibus illi et discreverat telas tenui auro. Maestus, induit unam harum [vestium] iuveni, supremum honorem, atque obnubit arsuras comas amictu, atque praeterea aggerat multa praemia Laurentis pugnae et iubet praedam duci longo ordine; addit equos et tela quibus spoliaverat hostem. Et vinxerat post terga manus [eorum] quos mitteret umbris [ut] inferias, sparsurus flammas caeso sanguine, atque iubet ipsos duces, indutos hostilibus armis, ferre truncos inimicaque nomina figi [in truncis].

vestes / rigentes

laeta laborum = laeta hunc laborem faciens

discreverat = ornaverat

obnubit = operuit / arsuras < ardeo

praemia Laurentis pugnae = praemia in pugna contra Laurentes capta

spolio te pecunia (ablat.) = capio pecuniam a te

manus: acc. pl. / quos = ut eos

umbris = ad umbras

inferiae, -arum = sacrificium

figi (pass. infinit.) = scribi

Infelix Acoetus ducitur, confectus aevo, nunc foedans pectora pugnis, nunc [foedans] ora ungibus, et proiectus sternitur terrae toto corpore; et ducunt currus, perfusos Rutulo sanguine.

aevo = aetate / foedans = laedens

proiectus = iaciens se ipsum

terrae: locat.

currus: acc. pl.

Post, bellator equus Aethon, insignibus positis, it lacrimans atque umectat ora grandibus guttis. Alii ferunt hastam galeamque, nam Turnus victor habet cetera [arma]. Tum maesta phalanx Teucrique sequuntur atque Tyrrheni omnes et, versis armis, Arcades. Postquam longe omnis ordo comitum praecesserat, Aeneas substitit atque addidit haec alto gemitu: "Eadem horrida fata belli vocant nos hinc ad alias lacrimas. Salve [in] aeternum mihi, maxime Palla, atque vale [in] aeternum."

post = postea
ora = faciem / guttis [lacrimarum]
maesta = tristis
versis armis: ut mos erat eis
substitit = gradum stetit, finem ambulandi fecti
ad alias lacrimas: debent alios comites sepelire

Nec plura effatus tendebat ad altos muros atque ferebat gressum in castra. Iamque oratores ex urbe Latina aderant, velati ramis oleae atque rogantes veniam: redderet corpora quae iacebant fusa per campos ferro ac sineret succedere terrae tumulo; nullum certamen [esse] cum victis et cassis aethere; parceret [eis], quondam hospitibus socerisque vocatis. Quos haud aspernanda precantis bonus Aeneas prosequitur venia et insuper addit haec verbis: "Quaenam indigna fortuna, Latini, implicuit vos [in] tanto bello, qui fugiatis nos [ut] amicos? Oratis [a] me pacem exanimis et peremptis sorte Martis? Equidem vellem concedere [pacem] et vivis. Nec veni, nisi fata dedissent locum sedemque, nec gero bellum cum [vestra] gente; rex reliquit nostra hospitia et potius credidit se armis Turni. Aequius fuerat Turnum opponere se huic morti.

ferebat gressum = ambulabat
velati = operti
[Aeneas] redderet
ferro = gladiis necata
succedere terrae tumulo = sepelire
cassus aethere = mortuus, qui lucem iam non videt
precantes
venia: ablat.
quaenam = quae / [vos] qui
fugiatis = vitetis
exanimis et peremptis (= mortuis): dat. pl. / et vivis = quoque vivis
veni = venissem
nostra hospitia = foedus nobiscum factum
credidit se armis = posuit suam spem in armis

Si [Turnus] apparat finire bellum manu, si [apparat] pellere Teucros, decuit concurrere mecum his telis: vixet [is] cui deus aut sua dextra dedisset vitam. Nunc ite et supponite ignem miseris civibus [vestris]."

vixet = vixisset
supponite ... = urite corpora miserorum civium

Dixerat Aeneas. Illi obstipuere silentes atque conversi oculos inter se, atque tenebant ora. Tum Drances, senior semperque infensus iuveni Turno odiis et crimine, vicissim sic refert orsa [dicta] ore: "O vir Troiane, ingens fama, ingentior armis, quibus laudibus aequem te caelo? Prius mirer iustitiaene laborumne belli? Nos vero grati referemus haec [verba tua] ad urbem patriam et, si qua Fortuna dederit viam, iungemus te regi Latino. Quaerat Turnus foedera sibi. Quin, et iuvabit attollere fatalis moles murorum atque subvectare Troiana saxa [nostris] umeris."

obstipuerunt
tenebant ora = nihil dicebant
crimine = accusationibus
fama: ablat.
miror (dep.) + genit.
grati = laeti / (ali)qua
viam = methodum
quaerat Turnus = sinamus Turnum quaerere / et iuvabit = quoque placebit / fatales
subvectare = ferre

Haec dixerat, atque omnes fremebant eadem uno ore. Pepigere bis senos dies et, pace sequestra, Teucri atque Latini mixti impune erravere [in] iugis per silvas. Alta fraxinus sonat bipenni ferro, evertunt pinus ad sidera actas, nec cessant scindere robora et olentem cedrum cuneis nec vectare ornos gementibus plaustris.

fremebant = murmurabant
pepigerunt / bis senos = XII
sequestra = in medio posita
erraverunt
pinus: acc. pl. fem. / scindere = in duas partes dividere
vectare = trahere

Et iam Fama volans, praenuntia tanti luctus, replet Evandrum Evandrique domos et moenia, [Fama] quae modo ferebat Pallanta victorem [in] Latio. Arcades ruere ad portas et, de more vetusto, rapuere funereas faces;

luctus: genit. sing.
Pallanta: Graecus acc.
ruerunt / vetusto = antiquo
rapuerunt

via lucet longo ordine flammarum et late discriminat agros. Contra, turba Phrygum veniens iungit [eis] [sua] plangentia agmina. Quae postquam matres viderunt succedere tectis, incendunt clamoribus maestam urbem. At non ulla vis potis est tenere Evandrum, sed venit in medios. Pallante [in] feretro reposto, super procubuit atque haeret lacrimansque gemensque, et vix tandem via voci laxata est dolore:

Phrygum: genit. pl.
succedere tectis = intrare in tecta
non ulla = nulla / potis est = potest
super = insuper / procubuit = se iactavit / haeret [corpori]
via ... = dolor dedit ei viam ad loquendum

"O Palla, non dederas haec promissa parenti, ut velles cautius credere te saevo Marti. Haud ignarus eram quantum posset nova gloria in armis et praedulce decus [in] primo certamine. Miserae primitiae iuvenis atque dura rudimenta propinqui belli, et vota exaudita nulli deorum, atque preces meae! Tuque, o sanctissima coniunx, felix morte tua neque servata in hunc dolorem! Ego, contra, vici mea fata vivendo, ut genitor restarem superstes. Obruerent [me] Rutuli telis, secutum socia arma Troum! Ipse dedissem animam atque haec pompa referret me domum, non Pallanta. Nec arguerim vos, Teucri, nec foedera nec dextras quas iunximus hospitio: ista sors debita erat nostrae senectae.

velles < volo / ut ... = ut cautius pugnaturus esses in saevo bello
quantum posset = quam iucunda esset, quantum alliceret
rudimenta = primus conatus
nulli (dat. agentis) = a nullo
neque servata = atque felix quia non servata es
ut .. = ut longius quam filius viverem
obruerent = utinam obruissent
Troum: genit. pl.
me [mortuum]
arguerim = culpaverim
hospitio = ut signum hospitalitatis
senectae = senectuti

Quod si immatura mors manebat gnatum, iuvabit [scire] [eum] cecidisse ducentem Teucros in Latium, caesis Volscorum milibus ante.

quod si = sed si
manebat gnatum = exspectabat filium / ante = antea

Quin, ego non digner te alio funere, Palla, quam [quo dignantur te] pius Aeneas et quam magni Phryges et quam atque Tyrrheni duces, omnis exercitus Tyrrhenum. Ferunt magna tropaea [eorum] quos tua dextera dat leto. Tu, Turne, quoque stares [ut] immanis truncus in armis, si aetas [eius] esset par [aetati tuae] et idem robur ab annis [datus]. Sed quid, infelix, demoror Teucros [ab] armis? Vadite et, memores, referte regi haec mandata: quod moror invisam vitam, perempto Pallante, causa est tua dextera, quam vides debere Turnum gnatoque patrique. Hic solus locus vacat tibi meritis [tuis] fortunaeque [tua]. Non quaero [haec ut] gaudia vitae, nec fas [esset], sed [quaero] perferre [haec] [meo] gnato sub imos Manis."

dignor (dep.) te alio funere = puto te dignum esse alteris funeris
atque = quoque
Tyrrhenum: genit. pl.
in armis = armis tectus
quid = cur
quod moror (dep.) = si moror
perempto = mortuo, necato
quam vides ... : tua manus debet necare Turnum nobis / gnato = filio
Manes

Aurora interea extulerat almam lucem miseris mortalibus, referens opera atque labores. Iam pater Aeneas, iam Tarchon constituere pyras in curvo litore. Huc quisque tulere corpora suorum more patrum, subiectisque ignibus atris altum caelum conditur in tenebras caligine. Ter cincti fulgentibus armis decurrere accensos rogos circum, ter lustravere maestum ignem funeris in equis atque dedere ululatus [ex] ore. Et tellus spargitur lacrimis, et arma sparguntur, clamorque virum clangorque tubarum it caelo. Hic alii coniciunt igni spolia [ex] occisis Latinis derepta, galeas decorosque ensis frenaque ferventisque rotas;

referens = iterum ferens
constituerunt = paraverunt
quisque (sing.) tulerunt (pl.): constructio ad sensum
conditur = celatur
decurrerunt
lustraverunt, dederunt
in equis = equitantes
ululatus: acc. pl.
virorum / caelo = ad caelum
derepta = rapta, capta / enses
ferventes

pars [conicit igni] nota munera: clipeos ipsorum et non felicia tela. Circa, multa corpora boum mactantur Morti, atque iugulant in flammam saetigeros sues atque pecudes ex omnibus agris raptas. Tum spectant socios ardentis [in] toto litore atque servant semusta busta, neque possunt avelli donec umida nox invertit caelum, stellis ardentibus aptum. Nec minus et miseri Latini in diversa parte struxere innumeras pyras, et partim infodiunt multa corpora virum terrae, atque partim tollunt avecta [corpora] in finitimos agros atque remittunt [ea] urbi. Cremant cetera atque confusa, ingentem acervum caedis, nec numero nec honore; tunc undique vasti agri certatim conlucent crebris ignibus.

boum: genit. pl. / mactantur = sacrificantur
saetigeros: qui multos pilos habent
ardentes
avelli (pass. infinit.) = abire
aptum = ornatum / et = quoque
struxerunt
virorum / terrae: dat.
cetera [corpora]
nec numero: nesciebant quot essent
nec honore: nullum honorem acceperunt

Tertia lux dimoverat gelidam umbram [e] caelo; maerentes, ruebant altum cinerem et ossa confusa [e] focis atque onerabant [ea] tepido aggere terrae. Iam vero in tectis, [in] urbe praedivitis Latini, [audiebatur] praecipuus fragor et maxima pars longi luctus. Hic matres miseraeque nurus, hic cara pectora sororum maerentum puerique parentibus orbi exsecrantur dirum bellum atque hymenaeos Turni: iubent ipsum decernere armis atque ipsum [decernere] ferro, [ipsum] qui poscat sibi regnum Italiae et primos honores. Saevus Drances ingravat haec, atque testatur Turnum solum vocari, solum posci in certamina.

maerentes = tristes
ruebant = colligebant
onerabant = tegebant
luctus: genit. sing.
nurus: nom. pl. fem. / maerentium
parentibus orbi = sine parentibus
exsecrantur (dep.) = maledicunt
qui poscat = quia poscit
testatur (dep.) = proponit

Simul, multa sententia [auditur] variis dictis pro Turno, et magnum nomen reginae obumbrat [virum], multa fama sustentat virum meritis tropaeis. Inter hos motus, in flagrante medio tumultu, ecce, super, maesti legati a magna urbe Diomedis ferunt responsa: nihil actum [esse] omnibus impensis tantorum operum, nil valuisse dona neque aurum nec magnas preces, alia arma quaerenda [esse] Latinis, aut petendum [esse] pacem ab Troiano rege. Ipse rex Latinus deficit ingenti luctu: ira deum admonet fatalem Aeneam ferri [a] manifesto numine, atque recentes tumuli ante ora [quoque admonent id]. Ergo cogit intra alta limina magnum concilium primosque suorum [suo] imperio accitos. Olli convenere fluuntque ad regia tecta plenis viis. Latinus sedet in mediis et maximus aevo et primus sceptris, fronte haud laeta, atque hic iubet legatos ex Aetola urbe remissos fari quae referant, et reposcit cuncta responsa suo ordine.

sententia: sing. pro pl.
variis dictis: multorum qui loquuntur
obumbrat = adiuvat, favet
motus: acc. pl.
super = insuper / Diomedis: genit.
actum = impetratum
impensa, -ae = pecunia ad aliquid obtinendum
petendum (neut.) = petendam
deficit = debilior fit, minuetur
deorum / admonet = indicat ei
cogit = vocat
accitos = vocatos / Illi convenerunt
aevo = aetate
primus sceptris = primus quia sceptrum habet (quia rex est)
quae referant: obliqua quaestio
cuncta = omnia

Tum facta [sunt] silentia linguis, et Venulus, parens dicto [regis], infit ita farier: "Vidimus, o cives, Diomedem Argivaque castra, atque iter emensi superavimus omnis casus, contigimusque manum [a] qua Ilia tellus concidit. Ille, victor, condebat urbem Argyripam, cognomine patriae gentis, [in] agris Gargani Iapygis.

parens < pareo (≠ parens, -entis < pario)
farier = fari
iter emensi = post longum iter
omnes casus: acc. pl.
Ilia tellus concidit = Troia cecidit
ille: Diomedes
Garganus: nomen montis in Apulia
Iapyx, -ygis: nomen venti

Postquam introgressi [sumus] et data [est] copia fandi,

copia fandi = venia loquendi

docemus = dicimus / qui: interrogat.
quae: interrogat. / (ad) Arpos

vos quietos = vos qui nunc in pace vivitis
ignota bella = bellum cuius eventum ignotum est
bellando: gerundium casu ablativo
premat = habeat sub aquis
manus ... = nos, milites quorum etiam Priamus ipse misereretur (dep.)
cautes = saxa / abacti ... = profecti ex illo bello
diversum litus = diversa litora
refero = narro / regna: pl. pro sing.
Penates
Achivum: genit. pl.
subsedit devictam Asiam = subsedit quoad Asia victa esset (et Agamemnon ut victor rediret)
invidisse ut ego viderem = invidisse mihi videnti
aethera: Graecus acc.
fluminibus = per flumina
mihi: dat. agentis

praeferimus munera, docemus nomen patriamque, qui intulerint bellum, quae causa attraxerit [nos] Arpos.

Ille, [verbis] auditis, placido ore sic reddidit haec: 'O fortunatae gentes, Saturnia regna, antiqui Ausonii, quae fortuna sollicitat vos quietos suadetque [vos] lacessere ignota bella? Quicumque violavimus ferro Iliacos agros (mitto ea quae bellando exhausta [sunt] sub altis muris, [mitto] viros quos ille Simois premat), omnes expendimus infanda supplicia et poenas scelerum per orbem, manus miseranda vel Priamo: triste sidus Minervae scit [id], et Euboicae cautes ultorque Caphereus [sciunt]. Abacti ex illa militia ad diversum litus, Atrides Menelaus exsulat adusque columnas Protei, [atque] Ulixes vidit Aetnaeos Cyclopas. Referam regna Neoptolemi versosque Penatis Idomenei? Locrosne [referam], habitantes [in] Libyco litore? Ipse Mycenaeus, ductor magnorum Achivum, oppetiit inter prima limina [a] dextra infandae coniugis: adulter subsedit devictam Asiam. [Referam] deos invidisse ut [ego], redditus patriis aris, viderem optatum coniugium et pulchra Calydona? Etiam nunc portenta horribili visu sequuntur [me] et amissi socii petierunt aethera pennis atque [ut] aves vagantur fluminibus (heu, dira supplicia meorum!) et implent scopulos lacrimosis vocibus. Haec adeo speranda fuerunt mihi iam ex illo tempore

appetii ... ferro = impetum feci contra deos
Veneris vulnere = vulnere in corpore Veneris facto
eruta = deleta
Pergama: plur. pro sing.
stetimus aspera tela = pugnavimus
contulimus manus (acc. pl.) ei = pugnavimus cum eo
in clipeum: utcumque clipeum tollit
tales
versis = contrariis
quidquid cessatum est = quidquid temporis mansimus
victoria rettulit vestigia = victoria retardata est
Graium = Graecorum
qua datur = dum fieri potest
cavete concurrant = nolite pugnare cum eis

cum, demens, appetii caelestia corpora ferro et violavi dextram Veneris vulnere. Ne vero, ne impellite me ad talis pugnas. Nec mihi [est] ullum bellum cum Teucris post eruta Pergama nec memini laetorve veterum malorum. Vertite ad Aenean munera quae portatis ad me ab oris patriis; stetimus aspera tela contra [eum], contulimusque manus [ei]; credite [viro] experto quantus [ille] adsurgat in clipeum, quo turbine torqueat hastam. Si terra Idaea praeterea tulisset duo talis viros, Dardanus venisset ultro ad urbes Inachias, et [nunc] Graecia lugeret versis fatis. Quidquid cessatum est apud moenia durae Troiae, victoria Graium haesit manu Hectoris Aeneaeque et rettulit vestigia in decimum annum. Ambo insignes animis, ambo [insignes] praestantibus armis, hic prior [insignis] pietate. Coeant dextrae in foedera qua datur; ast cavete concurrant arma armis.' Et simul audisti quae sint responsa regis, rex optime, et quae sit sententia [eius] [in hoc] magno bello."

varius fremor = voces diversa dicentes
Ausonidum: genit. pl. / morantur (dep.) = retinent / amnes
praefatus = vocans
infit = incipit [loqui] / antea
statuisse = consilium cepisse
cogere = vocare

Vix legati [dixerunt] ea, variusque fremor cucurrit per turbata ora Ausonidum, ceu cum saxa morantur rapidos amnis, fit murmur clauso gurgite vicinaeque ripae fremunt crepitantibus undis. Ut primum animi placati [sunt] et trepida ora quierunt, rex, praefatus divos, infit ab alto solio: "Et vellem equidem statuisse de summa re ante, Latini, et melius fuerat cogere concilium non tali tempore, cum hostis adsidet muros. Gerimus bellum importunum cum gente deorum, cives, invictisque viris, quos nulla proelia fatigant nec victi possunt absistere ferro. Si quam spem habuistis in ascitis armis Aetolum, ponite [eam]. Quisque [sit] spes sibi, sed videtis quam angusta [sit] haec. Cetera rerum, [in] qua ruina omnia iaceant perculsa, sunt ante oculos interque vestras manus. Nec incuso quemquam. Quae plurima potuit esse virtus, fuit; certatum est toto corpore regni. Nunc adeo expediam [vobis] quae sit sententia [meae] dubiae menti, et docebo paucis [verbis]; adhibete animos.

Est mihi antiquus ager, proximus Tusco amni, longus in occasum, usque super Sicanos finis; Aurunci Rutulique serunt [eum], et exercent duros collis vomere, atque pascunt asperrima horum. Cedat haec omnis regio et plaga pinea celsi montis amicitiae Teucrorum, et dicamus aequas leges foederis atque vocemus [eos] [ut] socios in regna. Considant, si tantus [est] amor, et condant moenia. Sin animus [eorum] est capessere alios finis aliamque gentem possuntque decedere [a] nostro solo, texamus bis denas navis Italo robore; seu valent complere pluris, omnis materies iacet ad undam; ipsi praecipiant numerum modumque carinis, nos demus aera, manus, navalia. Praeterea placet [mihi] centum oratores Latinos de prima gente ire,

absistere ferro = abstinere a ferro
(ali)quam
sit: desiderativum subiunct.
sit: obliqua quaestio
manus: acc. pl.
nec quemquam = neminem
quae plurima = tanta quanta
toto corpore = omnibus viribus
expediam = dicam, exponam
adhibete animos = audite

longus in = qui patet usque ad
fines
colles
cedat (sub. iussivum) amicitiae (dat.)
celsi = alti
dicamus = habeamus, faciamus
si ... = si hoc tantum desiderant
sin = sed si / fines
bis denas = viginti
naves / plures
ad undam = prope mare
carinis (dat.) = carinarum (gen.)
manus: acc. pl.

qui ferant dicta et firment foedera, atque praetendere manu ramos pacis, portantis munera atque talenta auri eborisque et sellam trabeamque, insignia nostri regni. Consulite in medium et succurrite [nostris] fessis rebus."

Tum Drances idem, infensus, quem gloria Turni agitabat obliqua invidia stimulisque amaris, largus opum et melior lingua, sed dextera [manu] frigida bello, habitus [ut] non futtilis auctor [in] consiliis, potens seditione (materna nobilitas dabat huic superbum genus, ferebat incertum [genus] de patre), surgit et his dictis onerat atque aggerat iras: "O bone rex, consulis rem nulli obscuram nec egentem nostrae vocis: cuncti fatentur se scire quid ferat fortuna populi, sed mussant dicere [hoc]. Det libertatem fandi atque remittat flatus [ille] ob cuius infaustum auspicium moresque sinistros (dicam equidem, licet minetur arma mortemque mihi) videmus tot lumina ducum cecidisse totamque urbem consedisse [in] luctu, cum, fidens fugae, temptat Troia castra et territat caelum armis. Adicias etiam unum [donum] donis istis quae iubes plurima mitti dicique Dardanidis, unum, optime regum, nec violentia ullius vincat te quin [ut] pater des natam egregio genero dignisque hymenaeis et iungas hanc pacem aeterno foedere. Quod si tantus terror habet mentes et pectora,

- qui ferant = ut ferant
- portantes
- in medium = in commune, ad communem salutem
- nostris fessis rebus = nostro fesso statu
- infensus = hostilis
- lingua: ablat.
- non futtilis auctor = dignus audiendi
- seditione = ad seditionem
- aggerat = cumulat / (tu) consulis egentem + genit.
- ferat = postulet
- mussant = timent, haesitant
- flatus (acc. pl.) = superbiam
- licet = quamvis / lumina = oculos = vitas
- cum = dum
- temptat = aggreditur (dep.)
- adicias (subiunc.) = adde (imperat.)
- quin des = ut non possis dare
- quod si = sed si

obtestemur = supplicemus
remittat = det

obtestemur ipsum [Turnum] atque oremus veniam ab ipso: cedat, remittat proprium ius regi patriaeque.

quid = cur / proicis = mittis / cives
Latio: dat.
fingis = putas / invisum = inimicum
nil moror (dep.) esse = non nego
esse / en = ecce / pulsus = victus
sat = satis / ingentes
si dotalis ... cordi = si tantum amas dotalem regiam
fer pectus in = pugna cum
ut ... = ut Turnus habeat regiam coniugem
sternamus (sub.) = mori debemus
(ali)qua
(ali)quid / vocat = provocat

Quid totiens proicis miseros civis in aperta pericula, o caput et causa horum malorum Latio? Nulla salus [est] [in] bello, omnes poscimus te pacem, Turne, simul [poscimus] solum inviolabile pignus pacis. Ego primus, quem tu fingis tibi [esse] invisum (et nil moror esse), en supplex venio. Miserere tuorum, pone animos et abi pulsus. Fusi, vidimus sat funera et desolavimus ingentis agros. Aut, si fama movet [te], si concipis tantum robur [in] pectore et si dotalis regia adeo est cordi, aude atque, fidens, fer pectus in adversum hostem. Scilicet, ut regia coniunx contingat Turno, nos, viles animae, inhumata infletaque turba, sternamur [in] campis? Etiam tu, si qua vis [est] tibi, si quid habes patrii Martis, aspice contra illum qui vocat [te]."

violentia = violentus animus
dat gemitum = gemit
copia fandi = potestas loquendi
manus (acc. pl.) = viros qui pugnent
patribus vocatis = senatu convocato
distinet = impedit, procul tenet
inundant = plenae sunt
tona ... = fac tumultum loquens
argue = accusa

Violentia Turni exarsit talibus dictis. Dat gemitum rumpitque has voces [ex] imo pectore: "Larga quidem copia fandi [est] semper tibi, Drance, tum cum bella poscunt manus, patribusque vocatis primus ades. Sed curia non replenda est verbis, quae tibi, tuto, magna volant dum agger murorum distinet hostem nec fossae inundant sanguine. Proinde tona [tuo] eloquio ([quod] solitum [est] tibi) atque argue me timoris, tu, Drance, quando tua dextra dedit tot acervos stragis Teucrorum, passimque [tu] insignis agros tropaeis. Licet experiare quid possit [tua] vivida virtus, nec longe, scilicet, hostes quaerendi [sunt] nobis: undique circumstant muros. Imus in [eos] adversos. Quid cessas? An Mavors erit semper tibi in ventosa lingua pedibusque fugacibus istis? Ego, pulsus? Aut, foedissime, quisquam merito arguet [me] pulsum [esse], [quisquam] qui videbit Thybrim crescere tumidum Iliaco sanguine et totam domum Evandri procubuisse cum stirpe atque Arcadas exutos armis? Haud ita Bitias et ingens Pandarus experti [sunt] me et mille quos [ego] victor [uno] die misi sub Tartara, inclusus muris atque saeptus hostili aggere. Nulla salus [est] in bello? Cane talia capiti Dardanio, demens, rebusque tuis. Proinde, ne cessa turbare omnia magno metu atque extollere viris gentis bis victae, contra [ne cessa] premere arma Latini. Nunc et proceres Myrmidonum tremescunt Phrygia arma, nunc et Tydides et Larisaeus Achilles [timent ea], et Aufidus amnis retro fugit Hadriacas undas.

Vel cum fingit se pavidum [esse] contra mea iurgia, scelus artificis, et acerbat [suum] crimen [sua] formidine. Numquam amittes talem animam hac dextra (absiste moveri); habitet tecum et sit in isto pectore. Nunc, pater, revertor ad te et tua magna consulta. Si ultra ponis nullam spem in nostris armis,

(nunc Turnus utitur irrisore modo)
quando = quia / strages
insignis < insignio, -ire
licet experiaris = potes experiri
nec = nam non
quid = cur / imus = eamus
Mavors = Mars = audacia
pulsus = victus / merito = vera dicens / arguet = dicet
procubuisse = cecidisse = mortuam esse
exutos (< exuo, -ere) = orbos
experti sunt = viderunt
cane = dic
ne cessa = noli cessare
extollere = laudare / vires
premere = vituperare / et = quoque
Hadriacas undas = undas maris Hadriaci
(nunc Turnus loquitur concilio)
scelus artificis: Aeneas / et = quoque
acerbat = auget
(Numquam ... pectore: nunc Turnus iterum loquitur Dranci)
revertor (dep.) = iterum loquor

si tam deserti sumus et, semel agmine verso, funditus occidimus neque Fortuna habet regressum, oremus pacem et tendamus inertis dextras. Quamquam, o si quicquam solitae virtutis adesset! Mihi, fortunatusque laborum egregiusque animi ante alios est ille qui, ne videret quid tale, procubuit moriens et semel momordit humum ore. Et sin opes [sunt] nobis et adhuc iuventus [manet] intacta atque urbes Italae populique [Itali] supersunt auxilio [nobis], et sin gloria venit Troianis cum multo sanguine (sunt illis sua funera, atque tempestas [est] par per omnis), cur indecores deficimus in primo limine? Cur ante tubam tremor occupat artus? Dies atque mutabilis labor varii aevi rettulit multa in melius; Fortuna, revisens alterna, lusit multos et rursus locavit [eos] in solido [loco].

Aetolus non erit nobis auxilio, et Arpi; at Messapus erit felixque Tolumnius et duces quos tot populi misere, nec parva gloria sequetur delectos [e] Latio et Laurentibus agris. Est et Camilla, de egregia gente Volscorum, agens agmen equitum et catervas florentis aere. Quod si Teucri poscunt me solum in certamina idque placet tantumque obsto communibus bonis, Victoria exosa non fugit has manus adeo ut recusem temptare quicquam pro tanta spe. Ibo animis contra, licet vel ille praestet magnum Achillem atque induat arma paria, facta manibus Volcani.

deserti [a deis] / funditus = omnino
habet regressum = regredi potest
inertes
o si ... = o si parva pars nostrae antiquae virtutis maneret!
laborum = inter suas difficultates
(ali)quid / procubuit = cecidit
et sin = sed si
supersunt auxilio = possunt iuvare
par = aequalis / per omnes
artus: acc. pl. / dies = tempus
aevi = temporis / rettulit = mutavit
revisens alterna = bona atque mala alterna vice
in solido loco = in rebus secundis
miserunt
et = quoque
florentes
quod si = sed si
certamina: plur. pro sing.
manus: acc. pl. / adeo = tantum
animis (ablat.) = confidens, audax
licet vel = quamvis
praestet = superet

Ego, Turnus, haud secundus ulli veterum virtute, devovi hanc [meam] animam vobis soceroque Latino. Aeneas vocat [me] solum? Et oro vocet. Nec Drances, sive haec est ira deorum, potius luat [eam] [sua] morte, [neque,] sive est virtus et gloria, tollat [eas]."

Illi, certantes, agebant haec inter se de dubiis rebus: Aeneas movebat castra aciemque. Ecce, nuntius ruit per regia tecta ingenti tumultu atque implet urbem magnis terroribus: Teucros, instructos acie, Tyrrhenamque manum descendere a Tiberino flumine totis campis. Extemplo animi turbati [sunt] atque pectora vulgi concussa [sunt] et irae arrectae [sunt] stimulis haud mollibus. Trepidi, poscunt arma manu, iuventus fremit arma, patres maesti flent mussantque. Hic clamor undique tollit se in auras vario dissensu, haud secus atque cum forte catervae avium consedere in alto luco, raucive cycni dant sonitum [in] piscoso amne Padusae per loquacia stagna. "Immo, o cives," ait Turnus arrepto tempore, "cogite concilium et sedentes laudate pacem; illi ruunt in regna armis." Nec plura locutus corripuit sese et citus extulit [se] [ex] altis tectis. "Tu, Voluse, edice maniplis Volscorum armari," ait, "et duc Rutulos. Messapus et Coras cum [tuo] fratre diffundite equitem in armis latis campis. Pars firment aditus urbis atque capessant turris; cetera manus mecum inferat arma qua iusso."

devovi = trado, do, offero

animam = vitam

luat = solvat

tollat = obtineat

certantes = loquentes
agebant = tractabant
ruit = intrat currens

[dicit] Teucros

totis campis = per totos campos

extemplo = statim / vulgi = populi

haud mollibus = fortibus

mussant = tacent

vario dissensu = dum alii alias sententias dabant
consederunt

loquacia = stridentia

arrepto tempore = capiens occasionem / cogite = convocate

corripuit sese = surrexit
extulit se = exivit

latis campis = per latos campos

aditus, turris: acc. pl.

qua = per quem locum

Ilicet [e] tota urbe discurritur in muros. Ipse pater Latinus deserit concilium et magna incepta ac, turbatus tristi tempore, differt [ea], atque incusat se multa, qui non acceperit ultro Dardanium Aenean atque asciverit [eum] [ut] generum urbi. Alii praefodiunt portas aut subvectant saxa sudesque. Rauca bucina dat cruentum signum bello. Tum matronae puerique cinxere muros varia corona, ultimus labor vocat omnis. Nec regina non subvehitur ad templum atque ad summas arces Palladis magna caterva matrum, ferens dona, iuxtaque [stat] Lavinia virgo [ut] comes, causa tanti mali, deiecta decoros oculos. Matres succedunt et vaporant templum ture et de alto limine fundunt maestas voces: "Armipotens, praeses belli, Tritonia virgo, frange [tua] manu telum Phrygii praedonis, et sterne ipsum pronum [in] solo atque effunde [eum] sub altis portis." Ipse Turnus, furens, certatim cingitur in proelia.

Iamque adeo, indutus rutilum thoraca, horrebat aenis squamis atque incluserat suras auro, adhuc nudus tempora, atque accinxerat ensem lateri, atque fulgebat aureus decurrens [ab] alta arce atque exsultat animis et [in sua] spe iam praecipit hostem; qualis equus, ubi tandem liber, abruptis vinclis, fugit praesepia, atque potitus campo aperto aut ille tendit in pastus atque armenta equarum aut, adsuetus aquae, emicat perfundi [in] noto flumine,

ilicet = statim

incepta: propsita quam iam incepta erant
qui non acceperit = quia non accepit

praefodiunt portas = fodiunt fossa ante portas
subvectant = ferunt magno labore

cinxerunt / corona = multitudine

omnes / nec regina non = et regina

magna caterva: ablat.

deiecta ... = deorsum inspiciens

succedunt = ineunt / vaporant templum ture = implent templum vapore turis / maestas = tristes

praedonis = piratae

ipsum = eum / effunde = tende

cingitur [arma] / in proelia = ad pugnam

thoraca: Graecus acc.

suras = crura
tempora (= caput): acc. respectus

praecipit hostem = stat ante hostem

potitus (< potior) campo = postquam obtinuit campum
pastus: acc. pl.

perfundi (pass. infinit.) = ablui
noto flumine = flumine quod iam novit

atque arrectis cervicibus alte fremit luxurians atque iubae ludunt per colla, per armos. Cui Camilla occurrit obvia, acie Volscorum comitante, atque regina desiluit ab equo sub ipsis portis, quam imitata tota cohors, relictis equis, defluxit ad terram; tum talia fatur: "Turne, si qua fiducia sui est [illi] forti merito, audeo et promitto occurrere turmae Aeneadum solaque ire obvia contra Tyrrhenos equites. Sine me temptare manu prima pericula belli, tu [ut] pedes subsiste ad muros et serva moenia."

Turnus, fixus oculos in horrenda virgine, ad haec [dicit]: "O virgo, decus Italiae, quas grates parem dicere quasve referre? Sed nunc, quando iste animus est supra omnia, partire laborem mecum. Aeneas, ut fama missique exploratores reportant fidem, improbus, praemisit levia arma equitum [ut] quaterent campos; ipse per deserta ardua montis, superans iugo, adventat ad urbem. Paro furta belli in convexo tramite silvae, ut obsidam bivias fauces armato milite. Tu, conlatis signis, excipe Tyrrhenum equitem; tecum erit acer Messapus turmaeque Latinae atque manus Tiburti, et tu concipe curam ducis." Sic ait, et paribus dictis hortatur Messapum in proelia atque socios duces et pergit in hostem.

Est valles curvo anfractu, accommoda fraudi atque dolis armorum, quam atrum latus utrimque urget densis frondibus,

iubae = caesaries, coma

quam imitata (< imitor) = et imitans eam
defluxit = desiluit

(ali)qua
forti merito = qui audaciter pugnavit

sine < sino, -ere / prima pericula

subsiste ad muros = mane intra muros

grates = gratias

quando = quia
partire (imperat.) < partior, -iri
reportant fidem = mihi dicunt

superans iugo = superans montem per iugum / furta belli = insidias
armato milite = armatis militibus

excipe = pugna
equitem: sing. pro pl.
concipe ... = dux sis

paribus = aequalibus

proelia: plur. pro sing.

accomoda fraudi = apta fraudi

urget = circumdat

quo tenuis semita ducit angustaeque fauces aditusque maligni ferunt. Super hanc [vallem] in speculis atque in summo vertice montis iacet planities ignota tutique receptus, seu velis occurrere pugnae dextra laevaque sive [velis] instare [ex] iugis et volvere grandia saxa. Iuvenis fertur huc nota regione viarum arripuitque locum et insedit [in] iniquis silvis.

quo = ad quam / aditus: nom. plur.
speculis = locis altis
tuti receptus: plur. pro sing.
occurrere pugnae = pugnare
dextra, laeva: ablat.
instare = impetum facere
nota regione viarum = per notas vias

Interea Latonia in superis sedibus compellabat velocem Opim, unam ex virginibus sociis atque [e] sacra caterva, et dabat ore has tristis voces: "O virgo: Camilla, cara mihi ante alias, graditur ad crudele bellum, et nequiquam cingitur nostris armis. Neque enim iste amor Dianae venit novus atque movit animum [meum] subita dulcedine. Metabus, pulsus [e] regno ob invidiam virisque superbas, cum excederet [ex] antiqua urbe Priverno, fugiens sustulit infantem inter media proelia belli [ut] comitem exsilio, atque vocabit [eam] nomine Camillam, mutata parte [nominis] matris Casmillae. Ipse, portans [eam] [in] sinu prae se, petebat longa iuga solorum nemorum; undique saeva tela premebant [eum] et Volsci volitabant circumfuso milite. Ecce [in] medio fugae Amasenus, abundans, spumabat [super] summis ripis, tantus imber ruperat se [e] nubibus. Ille, parans innare, tardatur amore infantis atque timet caro oneri; subito haec sententia vix sedit [ei] versanti omnia secum:

superis sedibus = sedibus deorum
tristes
graditur (dep.) = it
cingitur nostris armis = fert nostra arma
venit novus = est recens
atque = neque
ob vires superbas = quia superbus erat
excederet = exiret
exsilio: dat.
mutata parte = postquam mutavit partem
longa iuga = longinquas cuspides
circumfuso milite = circumdentes eum
ruperat se = ceciderat
timeo ei = timeo ne quid malum accidat ei
haec sententia sedit ei = cepit hunc consilium

telum immane (nom.) ... huic telo (dat.): auctor mutat repente structuram sententiae
clausam = vinctam
liber, -i: pars arboris
habilem = bene vinctam
mediae hastae = in media hasta
prima tenens = numquam antea tenens
quae ... = quam nunc tibi mitto per dubias auras

telum immane quod forte [ut] bellator gerebat [in] valida manu, solidum nodis et cocto robore, implicat natam huic [telo], clausam libro et silvestri subere, atque circumligat [eam] habilem mediae hastae; quam librans ingenti dextra ita fatur ad aethera: "Alma Latonia virgo, cultrix nemorum: ipse, pater, voveo tibi hanc [ut] famulam; prima tenens tua tela, supplex fugit hostem per auras. Diva, testor, accipe [eam] [ut] tuam, [eam] quae nunc committitur dubiis auris."

hastile = pilum, iaculum / sonuerunt
magna caterva: ablat.
vellit = tollit
acceperunt
manus (acc. pl.) dare = se dedere
feritate = propter feritatem
aevum exigo = vitam ago
armentalis equae: genit.
labris [natae]

Dixit, et lacerto adducto immittit contortum hastile; undae sonuere, super rapidum amnem fugit infelix Camilla in stridente iaculo. At Metabus, iam magna caterva propius urgente, dat sese fluvio, atque victor vellit de gramineo caespite hastam cum virgine, donum Triviae. Non ullae urbes accepere illum [in] tectis, non [in] moenibus (neque ipse dedisset manus feritate [sua]), et exegit aevum pastorum [in] solis montibus. Hic in dumis interque horrentia lustra nutribat natam mammis armentalis equae et ferino lacte, immulgens ubera [super] teneris labris.

ut ... = ut infans incepit pedibus ambulare
palmas = manus (acc. pl.)
crinali auro = auro ad capillos ornandos / pro tegmine ... = pro longa palla ad tegendum

Utque infans institerat vestigia pedum primis plantis, [Metabus] armavit palmas parvae [puellae] acuto iaculo atque suspendit ex umero [eius] spicula et arcum. Pro crinali auro, pro tegmine longae pallae, exuviae tigridis pendent a vertice per dorsum.

tenera: ablat.
tereti habena: ablat.
olor, -oris = cycnus, -i / optaverunt
contenta (nom.) / Diana (ablat.)
intemerata = incorrupta
correpta = rapta
tali militia = tali bello
quandoquidem = quia
labere (imperat.) < labor
invise fines = i ad fines videndos
omine = fato / deprome = extrahe
corpus [Camillae] / det = debet dare
postea
patriae (genit.) = in patria

Iam tum [illa] torsit puerilia tela tenera manu et egit fundam circum caput tereti habena atque deiecit Strymoniam gruem aut album olorem. Multae matres per Tyrrhena oppida frustra optavere illam [ut] nurum; sola, contenta Diana, intemerata colit aeternum amorem telorum et virginitatis. Vellem [ea], cara mihi, haud correpta fuisset tali militia, conata lacessere Teucros, atque [vellem ea] nunc foret una mearum comitum. Verum, age, quandoquidem urgetur acerbis fatis, labere, nympha, [a] polo atque invise finis Latinos, ubi pugna committitur infausto omine. Cape haec [arma] et deprome [e] pharetra ultricem sagittam; hac [sagitta], quicumque violarit sacrum corpus vulnere, Tros Italusque, det mihi pariter poenas sanguine. Post, ego feram [in] cava nube corpus et inspoliata arma miserandae atque reponam [eam] [in] tumulo patriae."

illa: Opis / corpus: acc. respectus
manus = exercitus
compositi = instruxi
turmas numero = aequales turmas
sonipes, -edis = equus, -i
nec non = et quoque
contra: adverbium

Dixit, at illa, delapsa levis per auras caeli, insonuit, circumdata corpus nigro turbine. At interea Troiana manus propinquat muris, Etruscique duces atque omnis exercitus equitum [propinquant], compositi in turmas numero. Sonipes fremit [in] toto aequore, insultans, et pugnat [cum] pressis habenis, conversus huc et huc. Tum late ferreus ager horret hastis atque campi ardent sublimibus armis. Nec non Messapus celeresque Latini et Coras cum fratre et ala virginis Camillae apparent adversi contra [in] campo, atque, reductis dextris, protendunt hastas longe et vibrant spicula, adventusque virum fremitusque equorum ardescit.

dextris (lacertis) / protendunt = movent protinus / vibrant = agitant
virorum

Iamque uterque [exercitus], progressus intra iactum teli, substiterat; subito erumpunt clamore atque exhortantur furentis equos; simul undique fundunt tela, crebra ritu nivis, caelumque obtexitur umbra. Continuo, Tyrrhenus et acer Aconteus incurrunt conixi adversis hastis primique dant ruinam ingenti sonitu atque rumpunt perfracta pectora pectoribus quadripedantum. Aconteus, excussus in morem fulminis aut ponderis tormento acti, praecipitat longe et dispergit vitam in auras.

intra iactum teli = ubi tela iam poterant ferire eos
furentes
ritu nivis = idem atque nix cadet
conixi adversis hastis = impetum facientes inter se hastis
dant ruinam = cadunt
rumpunt ... : equi eorum collidunt inter se
in morem fulminis = tamquamsi esset fulmen
tormentum = machina belli ad saxa iactanda

Extemplo acies turbatae [sunt], atque Latini, versi, reiciunt parmas et vertunt equos ad moenia; Troes agunt [eos], Asilas princeps inducit turmas. Iamque propinquabant portis rursusque Latini tollunt clamorem et reflectunt mollia colla [equorum]; hi fugiunt atque, habenis datis, penitus referuntur. Qualis pontus ubi procurrens alterno gurgite nunc ruit ad terram atque spumeus superiacit scopulos unda atque perfundit extremam harenam [in] sinu, nunc rapidus retro [it] atque, resorbens revoluta saxa aestu, fugit atque relinquit litus labente vado: bis Tusci egere Rutulos versos ad moenia, bis reiecti respectant, tegentes terga armis.

reiciunt parmas = iaciunt scuta
agunt = persequuntur (dep.)
portis = ad portas
reflectunt ... = vertunt equos
referuntur = retro fugiunt
unda: ablat. / extremam harenam = harenam quae longe iacet
egerunt
respectant = retro spectant

Sed postquam, congressi in tertia proelia, implicuere totas acies inter se atque vir legit virum, tum vero et gemitus morientum [auditur] et armaque corporaque et semianimes equi volvuntur in alto sanguine, permixti caede virorum; surgit pugna aspera. Orsilochus intorsit hastam [in] equo Remuli, quando horrebat adire [ad Remulum] ipsum, atque reliquit ferrum sub aure [equi]. Quo ictu sonipes furit arduus atque, impatiens vulneris, iactat alta crura arrecto pectore; ille, excussus, volvitur humi.

Catillus deicit Iollan atque Herminium, ingentem animis, ingentem corpore et armis, cui fulva caesaries [est] [in] nudo vertice atque umeri [sunt] nudi nec terrent vulnera; tantus patet in arma. Hasta huic acta tremit per latos armos atque, transfixa, duplicat virum dolore. Ubique ater cruor funditur; certantes ferro, dant funera atque petunt pulchram mortem per vulnera. At inter medias caedes Amazon, pharetrata Camilla, exsultat, exserta unum latus pugnae, et nunc, spargens manu, denset lenta hastilia, nunc, indefessa, dextra [manu] rapit rapidam bipennem; aureus arcus sonat ex umero et arma Dianae [sonant]. Illa etiam, si quando, pulsa, recessit in tergum, converso arcu derigit fugientia spicula. At circum [aderant] lectae comites: Larinaque virgo Tullaque et Tarpeia quatiens aeratam securim;

implicuerunt

morientium

alto = multo

intorsit = iacit

quando horrebat adire = quia timebat impetum facere

sonipes = equus

impatiens vulneris = quia non poterat pati vulnus

excussus = eiectus

animis: plur. pro sing.

fulva caesaries = fulvi capilli

vertice = capite

tantus = tanta pars corporis

huic acta = contra hunc iactata

duplicat virum = efficit ut vir duplicet corpus

caedes: plur. pro sing.

pharetrata = pharetram gerens

exserta = nuda

pugnae (dat.) = ad pugnam

bipennem [[securim]

(ali)quando / in tergum = retro

derigit = iacit

lectae = delectae / aeratam = de aere (< aes, aeris) factam

Italides: loquitur de tribus comitibus de quibus supra mentionem fecit
pacisque bellique = domi militaeque
bellantur (dep.) = pugnant
Martia = filia Martis
refert se = iter facit

Italides, quas ipsa dia Camilla delegit [ut] decus sibi, bonas ministras pacisque bellique; quales Threiciae Amazones cum pulsant flumina Thermodontis et bellantur pictis armis, seu circum Hippolyten seu cum Penthesilea, Martia, refert se cum curru, atque feminea agmina exsultant lunatis peltis [in] magno ululante tumultu.

Aspera virgo: vocat.
humi: locat.
adversi = contra venienti
abiete = hasta
mandit = mordet / humum: fem.
super = insuper
revolutus = casus
subit = appropinquat
inermem = sine armis
ruunt = cadunt
eminus ↔ comminus / hasta: ablat.
spicula emissa: acc.
ceciderunt

Aspera virgo, quem primum, quem postremum, deicis telo? Aut quot morientia corpora fundis humi? Primum Eunaeum [e] Clytio patre, cuius adversi apertum pectus transverberat longa abiete. Ille, vomens rivos sanguinis, cadit atque mandit cruentam humum atque moriens versat se in suo vulnere. Tum, super, [deicit] Lirim Pagasumque, quorum alter, revolutus [e] suffuso equo, dum colligit habenas, alter dum subit ac tendit inermem dextram [alteri] labenti, praecipites pariterque ruunt. Addit his Amastrum Hippotaden, sequiturque, incumbens eminus hasta, Tereaque Harpalycumque et Demophoonta Chromimque; quotque spicula virgo contorsit emissa manu, tot Phrygii viri cecidere.

fertur = progreditur (dep.)
cui: Ornyto, non equo
mala, -ae: pars oris / texerunt
manus: acc. pl.
supra ... : caput eius praestat quia altissimus est

Procul venator Ornytus fertur ignotis armis et Iapyge equo, cui pellis, [a] pugnatori iuvenco erepta, operit latos umeros; ingens hiatus oris et malae lupi cum albis dentibus texere caput [eius], agrestisque sparus armat manus [eius]; ipse vertitur in mediis catervis et supra est toto vertice.

traicit = transfigit
exceptum = remotum, solum
agitare = persequi
redargueret = responderet ad
nomen = fama

Illa traicit hunc, exceptum, (neque enim labor [fuit], agmine verso) et, super, fatur haec inimico pectore: "Putasti, Tyrrhene, te agitare feras [in] silvis? Advenit dies qui redargueret vestra verba muliebribus armis. Referes tamen hoc haud leve nomen Manibus patrum: cecidisse telo Camillae."

Teucrorum
cuspide = hasta
qua = per quem locum
illius sedentis = equitis
parma = scutum
sequentem = eum qui sequebatur (dep.) eam
viro oranti et precanti (dat.) = viri orantis et precantis (genit.)
incidit huic = occurrit huic
extremus = pessimus
Ligurum: genit. pl.
pugnae (dat.) = e pugna
instantem = impetum facientem
ingressus = conatus

Protinus [deicit] Orsilochum et Buten, duo maxima corpora Teucrum, sed fixit Buten aversum cuspide, inter loricam galeamque, qua lucent colla [illius] sedentis [super equo] et parma dependet [e] laevo lacerto; fugiens Orsilochum atque agitata per magnum orbem, eludit interior gyro sequiturque sequentem; tum, altior exsurgens, congeminat validam securim perque arma perque ossa viro oranti et multa precanti; vulnus rigat ora calido cerebro. Bellator filius Auni Appenninicolae incidit huic, subitoque haesit, territus aspectu, haud extremus Ligurum dum fata sinebant [eum] fallere. Isque, ubi cernit se iam nullo cursu posse evadere pugnae neque avertere reginam instantem, ingressus versare dolos consilio et astu, incipit [dicere] haec:

quid ... = quid gloriae est in hoc
crede te mecum = pugna mecum
accinge ... = pugna ut pedes

"Quid [est] tam egregium, si, [quamquam es] femina, fidis forti equo? Dimitte fugam et crede te mecum comminus [in] aequo solo atque accinge pedestri pugnae; iam nosces cui ventosa gloria ferat fraudem."

resistit = manet et stat
paribus = aequalibus
pura parma (ablat.) = scuto sine ornamentis
aufertur fugax = fugit
elate = sublimis, gloriose
lubricus = mendax / artes

Dixit, at illa, furens atque accensa acri dolore, tradit equum comiti atque pedes resistit in paribus armis, nudo ense atque interrita pura parma. At iuvenis, ratus vicisse dolo, ipse avolat (haud [est] mora), conversisque habenis aufertur fugax atque fatigat citum quadripedem ferrata calce. "Vane Ligus frustraque elate superbis animis, nequiquam lubricus temptasti patrias artis, nec fraus perferet te incolumem fallaci Auno."

pernicibus plantis = velocibus pedibus
transit = antecedit, superat
congreditur (dep.) = impetum facit
accipiter, -tris = genus avis
consequitur (dep.) = persequitur
eviscerat = viscera excipit
vulsae = ereptae / labuntur (dep.) = cadunt
nullis = lentis, ambiguis

Haec fatur virgo, et, ignea, pernicibus plantis transit equum [in] cursu atque, frenis prehensis, adversa congreditur atque sumit poenas ex inimico sanguine: quam facile accipiter, sacer ales, ab alto saxo consequitur columbam, pennis sublimem in nube, atque tenet [eam] comprehensam atque eviscerat [eam] uncis pedibus; tum cruor et vulsae plumae labuntur ab aethere. At sator hominum atque deorum sedet altus [in] summo Olympo non observans haec nullis oculis.

inicit = producit
haud mollibus = fortibus
alas = cornua exercitus
reficit = iterum mittit
agit = fundit, spargit / palantes

Genitor suscitat Tyrrhenum Tarchonem in saeva proelia et inicit iras stimulis haud mollibus. Ergo Tarchon fertur equo inter caedes cedentiaque agmina atque instigat alas variis vocibus, vocans quemque nomine, atque reficit in proelia [illos] pulsos. "Quis metus, o Tyrrheni numquam dolituri, o semper inertes, quae tanta ignavia animi venit [ad vos]? Femina agit [vos] palantis atque vertit haec agmina!

Quo [gerimus] ferrum quidve gerimus haec inrita tela [in] dextris? At non [estis] segnes in Venerem nocturnaque bella, aut ubi curva tibia indixit choros Bacchi. Exspectate dapes et pocula plenae mensae (hic [est vester] amor, hoc [est vestrum] studium) dum secundus haruspex nuntiet sacra ac pinguis hostia vocet [vos] in altos lucos!"

quo = ad quid / gerimus = in manu habemus
in Venerem = quando res de Venere agitur
indico, -ere, -dixi ≠ indico, -are
sacra = sacrificia

Haec effatus, concitat equum in medios, moriturus et ipse, et turbidus infert se Venulo adversum atque dextra [manu] complectitur hostem ab equo dereptum et, concitus, aufert [eum] multa vi ante suum gremium. Clamor tollitur in caelum cunctique Latini convertere oculos.

et = quoque
infert se Venulo adversum = it Venulo obvius
complectitur (dep.) = capit, circumdat / concitus = cito equitans
gremium = sinum
converterunt

Tarchon volat igneus aequore, ferens arma virumque; tum defringit ferrum a summa hasta ipsius et rimatur partis apertas qua ferat vulnus letale; ille, contra repugnans, sustinet dextram [eius] a iugulo [suo] et exit vim [eius] viribus [suis]. Utque alte volans fulva aquila fert raptum draconem implicuitque pedes atque haesit [eum] unguibus, at saucius serpens versat sinuosa volumina atque horret arrectis squamis et, arduus insurgens, sibilat ore; illa haud minus urget [eum] luctantem obunco rostro, [atque] simul verberat aethera alis: haud aliter Tarchon, ovans, portat Tiburtum [ut] praedam ex agmine.

aequore = per planitiem
(arma virumque: nescio ubi hoc legerim...)
partes / qua = per quas
exit vim = conatur (dep.) vitare vim
haesit = fortiter tenet
sinuosa volumina = curvum corpus
illa: fulva aquila
obunco = curvo
aethera: Graecus acc.

Maeonidae incurrunt secuti exemplum eventumque ducis. Tum Arruns, debitus fatis, prior circuit velocem Camillam iaculo et multa arte, et temptat quae sit facillima fortuna. Quacumque virgo, furens, tulit se [in] medio agmine, hac Arruns subit et, tacitus, lustrat vestigia; qua illa, victrix, redit atque reportat pedem ex hoste, hac iuvenis furtim detorquet celeris habenas. Undique pererrat hos aditus iamque hos aditus omnemque circuitum, et improbus quatit certam hastam.

Forte Chloreus, sacer Cybelo olimque sacerdos [eius], insignis fulgebat longe in Phrygiis armis atque agitabat spumantem equum quem tegebat pellis, conserta auro [et] aenis squamis in plumam. Ipse, clarus peregrina ferrugine et ostro, torquebat Gortynia spicula Lycio cornu; arcus, ex humeris [pendens], erat aureus et aurea [erat] cassida vati; tum collegerat chlamydemque croceam sinusque carbaseos crepantis in nodum fulvo auro, pictus acu tunicas et barbara tegmina crurum. Virgo, sive ut praefigeret Troia arma [in] templis, sive ut, venatrix, ferret se in captivo auro, ex omni certamine pugnae, caeca, sequebatur hunc unum atque, incauta, per totum agmen ardebat femineo amore praedae et spoliorum, cum tandem, tempore capto, Arruns ex insidiis concitat telum et sic precatur superos [sua] voce:

incurrunt = impetum faciunt

circuit = circumdat

quacumque = per ubicumque locum

hac = per hunc locum / subit = it
lustrat vestigia = sequitur (dep.) eam
reportat pedem = discedit

celeres / hos ... hos = hos ... illos

aditus: acc. pl.

certam = gnaram

longe = e longinquo

aenis ... = habens aenas squamas quae plumas imitantur (dep.)
peregrina = ex alia terra lata

cornu = arcu

cassida: genus galeae

sinus: ac. pl. / crepantes
pictus ... = gerens tunicas et barbara tegmina crurum acu picta
praefigeret = poneret
ferret se = indueret se

caeca: nullum alium videns

tempore capto = carpens occasionem

deorum
in acervo [pinorum]
premimus vestigia = ambulamus
aboleri = deleri, excipi
haec dira pestis: Camilla
remeabo = redibo

"Summe deum, Apollo custos sancti Soractis, quem primi colimus, cui pineus ardor [in] acervo pascitur, et, freti pietate, [nos] cultores premimus vestigia [in] multa pruna per medium ignem: da, pater omnipotens, aboleri hoc dedecus [a] nostris armis. Non peto exuvias tropaeumve pulsae virginis aut spolia ulla, cetera facta ferent laudem mihi; dum haec dira pestis cadat pulsa meo vulnere, remeabo [ad] patrias urbes inglorius."

succedere = bene evenire
volucres / sterneret = necaret
reducem = revenientem / verterunt
converterunt
acres / tulerunt
sonitus: genit. sing.
exsertam = nudam
haesit = fixa mansit
cruorem = sanguinem
omnes / laetitia: ablat.
ruentem = cadentem
credere = fidere
occurrere = obvius ire
avius = iens per difficiles vias
abdidit = celavit / montes

Phoebus audiit et [in] mente dedit partem voti succedere, partem dispersit in volucris auras. Adnuit [ei] oranti ut sterneret Camillam turbatam subita morte; non dedit ut alta patria videret [eum] reducem, atque procellae vertere vocem [eius] in Notos. Ergo, ut hasta, missa manu, dedit sonitum per auras, cuncti Volsci convertere acris animos atque tulere oculos ad reginam. Ipsa nihil memor [erat] nec aurae nec sonitus aut teli ab aethere venientis, donec hasta, perlata sub exsertam papillam, haesit atque, alte acta, bibit virgineum cruorem. Comites concurrunt trepidae atque suscipiunt dominam ruentem. Arruns fugit exterritus ante omnis laetitia mixtoque metu, nec iam amplius audet credere hastae nec occurrere telis virginis. Ac velut ille lupus, occiso pastore magnove iuvenco, conscius audacis facti, continuo avius abdidit sese in altos montis prius quam tela inimica sequantur,

remulceo ↔ tendo
haud secus = eodem modo
fuga: ablat.
stat ad costas = intrat usque ad costas
labitur (dep.) = cadit
leto = ad letum, ad mortem
ora = faciem
fida = fidelis
quicum = quacum ("qui" est veterrima forma ablativi trium generum)
potui: potui vivere, potui pugnare
conficit = necat / circum: adverbium
haec novissima = mea ultima
succedat pugnae = intret in pugnam
simul his dictis = dum haec dicebat
exsolvit se e corpore: poeta loquitur de anima Camillae
posuit = inclinavit
ferit (≠ fert) < ferio, -ire
Teucrorum
Triviae = Dianae
iamdudum = iam longum tempus
interrita = nihil timens / ut = cum
mulcatam = pulsatam / furentium

atque remulcens pavitantem caudam subiecit [eam] [sub] utero atque petivit silvas: haud secus Arruns, turbidus, abstulit se ex oculis contentusque fuga immiscuit se [in] mediis armis. Illa, moriens, trahit telum manu, sed ferreus mucro stat inter ossa ad costas [in] alto vulnere. Exsanguis labitur, frigida lumina labuntur leto, color quondam purpureus reliquit ora. Tum, sic exspirans, adloquitur Accam, unam ex aequalibus, quae [erat] sola fida Camillae ante alias quicum partiri curas, atque ita fatur haec: "Hactenus, Acca soror, potui; nunc acerbum vulnus conficit [me], et omnia circum nigrescunt tenebris. Effuge et perfer Turno haec novissima mandata: succedat pugnae atque arceat Troianos [ab] urbe. Iamque vale."

Simul his dictis linquebat habenas, fluens ad terram non sponte. Tum paulatim, frigida, exsolvit se [e] toto corpore atque posuit lenta colla et caput [a] leto captum, relinquens arma, vitaque indignata fugit sub umbras cum gemitu. Tum vero immensus clamor, surgens, ferit aurea sidera: deiecta Camilla, pugna crudescit; densi incurrunt simul omnis copia Teucrum Tyrrhenique duces atque Arcades alae Evandri. At Opis, custos Triviae, iamdudum sedet alta in summis montibus atque interrita spectat pugnas. Utque procul prospexit Camillam tristi morte mulcatam in medio clamore furentum iuvenum, ingemuit deditque has voces [ex] imo pectore:

luisti (< luo, -ere, graece λύω) = passa es
bello: ablat. / tibi desertae
dumus, -i: genus plantae
hoc letum = tua mors
gentes
luet (< luo, -ere, graece λούω) = lavabit

"Heu, virgo, nimium, nimium crudele supplicium luisti, conata lacessere Teucros bello! Nec tibi profuit desertae coluisse Dianam in dumis aut gessisse nostras pharetras [in] umero. Tamen tua regina non reliquit te indecorem iam in extrema morte, neque hoc letum erit sine nomine per gentis aut patieris famam inultae [virginis]. Nam quicumque violavit tuum corpus vulnere luet [crimen] merita morte."

e terreno aggere = de terra factum
tectum < tego, -ere
hic = in hoc loco
gressum = passum
morieris
deprompsit = excepit
cornu = arcu
capita: extremae partes arcus
aequis manibus: manibus eandem tensionem patientibus

Sub alto monte fuit ingens bustum Dercenni, antiqui Laurentis regis, e terreno aggere, atque tectum opaca ilice; hic pulcherrima dea primum sistit se rapido nisu et ab alto tumulo speculatur Arruntem. Ut vidit [eum] fulgentem armis ac tumentem vana, "Cur" inquit "abis diversus? Derige gressum huc, veni huc, periture, ut capias digna praemia Camillae. Tune etiam moriere telis Dianae?" Dixit Threissa, et deprompsit volucrem sagittam [ex] aurata pharetra atque, infensa, tetendit [eam] [in] cornu et duxit [eam] longe, donec curvata capita coirent inter se et aequis manibus iam tangeret aciem ferri laeva [manu] [atque] papillam dextra [manu] nervoque.

extemplo = statim / sonantes
una = eodem tempore
linquunt = relinquunt
aufertur = tollit se

Extemplo Arruns audiit una stridorem teli aurasque sonantis atque ferrum haesit in corpore; socii, obliti, linquunt illum, exspirantem atque extrema gementem, in ignoto pulvere camporum; Opis aufertur pennis ad aetherium Olympum.

Domina amissa: ablat. absol.
equis = equitantes
nec quisquam valet = et nemo potest / instantes, ferentes
referunt = iterum ferunt
arcus: acc. pl.
ungula: sing. pro plur.
percussae = percutientes
specula, -ae = turris ad observandum

Domina amissa, levis ala Camillae fugit prima, Rutuli fugiunt turbati, acer Atinas fugit, disiectique duces desolatique manipli petunt tuta [loca] et, aversi, tendunt equis ad moenia. Nec quisquam valet sustentare telis Teucros, instantis letumque ferentis, aut sistere contra, sed referunt laxos arcus [super] languentibus umeris, atque ungula quadripedum quatit putrem campum cursu. Pulvis volvitur ad muros, turbidus atra caligine, et matres, percussae pectora, tollunt femineum clamorem e speculis ad sidera caeli.

inruperunt / patentes
super: adverbium / hos: qui primi...
mixto agmine = miscentes se cum hostibus
confixi [armis] / claudunt
orantes
defendentium / aditus: acc. pl.
ruentium

Qui primi inrupere [per] patentis portas cursu, inimica turba super premit hos mixto agmine, nec effugiunt miseram mortem, sed in ipso limine, in patriis moenibus atque inter tuta [loca] domorum, confixi exspirant animas. Pars claudere portas, nec audent aperire viam sociis nec accipere [eos] orantis [in] moenibus, oriturque miserrima caedes [eorum] defendentum aditus armis atque [eorum] ruentum in [haec] arma.

lacrimantium
ruina urgente = hostibus impellentibus / praecipites
postes
viderunt
monstrat eis = docet eas

Exclusi ante oculos atque ora lacrimantum parentum, pars, ruina urgente, volvitur in praecipitis fossas; pars, caeca et concita frenis, arietat in portas et postis duros obice. [In] summo certamine ipsae matres, ut videre Camillam, trepidae iaciunt de muris tela [sua] manu (verus amor patriae monstrat [hoc eis]) ac, praecipites, imitantur (dep.) ferrum stipitibus = utuntur stipitibus ut ferro (= ut telis)

implet = pervenit ad / fert = narrat

tumultum = sollicitudinem

hostes / ingruere = impetum facere
corripuisse = corripere
ferri: pass. infinit.

deserit = relinquit / colles

tenebat = occupabat

saltus: acc. pl. / evadit = exit

feruntur = eunt

absunt = distant
longe = e longinquo
fumantes

pedum: genit. pl. / flatus: acc. pl.
ineant = inivissent
ni = nisi / tingat (= submergat) = tinxisset
reducat = reduxisset

imitantur ferrum stipitibus [de] duro robore [factis] atque obustis sudibus, atque ardent primae mori pro moenibus. Interea saevissimus nuntius implet Turnum in silvis et Acca fert iuveni ingentem tumultum: [dicit] acies Volscorum deletas [esse], Camillam cecidisse, infensos hostis ingruere et, Marte secundo, corripuisse omnia, metum iam ferri ad moenia. Ille, furens (et saeva numina Iovis sic poscunt), deserit obsessos collis, linquit aspera nemora. Vix exierat e conspectu atque tenebat campum, cum pater Aeneas ingressus [est] [in] apertos saltus atque exsuperat iugum atque evadit [e] silva opaca. Sic ambo rapidi atque [cum] toto agmine feruntur ad muros nec absunt inter se longis passibus; ac simul Aeneas longe prospexit campos fumantis pulvere atque vidit Laurentia agmina, et Turnus agnovit saevum Aenean in armis atque audivit adventum pedum flatusque equorum, continuoque ineant [in] pugnas et temptent proelia, ni roseus Phoebus tingat [suos] equos iam fessos [in] Hibero gurgite atque, die labente, reducat noctem. Considunt [in] castris ante urbem et vallant moenia.

LIBER XII

Turnus, ut videt Latinos, infractos adverso Marte, defecisse, [ut videt] nunc sua promissa reposci [a civibus], [ut videt] se signari oculis, ultro ardet implacabilis attollitque [suos] animos. Qualis ille leo in arvis Poenorum, saucius pectus gravi vulnere venantum, tum demum movet [sua] arma gaudetque excutiens comantis toros [in] cervice atque, impavidus, frangit fixum telum latronis et fremit ore cruento: haud secus gliscit violentia [in] accenso Turno. Tum sic adfatur regem atque ita turbidus infit: "Nulla mora [est] in Turno; nihil est quod [efficiat ut] ignavi Aeneadae retractent [sua] dicta, nec recusent quae pepigere. Congredior. Fer sacra, pater, et concipe foedus. Aut hac dextra mittam Dardanium, desertorem Asiae, sub Tartara (sedeant spectentque Latini) et solus refellam commune crimen ferro, aut habeat [nos] victos, cedat Lavinia [ut] coniunx."

Latinus respondit olli sedato corde: "O iuvenis praestans animi, quantum ipse exsuperas feroci virtute, tanto aequum est me metuentem consulere impensius atque expendere omnis casus. Sunt tibi regna patris Dauni, sunt [tibi] multa oppida capta manu, nec non aurumque animusque est Latino [regi]; sunt [in] Latio et Laurentibus arvis aliae innuptae nec indecores genus.

infractos = victos / defecisse = cessisse
reposci < reposco, -ere
se signari oculis = omnes ad se oculos vertere
pectus: acc. respectus / venantium
comantes / toros = partes colli
latronis = venatoris
secus = aliter
turbidus = tristis / in Turno: in me
ignavi = pigri, segnes
pepigerunt / congredior (dep.) = eo in pugnam / concipe foedus = feri (< ferio, -ire) foedus
refellam commune crimen = dabo responsum communi offensae
habeat [Aeneas] / cedat ut = fiat, sit
olli = illi
exsuperas = praestas
impensius = melius, maius
expendere = ponderare
omnes casus: acc. pl.
nec non = et quoque
Latino regi: mihi
genus: acc. respectus

sublatis dolis = sine dolis
fatu: supinum / hauri: imperat.
fas erat nulli = non fas erat ulli

canebant = augurabantur (dep.)
amore: ablat agentis
cognato sanguine, lacrimis: ablat. agentis / rupi < rumpo

qui, quae, quantos: interrogat.

patiaris / tuemur = defendimus

recalent = calidae sunt

albent = fiunt albi / ossibus [corporum] / referor = retro eo

potius = melius / eo incolumi: ablat. absol.

fors ... = quod non eveniat!
natam = meam filiam
miserere: imperat.

Sine me, sublatis dolis, aperire haec, haud mollia fatu; simul, hauri hoc [in] animo: fas erat me sociare natam nulli veterum procorum, atque omnes divique hominesque canebant id. Victus amore tui, victus cognato sanguine et lacrimis maestae coniugis, rupi omnia vincla; eripui promissam [filiam] [a] genero, sumpsi impia arma. Ex illo vides, Turne, qui casus, quae bella sequantur me, quantos labores [tu] primus patiare. Bis victi [in] magna pugna, vix tuemur Italas spes [in] urbe; adhuc Thybrina fluenta recalent nostro sanguine campique ingentes albent ossibus. Quo totiens referor? Quae insania mutat [meam] mentem? Si, Turno exstincto, paratus sum ascire [eos] [ut] socios, cur non potius tollo certamina, [eo] incolumi? Quid [dicent] consanguinei Rutuli, quid dicet cetera Italia, si ad mortem prodiderim te (fors refutet dicta!), petentem natam et conubia nostra? Respice res varias [in] bello, miserere longaevi parentis, quem nunc, maestum, Ardea patria longe [a te] dividit."

haudquaquam = nullo modo
flectitur = diminuitur
eo medendo: ablat. absol.
fari = loqui
geris = sentis

pacisci = exponere, in discrimen adducere
sequitur (dep.) = fluit
de nostro vulnere = de vulneribus quae nos afferimus hostibus

Haudquaquam violentia Turni flectitur [his] dictis; magis exsuperat aegrescitque, [eo] medendo. Ut primum potuit fari, sic institit ore: "Precor deponas pro me, optime, hanc curam quam geris pro me atque sinas pacisci letum pro laude. Et nos, pater, spargimus tela ferrumque haud debile dextra [manu], et sanguis sequitur de nostro vulnere.

longe ... = mater eius procul abest
fugacem = fugientem / feminea: abl.
occulo, -ere = occulto, -are
conterrita: nom. / nova: ablat.
unum = unam rem
(ali)quis
penes te = in tuis manibus
desiste = noli
casus: nom. pl. / et = quoque
haec invisa lumina = hanc invisam vitam

Longe erit illi dea mater quae tegat [eum] fugacem feminea nube et [ut ille] occulat sese [in] vanis umbris." At regina, conterrita nova sorte pugnae, flebat et moritura tenebat ardentem generum: "Turne, ego unum te oro per has lacrimas, per [honorem tuum] Amatae, si quis honos tangit animum [tuum]; tu [es] nunc una spes, tu [es] requies miserae senectae, decus imperiumque Latini [est] penes te; omnis domus, inclinata, recumbit in te: desiste committere manum Teucris. Qui cumque casus manent te [in] isto certamine, et manent me, Turne; simul [tecum] relinquam haec invisa lumina nec, captiva, videbo Aenean [ut] generum."

flagrantes / accepit = audivit
ignem = ardorem, calorem
ora = faciem / (ali)quis
mixta: nom. pl. / multa rosa: abl. sg.
tales colores
in arma = desiderio pugnandi
ne prosequere = noli prosequi me euntem
neque ... = Turnus non potest differre suam mortem
haud placitura = quae ei non placebut
puniceis rotis = puniceo curru
rubeo = rubesco

Lavinia, perfusa flagrantis genas lacrimis, accepit vocem matris, [Lavinia] cui plurimus rubor subiecit ignem et cucurrit per calefacta ora. Veluti si quis violaverit Indum ebur sanguineo ostro, aut ubi alba lilia rubent mixta multa rosa, talis colores dabat virgo [in] ore. Amor turbat illum atque [ille] figit [suum] vultus in virgine; ardet magis in arma atque adfatur Amatam paucis [verbis]: "Ne, quaeso, ne prosequere me lacrimis neve tanto omine, euntem in certamina duri Martis, o mater; neque enim libera mora mortis [est] Turno. [Tu,] Idmon, refer [ut] nuntius Phrygio tyranno haec mea dicta haud placitura: cum primum crastina Aurora, invecta puniceis rotis, rubebit [in] caelo,

Teucrum: gen. pl.
dirimamus: iussivum subiunct.
quaeratur < quaero (≠ queror)

non agat Teucros in Rutulos, quiescant arma Teucrum et Rutuli; dirimamus bellum nostro sanguine. Quaeratur Lavinia [ut] coniunx [in] illo campo."

recessit = redivit
tuens = observans / frementes
ora = faciem
anteirent = superarent
plausa < plaudo, -ere
circumdat loricam umeris = ponit loricam circa humeros
habendo = ut prope habeat
ignipotens deus = Vulcanus
unda = aqua / exin = exinde
astabat < adstabat
adnixa = posita iuxta
quassat = agitat / numquam frustrata = quae numquam decepisti
meos vocatus (acc. pl.) = mea iussa
da = concede / corpus [Aeneae]
lacerare revulsam loricam = revellere loricam et lacerare eam
crines, madentes
vibratos = formatos

Ubi dedit haec dicta rapidusque recessit in tecta, poscit equos gaudetque tuens [eos] frementis ante ora [sua]; quos ipsa Orithyia dedit [ut] decus, qui anteirent nives candore, auras cursibus. Properi aurigae circumstant atque lacessunt pectora plausa cavis manibus et pectunt comantia colla. Ipse dehinc circumdat loricam squalentem auro alboque orichalco umeris, simul aptat habendo ensemque clipeumque et cornua rubrae cristae, ensem quem ignipotens deus ipse fecerat parenti Dauno et tinxerat candentem [in] Stygia unda. Exin corripuit vi validam hastam quae astabat [in] mediis aedibus adnixa ingenti columnae, spolium Aurunci Actoris, quassatque [eam] trementem vociferans: "Nunc, o hasta, numquam frustrata meos vocatus, nunc adest tempus; maximus Actor [gessit] te, nunc dextra Turni gerit te; da [mihi] sternere corpus atque lacerare valida manu revulsam loricam semiviri Phrygis et foedare in pulvere crinis [eius] vibratos calido ferro atque madentis murra."

absistunt = exeunt, germinant
micat = fulget, nitet

His furiis agitur, atque scintillae absistunt a toto ore [eius] ardentis, ignis micat [in] acribus oculis, veluti cum taurus, [iens] in prima proelia, ciet terrificos mugitus aut, obnixus trunco arboris, temptat irasci in cornua, atque lacessit ventos [suis] ictibus aut proludit ad pugnam sparsa harena. Interea nec minus saevus Aeneas acuit Martem in maternis armis et suscitat se ira, gaudens bellum componi oblato foedere. Tum, docens fata, solatur socios atque metum maesti Iuli, atque iubet viros referre responsa certa regi Latino et dicere leges pacis. Postera dies orta vix spargebat summos montis lumine, cum primum equi Solis tollunt se [ex] alto gurgite atque efflant lucem elatis naribus.

mugitus: acc. pl.
irasci ... : ponere suam iram in cornua
sparsa harena: ablat. sing.
gaudens ... = gaudens quia bellum finem habebit foedere
docens = memorans
leges = condiciones
montes
elatis (= in alto positis) naribus = per elatas nares

Sub moenibus magnae urbis, Rutulique Teucrique viri, dimensi campum ad certamen, parabant atque focos in medio et gramineas aras communibus dis. Alii, velati limo et vincti tempora verbena, ferebant fontemque ignemque. Legio Ausonidum procedit, pilataque agmina fundunt se plenis portis. Hinc omnis exercitus Troius Tyrrhenusque ruit variis armis, instructi ferro haud secus quam si aspera pugna Martis vocet. Nec non in mediis milibus ipsi ductores volitant, superbi auro ostroque: Mnestheus, genus Assaraci, et fortis Asilas et Messapus, domitor equum, Neptunia proles.

dimensi = postquam demensi sunt
parabant atque ... et ...
tempora (= caput): acc. pl.
verbena: ablat. sing.
pilata = pila habentia
plenis portis = per plenas portas
Nec non = Et quoque
superbi = ornati
equorum

Utque, signo dato, quisque recessit in sua spatia, defigunt hastas [in] tellure et reclinant scuta. Tum matres, studio effusae,

recessit = retro ivit
reclinant = relinquunt humi (locat.)
studio [adiuvandi]

inermum = sine armis / obsederunt
turris: acc. pl.
astant = stant
habetur = vocatur
Troum: gen. pl. / extemplo = statim
diva ... deam = dea ... deam
praesideo + dat.
altus rex aetheris = Iuppiter
sacravit = dedit
erepta: a Iove erepta

et vulgus inermum invalidique senes obsedere turris ac tecta domorum; alii astant [in] sublimibus portis. At Iuno, prospiciens ex summo tumulo (qui nunc habetur "Albanus;" tum neque nomen neque honos aut gloria erat monti), aspectabat campum et ambas acies Laurentum Troumque urbemque Latini. Extemplo sic adfata est sororem Turni, diva [adfata est] deam, quae praesidet stagnis atque sonoris fluminibus (altus rex aetheris sacravit illi hunc honorem pro erepta virginitate):

ascenderunt / cubile = lectum
locaverim
ne incuses = noli incusare / qua = ubi
cedere = favere / texi = protexi
imparibus: fata Aeneae meliora erant
(ali)quid / praesentius = utilius
audes [facere]
forsan = fortasse

"Nympha, decus fluviorum, gratissima nostro animo, scis ut praetulerim te unam cunctis quaecumque ascendere ingratum cubile magnanimi Iovis atque, libens, locarim [te] in parte caeli. Disce tuum dolorem, Iuturna, ne incuses me. Qua Fortuna visa est pati Parcaeque sinebant res cedere Latio, texi Turnum et tua moenia; nunc video iuvenem concurrere imparibus fatis, atque dies Parcarum et inimica vis propinquat. Non possum aspicere hanc pugnam oculis [meis], non [possum aspicere] foedera. Tu, si quid praesentius audes pro germano [tuo], perge; decet. Forsan meliora sequentur miseros."

Iuturna: soror Turni
profudit = vertit
tempus lacrimis = tempus ad lacrimandum
(ali)quis

Vix ea [dixit], cum Iuturna profudit lacrimas [ex] oculis, terque quaterque percussit manu honestum pectus. "Hoc non [est] tempus lacrimis" ait Saturnia Iuno. "Accelera et, si quis modus [adest], eripe fratrem morti;

aut tu cie bella atque excute conceptum foedus. Ego [sum] auctor audendi." Sic exhortata, reliquit [eam] incertam et turbatam tristi vulnere mentis. Interea reges [perveniunt]: ingenti mole Latinus, cui bis sex aurati radii (specimen avi Solis) circum cingunt fulgentia tempora, vehitur quadriiugo curru; Turnus it in albis bigis, crispans manu bina hastilia lato ferro.

excute = rumpe
Ego ... = Ego sino te hoc audere

ingenti mole = magno corpore (ablat. descriptionis)
bis sex = XII

tempora = caput / albis bigis: plur. pro sing. / crispans = agitans

Hinc pater Aeneas, origo Romanae stirpis, flagrans sidereo clipeo et caelestibus armis, et Ascanius iuxta, altera spes magnae Romae, procedunt [a] castris, atque sacerdos in pura veste attulit fetum saetigeri suis intonsamque bidentem, admovitque pecus flagrantibus aris. Illi, conversi lumina ad surgentem solem, dant salsas fruges manibus et notant summa tempora pecudum ferro, atque libant altaria pateris.

hinc = postea

altera = secunda

pura = alba

suis: gen. sing. / intonsam = cuius capilli numquam secti sunt
ad flagrantes aras / lumina = oculos

tempora = caput

pateris: ablat.

Tum pius Aeneas, stricto ense, sic precatur: "Esto nunc testis mihi vocanti Sol et haec terra, propter quam potui perferre tantos labores, et pater omnipotens et tu, Saturnia coniunx (precor iam, diva, iam melior [sis nobis]), tuque, inclute Mavors, pater, qui torques cuncta bella sub tuo numine; voco fontisque fluviosque, atque [voco omnia] quae [sunt] religio alti aetheris et numina quae sunt [in] caeruleo ponto: si fors victoria cesserit Ausonio Turno, convenit victos discedere ad urbem Evandri,

esto: imperat.

perferre = pati

torques = regis, geris

sub tuo numine = sic ut vis / fontes

omnia quae sunt religio = omnes divos, omnia numina
fors = casu / victoria ... = Ausonius Turnus vicerit
victos [Troianos]

Iulus cedet [ex] agris, nec post Aeneadae rebelles referent ulla arma lacessentve haec regna ferro. Sin victoria adnuerit nobis Martem [esse] nostrum (ut potius reor et potius di firment numine [suo]), non ego nec iubebo Italos parere Teucris nec peto regna mihi: ambae gentes, invictae, mittant se in aeterna foedera paribus legibus. Dabo [eis] sacra deosque; socer Latinus habeto arma, socer [habeto] sollemne imperium; Teucri constituent moenia mihi atque Lavinia dabit nomen urbi."

Mars meus est = ego vinco

firment: subiunctivum desiderii
non ego nec = ego nec

mittant: subiunctivum iussivum

habeto: imperat.

constituent = aedificabunt

Sic prior Aeneas [locutus est], sic sequitur deinde Latinus suspiciens caelum, tenditque dextram ad sidera: "Iuro, Aenea, haec eadem: terram, mare, sidera, atque duplex genus Latonae atque bifrontem Ianum, atque infernam vim deum et sacraria duri Ditis; audiat haec genitor qui sancit foedera [suo] fulmine. Tango aras, testor medios ignis et numina: nulla dies rumpet hanc pacem nec foedera Italis, quo cumque res cadent; nec vis ulla avertet me volentem, non, [etiam] si effundat tellurem in undas, miscens [eam] diluvio, atque solvat caelum in Tartara, ut hoc sceptrum" (nam forte gerebat sceptrum [in] dextra) "numquam fundet virgulta levi fronde nec umbras, cum semel, recisum de imo stirpe in silvis, caret matre posuitque comas et bracchia ferro; arbos olim, nunc manus artificis inclusit [id] [in] aere decoro

suspiciens = vertens oculos ad

eadem [quae tu dicis]

duplex genus = duo liberi (Apollo et Diana)
deorum

sancit foedera = rata facit foedera

ignes

quo ... = quicumque vincat

[vis ulla] effundat

[vis ulla] solvat

fundet (fut.) = producet (fut.)

recisum = ereptum, sectum

posuit = perdidit / ferro = propter ferrum (= cultrum quo sectum est) atque dedit [id] patribus Latinis gestare."

Talibus dictis firmabant foedera inter se in medio conspectu procerum. Tum, rite, iugulant sacratas pecudes in flammam et eripiunt viscera [ex eis] vivis, cumulantque aras oneratis lancibus. At vero iamdudum ea pugna videri impar Rutulis et pectora [eorum] misceri vario motu, magis tum ut cernunt [eos] propius viribus non aequis. Adiuvat Turnus, progressus tacito incessu et suppliciter venerans aram demisso lumine, pubentesque genae et pallor in iuvenali corpore [quoque adiuvant]. Quem sermonem simul ac soror Iuturna vidit crebrescere et labantia corda vulgi variare, in medias acies, adsimulata formam Camerti, cui genus a proavis ingens [erat] atque nomen paternae virtutis erat clarum, et ipse [erat] acerrimus armis, in medias acies dat sese haud nescia rerum, atque serit rumores varios ac talia fatur:

"Non pudet, o Rutuli, obiectare unam animam pro cunctis talibus? Aequine non sumus [in] numero an viribus? En, hi sunt omnes, et Troes et Arcades fatalisque manus, [atque] Etruria infensa Turno; vix habemus hostem, si congrediamur alterni. Ille quidem succedet fama ad superos, quorum aris devovet se, atque feretur vivus per ora; nos, qui nunc lenti consedimus [in] arvis, patria amissa, cogemur parere superbis dominis."

gestare = ut gestent

procerum: genit. pl. / rite = e ritu

oneratis: oneratis viscerum (< viscus) pecudum

videbatur

miscebatur / viribus ...: Aeneas fortior erat

adiuvat: quoque auget timores eorum

demisso lumine = demissis oculis

sermonem = timorem

labantia = timentia / variare = dubitare / in medias acies: verbum apparet postquam "in medias acies" repetitur

haud nescia = conscia

serit = spargit

obiectare = in periculum inire

pro ... = pro omnibus nobis, qui tales sumus

fatalis manus = fato collecta manus

si congrediamur alterni = si dimidia pars nostrum pugnat cum eis

Ille: Turnus / fama: ablat.

feretur ... = omnes de eo loquentur

lenti = nihil facientes

Talibus dictis sententia iuvenum incensa est iam magis atque magis, atque murmur serpit per agmina; ipsi Laurentes ipsique Latini mutati [sunt]. Qui iam sperabant sibi requiem pugnae atque salutem rebus, nunc volunt arma atque precantur infectum foedus et miserantur iniquam sortem Turni.

sententia = animus
serpit = fluit, currit
salutem rebus = pacem
precantur (dep.) ... = volunt foedus rumpi

Iuturna aliud maius adiungit his et dat signum [ex] alto caelo, praesentius quo non ullum [signum] turbavit mentes Italas atque fefellit monstro, namque, volans in rubra aethra, fulvus ales Iovis agitabat litoreas avis turbamque sonantem aligeri agminis, cum subito, lapsus ad undas, improbus rapit uncis pedibus excellentem cycnum. Itali arrexere animos, cunctaeque volucres convertunt fugam clamore (mirabile visu), atque obscurant aethera pennis atque, nube facta, premunt hostem per auras, donec ales, victus vi et pondere ipso [praedae], defecit atque proiecit praedam ex unguibus fluvio, penitusque fugit in nubila. Tum vero Rutuli salutant augurium clamore expediuntque manus, primusque augur Tolumnius "Hoc erat, hoc" inquit "quod saepe petivi [meis] votis. Accipio agnoscoque deos; me, me duce, corripite ferrum, o miseri, quos improbus advena territat bello ut invalidas avis et populat vi vestra litora. Ille petet fugam atque dabit vela penitus profundo [mari].

adiungit = addit
praesens = efficiens / quo: ablat comparationis
monstro = propter imaginem
aves
subito = repente / improbus = crudelis / uncis = curvis
arrexerunt
aethera: Graecus acc.
nube (avium) facta
premunt = persequuntur (dep.)
fluvio = in fluvium
expediunt = tollunt / manus: acc. pl.
me duce: se ipsum facit ducem
invalidas = sine viribus / aves
populat = delet
profundo mari = procul ab ora

pugna: ablat.
defendite regem: nam timent ne Aeneas novus rex fiat

Vos unanimi densete [vestras] catervas et pugna defendite regem [a] vobis raptum."

contorsit = iecit / hostes
cornus, -i (f.) = pilum
cunei = acies / calefacta = incensa
ut = quoniam / novem ... = novem pulcherrimi fratres
tot quos = tot quot
Arcadio Gylippo: dat. / forma: ablat.
qua = ubi / sutilis = flexibilis
fibula [baltei] / effundit = deiecit

Dixit, et procurrens contorsit telum in adversos hostis; stridula cornus dat sonitum et, certa, secat auras. Simul ingens clamor [sequitur] et omnes cunei turbati [sunt] atque corda calefacta [sunt] tumultu. Hasta, volans, ut forte novem pulcherrima corpora fratrum constiterant contra, tot quos una fida coniunx Tyrrhena crearat Arcadio Gylippo, [transadigit] unum horum, iuvenem egregium forma et fulgentibus armis, ad medium, qua sutilis balteus teritur alvo et fibula mordet iuncturas laterum: transadigit costas atque effundit [eum] [in] fulva harena.

pars (sing.) stringunt (plur.), pars corripiunt: constructiones ad sensum
unus amor = unum propositum
omnes / diripuerunt / toto caelo = per totum caelum
divos = imagines deorum
infecto = rupto
currus: acc. pl.
subiciunt sua corpora = ascendunt

At fratres, animosa phalanx accensaque luctu, pars stringunt gladios manibus, pars corripiunt ferrum missile caecique ruunt. Contra quos agmina Laurentum procurrunt; hinc, Troes Agyllinique et Arcades pictis armis rursus inundant densi; sic, unus amor, decernere ferro, habet omnis. Diripuere aras, turbida tempestas telorum it toto caelo ac ferreus imber ingruit; ferunt craterasque focosque. Ipse Latinus fugit referens divos, pulsatos infecto foedere. Alii infrenant currus aut subiciunt [sua] corpora in equos saltu et adsunt strictis ensibus.

confundere = frangere, dimittere

Messapus, avidus confundere foedus,

proterret adverso equo regem Tyrrhenum Aulesten, [regem] atque gerentem insigne regis; ille, recedens, ruit et, miser, involvitur in caput inque umeros aris a tergo oppositis. At Messapus, fervidus, advolat hasta atque, altus [super] equo, desuper graviter trabali telo ferit [eum] multa orantem atque ita fatur: "[Iam] habet hoc, haec [est] melior victima magnis divis data."

insigne = signum / involvitur = cadit
aris = contra aras
hasta: ablat. (= hastam gerens)
habet hoc = habet quod meritur (dep.)

Itali concurrunt spoliantque calentia membra. Obvius, Corynaeus corripit ambustum torrem ab ara, et flammis occupat os Ebyso venienti plagamque ferenti: ingens barba olli reluxit atque, ambusta, dedit nidorem. Super, ipse secutus [eum] corripit laeva [manu] caesariem turbati hostis atque, nitens impresso genu, applicat ipsum terrae; sic ferit latus rigido ense.

membra [regis Aulestis]
occupat os ei = facit impetum contra os eius
illi (dat. sing.)
nidorem = malum odorem
super = post haec
terrae = contra terram

Podalirius, sequens Alsum, pastorem atque [in] prima acie per tela ruentem, superimminet [eum] nudo ense; ille, securi reducta, dissicit frontem mediam mentumque [eius] adversi, et late rigat arma sparso cruore. Dura quies et ferreus somnus urget oculos olli, lumina conduntur in aeternam noctem.

per tela = inter tela
superimminet = minatur (dep.)
dissicit = secat, dividit
illi (dat. sing.)
conduntur = clauduntur

At pius Aeneas, nudato capite, tendebat dextram inermem, atque vocabat suos clamore: "Quo ruitis? Quaeve ista discordia repens surgit? O, cohibete iras! Foedus iam ictum [est] et leges compositae [sunt].

nudato capite = nullam galeam gerens
Quae ista discordia = Quae (interrogat.) est ista discordia quae (relat.)
ictum (< icio) = factum

Ius concurrere [est] soli mihi, sinite me atque auferte metus, ego faxo foedera firma manu; haec sacra iam debent Turnum mihi." Inter has voces, inter talia media verba, ecce, stridens sagitta alis adlapsa est viro, incertum [est] qua manu pulsa, quo turbine adacta, quis attulerit Rutulis tantam laudem, casusne deusne; gloria insignis facti pressa est, nec quisquam sese iactavit vulnere Aeneae. Turnus, ut vidit Aenean cedentem ex agmine atque duces turbatos, fervidus, ardet subita spe; simul poscit equos atque arma, atque, superbus, saltu emicat in currum et molitur habenas manibus.

Multa volitans, dat leto fortia corpora virum. Volvit multos seminecis: aut proterit agmina curru aut ingerit raptas hastas fugientibus. Qualis sanguineus Mavors, cum apud flumina gelidi Hebri, concitus, increpat clipeo atque, movens bella, immittit furentis equos; illi volant aperto aequore ante Notos Zephyrumque, ultima Thraca gemit pulsu pedum [equorum] atque ora atrae Formidinis Iraeque Insidiaeque, comitatus dei, aguntur circum: talis alacer Turnus inter media proelia quatit equos, fumantis sudore, insultans hostibus miserabile caesis; rapida ungula [equorum] spargit sanguineos rores atque cruor calcatur mixta harena. Iamque dedit neci Sthenelumque Thamyrumque Pholumque, hunc et hunc congressus, [atque] illum eminus;

metus: acc. pl. / faxo = faciam

firma: ablat.

adlapsa est = cadit

viro: Aeneae

attulerit = dedit / insignis: genit.

pressa est = evanuit
nec quisquam ... = et nemo dixit se sagittam iecisse

emicat = ascendit / molitur (dep.) = capit

leto = morti / semineces

fugientibus = contra fugientes

furentes

aperto aequore = per apertum aequor
ultima Thraca = remotissimae partes Thraciae

quatit = hortatur (dep.) / fumantes

miserabile: adverbium

mixta harena: ablat. / dedit neci = misit morti
hunc et hunc = duos primos
congressus (adiect.) = comminus (adv.)

eminus [necat] ambo Imbrasidas, Glaucum atque Laden, quos ipse Imbrasus nutrierat [in] Lycia atque ornaverat paribus armis vel conferre manum vel praevertere ventos equo.

nutriverat
conferre manum = ut pugnarent
praevertere = antecedere

[In] alia parte Eumedes fertur in media proelia, proles antiqui Dolonis, praeclara [in] bello, referens avum [in] nomine, parentem [in] animo manibusque, qui quondam, ut adiret [ut] speculator [ad] castra Danaum, ausus [est] poscere currus Pelidae [ut] pretium sibi; Tydides adfecit illum alio pretio pro talibus ausis nec [ille] aspirat equis Achillis. Ut Turnus procul prospexit hunc [in] aperto campo, ante secutus [eum] per longum inane [spatium] levi iaculo, sistit biiugis equos et desilit [e] curru atque supervenit [ei] semianimi lapsoque, et, pede impresso [in] collo, extorquet mucronem dextrae [eius] et tingit fulgentem [mucronem] [in] alto iugulo atque, insuper, addit haec:

fertur = progreditur (dep.)
referens avum ... = ferens nomen avi
referens parentem = similis parenti
ut adiret = cum adiret
currus: acc. pl.
adfecit ... = dedit ei aliud praemium
ausus, -us: hoc quod aliquis facere audet
antea
biiuges
supervenit ei = venit contra eum
dextrae (dat.) = a dextra
insuper = praeterea

"En, metire iacens agros et Hesperiam quam petisti bello, Troiane. Qui ausi [sunt] temptare me ferro, ferunt haec praemia, sic condunt moenia." Coniecta cuspide, mittit [ut] comitem huic Asbyten Chloreaque Sybarimque Daretaque Thersilocumque et Thymoeten, lapsum [e] cervice sternacis equi. Ac velut spiritus Edoni Boreae, cum insonat [in] alto Aegaeo atque fluctus sequitur [eum] ad litora, nubila dant fugam [in] caelo [ibi] qua venti incubuere:

metire (imperat.) < metior, -iri
petivisti
condunt = aedificant
coniecta cuspide = hastam iaciens
comitem (in morte)
lapsum = casum (<cado, -ere)
fluctus = undae
dant fugam = fugiunt / qua = per quem locum / incubuerunt

sic agmina cedunt Turno, quacumque secat viam, atque acies ruunt conversae; impetus fert ipsum et, adverso curru, brisa quatit volantem cristam. Phegeus non tulit [eum] instantem atque animis frementem; obiecit sese ad currum et dextra [manu] detorsit ora citatorum equorum, spumantia frenis. Dum trahitur pendetque [a] iugis, lata lancea consequitur [eum] retectum atque, infixa, rumpit bilicem loricam et degustat summum corpus vulnere. Ille tamen, obiecto clipeo, ibat conversus in hostem et, ducto mucrone, petebat auxilium, cum rota et axis concitus procursu impulit [eum] praecipitem effunditque [eum] [in] solo, Turnusque, secutus [eum], inter imam galeam et oras summi thoracis abstulit caput ense atque reliquit truncum harenae.

Turno: dat. / quacumque = per quemcumque locum
conversae = fugientes
non tulit = non passus est, non sivit
animis = audaciter
ora = capita / frenis: locat.
lata = longa / retectum = non tectum
bilicem = duplicem
degustat = tangit levi modo
mucrone = gladio
auxilium [suorum] / axis = currus
concitus procursu = celerrime currens
oras summi thoracis = superiorem partem thoracis

Atque dum Turnus, victor, dat ea funera campis, interea Mnestheus et fidus Achates Ascaniusque [ut] comes statuere Aenean cruentum [in] castris, nitentem alternos gressus longa cuspide. Saevit et luctatur eripere telum, harundine infracta, atque poscit viam quae proxima [sit] auxilio: secent vulnus lato ense atque rescindant latebram teli penitus, atque remittant sese in bella. Iamque aderat Iasides Iapyx, dilectus Phoebo ante alios, cui quondam ipse Apollo, captus acri amore, laetus dabat suas artis, sua munera, augurium citharamque celerisque sagittas.

campis = per campos
statuerunt
gressus: acc. pl.
quae ... auxilio = quae iuvet
secent: imperat eis ut secent
latebram teli = locum ubi telum haeret / sese: Aenean
artes
celeres

Ille, ut proferret fata depositi parentis, maluit scire potestates herbarum usumque medendi et, inglorius, agitare mutas artis. Aeneas stabat fremens acerba, nixus in ingentem hastam, magno concursu iuvenum et maerentis Iuli, immobilis lacrimis. Ille senior, succinctus retorto amictu in Paeonium morem, nequiquam multa trepidat medica manu atque potentibus herbis Phoebi, nequiquam dextra [manu] sollicitat spicula prensatque ferrum tenaci forcipe. Nulla Fortuna regit viam, auctor Apollo subvenit nihil, et saevus horror magis ac magis crebrescit [in] campis atque malum est propius. Iam vident caelum stare pulvere: equites subeunt et densa spicula cadunt [in] mediis castris. Tristis clamor iuvenum bellantum et sub duro Marte cadentum it ad aethera.

proferret fata = porrigeret dies
depositi = morientis
mutas = silentio effectas / artes
acerba (verba) / nixus < nitor
immobilis (nom.) lacrimis (abl.) = et lacrimae non movebant eum
succintus = indutus
trepidat = facit, temptat
sollicitat = conatur (dep.) extrahere
prensat = capit
regit = monstrat / subvenit = adiuvat
malum = calamitas
stare pulvere = stare pulvere nitens
spiculum = sagitta / bellantium
cadentium

Hic Venus genetrix, concussa indigno dolore nati, carpit dictamnum ab Ida Cretaea, caulem puberibus foliis et comantem purpureo flore; illa gramina non [sunt] incognita feris capris, cum volucres sagittae haesere [in] tergo. Venus, circumdata faciem obscuro nimbo, detulit hoc [dictamnum], inficit amnem [in] splendentibus labris fusum hoc [dictamno], medicans occulte, atque spargit sucos salubris ambrosiae et odoriferam panaceam. Longaevus Iapyx, ignorans, fovit vulnus ea lympha, subitoque quippe omnis dolor fugit de corpore, omnis sanguis stetit [in] imo vulnere.

dictamnum: genus herbae
caulis, -is: pars plantae
illa ... : pastores utuntur his herbis ad capras sagittis ictas sanandas
haeserunt
inficit amnem = mixit aquam
fovit = lavavit
ea lympha: ablat.
sanguis stetit = sanguis iam non fluit

secuta manum = extracta manu
redierunt / in pristina = in pristinam condicionem

Iamque sagitta, secuta manum nullo cogente, excidit, atque novae vires rediere in pristina.

properate = ferte, date
haec (nom. pl. n.) = haec curatio
agit (te)
suras = crura
odit moras = nonvult exspectare
coruscat = agitat, quatit
habilis = iuxta positus
delibans oscula = osculans
dabit te defensum = defendet te
facito = imperat.
excitet: subiecta sunt Aeneas et Hector / repetentem = iterum petentem

"Citi, properate arma viro! Quid statis?" conclamat Iapyx, primusque accendit animos in hostem. "Haec non proveniunt [ex] humanis opibus, non [proveniunt] [e] magistra arte, neque mea dextera servat te, Aenea: maior deus agit atque remittit [te] ad maiora opera." Ille, avidus pugnae, incluserat suras [in] auro hinc atque hinc oditque moras atque coruscat hastam. Postquam clipeus habilis est lateri loricaque [habilis est] tergo, complectitur Ascanium, armis circum fusis, atque delibans summa oscula per galeam fatur: "Ex me, puer, disce virtutem verumque laborem, ex aliis [disce] fortunam. Nunc mea dextera dabit te defensum [in] bello et ducet [te] inter magna praemia. Tu, cum mox aetas adoleverit matura, facito [ut] sis memor [horum] et excitet te, repetentem [in] animo exempla tuorum, et pater Aeneas et avunculus Hector."

portis = per portas
agmine denso = alius prope alium
agmine denso = cum multis aliis in compacta acie
pedum: genit. pl. (< pes, pedis)
venientes / viderunt

Ubi dedit haec dicta, ingens extulit sese portis, quatiens manu immane telum; simul Antheus Mnestheusque ruunt agmine denso, omnisque turba fluit [e] relictis castris. Tum campus miscetur caeco pulvere atque tellus tremit, excita pulsu pedum. Turnus ab adverso aggere vidit [eos] venientis, Ausonii videre, gelidusque tremor cucurrit per ima ossa;

Iuturna, prima ante omnis, audiit Latinos agnovitque sonum et, tremefacta, refugit. Ille volat atque rapit atrum agmen aperto campo.

omnes
rapit = agit
aperto campo = per apertum campum

Qualis nimbus, ubi, abrupto sidere, it ad terras per medium mare (heu, longe praescia corda miseris agricolis horrescunt: ille dabit ruinas arboribus stragemque satis, ruet omnia late), venti volant ante atque ferunt sonitum ad litora: talis Rhoeteius ductor agit agmen in adversos hostis, quisque densi adglomerant se coactis cuneis. Thymbraeus ferit gravem Osirim ense, Mnestheus [ferit] Arcetium, Achates obtruncat Epulonem, atque Gyas [obtruncat] Ufentem; ipse augur Tolumnius cadit, qui primus torserat telum in adversos hostis.

miseris agricolis = miserorum agricolarum
satis < sata, -orum / antea
hostes / adglomerant = cumulant
coactis cuneis = forma (ablat.) cuneorum instructi
obtruncat = necat
torserat = iecerat
hostes

Clamor tollitur in caelum, atque Rutuli, versi vicissim, dant terga per agros pulverulenta fuga. Ipse [Aeneas] dignatur neque morti sternere aversos nec insequitur congressos aequo pede nec ferentis tela: lustrans in densa caligine, vestigat solum Turnum, poscit solum [eum] in certamina. Concussa hoc metu mentem, virago Iuturna excutit Metiscum, aurigam Turni, inter media lora et relinquit [eum] longe lapsum [a] temone; ipsa subit atque flectit undantis habenas manibus, gerens cuncta, vocemque et corpus et arma, Metisci. Velut cum nigra hirundo pervolat magnas aedes divitis domini

sternere morti = necare
aversos = eos qui fugiunt
congressos = eos qui manent
ferentes
mentem: acc. respectus
undantes
gerens cuncta Metisci = simillima Metisco

legens = colligens
nidis = parvis passeribus
vacuis porticibus = per vacuos porticus / hostes
germanum = fratrem
patitur (dep.) conferre manum = sinit pugnare
avia = loca quae viam non habent
legit = colligit / orbes
vestigat virum = sequitur (dep.) vestigia viri (= sequitur virum)
temptavit [vitare] fugam
currus: acc. pl.

et lustrat alta atria pennis legens parva pabula atque escas [suis] loquacibus nidis, et sonat nunc vacuis porticibus, nunc circum umida stagna: similis, Iuturna fertur equis per medios hostis atque, volans, obit omnia rapido curru, iamque hic iamque hic ostentat germanum ovantem nec patitur [eum] conferre manum, [atque] longe volat [per] avia. Haud minus Aeneas obvius legit tortos orbis atque vestigat virum et vocat [eum] magna voce per disiecta agmina. Quotiens coniecit oculos in hostem atque cursu temptavit fugam alipedum equorum, totiens Iuturna retorsit aversos currus.

vario aestu = variis consiliis, vario motu mentis
levis = celer
lenta = flexibilia / ferro praefixa = ferreum culmen habentia
horum: hastilium
substitit = gradum stitit / subsidens poplite = flectens genu / in arma = sub sua arma / tulit = rapuit
vertice [galeae]

Heu, quid agat? Nequiquam fluctuat vario aestu, diversaeque curae vocant animum [eius] in contraria [consilia]. Messapus, levis cursu, ut forte gerebat laeva [manu] duo lenta hastilia ferro praefixa, contorquens unum horum derigit [id] certo ictu huic. Aeneas substitit et, subsidens poplite, collegit se in arma; incita hasta tamen tulit summum apicem [galeae] atque excussit summas cristas [e] vertice.

subactus = deceptus
referri = abire / multa = saepissime
laesi = rupti
terribilis: nom. sing.
effundit = liberat, dimittit / omnes

Tum vero irae adsurgunt atque, subactus insidiis, ubi sensit equos currumque referri diversos, testatus Iovem multa et aras laesi foederis, iam tandem invadit medios et, Marte secundo, terribilis suscitat saevam caedem nullo discrimine, atque effundit omnis habenas irarum.

Quis deus nunc expediat mihi tot acerba, quis [expediat] carmine diversas caedes obitumque ducum, quos [in] toto aequore atque in vicem nunc Turnus agit, nunc Troius heros? Tanton motu placuit [tibi], Iuppiter, gentis in aeterna pace futuras concurrere? Aeneas excipit in latus Rutulum Sucronem (ea prima pugna statuit ruentis Teucros [in] loco) haud multa morantem, et, [illic] qua fata [sunt] celerrima, transadigit crudum ensem [per] costas et cratis pectoris. Turnus ferit Amycum, deiectum [ex] equo, fratremque Dioren: congressus pedes, [ferit] hunc venientem longa cuspide, [ferit] hunc mucrone, atque suspendit abscisa capita duorum [in] curru et portat [ea] rorantia sanguine.

Ille mittit neci Talon Tanaimque fortemque Cethegum, tris uno congressu, et maestum Oniten, Echionium nomen atque genus matris Peridiae; hic [necat] fratres missos [e] Lycia et Apollinis agris et iuvenem Menoeten, nequiquam exosum bella, Arcada [iuvenem], cui ars fuerat circum flumina piscosae Lernae, pauperque domus [erat ei], nec nota [erant ei] munera potentum, atque pater serebat [in] conducta tellure. Ac velut ignes immissi [e] diversis partibus in arentem silvam et virgulta sonantia lauro, aut ubi spumosi amnes rapido decursu de altis montibus dant sonitum et currunt in aequora, quisque populatus suum iter:

expediat = narret

caedes = clades / obitum = mortem

tanton = tanto-ne

gentes

statuit in loco = effecit ut manerent ruentes

qua = per quem locum

crates

congressus pedes = pugnans ut pedes, non ut eques

mucrone = gladio / abscisa = secata

rorantia = fluentia

Ille = Aeneas / neci = ad necem, ad mortem / tres

hic = Turnus

exosus = qui odit / Arcada: Graecus acc. / cui ... = cuius ars (= modus vivendi) erat piscari circum flumina Lernae

potentium

potentium / conducta tellure = agro qui ad alium pertinebat

arentem = siccam

in aequora = in mare

populatus (< populor) suum iter = delens omnia quae in itinere obvia apparent

segnius = minus
nescia vinci = numquam victa
sonantem atavos = superbum atavis
omne (genus) actum
praecipitem = e curru deiectum
provolverunt
nec memorum domini = qui non agnoscunt dominum

non segnius ambo Aeneas Turnusque ruunt per proelia; nunc, nunc ira fluctuat intus, pectora nescia vinci rumpuntur, nunc itur in vulnera totis viribus. Hic excutit Murranum, sonantem atavos et antiqua nomina avorum atque genus, omne actum per Latinos reges, praecipitem scopulo atque turbine ingentis saxi, effunditque [eum] [in] solo. Rotae provolvere hunc subter lora et iuga; super, incita ungula equorum, nec memorum domini, proculcat [eum] crebro pulsu.

occurrit = obvius venit
tempora = caput / illi
texerunt
mora = tutela, defensio
oppetere [mortem] = mori
consternere = operire
occidis = cadis
potuerunt / hic = in hoc loco
metae: plur. pro sing.
Lyrnesi: locat.

Ille occurrit Hyllo ruenti atque immane frementi [in] animis, atque torquet telum ad aurata tempora; hasta stetit olli [in] fixo cerebro per galeam. Nec tua dextera, fortissime Cretheu, eripuit te [a] Turno, nec sui di texere Cupencum Aenea veniente: dedit pectora obvia ferro nec mora aerei clipei profuit [ei] misero. Laurentes campi quoque viderunt te, Aeole, oppetere et late consternere terram [tuo] tergo. Occidis [tu], quem Argivae phalanges nec Achilles, eversor regnorum Priami, non potuere sternere; hic erant tibi metae mortis: [tibi erat] domus sub alta Ida, alta domus [erat tibi] Lyrnesi, [sed] sepulcrum [est tibi] [in] solo Laurente.

conversae sunt [illae ad illas]
equorum

Adeo totae acies conversae [sunt] omnesque Latini, omnes Dardanidae, Mnestheus acerque Serestus et Messapus domitor equum et fortis Asilas

Tuscorumque phalanx atque Arcades alae Evandri, viri nituntur quisque pro se summa vi opum; nec mora nec requies [adest]; tendunt [in] vasto certamine. Hic pulcherrima genetrix misit mentem Aeneae [ut] iret ad muros atque ocius adverteret agmen urbi et turbaret Latinos subita clade. Ille, ut vestigans Turnum per diversa agmina, circumtulit acies huc atque huc, aspicit urbem immunem tanti belli atque impune quietam. Continuo imago maioris pugnae accendit [eum]: vocat Mnesthea Sergestumque fortemque Serestum, ductores, atque capit tumulum quo cetera legio Teucrum concurrit, densi, nec deponunt scuta aut spicula. Medius stans [in] celso aggere fatur:

nituntur (dep.) = operam dant
opum: genit. pl.
tendunt [ad pugnam] = pugnant
mentem = consilium
urbi = ad urbem
vestigans = quaerens
acies: acc. pl.
huc atque huc = huc et illuc
continuo = postea
imago ... : Aeneas vult maiorem pugnam
Teucrorum / quo = ad quem
celso = alto

"Ne qua mora esto meis dictis, Iuppiter hac stat, neu quis ito mihi segnior ob subitum inceptum. Hodie eruam urbem, causam belli, ipsa regna Latini, et ponam fumantia culmina aequa solo, ni fatentur accipere frenum et, victi, parere. Scilicet exspectem dum libeat Turno pati nostra proelia atque, victus, velit rursus concurrere? Hoc [est] caput, o cives, haec [sunt] summa nefandi belli. Ferte faces propere atque reposcite foedus flammis."

(ali)qua / esto, ito: imperat.
hac: in hoc loco (= nobiscum)
neu quis = atque nemo
eruam = delebo
ni fatentur (dep.) = nisi promittunt
exspectem = debeo exspectare
pati nostra proelia = mecum pugnare
caput = initium / summa = finis
reposcite = iterum poscite

Dixerat, atque omnes, animis pariter certantibus, dant cuneum densaque mole feruntur ad muros; improviso scalae [apparuerunt] subitusque ignis apparuit.

dant = formant
feruntur = progrediuntur (dep.)

torquent ferrum = iactant sagittas
aethera: Graecus acc.
incusat = accusat
ad proelia [ire] / hostes
altera = secunda / cives
reserare = aperire
in = ad
vestigavit = secutus est vestigia, invenit
trepidae rerum = anxiae sui praedii
acuunt = monstrant
saxa: plur. pro sing.

Alii discurrunt ad portas atque trucidant primos, alii torquent ferrum et obumbrant aethera telis. Ipse Aeneas inter primos tendit dextram sub moenia atque incusat Latinum magna voce testaturque deos se cogi iterum ad proelia, iam bis Italos [factos esse] hostis, haec altera foedera rumpi. Discordia exoritur inter trepidos civis: alii iubent reserare urbem et pandere portas Dardanidis atque trahunt ipsum regem in moenia; alii ferunt arma et pergunt defendere muros, ut cum pastor vestigavit apes inclusas in latebroso pumice atque implevit [pumicem] amaro fumo; illae, intus, trepidae rerum, discurrunt per cerea castra atque acuunt iras magnis stridoribus; ater odor volvitur [in] tectis, tum saxa sonant intus caeco murmure, fumus it ad vacuas auras.

concussit = pulsavit
tectis = ad tecta
incessi: pass. infinit. / ignes
contra: pugnantes contra hostes
nulla agmina Turni [adesse]
mentem: acc. respectus
caput = initium / effata = postquam dixit
amictus: acc. pl.
leti = mortis
acceperunt = audiverunt

Accidit etiam fessis Latinis haec fortuna, quae concussit totam urbem funditus luctu: regina, ut prospicit hostem venientem tectis, muros incessi, ignis volare ad tecta, nusquam Rutulas acies contra, nulla agmina Turni, infelix credit iuvenem in certamine pugnae exstinctum [esse] et subito, turbata mentem dolore, clamat se causam [esse] crimenque caputque malorum, atque, demens, effata multa per maestum furorem, moritura discindit manu purpureos amictus et nectit ab alta trabe nodum informis leti. Quam cladem postquam miserae Latinae accepere,

crines
aedes = domus
demittunt = debiles fiunt
ruina: ablat. / turpans = maculans, foedans
qui non acceperit = quia non accepit
antea / asciverit = adoptaverit
generum < gener, -i

filia Lavinia prima laniata [est] flavos crinis et roseas genas manu, tum cetera turba furit circum, aedes resonant late plangoribus. Hinc infelix fama vulgatur per totam urbem; mentes demittunt, Latinus it scissa veste, attonitus fatis coniugis atque ruina urbis, turpans perfusam canitiem immundo pulvere. Atque incusat se multa, qui non acceperit Dardanium Aenean ante atque asciverit [eum] ultro [ut] generum.

palantes / aequor = planities
successu = celeritate
illi = Turno
impulit arrectas aures = pervenit ad attentas ures
quid = cur
diversa = longinqua

Interea bellator Turnus in extremo aequore sequitur paucos palantis, iam segnior atque iam minus atque minus laetus successu equorum. Aura attulit illi hunc clamorem commixtum caecis terroribus, atque sonus et inlaetabile murmur confusae urbis impulit arrectas auris. "Ei mihi! Quid moenia turbantur tanto luctu? Quisve tantus clamor ruit a diversa urbe?"

substitit = mansit
conversa = mutata
hac qua = in hoc loco per quem
prima victoria pandit viam = victoria pandit primam viam
ingruit = impetum facit
et nos = quoque nos
recedes = abibis
et = iam

Sic ait, adductisque habenis substitit amens. Atque soror, ut conversa in faciem aurigae Metisci regebat currumque et equos et lora, occurrit huic talibus dictis: "Turne, sequamur Troiugenas hac qua prima victoria pandit viam; alii sunt qui possint defendere tecta manu [sua]. Aeneas ingruit Italis et miscet proelia: mittamus et nos saeva funera Teucris [nostra] manu. Nec recedes inferior numero [mortuorum] neque honore pugnae." Turnus ad haec: "O soror, et dudum agnovi [te], cum prima turbasti foedera per artem atque dedisti te in haec bella, et nunc, dea, nequiquam fallis [me]. Sed quis voluit te, [de] Olympo demissam, ferre tantos labores? An ut videres crudele letum miseri fratris? Nam quid ago? Aut quae Fortuna iam spondet salutem [mihi]? Ipse vidi ante meos oculos Murranum, quo carior mihi alter non superat, oppetere [mortem], vocantem me [sua] voce, ingentem atque ingenti vulnere victum. Infelix Ufens occidit, ne aspiceret nostrum dedecus; Teucri potiuntur corpore et armis [eius]. Perpetiarne domos exscindi (id unum defuit rebus) nec refellam dicta Drancis [mea] dextra [manu]? Dabo terga et haec terra videbit Turnum fugientem? Usque adeone miserum est mori? O Manes, este vos boni mihi, quoniam voluntas superis aversa [est mihi]. [Ego], anima sancta atque inscia istius culpae, descendam ad vos haud umquam indignus magnorum avorum."

turbasti = rupisti
fallis = conaris fallere
ferre = pati
spondet = praebet, offert
quo: ablat. comparationis
superat = erat / oppetere = ire ad
occidit = mortuus est (≠ aliud verbum "occidit" = necavit)
potior (dep.) corpore = capio corpus
perpetiar = sinam, patiar
id unum defuit rebus = id solum deest nostris cladibus
usque adeo miserum = tam miserum
superis = superorum
haud umquam = ego qui numquam fui

Vix fatus erat ea: ecce Saces, vectus spumante equo, saucius ora adversa sagitta, volat per medios hostis ruitque implorans Turnum nomine:

ora: acc. respectus
adversa sagitta: ablat. instrumenti
hostes

"Turne, in te [iacet] suprema salus, miserere tuorum. Aeneas fulminat [nos] armis atque minatur [se] deiecturum [esse] summas arces Italum atque daturum [esse] [eas] excidio, iamque faces volant ad tecta. Latini referunt ora in te, oculos in te;

suprema = ultima
miserere: imperat.
Italorum / excidio (dat.) = ruinae

mussat = non vult dicere
quos ... = quem vocet generum
occidit = mortua est (≠ aliud verbum "occidit" = necavit)

acies: acc. pl.
pro portis = ante portas
ferrea seges = campus pilorum

gramine = campo, planitie

varia imagine rerum = tot novis nuntiis
aestuat = ardet
insania mixto luctu = insania mixta luctu

ardentes orbes

e rotis = e curru

vertex flammis volutus = vertex flammarum
eduxerat = construxerat

subdiderat rotas = posuerat rotas sub turrim / pontes
absiste = noli

stat = decet

Aeneae: dat. / acerbi: genit.

furere hunc furorem = me dare ad hunc furorem
antea / arvis = ad arva

hostes / deserit = relinquit

ipse rex Latinus mussat quos vocet generos aut ad quae foedera flectat se. Praeterea, regina, fidissima tui, ipsa occidit sua [manu] atque exterrita fugit lucem. Messapus et acer Atinas soli sustentant acies pro portis; circum hos utrimque phalanges stant densae, atque ferrea seges horret strictis mucronibus; tu versas currum in deserto gramine!"

Turnus obstipuit, confusus varia imagine rerum, et stetit tacito obtutu; ingens pudor aestuat in uno corde atque insania mixto luctu et amor agitatus furiis et conscia virtus. Ut primum umbrae discussae [sunt] et lux reddita [est] menti, torsit ardentis orbis oculorum ad moenia, turbidus, atque e rotis respexit ad magnam urbem. Ecce autem vertex flammis volutus undabat inter tabulata ad caelum atque tenebat turrim, turrim quam ipse eduxerat compactis trabibus atque subdiderat rotas atque instraverat altos pontis [in ea]. "Iam, soror, iam fata superant [me], absiste morari [me]; sequamur quo deus et quo dura Fortuna vocat [me]. Stat [me] conferre manum Aeneae; stat [me] pati quidquid acerbi est [in] morte, neque amplius [tempus], germana, videbis me indecorem. Sine me, oro, furere hunc furorem ante." Dixit, et ocius dedit saltum e curru arvis atque ruit per hostis, per tela, atque deserit maestam sororem ac rumpit media agmina rapido cursu.

avulsum = distractum, ereptum
proluit = eripit aqua (ablat.)
sublapsa = afficiens
mons = saxum / in abruptum = per declivitatem / actu = impulsu
solo = per solum
terra plurima = maxima pars terrae
significat = signum dat
inhibite = nolite iactare
verius < verus
luere foedus = poenas dare rupti foederis

Ac veluti saxum, cum ruit praeceps de vertice montis, avulsum vento, seu turbidus imber proluit [id] aut vetustas, sublapsa, solvit [id] annis; improbus mons fertur in abruptum magno actu exsultatque solo, involvens secum silvas, armenta virosque: sic Turnus ruit per disiecta agmina ad muros urbis, ubi terra plurima madet fuso sanguine atque aurae stridunt hastilibus, significatque manu et simul incipit magno ore: "Parcite iam, Rutuli, et vos, Latini, inhibite tela. Quaecumque fortuna est, mea est; verius [est] me unum pro vobis luere foedus et decernere ferro."

discesserunt, dederunt
praecipitat omnes moras = relinquit omnia quae morabantur (dep.) ipsum / rumpit opera = finem facit operum / laetitia: ablat. / intonat = producit
coruscis = trementibus
nivali = nive operto

Omnes discessere atque, medii [stantes], dedere spatium. At pater Aeneas, audito nomine Turni, et deserit muros et deserit summas arces praecipitatque omnis moras, rumpit omnia opera exsultans laetitia atque intonat horrendum [sonum] armis, quantus Athos aut quantus Eryx aut quantus ipse pater Appenninus cum fremit coruscis ilicibus gaudetque nivali vertice attollens se ad auras.

converterunt
quique = et qui (≠ quique, quaeque, quodque)
deposuerunt / ingentes
genitos = natos
aequore = aequo spatio, planitie
rapido procursu = celeriter currentes

Iam vero et Rutuli certatim et Troes et omnes Itali convertere oculos, quique tenebant alta moenia quique pulsabant imos muros ariete, atque deposuere arma [ab] umeris. Ipse Latinus stupet ingentis viros, genitos [in] diversis partibus orbis, coiisse inter se et cernere ferro. Atque illi, ut campi patuerunt vacuo aequore, rapido procursu, coniectis eminus hastis,

invadunt Martem = pugnam incipiunt
congeminant = duplicant
ictus: acc. pl.
magistri = pastores / cesserunt
mussant = susurrant
quis ... = quis dux nemoris fiat
lavant = umectant
largo = multo
aethera: Graecus acc.

invadunt Martem clipeis atque aere sonoro. Tellus dat gemitum; tum congeminant crebros ictus ensibus; fors et virtus miscetur in unum. Ac velut [in] ingenti Sila summove Taburno cum duo tauri, conversis frontibus, incurrunt in inimica proelia, magistri cessere pavidi, omne pecus stat mutum metu, atque iuvencae mussant quis imperitet nemori, quem tota armenta sequantur; illi miscent inter sese multa vulnera vi atque, obnixi, infigunt cornua et lavant colla armosque largo sanguine; omne nemus remugit gemitu: non aliter Tros Aeneas et Daunius heros concurrunt clipeis [atque] ingens fragor complet aethera.

quem, quo: interrogativa
consurgit in sublatum ensem = tollit ensem
ferit: conatur (dep.) ferire hostem
ni = nisi
subeat subsidio = veniat ad adiuvandum
ocior = celerior

Iuppiter ipse sustinet duas lances aequato examine et imponit fata diversa duorum, quem labor damnet et quo pondere letum vergat. Hic Turnus emicat, putans [se posse facere hoc] impune, et consurgit alte toto corpore in sublatum ensem et ferit; Troes trepidique Latini exclamant, atque acies amborum [manent] arrectae. At perfidus ensis frangitur atque in medio ictu deserit [eum] ardentem, ni fuga subeat subsidio. Ut aspexit ignotum capulum dextramque inermem, fugit ocior Euro.

praecipitem = festinantem
iunctos equos = currum / in = ad
mucro, ferrum = gladius

Fama est [eum] praecipitem, cum conscendebat iunctos equos in prima proelia, patrio mucrone relicto, dum trepidat, rapuisse ferrum aurigae Metisci;

idque suffecit diu, dum Teucri dabant palantia terga; postquam ventum est ad Volcania arma dei, mortalis mucro dissiluit ictu ceu futtilis glacies; fragmina resplendent [in] fulva harena. Ergo, amens, Turnus petit diversa aequora fuga et, nunc huc, inde huc, implicat incertos orbis; undique enim Teucri inclusere [eum] densa corona atque hinc vasta palus [cingit eum], hinc ardua moenia cingunt.

dabant ... = fugiebant
ad Volcania ... : contra hostem qui arma a deo Vulcano facta habebat
dissiluit = ruptus est
diversa aequora: accusat. pl.
fuga: ablat. sing.
orbes / incluserunt
palus, -udis (f.)

Nec minus Aeneas insequitur, quamquam genua, tardata sagitta, interdum impediunt [eum] atque recusant cursum, atque fervidus urget [suo] pede pedem [Turni] trepidi. Veluti si quando venator canis, nactus cervum inclusum flumine aut saeptum formidine puniceae pennae, instat [eum] cursu et latratibus; ille autem, territus insidiis et alta ripa, fugit refugitque mille vias, at vividus Umber [canis] haeret [ad eum] hians, iam iamque tenet, similisque tenenti increpuit malis atque elusus est inani morsu; tum vero clamor exoritur ripaeque lacusque responsant circa et omne caelum tonat tumultu.

nec minus = et quoque
tardata: nom. pl. / sagitta: abl. sing.
(ali)quando
nactus < nanciscor
saeptum = circumdatum
puniceae pennae: poeta loquitur de Romana methodo venandi
alta ripa: ablat.
hians = os aperiens
malis < mala, -ae
elusus ... = non potest mordere
lacus: nom. pl.
responsant = sonitum iterum sonant

Ille, simul fugiens, simul increpat omnis Rutulos, vocans quemque nomine, atque efflagitat notum ensem. Aeneas, contra, minatur mortem praesensque exitium si quisquam adeat, terretque [eos] trementis

omnes
efflagitat = poscit / notum = suum
praesens = cito perveniens
adeat = adiuvet
trementes

minitans [se] excisurum [esse] urbem, et saucius instat. Explent quinque orbis cursu, totidemque retexunt huc illuc, neque enim levia aut ludicra praemia petuntur, sed certant de vita et sanguine Turni. Forte oleaster amaris foliis, sacer Fauno, steterat hic, olim venerabile lignum nautis, ubi, servati ex undis, solebant figere dona Laurenti divo et suspendere votas vestis; sed Teucri sustulerant sacrum stirpem nullo discrimine, ut possent concurrere [in] puro campo.

orbes / cursu: currentes
oleaster: genus arboris
sacer = sacratus
ubi = in quo
vestes
stirpem = radicem, arborem
puro = aperto

Hic stabat hasta Aeneae, huc impetus detulerat illam fixam et tenebat [eam] [in] lenta radice. Dardanides incubuit voluitque manu convellere ferrum atque sequi telo quem non poterat prendere cursu. Tum vero Turnus, amens formidine, "Faune, precor, miserere," inquit "tuque, Terra optima, tene ferrum, si semper colui vestros honores, quos Aeneadae, contra, fecere profanos bello." Dixit, atque vocavit opem dei in vota non cassa, namque Aeneas, diu luctans atque moratus in lento stirpe, haud valuit ullis viribus discludere morsus roboris.

impetus: impetus viri qui iecerat hastam
lenta = quae non movetur
incubuit = inclinavit se
sequi = persequi
amens formidine = maximum timens
fecerunt
opem = auxilium
morsus: acc. pl.

Dum, acer, nititur et instat, dea Daunia, rursus in faciem aurigae Metisci mutata, procurrit atque reddit fratri ensem. Quod licere nymphae Venus indignata, accessit atque revellit telum ab alta radice. Olli, sublimes armis atque refecti [in] animis, hic fidens gladio, hic acer et arduus hasta, contra adsistunt certamina

dea Daunia procurrit
Quod ... = Venus, indignata quia hoc licebat nymphae
revellit = liberavit
Illi / hic: Turnus
hic: Aeneas / hasta: ablat.

anheli: genit.
tuentem = inspicientem

anheli Martis. Interea rex omnipotentis Olympi adloquitur Iunonem, tuentem pugnas de fulva nube:

quae = qualis
Aenean deberi ... atque tolli
struis = facere vis / haeres = manes
divum ... = deum vulnerari a mortali?
victis: dat. pl.
inflectere: pass. imperat.
edit (indicat.) = edat (subiunct.)
recursent mihi = reveniant ad me
terris vel undis = per terras vel per undas
deformare = dedecorare

"Quae iam finis erit, coniunx? Quid denique restat? Ipsa scis, et fateris scire, Aenean deberi caelo [ut] indigetem atque tolli [a] fatis ad sidera. Quid struis? Aut qua spe haeres in gelidis nubibus? Decuitne divum violari mortali vulnere? Aut [decuit] ereptum ensem reddi Turno (quid enim valeret Iuturna sine te?) et [decuit] vim crescere victis? Desine iam tandem atque inflectere nostris precibus, ne tantus dolor edit te tacitam et saepe tristes curae recursent mihi e tuo dulci ore. Ventum est ad supremum. Potuisti agitare Troianos terris vel undis, accendere infandum bellum, deformare domum et miscere hymenaeos luctu: veto temptare ulterius."

orsus < orior (dep.) (= incipere loqui)
nec tu videres me ... = nisi hoc ita esset, tu non videres me ...
cincta = circumdata / sub = in
suasi = persuasi
probavi = sivi (< sino, -ere)
contenderet tela = uteretur telis

Sic Iuppiter orsus [est]; sic dea, contra, [dixit] summissi vultu: "Quia quidem ista voluntas tua [erat] nota mihi, magne Iuppiter, reliqui et Turnum et terras; nec tu videres me nunc solam [in] aeria sede pati digna [et] indigna, sed [ego], cincta flammis, starem sub ipsa acie traheremque Teucros in inimica proelia. Suasi Iuturnam succurrere misero fratri (fateor) et probavi [eam] audere maiora pro vita [fratris], non tamen ut contenderet tela, non ut [contenderet] arcum;

adiuro = testor (dep.)
reddita est = relicta est, sinitur
exosus = qui odit
obtestor (dep.) te = rogo a te
pacem componere = pacem facere
ne iubeas = noli iubere
vocem = linguam qua utuntur
vertere = mutare
propago = stirps
sinas ... = sine Troiam occidisse

adiuro implacabile caput fontis Stygii, una superstitio quae reddita [est] superis divis. Et nunc cedo equidem atque relinquo exosa pugnas. Obtestor te illud, quod tenetur nulla lege fati, pro Latio, pro maiestate tuorum: cum iam component pacem felicibus conubiis (esto), cum iam iungent leges et foedera, ne iubeas indigenas Latinos mutare vetus nomen neu fieri Troas atque vocari Teucros aut [hos] viros mutare vocem aut vertere vestem. Sit Latium, sint Albani reges per saecula, sit Romana propago potens Itala virtute; Troia occidit, atque sinas occiderit cum nomine."

illi
altera = secunda / fluctus: acc. pl.
summitte = relinque
sermonem = linguam
subsident = evanescent
ritus: acc. pl.
omnes / uno ore = una lingua
videbis genus ire
nec ulla = atque nulla
aeque = tanta magnificentia (ablat.)

Subridens, repertor hominum rerumque [dixit] olli: "Es germana Iovis et altera proles Saturni, tantos fluctus irarum volvis sub pectore! Verum age, et summitte furorem frustra inceptum: do quod vis, et victusque volensque remitto me. Ausonii tenebunt sermonem patrium moresque, atque nomen erit [eis] ut [nunc] est; Teucri subsident, commixti tantum corpore; adiciam morem ritusque sacrorum faciamque omnis Latinos uno ore. Videbis genus quod hinc surget, mixtum Ausonio sanguine, ire supra homines, supra deos pietate, nec ulla gens celebrabit aeque tuos honores."

laetata = laeta / retorsit = mutavit
actis = factis / volutat = putat
dimittere = procul mittere

Iuno adnuit his et, laetata, retorsit mentem; interea, excedit [e] caelo atque relinquit nubem. His actis, genitor ipse volutat aliud secum atque parat dimittere Iuturnam ab armis fratris.

tulit = peperit
eodem et = eodem ac
revinxit = induit
serpentium
acuunt = inferunt
(ali)quando / deorum
meritas urbes = urbes quae hoc merentur (dep.)
in omen = ad monendum
non secus = non aliter
felle < fel, fellis (n.)
immedicabile = quod sanari non potest / celeres
sata = nata

Geminae pestes dicuntur cognomine Dirae, quas intempesta Nox tulit uno eodemque partu et [tulit] Tartaream Megaeram, atque revinxit [eas] paribus spiris serpentum atque addidit [eis] ventosas alas. Hae apparent ad solium Iovis atque in limine saevi regis atque acuunt metum aegris mortalibus, si quando rex deum molitur horrificum letum morbosque, aut territat meritas urbes bello. Iuppiter demisit unam harum celerem a summo aethere atque iussit occurrere Iuturnae in omen. Illa volat atque fertur ad terram celeri turbine. Non secus ac sagitta, impulsa nervo per nubem, quam armatam felle saevi veneni Parthus (Parthus sive Cydon) torsit, immedicabile telum, stridens et incognita transilit celeris umbras: talis sata [e] Nocte tulit se atque petivit terras.

collecta = mutata
bustum = sepulcrum
serum = sero / versa = mutata
ora = faciem
everberat = pulsat
formidine = timore
haesit = mansit
scindit = extirpat
crines / quid: acc. respectus

Postquam videt Iliacas acies atque agmina Turni, collecta in subitam figuram parvae alitis quae quondam, nocte sedens in bustis aut desertis culminibus, canit serum, importuna per umbras: versa in hanc faciem, pestis, sonans, fertque refertque se ob ora Turni atque everberat clipeum alis. Illi novus torpor solvit membra formidine, atque comae arrectae [sunt] horrore et vox haesit [in] faucibus. At ut agnovit procul stridorem et alas Dirae, infelix soror Iuturna scindit solutos crinis, foedans ora unguibus et pectora pugnis: "Quid nunc, Turne, tua germana potest iuvare te?

Aut quid iam superat mihi, durae? Qua arte morer lucem tibi? Possumne opponere me tali monstro? Iam, iam linquo acies. Ne terrete me timentem, obscenae volucres: nosco verbera alarum letalemque sonum, nec superba iussa magnanimi Iovis fallunt [me]. Haec reponit pro virginitate? Quo dedit [mihi] aeternam vitam? Cur condicio mortis adempta est [mihi]? Nunc certe possem finire tantos dolores et ire per umbras [ut] comes misero fratri! Immortalis, ego? Aut quicquam meorum erit dulce mihi sine te, frater? O, quae ima terra satis dehiscat mihi atque demittat [me], deam, ad imos Manis?"

superat = manet / morer lucem tibi = efficiam ut longius tempus vivas
ne terrete = nolite terrere
verbera = ictus (acc. pl.)
[Iuppiter] reponit / quo = cur
adempta = erepta
[si mortalis essem,] nunc certe...
dehiscat = aperiat se
Manes

Tantum [hoc] effata, dea contexit caput glauco amictu, gemens multa, et condidit se [in] alto fluvio. Aeneas instat contra atque coruscat ingens arboreum telum, et sic fatur [e] saevo pectore: "Deinde, quae mora est nunc? Aut quid iam retractas [te], Turne? Certandum est saevis armis comminus, non cursu. Verte tete in omnis facies et contrahe quidquid vales sive animis sive arte; opta sequi ardua astra pennis atque condere te clausum [in] cava terra." Ille, caput quassans: "Tua fervida dicta non terrent me, ferox; di et Iuppiter [ut] hostis terrent me."

tantum = solum
condidit = celavit / contra: adv.
coruscat = agitat
quid = cur
tete = te / comminus ↔ eminus
omnes
opta sequi ... atque condere = opta aut sequi ... aut condere
quassans = agitans
hostes

Nec plura effatus circumspicit ingens saxum, ingens saxum antiquum, quod forte iacebat [in] campo,

circumspicit = spectat, tuetur (dep.)
forte = temere, casu

limes positus [in] agro ut discerneret litem [de] arvis; vix [tales] bis sex lecti [viri] subirent illum [saxum] [super] cervice, qualia corpora hominum nunc tellus producit. Ille heros trepida manu torquebat raptum [saxum] in hostem, insurgens altior et concitus cursu. Sed cognoscit se neque currentem nec euntem tollentemve [saxum] manu atque moventem immane saxum; genua labant, gelidus sanguis concrevit frigore.

bis sex = XII
subirent = possent tollere
raptum = cito captum
sed ... currentem = sed sensit se iam non posse currere
labant = fluctuantur (dep.), vacillant
gelidus ... = gelidus frigor concrevit sanguinem

Tum lapis ipse viri, volutus per inane vacuum, nec evasit totum spatium neque pertulit ictum. Ac velut in somnis, ubi languida quies pressit oculos nocte, nequiquam videmur velle extendere avidos cursus et, aegri, succidimus in mediis conatibus; lingua non valet, notae vires non sufficiunt corpore nec vox aut verba sequuntur: sic dira dea negat successum Turno quacumque petivit viam virtute.

lapis viri = lapis a viro iactatus
evasit = perfecit
ictum = vulnus / quies ↔ strepitus
nequiquam = frustra
cursus: acc. pl. / aegri = fessi
succidimus = cadimus
successum = victoriam
quacumque = per quemcumque locum

Tum varii sensus vertuntur [in] pectore [Turni]; aspectat Rutulos et urbem cunctaturque metu atque tremescit instare letum, nec [videt] quo eripiat se nec qua vi tendat in hostem, nec videt currus usquam aurigamve sororem. Aeneas, sortitus fortunam oculis, coruscat fatale telum [ei] cunctanti, et eminus intorquet toto corpore. Saxa concita murali tormento numquam fremunt sic nec crepitus dissultant tanti fulmine.

sensus: acc. pl.
currus: acc. pl.
fortunam: locum ubi lorica non tegit corpus
murale tormentum: machina qua saxa contra moenia iactantur

instar atri turbinis = eodem modo ac ater turbo
orbes
duplicato poplite = flexo genu
poplite = genu
remittunt = iterum mittunt

Hasta, ferens dirum exitium, volat instar atri turbinis atque recludit oras loricae et extremos orbis septemplicis clipei; stridens, transit per medium femur. Turnus, ictus, incidit ad terram, ingens, duplicato poplite. Rutuli consurgunt gemitu totusque mons circum remugit et alta nemora remittunt vocem late.

deprecor (dep.) = precor
utere: imperat. / (ali)qua
miserere: imperat.
senectae = senectutis
viderunt
ne tende = noli tendere

Ille, humilis, supplex protendens oculos precantemque dextram, "Equidem merui [hoc] nec deprecor," inquit; "utere sorte tua. Si qua cura miseri parentis potest tangere te, oro (et tibi fuit talis genitor Anchises), miserere senectae Dauni et redde me meis, seu, [si] mavis, [redde meum] corpus spoliatum [a] lumine. Vicisti et Ausonii videre [me] victum tendere palmas; Lavinia est tua [ut] coniunx, ne tende ulterius [tuis] odiis."

acer = potens
flectere = persuadere
umero [Turni]
cingula notis bullis: cingula habebant bullas, quas Aeneas noverat
straverat = necaverat / insigne = signum

Aeneas stetit, acer in armis, volvens oculos, atque repressit dextram; et, iam iamque magis, sermo coeperat flectere [eum] cunctantem, cum infelix balteus apparuit [super] alto umero et fulserunt cingula notis bullis Pallantis pueri, quem, victum, Turnus straverat vulnere, atque gerebat inimicum insigne [super] umeris.

hausit = posuit
ira: ablat. sing.
eripiare (= eripiaris) mihi = velis fugere a me

Ille, postquam hausit [in] oculis monimenta saevi doloris exuviasque, accensus furiis et terribilis ira, [dixit]: "Tune, indute spoliis meorum, hinc eripiare mihi?

immolat = mactat, necat
sanguine = crimine

Pallas immolat te hoc vulnere, Pallas, et sumit poenam ex scelerato sanguine."

condit = mergit, defigit
illi: dat. sing.
sub umbras = desuper ad umbras

Hoc dicens, fervidus condit ferrum sub adverso pectore; ast illi membra solvuntur frigore vitaque fugit indignata sub umbras cum gemitu.

Printed in Poland
by Amazon Fulfillment
Poland Sp. z o.o., Wrocław